戦略市場経営の概観

戦略的分析

外部分析
- 顧客分析：
  セグメント、購買動機、未充足ニーズ
- 競合分析：
  アイデンティティ、戦略グループ、業績、イメージ、目標、戦略、文化、コスト構造、強み、弱み
- 市場分析：
  規模、成長予想、収益性、参入障壁、コスト構造、流通システム、トレンド、主要成功要因
- 環境分析：
  技術、政府規制、経済、文化、人口動態、シナリオ、情報必要領域

内部分析
- 業績分析：
  収益性、売上、株主価値分析、顧客満足度、製品品質、ブランドイメージ、相対コスト、新製品、従業員の能力と業績、製品ポートフォリオ分析
- 戦略代替案の決定要因：
  過去と現在の戦略、戦略的問題点、組織能力と制約財務的資源と制約、強み、弱み

↓
機会、脅威、トレンド、戦略的不確実性

↓
戦略的強み、弱み、問題点、制約、不確実性

戦略の認識と選択
- 戦略代替案の認識
  ・製品・市場投資戦略
  ・機能領域戦略
  ・資産、能力（コンピテンシー）、シナジー
- 戦略の選択
- オペレーション・プランの実行
- 戦略の評価

（本文37ページ参照）

戦略立案ハンドブック

DEVELOPING BUSINESS STRATEGIES

デービッド・A・アーカー [著]
今枝昌宏 [訳]

東洋経済新報社

Original Title
DEVELOPING BUSINESS STRATEGIES
by David A. Aaker
Copyright © 2001 by David A. Aaker
Japanese translation rights arranged with
John Wiley & Sons International Rights
through Japan UNI Agency, Inc., Tokyo.

DEVELOPING BUSINESS STRATEGIES

訳者まえがき

　日本企業に戦略がないということは、現在ではしばしば言及されていることである。ところが、そうした共通認識があるにもかかわらず、状況はなかなか改善されない。依然として過去の投影で将来計画を立案し、出現する機会や脅威に対し、場当たり的、受動的に対応している企業が多い。また同業他社の動きをすべて自社に対する脅威と受け止め、自社も同様な行動を取ることによって業界内で取り残されまいとする横並び的発想も、いまだに多く見られる。

　このような対応しかできない理由の1つは、多くの企業の経営者や戦略立案担当者が戦略とはいったい何なのか、また戦略をどのように立案したらよいのかを真の意味で理解していないことによるのではないだろうか。

　戦略立案作業ないし戦略的思考の全体像を解説しようとする試みは、過去に日本でも行われてきている。大前研一氏の『企業参謀』や『ストラテジック・マインド』はその非常に優れた例であろう。そこでは筆者独自の戦略論も数多く展開され、大きな賞賛を得ている。

　しかし近年、戦略論自体においても、またその周辺領域においても、大きな進展があった。5つの力モデル、バリューチェーン、ポートフォリオモデル、キャッシュフロー経営、コアコンピタンス、シナリオプランニング、ブランドエクイティなどのキーワード的な概念やツール、そして方法論が日本にも数多く紹介されている。ただし、それらはそれ自体として非常に優れたものであるが、それだけですべての戦略立案が完了するわけではない。これらを戦略立案に役立てるためには、それらを実際に使用できる一連のプロセスのなかに位置づけ、戦略論全体において体系的かつ客観的に整理したアップ・トゥ・デートな解説書が必要となる。

本書を訳出して日本の読者に紹介しようと考えた動機は、ここにある。本書は、現在までの主要な戦略上の概念や方法論のほとんどすべてについて解説を加え、それらを体系的に位置づけている。また、多くの戦略代替案を類型化し、整理して提供しており、既知の戦略の範囲を広げることにも役立つ。経営者や戦略立案担当者の方々には、本書によって戦略を体系的に理解していただくことができるとともに、戦略立案の座右の書としてハンドブック的に使用されることを希望するものである。さらに、ビジネスを志す学生諸氏や今後日本のビジネスの中核を担う企業人の方々にも、戦略とは何かを教科書的に理解していただく格好の書物である。

　産業の融合が起こり、Eビジネスの出現によって多くの参入障壁が崩壊し、事業に不可欠な資産と能力が大きく変化している現在、過去の戦略論は通用しないとの議論がある。それにもかかわらず本書の価値を確信する理由は、本書が戦略の基礎をなす考え方を著した書物であって、Eビジネスなどの現代的な課題はすべてこの基礎の応用編として存在していると考えられるからである。有効な戦略は時代とともに変化する。そして、戦略立案に要求されるスピードや質も当然のことながら変化していく。しかし、戦略立案の基礎トレーニングを積んでいれば、変化や事象の整理と理解、そして戦略の策定が容易となり、さまざまな変転に適時適切に対処していくことが可能となるであろう。
　日本においては戦略をアートとしてとらえる気風が強く、優れた戦略の策定は属人的な才能に依存すると考えられがちである。戦略がアートであることは否定しがたい。しかし、あたかも優れた画家が遠近法の理論学習や過去の傑作の模写を経て誕生するように、優れた戦略家であるためには戦略に関する理論と過去の有効な戦略を体系的に学習する必要がある。その理論とケーススタディを踏まえたうえでアートを付け加えることにより、有効な戦略が生み出される確率を大きく高めることができるのである。これは、経営戦略より長い伝統を有する軍事戦略において取られているアプローチでもある。
　本書がそのための理論的学習の道しるべとなることを期待するものである。そして、本書が日本企業に戦略的思考を広めることに役立てば、訳出を手がけたものとして、幸いこれにすぐるものはない。

訳者まえがき

　原著者、デービッド・アーカー氏はブランドマネジメントに関する著作を数多く有する高名なマーケティングの専門家であり、その著作の多くは日本語版として紹介されている。その著者が戦略論を書くことを意外に思われる読者も多いと思う。しかし、他の学問領域においても「○○概論」を専門とする学者がいないように、戦略論の全体を概括的に記述することを専門とする学者はいない。本書に示されているとおり、マーケティングやブランディングも戦略論の一部を成すものであり、その意味で著者が戦略を論ずることに何の不思議もない。むしろ、著者はマーケティング領域に拘泥することなく、終始客観的にさまざまな領域の研究成果を整理して戦略論全体のなかに位置づけており、それが本書に高い価値を与えている。

　本書は原書 Developing Business Strategies 第6版の日本語版である。本書の訳出作業は第5版から開始した。そして、訳出作業の大部分を終了した時、第6版出版の知らせを受けたため、その後の作業は複雑なものとなった。しかし、最新版を日本語に訳出することは、原著者アーカー氏の強い希望でもあった。また、その努力によって本書の内容はアップ・トゥ・デートなものとなり、Eビジネスや最近話題のコーポレートブランドともつながる戦略的ポジショニングなど多くの現代的テーマを備えるようになった。このたび、原書第6版の出版とほとんど間をおかずに日本語版を出版できることは、訳者の喜びであるだけでなく、読者にとっても大きな利益であると考える。

　最後に、本書を訳出、出版したいという訳者の申し出を快く承諾していただき、訳語の決定や文章の推敲についても懇切なご指導をいただいた東洋経済新報社の大貫英範氏には特別な感謝を申し上げたい。また、コンサルタントを本業とする訳者が、私的な時間の多くを訳出作業にあてるのを理解し、さまざまに支援してくれた妻智子にも、この場を借りて心から感謝したい。

2002年1月

今枝　昌宏

PREFACE
原著まえがき

　事業戦略の立案、評価および実行は、経営の成功にとって不可欠のものである。経営者が次の事項を行うとき、それをサポートするような経営システムが必要となる。

- 事業にビジョンを提供する。
- つねに変化する環境を監視し、理解する。
- 事業が直面する変化に対し適切な、ビジョンのある、創造的な戦略代替案を作り出す。
- 持続的競争優位に基礎をおく戦略を立案する。

4つの主眼点

　本書には4つの主眼点がある。1つ目は、外的環境を分析するための枠組みと方法論である。財務目標とスプレッドシートに支配された、過去の業務の自動的延長としての戦略プランニングは不適切であるばかりでなく、戦略的な変革やイノベーションを抑制し、阻害する。それとは異なって、トレンド、脅威、機会を見出すために、事業の外側に目を向け、そのうえで適切な戦略を立案すべきなのである。本書においては、経営者が戦略代替案を策定する際に役立つ外部分析の構造的アプローチを提示し、解説を加えている。

　2つ目の主眼点は、持続可能な競争優位に関するものである。持続可能な競争優位の獲得は、長期にわたる成功のためにきわめて重要であり、それなくし

ては生き残ることは難しく、また、たとえ生き残ったとしても、いずれその事業は敗退する運命にある。本書においては、読者が持続可能な競争優位に関する資産と能力を適切に選択し、またブランディング、宣伝、流通、製造、および財務に関する戦略を立案し、活用することを支援する方法論とコンセプトを提供する。

3つ目の主眼点は、投資判断に関するものである。現在の製品市場事業領域に対する投資対象の選定と投資額の決定、および将来の成長方向性を明確にすることが必要である。成長方向性の選択肢としては、現在の市場へのさらなる浸透、製品開発、市場開拓、多角化、および垂直統合などがある。本書では戦略的不確実性、ポートフォリオモデル、シナリオ分析などの多様な概念と方法論を駆使することにより、経営者が多くの戦略的投資の選択肢を見つけ出し、かつ評価することを支援する。

4つ目の主眼点は、戦略の実行である。組織構造、システム、人および企業文化がどのように戦略の成功に寄与するかを理解することは、きわめて重要である。さらに、組織は、つねに変化する環境に適応するダイナミックな戦略をどのように作り出すことができるのだろうか。戦略的優位性を獲得するために、どのようにアライアンスが用いられるのか。また、市場が敵対的であるとか、縮小しているという場合、あるいは競争が世界規模で行われる場合に、戦略の実行の問題は、どのようなものであるのだろうか。

第6版

第6版における最も明確かつ重要な変更は、「戦略的ポジショニング」という新たな章の追加である。この章は、戦略の立案と実行について他にはない特別な視点を提供する。事業戦略の外観である戦略的ポジショニングは、戦略を具体化・明確化し、戦略的施策を推進し、企業の内部および外部におけるコミュニケーション戦略をガイドするのに強力な役割を果たす。

本書の人気ある特徴は、そのコンパクトさにあった。第6版もこの特徴を維持している。本書の約30％は新たに書き加えられたものであるが、全体の長さや構造は従来どおりである。B2B、ハイテク、あるいはインターネット関連

の領域から、新たなわかりやすい例がほとんどすべての個所に追加されている。さらに、ビッグアイディア、ナレッジマネジメント、積極的パートナーとしての顧客、クリエイティブ思考、トレンドからの一時的流行の排除、技術予想、提携、戦略としての設計、下流ビジネスモデル、ブランド拡張、シナジーの幻想、グローバルブランドではなくグローバルリーダーシップ、グローバルブランドマネジメント、そして、文化と戦略を示す物語の役割などのトピックスについて、新たに改訂された個所も多い。戦略の立案とそのサポートにおけるインターネットの役割も、本書の随所に現れる。また、各章の終わりには、その章におけるまとめを付した。

本書の目的

　本書は多くの目的を有しており、これらは本書のアプローチとスタイルにも少なからず影響を与えている。本書では、次のことを試みる。

- 短期的な目標や業務上の課題に圧倒されてしまう結果生ずる弱点と問題の回避に有益な長期的視点を提供すること。資産と能力に焦点を当てること、および短期的な財務目標にこだわらないこと、などが本書のアプローチの基礎となっている。
- 起業家的な推進力を作り出すための方法論と枠組みを提供すること。効率性と起業家精神を同時に保持するにはどうしたらよいかは、多くの組織において重要な課題となっている。
- グローバルな視点を強調すること。効果的な戦略を立案するには、国際的な競合相手と市場を考慮し、かつそれらに対する敏感な対応を必要とする傾向が近年増している。
- 単に市場変化を察知し対応するだけではなく、それを予知しあるいは積極的に変化を作り出すといった、戦略市場経営のプロアクティブなアプローチを提供すること。かかるアプローチでは、戦略立案は市場と環境の動的な分析により導き出される。「戦略市場経営」という言葉のなかに

「市場」の語を含めるのは、外部指向性とプロアクティブなアプローチの強調である。
- オンラインでの戦略立案を奨励すること。オンラインでの戦略立案は、年次のプランニング・サイクル外での情報収集、戦略的状況の分析、戦略的意思決定の促進、および戦略実行計画の立案をも包含する。
- 他の多くの学問領域を利用すること。過去10年間に、多くの学問領域が戦略市場経営に関係し、また重要な貢献を行ってきた。マーケティング、組織行動、ファイナンス、会計、経営科学、および戦略自体の各分野における進展を利用し、統合しようとする努力が行われている。
- 戦略市場経営がよりプロフェッショナルに、かつ科学的となることを保証する、重要な実証的研究の流れを取り入れること。
- 戦略立案プロセスに有益であることが保証されている概念、モデルおよび方法論を紹介すること。本書で紹介する概念には、戦略グループ、撤退、参入、移動障壁、産業構造、セグメンテーション、未充足ニーズ、ポジショニング、戦略的問題、戦略的不確実性、強み、弱み、戦略的資産と能力、ブランドエクイティ、柔軟性、持続可能な競争優位、シナジー、先制戦略、戦略的提携、主要成功要因（KSF）、企業文化、組織構造、バーチャルコーポレーション、戦略の型、ビジョン、戦略的日和見主義、戦略的意思、グローバル戦略などがある。モデルや方法論としては、先駆的顧客の調査、シナリオ分析、インパクト分析、総合的品質管理（TQM）、リエンジニアリング、競争上の強みグリッド、技術予測、経験曲線、バリューチェーン分析、ポートフォリオモデル、顧客ベースの競合相手の特定、および株主価値分析などがある。

本書の構成

本書は、4つの部に分かれている。第1部では、概念、方法論、および戦略代替案を紹介し、また戦略市場経営について、その概観を全体の流れに沿って説明することにより本書の構造を提示する。第2部は、マーケティングと経済

学に大きく依拠しながら戦略的分析を扱う。戦略的分析は、外部分析（顧客分析、市場分析、および環境分析）と内部分析（財務分析、戦略的に重要な組織的特長に関する分析、およびポートフォリオ分析を含む）の両者を包含する。第3部では、持続可能な競争優位の概念、差別化戦略、ローコスト戦略、集中化戦略、先制攻撃、成長戦略における選択肢、グローバル競争、および敵対的市場あるいは衰退市場における競争について解説する。最後の第4部は、組織の概念がどのように戦略と関係するか、および正規のプラニングシステムの設定に関する解説で構成されている。

対象読者

　本書は、戦略の立案および検証の基礎として広く活用されてきた。本書はこのプロセスを効果的なものにするための、多くのツールと枠組みを提供している。

　本書は2つのタイプの経営者にとって特に有益であろう。最初のタイプは、戦略を立案する必要に迫られているにもかかわらず、それについての体系的な経験をあまり持ちあわせていない、次のような経営者の方々である。

- 最近、戦略経営を必要とする経営全般を見る立場に就いた方々。あるいは将来そのような立場に就くと考えられ、そのために準備したいと望んでいる方々。
- 中小規模の事業を経営してきたが、戦略立案およびプラニングプロセスの改善に着手しなければならないと感じている方々。

　本書は、必要とされる方法論と概念の包括的かつアップ・トゥ・デートな取扱いを解説している。さらに、それを行うための実際の様式や手順についても扱っている。

　第2のタイプの読者は、プラニングシステムの使用や戦略の作成に、ある程度の期間関与したことのある役員、部長、および企画担当者の方々である。本

書は、これらの方々に次のような有益な概観を提供する。

- 幅広い諸研究領域における、戦略市場経営に関する最近の進展。
- 戦略という研究領域をより成熟したもの、傾聴に値するものにする実証的研究。
- オンラインでの戦略的意思決定、長期的視点、起業家的推進力、国際的視点および、買収などの戦略立案の現代的重要課題に対するアプローチ。

対象読者は企業の経営者に限らない。大学、教会、博物館、あるいは警察といった非営利団体の経営者も、その戦略的意思決定に本書の多くの概念と方法論を適用することができる。

本書は、ビジネススクールやエグゼクティブ教育プログラムにおける経営戦略やマーケティング戦略のコースのためにもデザインされているし、実際にこれらにおいて活用されている。

謝　辞

本書は、多くの友人と同僚の助力なくしては完成しえなかった。本版は、私の戦略市場経営のコースに参加した多くの学生たち、才気あふれる研究助手である阿久津聰、ニコラス・ルーリー、ヘザー・ホニー、アンドリュー・シュワーツ、洞察力に富んだMBA学生であるエイミー・ルナ・カペル、イリス・M・カーディナス、ロバート・B・スピアーズ、ケビン・ストーンレイク、レズリー・トリグ、パブロ・バレンシア、ケビン・A・イェン、T・ジェイソン・ヤングの諸氏の恩恵を受けている。以前の版においてお世話になった方々として、ノーム・スマザーズ、グレゴリー・ガンラック、ロバート・ヘドン、チョーンシー・バーク、トム・ギルパトリック、フランク・アシト、ジョージ・ジャクソン、シド・ダッドリー、R・ビシュワナサン、アンドリュー・フォーマン、パトリシア・ホプキンス、ブルース・マックナブ、ジョン・B・ロード、ヤマ・イェルカー、ジーン・ラックズニアク、ドン・リーモン、ブラック・レブ、レ

イ・ミルズ、スティーブ・ペンマン、チャールズ・オーライリ、そしてデービッド・ティースの諸氏を挙げたい。これらの方々には大きな借りがあると思っている。

本版では、特に5人の方々にお世話になった。ネスレのリー・ポーターにはペットフードの例のアップデートを、偉大な編集者であり友人であるキャロル・チャップマンには本書の最後の10%に大きな貢献を、エドモンド・ワンは、第4章における高級車の例を担当していただいた。最後に、私の友人であり同僚であり、非凡な経営戦略教育者であるジム・プロストには、数多くの助言に加え世界クラスの教官用マニュアルを作っていただいた。

出版社であるワイリーとその傑出した編集者であるリッチ・エスポジトには初版でお世話になった。またジョン・ウッズ、ティム・ケント、エレン・フォード、そしてジム・マーシャルには本版でお世話になった。優秀な専門家たちに支援をいただいたことは、大きな喜びである。

本書は、母アイダ、妻ケイ、それに娘のジェニファー、ジャン、ジョリンという、私の人生における女性たちに捧げられる。彼女たちはみな、よき理解と援助、そして忍耐をも私に与えてくれた。

デービッド・A・アーカー

CONTENTS

目 次

訳者まえがき ———————————————————————— 1
原著まえがき ———————————————————————— 4

PART 1　導入と概観

第 1 章　事業戦略：概念とトレンド ———————————— 16
事業戦略とは何か　17
戦略的指針――持続可能な競争優位の獲得方法　20
戦略事業単位　23
戦略市場経営：歴史的概観　24
戦略市場経営：特徴とトレンド　28
なぜ戦略市場経営なのか　33

第 2 章　戦略市場経営：概観 ———————————————— 36
外部分析　38
内部分析　45
企業ビジョンの作成　48
戦略の認識と選択　50
戦略代替案からの選択　55
戦略立案プロセス　57

PART 2　戦略的分析

第 3 章　外部分析および顧客分析 ─── 60
外部分析　60
顧客分析の範囲　67
セグメンテーション　68
顧客購買動機　75
未充足ニーズ　80

第 4 章　競合分析 ─── 86
競合相手の特定 ── 顧客に基づいたアプローチ　87
競合相手の特定 ── 戦略グループ　90
潜在的な競合相手　94
競合分析 ── 競合相手の理解　95
競合相手の強みおよび弱み　101
競合相手に関する情報の入手　110

第 5 章　市場分析 ─── 113
市場分析の観点　114
現在の市場規模と潜在的な市場規模　114
市場成長性　117
市場収益性分析　121
コスト構造　126
流通システム　128
市場のトレンド　129
主要成功要因 ── 競争の基礎　131
高成長市場におけるリスク　133

第 6 章　環境分析と戦略的不確実性 ─── 141
環境分析の諸側面　142
戦略的不確実性の取扱い　150
インパクト分析 ── 戦略的不確実性のインパクト評価　150
シナリオ分析　153

第 7 章　内部分析 ─────────────────────── 159
　　　　財務業績──売上と収益性　160
　　　　収益性以外の業績指標　164
　　　　戦略代替案の決定要因　170
　　　　分析から戦略へ　173
　　　　事業ポートフォリオ分析　176
　　　　付録：キャッシュフロー予測──資金の源泉と使途　180

PART 3　戦略代替案

第 8 章　持続可能な競争優位の獲得 ───────────── 186
　　　　持続可能な競争優位　187
　　　　シナジーの役割　194
　　　　戦略的ビジョン 対 戦略的日和見主義　198
　　　　動的なビジョン　208

第 9 章　差別化戦略 ───────────────────── 214
　　　　成功する差別化戦略　216
　　　　高品質の提供　219
　　　　強力なブランドの構築　228

第10章　ローコスト、集中化、および先制攻撃 ─────── 238
　　　　ローコスト戦略　238
　　　　集中化戦略　246
　　　　先制攻撃　250

第11章　戦略的ポジショニング ───────────────── 261
　　　　戦略的ポジショニングの役割　262
　　　　戦略的ポジショニングのオプション　273
　　　　戦略的ポジショニングの立案と選択　287

第12章　成長戦略：市場浸透、製品拡張、市場拡大、垂直統合
　　　　　　およびビッグアイディア ─────────── 291
　　　　既存の製品市場における成長　292
　　　　既存市場に向けた製品拡張　299
　　　　既存製品を使用した市場拡大　304
　　　　垂直統合戦略　307
　　　　ビッグアイディア　313

第13章　多角化 ──────── 317
　　関連多角化　318
　　シナジーの幻想　326
　　非関連多角化　328
　　参入戦略　337

第14章　衰退市場および敵対的市場における戦略 ──── 343
　　衰退産業における成長の達成　344
　　収益性の確保と生存　347
　　搾取と収穫　348
　　売却あるいは清算　352
　　衰退環境に対する適切な戦略の選択　354
　　敵対的市場　358

第15章　グローバル戦略 ──────── 366
　　グローバル戦略を立案する動機　367
　　標準化とカスタマイゼーション　373
　　グローバルブランドではなく、グローバルリーダーシップ　376
　　グローバルブランドマネジメント　378
　　戦略的提携　381

PART 4　戦略の実行

第16章　戦略の実行 ──────── 392
　　概念的フレームワーク　393
　　組織構造　394
　　システム　397
　　人　400
　　企業文化　401
　　戦略的整合性の獲得　405
　　イノベーションのための組織　411
　　戦略市場経営の要約　415

編集協力・装丁／株式会社ライブ

導入と概観

PART1──INTRODUCTION AND OVERVIEW

第 **1** 章 事業戦略
概念とトレンド

Business Strategy:
The Concept and Trends in Its Management

　シアーズとモンゴメリー・ワードという大型小売チェーン2社は、1930年代当時、売上高、利益、能力、潜在力のいずれをとってもほぼ同等の規模であった。しかしその後20年経ったとき、シアーズはモンゴメリー・ワードの約3倍の規模にまで成長を遂げていた。モンゴメリー・ワードがシアーズのような成長を続けられなかった1つの理由は、「第2次世界大戦後には逃れられない不況が襲ってくる」とする会長セウェル・アヴェリーの盲信にあった。このため、同社は1941年から1957年のあいだにただの1店舗も新規開店をしていない。もう1つの理由は、対するシアーズが来るべき自動車社会を予見して、1946年、多額の費用を投じて郊外型ショッピングセンターへの積極的な転換に踏み切ったからである。両社とも、下からはディスカウントストア、上からは専門店という競争に対して、自らの戦略を調整するうえで困難に直面した。モンゴメリー・ワードは最終的に事業から撤退していったのに対して、シアーズはクラフツマン、ケンモア等のブランドといった強力な資産を利用する能力に基づき、生き延びたのであった。

　ウォルマートの成功は、他社が真似のできない資産と能力（コンピテンシー）に基づく高度に効率的な流通システムによるところが大きい。これらの資産と能力を開発し改良することは、ウォルマートの成功を助勢することとなった。対照的に、小売チェーンの業績が芳しくない場合、多くは必要な資産と能力を作り出すことへの失敗に起因している。メイシーズは、Eコマースの世界に入るにあたり躓いてしまったが、これは競争力ある顧客体験を提供するために必要な業務能力を開発することができず、またEコマースの業務運用を実際の店舗と結びつけることができなかったためである。

　シアーズとモンゴメリー・ワード、そしてKマート、ウォルマートなどのプ

レーヤーの明暗を分けたものは、彼らの競争環境の分析能力および健全な戦略的選択を行う能力であった。ほとんどすべての組織は事実上、戦略的決定を行うこと、ときには行わないことによって影響を受けているのである。

本書は、企業のマネージャーが戦略を見出し、選択し、実行する手助けをするために書かれたものである。意思決定の立場にいる人々に戦略的な意思決定の質を改善しうるコンセプト、方法論およびその手続きを示すことがねらいである。

本章および第2章においては、まず、戦略および戦略のマネジメントへの本書のアプローチを提示する。次に、本書に取り上げるコンセプトと方法論の全貌を紹介、全体との関係で位置づける。さらに第3章以降の章構成と位置づけを説明し、最後にまとめを提示する。第1章、第2章を読み返されることは、読者にとってきわめて有益であろう。

本章はまず事業戦略の定義から始める。ついで5つの戦略的指針について述べ、戦略事業単位のコンセプトを説明し、戦略の歴史的な概観を行い、最後に本書の提唱する「戦略市場経営」の主要な特徴、トレンドおよび理論づけを提示する。

事業戦略とは何か

有効な事業戦略の立案プロセスについて議論する前に、まず事業戦略とは何かを論ずるべきであろう。ときには競争戦略、あるいは単に戦略と呼ばれる事業戦略について、ここでは6つの要素あるいは象限を用いて定義する。最初の4つの要素は独立した企業体を含め全事業に当てはまる。残りの2つの要素は、ある事業が複数の事業単位を有する組織のなかに存在する場合にのみ当てはまる。事業戦略とは、次の各項目を定めることである。

1. **どの製品市場で戦うか** 事業の範囲は提供する製品、参入しようとする市場、競争しようとする競合相手、そしてその事業体の垂直統合の程度によって決まる。事業範囲に関する最も重要な意思決定は、ときにはどの

製品を、またはどの市場セグメントを回避するかを決めることでもある。何をやらないかを決めることは、原則的には他の市場における競争を成功させるために、資源の温存を可能にするからである。
2. **投資のレベル**　投資に関するバリエーションと分類は明らかに多様であるが、次のように選択肢を概念化することは有益である。

- 成長のための投資（または新たな製品市場への参入）
- 現状維持のための投資
- 最小限の投資による事業搾取
- 清算または売却による、最大限の資産（投資）回収

3. **選択された製品市場での競争に必要な機能領域戦略**　ある特定の競争戦略は、通常、以下のうちの1つあるいは複数の機能領域戦略によって特徴づけられる。

- 製品ライン戦略
- コミュニケーション・メッセージング戦略
- 価格戦略
- 流通戦略
- 製造戦略
- 情報技術（IT）戦略
- セグメンテーション戦略
- グローバル戦略
- インターネット

4. **戦略の基礎となり、持続可能な競争優位を提供する戦略的資産あるいは戦略的能力（コンピテンシー）**　戦略的能力とは、製造や宣伝などある事業単位がきわめて他社より秀でており、その事業にとって戦略的な重要性を持つものをいう。戦略的資産とは、ブランドや顧客ベースなど、競合相手に比べて強みとなる資源をいう。戦略立案においては、持続可能な

競争優位の基礎となる資産と能力を創出、もしくは維持するためのコストと実現可能性を考慮しなければならない。

複数の事業が存在する場合

　事業領域を絞り込んだ少数の企業を別にすれば、現代のほとんどの事業単位は他の複数の事業単位と組織的フレームワークを共有している。組織全体でいえばそれぞれが複数の事業を包含する事業単位のグループを抱えることを意味する。よりミクロの見方をすれば、単一製品が明確にセグメントされた複数の市場に投入されたり、反対に複数の製品バリエーションがすべてに共通な1つの市場に投入されることを意味するかもしれない。いずれの場合も、先に挙げた4つの戦略の概念に加え、さらに以下の2つの要素が必要となる。

5. **複数の事業単位間での資源配分**　財務的資源（財源）および工場、設備、人員などの非財務的資源はすべて、内部で調達されるにせよ外部から調達されるにせよ複数の事業単位に配分される必要がある。小さな組織であっても、資源配分に関する意思決定は戦略上きわめて重要である。
6. **複数の事業間でのシナジー効果の創出――相互にサポートあるいは補完しあう複数の事業単位による価値の創造**　複数の事業単位からなる組織であれば、シナジー効果がある場合のほうがそれを無視したり効果の引き出しに失敗した場合に比べ優位性を持つことは論理的に自明である。

　これら戦略概念の6つの要素は図表1－1に示すとおり、次の3つの中心的要素に集約される。

- 事業戦略上の製品・市場の範囲、投資の集中度合い、および複数事業間の資源配分を定めるという意味での製品市場投資判断
- 機能領域戦略――何を行うのか
- 持続可能な競争優位の基礎――機能領域戦略とマッチした資産と能力およびシナジー

図表1-1　事業戦略

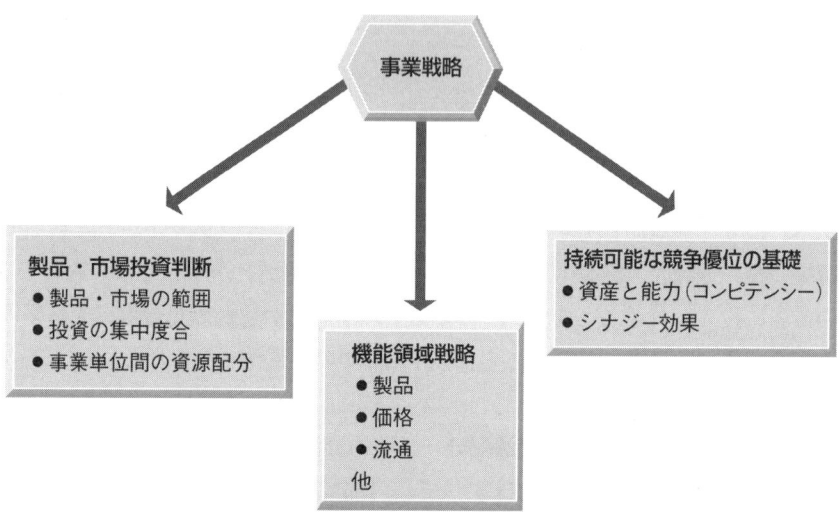

戦略的指針 ──
持続可能な競争優位の獲得方法

　戦略的指針、あるいは一般的事業戦略、テーマ、焦点、方向性などと呼ばれるものは、事業戦略と持続可能な競争優位獲得に向けたアプローチについて、共通の指針ないしテーマにより定義ないし分類する包括的な概念である。戦略的指針は数多く存在する。革新的であること、グローバルであること、起業家的であること、ITベースであることが戦略の基準となりうるし、あるいは製造機能も戦略の基準となりうる。

　包括的な2つの大きな類型が存在する。ハーバード大学の経済学者であり、影響力ある戦略研究者マイケル・ポーターは、企業にとって差別化とローコストが基本的な2大戦略であり、すべての成功した戦略はこれらの一方または両

方の指針を持っていると述べている。[1] これらに加えて、集中化、先制攻撃、そしてシナジーという、しばしば戦略的に重要であり、差別化とローコストの包括概念では容易にカバーできない3つの他の戦略的指針を議論することとする。

差別化戦略とローコスト戦略

　差別化戦略とは、製品の性能、品質、名声、特徴、支援サービス、信頼性、利便性などを高めることによって、顧客に価値を提供し、競合相手の製品に対して優位的な差を生み出す戦略をいう。インテル、サン、ハーレー・ダビッドソン、ビクトリア・シークレット、ジャガー、あるいはマリオットに見られるような成功した差別化戦略は、顧客にとっての価格の重要性を副次的なものにし、商品に高い価格をつけることを可能とする。これに対し、ジョンソン・アンド・ジョンソン、ヴァージン、ブロックバスター・ビデオの差別化戦略のように、高い価格をつけるのではなく、競合と同等の価格をつけることで顧客ロイヤルティを上昇させるという結果をもたらすケースもある。

　反対にローコスト戦略は、製品またはサービスの重要な要素において持続可能な価格優位を獲得することがその基礎となる。コストリーダーすなわちプライスリーダーとしての地位は、高い市場シェアまたは有利な原料調達や高度に進歩した生産設備などの面での優位性を持つことで達成しうる。しかし、ローコスト企業は通常、全社的なコスト削減などを含むローコストの企業文化や戦略を作り出しているものである。また、ローコスト戦略はかならずしも低廉な販売価格を伴うものではない。ローコストは、低価格に直結させるばかりではなく収益性の向上や広告宣伝の増大などにつなげることが可能だからである。

　産業によっては、ローコストと差別化のどちらか一方のみの戦略に頼る結果、競合他社に対する競争力を弱めてしまうことがある。キャタピラーはパーツの供給体制とサービスの分野で差別化し、大量生産によってローコストを追求することにより、建設機械の分野で支配的地位を占めるに至った。サウスウエスト航空は、同社独自の都市間直行モデル、ノーフリル（実質本位）のサービス、さらに効率的業務運用によりローコスト優位を達成したが、同時に定時のサー

ビスや従業員の態度とパーソナリティの観点で高度に差別化している。

　ほとんどの戦略が差別化とローコストのどちらかまたは両方を含んでいるが、他にも多くの戦略的指針あるいは戦略の類型はある。例えばイノベーションの追求、グローバルな考え方、起業家的スタイル、情報技術の活用能力などがある。ここでは、戦略的な重要性が高く、かつ差別化とローコストではカバーできない次の3戦略について考察しよう。すなわち、集中化、先制攻撃およびシナジーである。

集中化戦略

　集中化戦略とは、事業を小さな購買者グループや限定された製品ラインの部分に集中させることであり、この戦略もマイケル・ポーターによって明快に論じられている。差別化やローコストの戦略を同時に選んでいたとしても、集中化は持続可能な競争優位創造の中核となりうるものであり、その戦略的指針ともいえる。そのため、小売業者は、サイズの見つけにくい小柄な女性に集中することもできるし、ファッションアクセサリーといった比較的狭い品揃えに集中することもできる。

先制攻撃

　先制攻撃は、持続可能な競争優位の基礎をなす資産や能力を作り出すための、ある事業領域への戦略の先行的実行を意味する。先制攻撃によって「先行者利益」が生み出されれば、競合相手の同一行動、あるいは対抗を防止または阻止できる。コカ・コーラは日本の各地で最良な販売業者を押さえてしまうことによって、持続可能な競争優位を確立した。反対にペプシやその他の競合相手はコカ・コーラに販売業者を先占されたことにより、本質的に不利な立場に追いやられてしまった。

シナジー

　シナジーは、ある事業が同一企業内または同一部門内で他の事業と結びつくことによって優位性を持つ場合に発生する。例えば2つの事業があれば販売員、事務所あるいは倉庫の共用が可能で、コストあるいは投資を削減することがで

きるであろう。また、テニスシューズとテニスウェアのように、コーディネートされた製品の組合せを顧客に提供することもできるであろう。この組合せは、2つの事業が別々であった場合には存在しえなかったような価値を作り出す。

シナジーについては、第8章で持続的な競争優位の概念についてより詳しく議論する際に、また差別化戦略については第9章で議論する。ローコスト、集中化および先制的行動については第10章で詳細に説明する。

戦略事業単位

戦略事業単位（strategic business unit：SBU）とは、定義された事業戦略と収益責任を持つマネージャーを伴う、あるいは伴うべき組織単位をいう。この概念はゼネラル・エレクトリック（GE）などの会社で生まれたもので、事業単位をより自治的にし、かつ戦略策定をより非集中的にすることによって、組織内部に多角化した起業家的な推進力を生み出すための1つの手法である。

戦略事業単位は、例えば米国市場向けヒューレット・パッカードレーザージェット・プリンタというように単一のブランドと市場について設置することもできる。しかし、ほとんどの企業は、より効率的な、そしてより市場に対応した戦略事業単位を設置するために、ブランド、製品、あるいは市場の統合を考慮する必要がある。プロクター・アンド・ギャンブルは小売店の意思に従って、ヘッド・アンド・ショルダーズ、パート、そしてパンテーンといったブランドをヘアケアカテゴリーへとまとめている。ヒューレット・パッカードは主たる市場が重なり合うという理由で、業務用に設計されたいくつかのレーザージェット・プリンタを統合するかもしれない。モービルは国単位を地域へと統合しているし、他社はグローバルという戦略事業単位へと統合するかもしれない。実際、国、地域、グローバルという選択は、多くの企業が直面する重要な意思決定なのである。

統合の度合いは、類似性と規模という2つの要因に依存する。2つの事業が、例えば製造、流通、あるいは顧客といった領域で高い程度の類似性を持ってい

る場合、それらのあいだの一貫性を保つことは戦略的に重要である。これらを1つの戦略事業単位へとまとめることにより、戦略とその実行がコーディネートされることを保証することができるのである。次に、規模を考慮しなければならない。戦略事業単位は、その組織を維持するのに十分な規模を持っていなければならない。もちろん、2つの戦略事業単位で販売員や設備などの業務上の要素を共用することはできる。しかし、戦略事業単位が分かれているということは、それぞれにある程度の自律的な裁量が存在することを意味しているのである。

戦略市場経営：歴史的概観

　戦略を立案し実行するプロセスは、予算、長期計画、戦略計画、戦略経営、戦略市場経営など、長年にわたりさまざまな用語で表現されてきた。これらすべての用語は類似した意味を持っており、ときには互換的に使用される。しかし歴史的考察を行うと、いくつかの有益な違いが見出される。[2]

予算

　予算マネジメント体系の発展はおおよそ1900年代前半にさかのぼる。予算は計画との乖離をどうコントロールするか、複雑性をどうマネージするかに重点をおいたものだ。年次予算はさまざまな事業部を対象に設定され、予算からの乖離はその理由を明らかにし、回復措置が可能かどうか検討するために精査される。基本的な前提は、過去は繰り返されるということである。図表1-2はこのアプローチをまとめたものである。

長期計画

　図表1-2における2番目のマネジメントシステムは長期計画である。長く指導的な戦略理論家であったイゴール・アンゾフによって1950-1960年代に

図表1-2　経営システムの発展

	予算	長期計画	戦略計画	戦略市場経営
経営上の強調点	差異の管理と複雑性のマネジメント	成長の予測と複雑性のマネジメント	戦略的方針と必要能力の変更	戦略的に予期せぬ事態や突発的な脅威・機会への対応
前提	過去の繰り返し	過去のトレンドの持続	新しいトレンドと不連続性が予測可能	急速な変化を扱うのにプラニングサイクルは適切ではない
プロセス	←	定期的	→	随時
時期	1900年代以降	1950年代以降	1970年代以降	1990年代以降

発展されたものである。その重点は、成長を予測し、複雑性をマネージすることにある。基本的な前提は、過去のトレンドは未来にも持続するということである。長期計画のプロセスは過去のデータと経験を用いて、売上、コスト、技術などを未来にわたって予測することから始まり、将来の成長や縮小に対応するための人員計画および設備計画が立案される。時間的枠組みはかならずしも予算の場合のように限定的ではなく、状況に応じて2年、5年あるいは10年間となることがある。

長期計画に含まれるものとして、差異分析がある。差異は、予想された売上や利益が組織の目標に合致しない場合に生じる。その差異を埋めるために販売員の増加や製造設備能力の増強といった業務の変更が検討される。

戦略計画

1960年代、1970年代および1980年代に登場した戦略計画は、戦略的方針と能力の変更にかかわるものである。基本的な前提としては、過去から抽出した推定では不十分であるとし、過去の予測からの断絶と新しいトレンドへの対応のためには戦略的調整を必要とする、ということである。戦略的方針あるいは戦略的方向性の調整は、新しい製品市場への参入も含む可能性がある。研究開

発の能力（コンピテンシー）を高めることが戦略上の調整を可能にする場合もある。

戦略計画は、企業の直面する市場環境に焦点を絞るものである。したがって単なる予測だけではなく、市場環境、特に競合相手と顧客を深く理解することにも重点がおかれる。戦略計画のねらいは、現在の状況を洞察するだけではなく、戦略的な重要性を持つ変化を予測することにある。

戦略計画が予算および長期計画と似ている点は、定期的な（主に年次単位の）プラニング体系に依拠しているという点である。一般的には、組織は春か夏に戦略プランを立案し、秋にこれを年間業務計画と次年度予算立案の基礎として用いる。定期的なプラニングサイクルは、マネージャーが戦略的な問題を検討する機会と時間を提供する。このような仕組みは一見人為的なものであるが、これがなければ、戦略的思考の重要性を認識しているマネージャーでも日々の業務処理に追われてしまうことになる。

戦略計画の問題点は、戦略的分析と意思決定の必要性がかならずしも年次ベースで発生するものではないことである。環境と技術は大変な速さで変化するものであり、衝撃的な環境変化は不意に起こるものである。プラニングサイクルに依存することは場合によっては不利な、あるいは壊滅的な結果をもたらすおそれがある。通常のプラニングのプロセスを外れるような戦略的対応が抑制されている場合、特にダイナミックに変化する産業においては業績の低下を招きかねない。

戦略的意思決定を行うマネージャーを対象に、プラニングの影響について調べるためのシミュレーション調査が行われている。その調査によると、製品ライフサイクルが短くなり、製品の改変のペースが速くなるといった環境の変化が激しくなるにつれ、計画を立てて業績を予測するという型どおりの計画立案を求められた事業体は、計画をまったく行わない事業体に比べてかえって悪い業績を示すという結果になった。[3] しかし、変化があまり起こらない環境下では計画的な事業のほうが反対によい業績を示している。

戦略市場経営

　戦略市場経営、あるいは単に戦略経営とは、定期的なプラニングサイクルでは企業の外的環境で起こりうる急速な変化に十分に対応できない、との前提から生まれた考え方である。戦略的に予期せぬ事態や急に発生する脅威と機会に対処するため、戦略的意思決定は臨機応変に、定期的なプラニングサイクルにとらわれずに行われるべきものである。

　急速に変化する環境に対応するために、よりふさわしい方法論、体系および選択肢が開発されかつ活用されている。特に、定期的な分析の代わりに、あるいはそれに加えて継続的なリアルタイムの情報システムの必要性が増しているのもそのためである。より精度の高い環境調査、情報が必要とされる領域についての継続的なモニタリング、戦略的柔軟性の構築、組織全体で起業家指向を高めるような施策なども、戦略経営にとって有効である。ここでいう情報が必要とされる領域とは、新たに顧客の関心が高まりつつある領域など、戦略に影響を与えるような不確実性を持つ領域を指す。戦略的柔軟性とは、環境の突然の変化に対し、迅速かつ適切な対応が可能な戦略オプションを持つことである。

　戦略市場経営はプロアクティブ（能動的）で未来指向の取組みである。環境を所与のものとして受け入れ、戦略の役割をその環境への受身の適応であるとみなすのではなく、戦略はプロアクティブなもので、かつ環境に影響を与えうるとの認識に立つ。さらに進んで、創造的でアクティブな戦略をもってすれば、政府の政策、顧客ニーズ、技術的発展などにも影響を与え、さらにはコントロールすることさえもできる。

　自分たちの産業が今後10年間にどのように変化するのか、またその世界で競争に勝つための戦略とは何かについて、マネージャーは明確かつ共有された理解を持たなければならない、とゲイリー・ハメルとC・K・プラハラードは論じている。[4] 彼らは、マネージャーが以下のような点を重視すべきであるとしている。

- ●経営者は、未来について伝統的かつ受身型のものの見方ではなく、独自の

先見性あるものの見方を持たなければならない。
- 上級経営者は、コアのプロセスをリエンジニアリング（再設計）するのではなく、コアとなる戦略を構築し直さなければならない。
- 競合相手から、ルールの追随者ではなくルールの創造者と見られるような企業にならなければならない。
- 企業の強みは、業務効率ではなく、イノベーションと成長力でなければならない。
- 企業は、キャッチアップするのではなく、可能なかぎり最前線に出なければならない。

　図表1-2で挙げた各システムは、それぞれ前世代のシステムに置き換わったのではなく、積み重なるように発展したものである。その意味で、戦略市場経営はそれ以前の4つのシステムの要素すべてを含んだものである。すなわち、予算、予測をベースとした長期計画のアプローチ、戦略計画、そしてリアルタイムでの戦略的意思決定を実現するための取組みまでを含めた4システムをすべて包含している。戦略市場経営においては定期的なプラニングプロセスとともに、プラニングプロセス外の事象に戦略的に対応するためのテクニックが付け加えられている。

　戦略経営に「市場」という語を挿入しているのは、戦略立案は内部的な方向づけによるものではなく市場およびその環境によって推進されていることを強調するためである。それとともに、プロセスはリアクティブ（受身）ではなくプロアクティブであるべきであり、環境に対応するだけでなく環境に働きかけるべきである、ということもこの言葉に込められている。

戦略市場経営：特徴とトレンド

　戦略論という分野ではいくつかの明確な特徴とトレンドが現れつつある。そのいくつかはすでに指摘したとおりである。戦略市場経営と、同時に本書の視点とねらいについての理解を助けるためにこれらの方向性あるいはトレンドを

見ておこう。

外部指向、市場指向

すでに指摘したように、組織は外部指向でなければならない。顧客、競合相手、市場および市場をとりまく環境に敏感でなければならない。予測をベースとした内部指向の長期計画システムとは対照的に、顧客に対し敏感な、市場主導型の戦略の立案こそが目指すべきものである。

プロアクティブな戦略

プロアクティブな戦略とは、単に環境の力がなせることに対処するのではなく、環境において起こる事象に積極的に影響を及ぼそうとすることである。プロアクティブな戦略は少なくとも次の2つの理由で重要である。第1に、重要な環境変化を察知し迅速に対処する確実な方法の1つが、その環境づくりそのものに加わることだからである。第2に、環境の変化は非常に大きくなる可能性があるため、それに対して影響力を持ちうることが重要な意味を持つからである。例えば保険会社にとって、不法行為法の改正作業への参画が有益であるのはこの理由からである。

情報システムの重要性

戦略の外部指向は情報システムへの投資の必要性へとつながる。どのような情報が必要なのか、その情報をいかに効率よくかつ効果的に入手するか、その情報をどのように分析、処理、蓄積するか、といったことを見きわめることが、効果的な戦略立案プロセスにとってきわめて重要となる可能性がある。

ナレッジマネジメント

企業にとって鍵となる資産が知識へと変化するにつれて、その知識が技術、

マーケティング、プロセス、あるいはその他の成功要因のいずれに関するものであるかにかかわらず、ナレッジマネジメントは非常に重要なものとなってきている。知識は個人の頭のなかに存在している。そのため、長期にわたり蓄積して整理することができ、多くの人やグループによって共有されるようなかたちに変換することが重要である。

オンライン分析と意思決定

　企業組織は年次のプラニングサイクルのみに頼るのではなく、継続的な情報収集や分析および、それによる戦略的意思決定を可能にするようなオンライン型システムへと向かっている。そのようなシステムは設計上求められるものが多く、新しい方法とコンセプトが必要となる。システムは本質的に複雑な意思決定局面においてのサポートを提供できるように構築されている必要があるうえ、戦略的な選択を促進する必要性を探知できるような敏感さも持ちあわせておかなければならない。さらに、さまざまな状況に適応できるような柔軟性も必要である。

起業家指向の促進

　起業家精神の醸成と維持がいかに重要であるかについての認識が高まってきている。企業は機会に敏感に対応できるような組織構造および戦略市場経営をサポートするシステムを構築する必要がある。起業家的なスキルは大規模かつ多角化した企業にとって重要であると同時に、きわめて動きの速い産業、例えばハイテク企業や、ビデオゲーム、CD、映画などヒット商品を生み出す産業に身をおく企業にとっても特に重要である。このような戦略には、起業家が活躍できるような環境を提供する、という意味合いもある。

戦略の実行

　戦略の実行は、きわめて重要である。戦略がその組織にフィットするか、あ

るいは戦略に適合させるように組織の変革ができるかを考慮しなければならない。戦略は機能領域のポリシーやオペレーション計画とリンクしている必要がある。第16章では、この戦略の実行についてより詳しく取り上げる。

グローバルという現実

　企業のグローバル化はますます戦略に影響を与えるようになってきている。グローバル市場はボーイングからマクドナルドまで多くの事業体にとって重要度を増しており、他国に本拠をおく企業や他国で業務展開している企業との競争と無縁の企業はいまや希少である。グローバル化という要素は直接的間接的な機会と脅威のどちらにもなりうる。ある国の経済問題やある原料の世界的な不足が、組織の戦略にとって劇的なインパクトを持つ可能性がある。第15章では、グローバル戦略に焦点を当てる。

長期的な時間軸

　長期的な時間軸は、最終的な成功に必要な資産と能力（コンピテンシー）の開発を目的とした戦略的施策の開発と実行のため、ほとんどの企業にとって必要である。これは、原則と現実、リアルタイムの分析と戦略の柔軟性、そして短期業績をバランスさせる能力を必要とする。さらにまた、長期的視点を反映した論理構成とアプローチも必要である。

実証的研究

　ゼネラル・モーターズの事業の骨格を作ったアルフレッド・スローンや、古典的な名著『現代の経営（The Practice of Management）』の著者ピーター・ドラッカーらに代表されるように、従来の戦略論の領域は個人的な経験と洞察に基づいた概念的な考察が主流だった。[5] しかし、最近では実証的な研究も行われるようになってきている。定性的なケーススタディの手法により有益な仮説と洞察がもたらされ、さらに、多くの定量的な研究活動を通じて事業単位を

サンプルとする業績と特徴の比較研究が行われている。定量的研究活動は、いまでは戦略論の領域も含めほとんどの研究分野をカバーしているといえるだろう。理論が科学的な検証を受けうるという意味において、戦略論の領域が成熟期に到達したという重要な証左でもある。

学際的な発展

本書の目的の1つは、戦略市場経営に対し重要な概念的、方法論的示唆を与える多くの学問領域の成果を活用し、かつそれらを統合することにある。戦略市場経営から、いままでは明らかに独立したものとして扱われてきた学問領域としては、次のようなものがある。

マーケティング

マーケティングとは、その性質上、企業と市場とのあいだの相互作用に関する学問である。この10年間、マーケティングにおいても戦略的意思決定の注目度は高まっている。ブランドエクイティ、顧客満足、ポジショニング、製品ライフサイクル、グローバルブランドマネジメント、カテゴリーマネジメント、そして顧客ニーズ分析などのツールや概念は、すべて戦略的判断の改善に寄与する可能性を持っている。

組織行動

組織行動の理論家たちは、戦略と組織構造、文化、システムとの関係の解明に多大な貢献をしてきた。彼らは、これらのあいだの整合性の欠如がいかに成功を妨げるかについても明らかにしてきており、戦略実行のガイドとなる数多くの理論や概念を提供してきた。

ファイナンスと会計

これらの領域の戦略論に対する重要な貢献の1つは、株主価値分析である。すなわち戦略立案にあたっては戦略の企業価値への影響を考慮すべきである、とする理論である（第7章参照）。さらに、多角化、買収合併に関する豊富な

研究の積み重ねがあることも、戦略論の展開に貢献している。またファイナンスは、リスクの概念とそのマネジメントの理解を助けるという点でも貢献している。

経済学

　経済学のサブカテゴリーとしての産業組織論からは、産業構造、撤退障壁、参入障壁、および戦略グループなどの概念と方法論が戦略論に応用されている。さらに、取引コストの概念は、垂直統合の問題に応用されてきた。経験曲線の概念も経済学に由来するもので、重要な戦略的示唆をもたらしている。

戦略論

　戦略論の領域は、他の学問領域と重なり合ってきているだけでなく、それ自体として成熟期に入ってきている。戦略が学問として成熟してきている兆候の1つは、先述のように定量的な研究が増える傾向にあることである。もう1つの兆候は、戦略に関するツールと手法の成熟が挙げられる。さらに、主要な戦略に関する学術誌 Strategic Management Journal が戦略に理論的および実証的示唆を与える最高水準の学問的研究に対し、20年以上にもわたって発表の機会を提供してきていることからもその成熟度合いがわかる。

なぜ戦略市場経営なのか

　環境の理解と予測というのは非常に困難を伴うものであるため、戦略市場経営は、生易しい作業ではない。組織内で必要な意思疎通と選択は緊張と内部的抵抗を引き起こすことがあり、組織の最も貴重な資源であるはずの経営者の時間は、これらの緊張と抵抗を緩和することに費やされてしまう。なにもせずに機が熟すのを待ち、それに受身的に対応するというアプローチのほうが効率的でかつ適切であるように見えることもある。

　しかし、このようなコストと問題が伴うにもかかわらず、戦略市場経営には次のような可能性がある。

- **戦略の選択肢の考慮を促進する**　タイムリーで適切な対応を要するような、機会と脅威をもたらす外的環境変化とは何か。企業は、どのような戦略的問題に直面しているのか。どのような戦略の選択肢が考慮されるべきなのか。戦略市場経営を行わないということは、日常的な問題に没頭し流れに任せることを戦略として選ぶことである。戦略的意思決定が遅きに失したことによる失敗ほど、企業にとって悲劇的なことはない。
- **長期的な視点を強要する**　短期指向で経営を行うことへのプレッシャーは大きく、ときには戦略的ミスにつながりかねない。
- **資源配分決定を明瞭化する**　会計システム、政治力、あるいは惰性（前年並み、など）に資源配分を任せるのは安易にすぎる。こうしたアプローチの結果、問題を抱えた大きな事業が過大な資源を浪費する一方で、小さいが問題なく堅実な事業、あるいはまだ立ち上がっていない事業が資源不足の影響を蒙ることになりかねない。
- **戦略的分析と意思決定を支援する**　企業が情報を収集分析し、困難な戦略的判断に取り組むための概念、モデルおよび方法論が提供される。
- **戦略経営および戦略的コントロールシステムを提供する**　資産と能力（コンピテンシー）に焦点を当て、戦略的指針に関連する目的と具体的方策を考えることは、事業を戦略的にマネージするための基礎となる。
- **水平的および垂直的な意思疎通と調整のシステムをもたらす**　戦略市場経営は、問題や提案された戦略を組織内で議論するための機会を提供する。特に、より適切な言葉で議論できるようになる。
- **事業の変革をサポートする**　ある環境がきわめて安定しており、売上パターンが満足できるものであれば戦略的な変革の必要性はほとんどない。そのような場合には、戦略市場経営はさほど重要ではない。しかし、今日ほとんどの組織は急速に変化し予測不可能な環境に置かれており、それゆえ、戦略的にものごとを扱うためのアプローチが必要なのである。

まとめ

- 事業戦略は、製品・市場の範囲、事業投資の程度、機能別戦略、そして資産と能力という側面を持っている。複数の事業が存在する場合、戦略は事業単位に対する資源の配分とシナジーの創造も包含している。
- 多くの戦略的指針、ないし持続可能な競争優位の達成方法のなかで代表的なものは、差別化、ローコスト、集中化、先制攻撃、そしてシナジーである。
- 戦略市場経営は、予算、長期計画、戦略プラニングなどから発展したものであり、それらを包括する概念である。
- 戦略市場経営は、情報システムとナレッジマネジメントにサポートされており、外部指向であり、プロアクティブであり、タイムリーであり、起業家的であり、グローバルである。

注

1：Michael E. Porter, *Competitive Strategy*, New York: The Free Press, 1980, Chapter 2（土岐坤ほか訳『競争の戦略』ダイヤモンド社）。

2：このセクションと図表1-2は、イゴール・アンゾフの著作をもとに構成した。典型的な彼の論文として"Strategic Issue Management," *Strategic Management Journal*, April-June 1980, pp.131-148と"The State of Practice in Planning Systems," *Sloan Management Review*, Winter 1977, pp.61-69がある。

3：Rashi Glazer and Alan Weiss, "Planning in a Turbulent Environment," *Journal of Marketing Research*, November 1993, pp.509-521.

4：Gary Hamel and C.K.Prahalad, "Competing for the Future," *Harvard Business Review*, July-August 1994, pp.122-128.

5：Alfred P. Sloan,Jr., *My Years with General Motors*, New York: Doubleday, 1963（田中融二ほか訳『GMとともに』ダイヤモンド社）；および Peter F.Drucker, *The Practice of Management*, New York: Harper&Row, 1954（上田惇生訳『現代の経営』ダイヤモンド社）。

第2章 戦略市場経営 概観

Strategic Market Management: An Overview

　経営者による戦略的ビジョン作成、戦略的意思決定、およびその実現をサポートするように設計されたシステムが「戦略市場経営」である。戦略的意思決定とは、戦略の作成、変更および維持までをも含むものである。戦術上の決定とは対照的に、戦略的意思決定はそれを覆したり変更したりするには資源と時間の両面でつねに大きなコストがかかる。誤った意思決定を変更するためのコストは時としてあまりにも大きく、組織の存在自体をも脅かしかねないこともある。通常、戦略的意思決定は1年以上の時間的枠組みを持ち、ときには数十年の期間に及ぶことすらある。

　戦略的ビジョンとは、将来の戦略あるいは複数の戦略全体についてのビジョンである。企業にとっての最適な戦略の実現は、戦略実行の準備不足であるとか、予想されている状況が整わないといった理由で遅延するおそれもあり、戦略的ビジョンは、このような場合に当座の戦略および戦略的活動に方向性と目的を与えてくれる。

　戦略市場経営のシステムの重要な役割は、意思決定を行うだけでなくより早くその戦略的重要性に気づかせることである。戦略的対応の必要性を認識することが、多くの場合重要な第1ステップである。戦略上の多くの失敗事例は、誤った決定によるというよりは戦略的意思決定プロセスが開始されなかったために生じているからである。戦略市場経営の役割は、意思決定の代替案のなかから選択するだけにとどまらず、その複数の代替案自体を見つけ出すことをも含む。したがって、戦略市場経営においての分析の多くは代替案を見つけ出すためのものである。

　図表2-1は、戦略立案へのインプットを生み出す外部分析と内部分析の概要、さらに最終的なアウトプットである一連の戦略的意思決定を示す。これは

図表2-1　戦略市場経営の概観

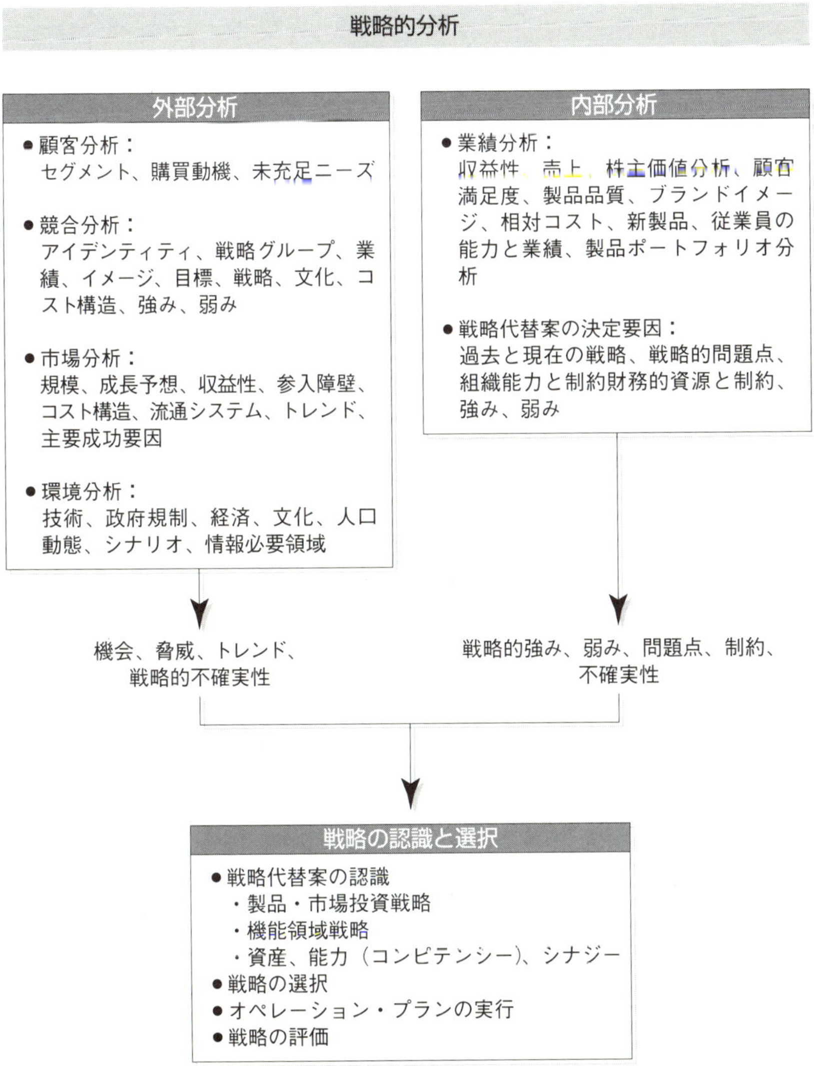

戦略的分析

外部分析
- 顧客分析：
  セグメント、購買動機、未充足ニーズ

- 競合分析：
  アイデンティティ、戦略グループ、業績、イメージ、目標、戦略、文化、コスト構造、強み、弱み

- 市場分析：
  規模、成長予想、収益性、参入障壁、コスト構造、流通システム、トレンド、主要成功要因

- 環境分析：
  技術、政府規制、経済、文化、人口動態、シナリオ、情報必要領域

↓
機会、脅威、トレンド、戦略的不確実性

内部分析
- 業績分析：
  収益性、売上、株主価値分析、顧客満足度、製品品質、ブランドイメージ、相対コスト、新製品、従業員の能力と業績、製品ポートフォリオ分析

- 戦略代替案の決定要因：
  過去と現在の戦略、戦略的問題点、組織能力と制約財務的資源と制約、強み、弱み

↓
戦略的強み、弱み、問題点、制約、不確実性

↓

戦略の認識と選択
- 戦略代替案の認識
  ・製品・市場投資戦略
  ・機能領域戦略
  ・資産、能力（コンピテンシー）、シナジー
- 戦略の選択
- オペレーション・プランの実行
- 戦略の評価

戦略市場経営の構成のみならず本書の構成をも示している。本章では、戦略市場経営を構成するこの主要3要素および重要なコンセプトの紹介を行う。

外部分析

　外部分析では組織外部での関連する諸要素の調査を行う。ここで、分析は機会、脅威、トレンド、戦略的不確実性および戦略代替案を見出すことに焦点を当て、目的をもって行わなければならない。外部分析においては事実関係の情報収集を行いすぎるきらいがある。調査範囲には限界というものが存在しないために、戦略へのインパクトがほとんどない情報収集に多くの資源を浪費してしまうおそれがある。

　外部分析のアウトプットの1つは、現在および将来にわたって、組織が直面する機会と脅威を認識し理解することである。機会とは、ある適切な戦略的対応を取った場合、売上および利益パターンにプラスの効果をもたらしうるトレンドまたは事象である。脅威とは、戦略的対応を怠った場合、現在の売上および利益パターンの大幅な悪化につながるおそれのあるトレンドまたは事象である。例えば、カロリーとコレステロールを意識する消費者が増えることは、酪農業界にとっての脅威となる。

　外部分析のもう1つのアウトプットは、戦略に影響しうる事業面および環境面の戦略的不確実性を認識することである。不確実性が重要かつ緊急である場合には、戦略的意思決定を導く詳細な分析が必要となることがあるが、通常は情報の収集だけで十分である。

　外部分析の調査の単位は、一般的には戦略事業単位である。ただし、いくつかのレベルで分析を行うことは役に立つ。下位市場（submarket）に関する外部分析は、多くの場合、戦略立案に重要な洞察をもたらす。ビール産業は成熟した産業であるが、その外部分析の範囲には、成長性が高く重要な特性を持つ輸入ビールやノンアルコールビールといった下位市場の分析をも含むべきである。また、対象セグメント、競合相手、環境トレンドという点で同じ特徴を持つ複数の戦略事業単位をひとまとめにして、事業部といったより大きいくくりでの外部分析を行うことも可能である。

　外部分析については、第3章の初めでさらに論じる。顧客分析、競合分析、市場分析および環境分析という4要素がその構成要素となる。

顧客分析

　顧客分析は外部分析の最初のステップであり、第3章の中心テーマである。顧客分析としてはその事業における顧客セグメントの特定、個々のセグメントの購買動機と未充足ニーズの分析などが含まれる。セグメントの特定とは、複数の製品市場を定義づけ、それぞれの市場に対しどの程度の投資をすべきかという、戦略的な投資判断を構築することである。顧客購買動機を分析すれば、ある市場分野で持続可能な競争優位を獲得または維持するための努力を続けられるか、続けるべきかどうかを判断するための必要な情報を得ることができる。未充足ニーズすなわち既存製品が現状満たしていないニーズの分析は、すでに地位を確立した競合他社を打ち負かす決め手になるという意味で戦略的重要性がある。

　高級ホテル産業であれば、1つのセグメンテーションのパターンは観光客、会議出席者、それにビジネス旅行者を区別することである。各タイプの旅行者は異なる購買動機を持っている。観光客は価格、会議出席者は会議設備、ビジネス旅行者は快適さを重視するであろう。観光客セグメントには、観劇やコンサートなどのイベントチケットを得るという点で未充足のニーズが存在するかもしれない。

　冷凍菓子産業の製品にはチョコレートコーティングのアイスクリーム、ポプシクル（棒付きアイスの一種）、ジュースバー、プディングバー、アイスクリームクッキーコンビネーションなどのように1個ずつ包装された冷凍のスナック、それにデザートがある。この産業をセグメント化する方法の1つは、小売りとフードサービスを区別することである。フードサービスには学校、病院、レクリエーションの設備などが含まれ、このセグメントは製品の在庫管理と配送の容易さを重視するであろう。この市場はさらに、購買動機によってセグメント可能である。カロリー、乳脂肪率、味、爽快さ、価格あるいは利便性の追求度合いによってグループ分けができる。1980年代初頭、この市場には栄養価の高い製品に対する未充足ニーズがあったからこそ、冷凍フルーツバーの発売へとつながったのである。

競合分析

　第4章で扱う競合分析は、現在の競合相手と潜在的な競合相手を特定することから始まる。競合相手のなかでもとりわけ競合の度合いが激しい相手がいるものである。

　パワーバーは軽食用バーを生産しており、他の軽食用スナック（バランスなど）と最も直接的に競合する。しかしそれは、同様に軽食用ドリンクやキャンディーなどの他のスナック類とも競合している。直接的に競合する競合相手を最も綿密に調べるべきではあるが、通常すべての競合相手が戦略立案にとって重要なものとなる。

　特に競合相手が多い場合には、類似の特性（サイズ、資源など）、強み（ブランド、流通など）、戦略（高品質戦略など）を備えたものごとに戦略グループとしてまとめて扱うことは有益である。高級ホテル産業であればビジネス客向けに快適さを提供するものと、豪華さや名声を追求するものとに分けることができるであろう。これらの2グループはさらに、本社に予約システムを備えたホテルチェーンのメンバーと、独立系ホテルとに分類しうる。強力なアイスクリームのブランドを持つ地方の乳業メーカーは冷凍菓子産業における戦略グループの1つと見ることができる。ナショナルブランドの宣伝販促攻勢にさらされて衰退しているグループである。

　戦略を立案するためには、競合相手の次の点を理解することが重要である。

- **業　績**　競合相手の売上、売上成長率および収益性は、その会社の健全性について何を示唆しているか。
- **イメージとパーソナリティ**　競合相手はどのようなポジショニングを持ち、顧客からどのように認識されているか。
- **目　的**　競合相手は、その事業に強くコミットしているか。急成長を目指しているのか。
- **現在および過去の戦略**　現在および過去の戦略は、この競合相手の将来の戦略的行動に対しどんな示唆を与えるか。
- **文　化**　その企業にとって何が最も大切なのか。コスト管理か、起業家精

神か、あるいは顧客か。
- **コスト構造** 競合相手は、コスト優位を有しているだろうか。
- **強みと弱み** ブランド、流通、研究開発などは、強みであろうか、弱みであろうか。

このうち、最も注目すべきは競合相手の強みと弱みであろう。戦略の立案においては、多くの場合競合相手が弱い部分に攻め込むか、競合相手の強い部分をくじく、あるいは回避することに焦点を絞ることになるからである。

市場分析

　第5章のテーマである市場分析には、2つの主な目的がある。第1に、市場と下位市場の魅力度を見きわめることである。市場全体として、競合各社は十分に利益を上げているだろうか、それとも損失を出しているだろうか。市場がきわめて厳しい状況であり、すべての会社が損失を出しているようであれば、その市場への投資は差し控えるべきであろう。第2の目的は、脅威と機会を見つけ出し、戦略を適合させるために市場のダイナミクスを理解することである。市場分析にはこうした目的を充たすための、市場規模、成長性、収益性、コスト構造、チャネル、トレンド、主要成功要因などが含まれる。

規　模

　規模は、市場あるいは下位市場の基本的な指標である。現在の規模だけでなく市場の潜在的可能性も分析の対象となる。つまり、新たなユーザーを引きつけ、新たな用途を見つけ、あるいは既存ユーザーに製品やサービスをより頻繁に使用させることができるようになった場合の付加的な売上までも考慮すべきである。

成長の見通し

　分析においては、成長トレンドおよび産業と下位市場の製品ライフサイクルの段階を評価する必要がある。衰退産業への投資も、かならずしも愚かとはい

えないが、それが成長産業であるかのような誤った印象を持って投資する場合は例外である。反対に、成長局面を認識することは、かならずしも企業にとって魅力的な投資機会とは限らないが、きわめて重要である。

市場収益性

　市場の収益性は、次の5要素に依存する。既存競合相手の数と力、新規参入者の脅威、代替品の脅威、供給者の交渉力、そして価格上の譲歩を強いる顧客の交渉力である。高級ホテル産業は価格引き下げに対し強い交渉力を持つ会議業者と立ち向かわざるをえないが、そのことは市場の収益性に影響を与えている。重要な構造上の要素として参入障壁があり、これは参入を目指す企業が克服しなければならないものである。シカゴにおける高級ホテル産業の参入障壁は、ホテル事業に好適な立地の入手可能性である。

コスト構造

　コスト構造に関する問題の1つは、どの付加価値段階が最大のコスト構成要素となっているかということである。小包配達システムの場合なら、集荷と配達、仕分けと積込み、都市間輸送、顧客サービスなどのそれぞれがコスト構成要素に当たる。最大のコスト構成要素となる、付加価値段階でのコスト優位を達成することがきわめて重要である。コストに関するもう1つの問題は、その産業が経験曲線モデルに基づいたローコスト戦略にふさわしいかどうかである。これについては第10章で議論する。

流通チャネル

　流通チャネルの選択肢とトレンドについて理解することは、戦略的に大きな価値がある。ガソリンスタンドでのセルフサービス化の動きとそれに伴うコンビニエンスストアの成長は、アーコ・グループのコンビニチェーンam/pmの例に見られるように、石油会社や石油小売会社ばかりでなく食品小売企業にとっても戦略的重要性を持つ。

　冷凍菓子業界では、製品の種類が増えすぎたために流通の目詰まりが問題になっている。発売中の冷凍菓子は2000品目を下らないが、食料品店の冷凍食

品コーナーにはわずかに100品目分のスペースしかない。強力なバックアップがない製品や大きな売上を達成する力のない製品は、店内のスペース確保に支障が出てくる。この場合、この分野の3番手という安泰な地位にあるブランドであっても棚スペースを得られないおそれがある。

市場のトレンド

　市場のトレンドは、現在あるいは将来の戦略と市場の収益性の評価に影響を及ぼす。高級ホテル産業での重要なトレンドは、書物やビデオを備えたリビングルームや書斎、インターネットアクセス、大型冷蔵庫、エレガントな家具といったホテルアメニティーを持つビジネススイートである。いくつかのホテルチェーンでは全室がこの手のスイートルームというホテルを建設し、積極的に宣伝している。このようなホテルは特に女性のビジネス客に人気が高く、全ホテル平均より6％高い70％もの稼動率となっている。

　冷凍菓子業界のトレンドとしては、「健康的な」菓子への需要の増加、ドールなどのような強力なブランドの活用、競合会社どうしの統合集約、製品増殖、広告宣伝の強化などが見られる。

主要成功要因

　主要成功要因とは、市場において勝ち抜くために必要なすべての競争上の資産あるいは能力をいう。それが実際上の優位点である持続可能な競争優位であるか、単に企業の競合相手と同等の点であるかを問わない。高級ホテル事業における主要成功要因は、雰囲気やサービス品質のような、イメージに寄与する特性といえよう。

　Eコマースの領域では、3つの主要成功要因が出現しつつある。個人の購買習慣や購買動機を追跡し記録する能力、個々の顧客に対して製品やその体裁を適合させる能力、そして顧客と意見交換をする能力である。短期間に優位なポジションを確立し、長期的にも勝利者となる企業は、これらの主要成功要因を備えている。

環境分析

　組織が直接に接する市場や競合の外側にある外的な力もまた、組織の活動と方向性を形成する重要な要因である。第6章の主題となる環境分析とは、これらの力によってかたち作られ顕在化しつつある機会と脅威を見つけ出し、理解するプロセスである。環境分析の範囲は、取扱い可能かつ関連した分野に限定することが重要となる。範囲が広がりすぎたり、情報量が膨大になりすぎると身動きが取れなくなってしまうおそれがあるからである。環境分析は技術、政府の規制、文化、経済および人口動態の5項目の構成要素に分類することができる。

　技術の進歩は産業を劇的に変革し、従来技術に依拠することで収益を挙げている企業には困難な判断を迫る。例えばマイクロプロセッサ、インターネット、そして無線通信はさまざまな産業を変化させた。情報技術はホテルに対して、顧客に効率的に個別対応可能なサービスシステムを構築・運用することで、非常に大きな優位性をもたらした。

　政治・行政面の環境は、政治的に微妙な状況にある国々で操業する多国籍企業にとっては特に重要となることがある。高級ホテルチェーンにとっては、計画中の新しいホテルに影響を及ぼすような建築関係の法律や規制は大きな関心事であろう。

　戦略的意思決定は、さまざまな状況で文化的な環境の影響も受ける。衣料関連の業界の主要成功要因は時代のファッションを取り入れることであり、冷凍菓子業界にとっては、栄養と健康に対する関心の高まりの背後に隠れた理由を理解することも戦略立案上重要である。

　ある国や産業が直面している経済的環境についての知識は、その産業の長期的な売上を予測し、特別なリスクや脅威を特定するうえで役に立つ。ホテル産業は、全体的な経済状況と主要な顧客セグメントの売上とのあいだに関連性を見出すであろう。経済が停滞しているときは、ビジネス出張者も減少する傾向がある、といった関連性である。

　人口動態トレンドは多くの企業にとって重要である。主な顧客が幼児、学生、ベビーブーマー、定年退職者といった特定の年齢グループに属している企業に

とっては、人口の年齢構成パターンはきわめて重要である。冷凍菓子業界にとっては、子供人口の伸び悩みは深刻な問題で、その打開のために子供だけでなく大人にもアピールするような製品を開発するようになった。

外部分析によって見出された戦略的不確実性は、継続的な情報入手を要する、戦略的に重要な「情報必要領域」を浮かび上がらせる。これにより、特別な調査や継続的な情報収集の正当化も生まれてくる。

戦略的不確実性はまた、将来環境をおおまかにつかむための2、3の将来シナリオ作りにも使われる。戦略的不確実性に基づいて、1つは楽観的、もう1つは悲観的、そして3つ目はその中間といったシナリオの設定が可能である。冷凍菓子業界の、この先5年間の悲観的シナリオを描けば、競合数の増大や競争の激化といった展開を予見することにもつながる。こうしたシナリオは、いずれも戦略的な示唆を含むものでなければならない。

内部分析

内部分析は、図表2-1に要約されているとおり、戦略的に重要な組織の状況について詳細に理解することを目的とする。第7章で詳述するが、具体的には業績分析と、強み、弱み、戦略上の問題など戦略を決定づける主要因の分析を指す。内部分析は外部分析と同じく、通常は戦略事業単位を分析の単位とするが、事業部や会社など複数の戦略事業単位の集合体ごとの分析も有効である。

業績分析

収益性と売上を分析すれば、過去の戦略が適切だったかという評価、および現在の市場でその製品ラインが存続できるかどうかについての判断材料が得られる。事業が株主に価値をもたらしているかどうかを見きわめるためには、最も一般的に用いられる指標である総資産利益率（ROA）を資本コストとの対比で吟味する必要がある。ただしROAは会計的評価手法の制約上、歪められているおそれがあり、例えば、ブランドエクイティなどの無形資産の価値は

ROAに反映されていない。売上は長期的なスパンで顧客ベースの変化を反映しうるもう1つの業績指標である。

株主価値分析は、特定の戦略に関連して、その事業が生み出すであろうキャッシュフローを割り引いた現在価値を計算することがベースとなる。その手法は理論的に正当であり、過去の戦略の結果を測る現時点の財務分析とは違い、将来指向である、という点で適切でもある。ただし、財務的な指標にかたよって過度に注意を集中するため、戦略の効果を測る他の業績指標は軽視されるきらいがある。株主価値分析に必要な複数の予測値を作成することは困難な作業であり、さまざまなかたよったものの見方に左右される。

むしろ、次のような非財務の業績評価指標のほうが、長期的な事業の健全性についてのよりよい指標となることが多い。

- **顧客満足度／ブランドロイヤルティ**　顧客を引き付け、ロイヤルティを構築するという面で他社と比較した場合、自社はどうなのか。
- **製品／サービス品質**　自社の製品は顧客に価値をもたらしているか。またそれは、企図したとおりの性能を示しているか。
- **ブランド／企業イメージ**　顧客は品質、革新性、製品の専門性、顧客対応などに関して自社に対してどのような印象を持っているだろうか。
- **相対コスト**　原材料、組立て、製品デザインあるいは従業員給与について、自社はコスト優位性を有しているだろうか。
- **新製品開発活性度**　自社は、インパクトのある新製品開発あるいは製品改良を継続的に行ってきているだろうか。
- **経営者／従業員の能力と実績**　自社は、戦略をサポートするのに必要な人材の種類、数、厚みを持っているだろうか。

製品ポートフォリオ分析

製品ポートフォリオ分析は、個々の事業領域における自社の業績および強みと、その事業領域自体の魅力度とを考慮する。目標の1つは、新製品と成熟した製品とのあいだの適切なバランスを取りながら事業ミックスを作ることである。新製品を生み出せない組織は停滞し、衰退していくことになる。キャッシ

ュを生み出す製品と、キャッシュを必要とする製品のあいだにもまた、バランスが取れていなければならない。

戦略オプションの決定要素

　内部分析においてはさらに、戦略オプションに影響を及ぼす事業の特性についても検討を加えるべきである。図表2-1に示したように5つの領域、すなわち過去と現在の戦略、戦略上の問題、組織の能力と制約、財務的資源と制約、強みと弱みである。

戦略のレビュー
　過去と現在の戦略は将来の戦略を決めるうえでの重要な基準として、十分に理解しておくべきものである。その戦略は搾取型、現状維持、成長のいずれかであったか。差別化、それともローコストの要素を含んでいたか。何をターゲットセグメントとしていたか。持続可能な競争優位は何か。

戦略上の問題
　戦略上の問題とは、その問題が解決されない場合には、戦略上重大な損害をもたらすおそれのあることである。航空会社は新たな機材を購入するためには資金の工面が必要だというような場合、戦略上の問題に直面する。機器メーカーは品質上の問題を抱えているかもしれない。問題は弱みとは違う。企業にとっての弱みとはむしろ特徴と呼ぶべきものであり、立地の悪さといった場合、企業は耐え忍ぶしかないことがある。もちろん、弱みもときには解決が可能なこともある。例えば、ホテルの立地なら変更することはできる。しかし一般的に、戦略上の問題は解決できるものであるが、弱みは戦略によって中和するか、強みによって克服するしか方法がない。

組織の能力と制約
　内部分析は、内部組織すなわち組織構造、システム、人、文化を調べることを含む。内部組織は次のものの源泉になっている場合、戦略的な重要性を持つ。

- **強　み**　ある種の企業にとって社内の文化はきわめて強力であり、持続可能な競争優位の基礎を提供することがある。
- **弱　み**　ある種の企業は、マーケティング力が事業の成功の鍵となる分野であるのに、かんじんのマーケティングの人材を欠いている、ということがある。
- **制　約**　提案された戦略は内部組織と適合している必要がある。組織を現実的な目で評価した結果、ある戦略は事前に除外されるべきだと判断されることもある。

財務的資源と制約

　投資に使用可能な財務的資源（財源）の分析は、期待されるキャッシュフローの範囲であれ、負債による調達を必要とするものであれ、どれだけネットで投資すべきかを考慮するために有効である。その結果、向こう数年間にその事業に投資可能なのはわずか2000万ドルだけ、というような財務的制約が生じかねない。

強みと弱み

　将来の戦略は多くの場合、強みを生かすか、弱みを中和することによって形成される。強みと弱みは、ブランドなどの資産に基づくこともあれば、広告や製造といった能力（コンピテンシー）に基づくこともある。

企業ビジョンの作成

　企業ビジョンは、いくつかの役割を何十年もの長期にわたって果たす力を持つ。第1に、ビジョンは企業の戦略上進むべき経路を示し、戦略を導くことができる。第2に、ビジョンは事業のコアの部分を永続させ、企業のコアコンピテンスが維持されることを保証する。第3に、これがおそらく最も重要なことであるが、ビジョンは組織の人々を精神的に鼓舞することができる。それは、達成しがいがあり、崇高な目的、しかも単に株主の富を最大化する以上の目標

を与えることによってである。ジム・コリンズとジェリー・ポラスは、ビジョンに富む企業（ビジョナリーカンパニー）についての洞察力ある研究を行っており、事業のビジョンは、コアとなる価値観、コアとなる目的、そしてきわめて大胆なゴールという3要素を含むべきであると述べている（図表2-2）。[1]

コアとなる価値観とは、通常数にして3ないし5の要素に絞られ、組織の原則を導くべく長期にわたり情熱をもって持ちつづけられるべきものである。プロクター・アンド・ギャンブルのコアとなる価値観は、消費者に価値をもたらすこと、ブレイクスルー型のイノベーション、および強力なブランドの構築におかれている。ウォルト・ディズニーのコアとなる価値観は、イマジネーションと健全性といえるかもしれないし、ノードストロームでは顧客へのサービス、信頼、スタイルのある商品ということになるだろう。コアとなる価値観は、組織の内部から生まれてくる。それは、現在の組織の本質を表現するものであり、将来こうありたいと思うこととは異なる。

コアとなる目的は、100年は持ちこたえるべきものであり、現在の製品やサ

図表2-2　企業ビジョン

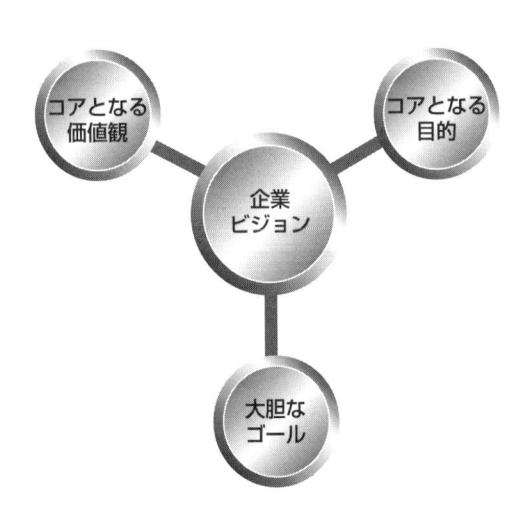

ービスを超えた組織の存在理由である。スリーエムにとってコアとなる目的は、「未解決の問題をイノベーティブに解決すること」であり、ヒューレット・パッカードでは「人類の進歩と福利のために技術的な貢献を行うこと」である。マッキンゼー・アンド・カンパニーは「一流企業や政府をさらに成功させること」とする。メルクでは「人の生活を守り、改善すること」、ウォルト・ディズニーにとっては「人々を幸福にすること」である。コアとなる目的を見つけ出す1つのアプローチは、5回「なぜ」と繰り返し尋ねることである。事業の説明から始め、「なぜそれが重要なのか」という質問を5回繰り返してみる。その過程で事業の本当のエッセンスに辿りつくことができる。

大胆なゴール（BHAG：big, hairy, audacious goals）は、明快かつ説得力をもって意欲と挑戦心をかきたてるものであり、次のようないくつかのかたちを取ることができる。

- **目　標**　1990年当時、ウォルマートは2000年までに1250億ドル規模に到達することを目標としていた。
- **共通の敵**　1990年代、アディダスは組織がかりで共通の敵であるナイキと伍するという目標に集中し、それによって力づけられた。
- **手　本**　ワトキンス・ジョンソンは、ヒューレット・パッカードが今日受けているのと同様の尊敬を20年以内に受けられるようになりたいという目標を立てた。
- **内部変革**　ロックウェルは、世界で最も多角化の進んだハイテク企業になるという目標を立てた。

戦略の認識と選択

　外部分析と内部分析の目的は、2つある。1つは戦略代替案を作り出すためであり、もう1つはそれらの代替案から戦略を選択するうえでの基準を提供することである。
　図表2-3に、戦略代替案を認識するための3通りの方法をまとめた。第1

に、対象となる製品市場を選択し、個々の製品市場にどれだけ投資を配分したらよいのかを決定することであり、第2に、機能領域戦略を立案すること、そして第3に、それらの製品市場における持続可能な競争優位の基礎を見きわめることである。

製品市場投資戦略

製品の定義

多くの戦略的意思決定は、現実には製品に関するものである。どの製品ラインを継続するか、どれを追加するか、そしてどれをやめてしまうか、である。マザーズ・クッキーは、クッキー事業は行うがクラッカーや製パン事業は行わ

図表2-3　戦略代替案の選択

戦略代替案の認識	・製品市場投資戦略 　　・製品・市場の範囲 　　・成長方向性 　　・投資戦略 ・機能領域戦略 ・持続可能な競争優位の源泉 ── 資産、能力（コンピテンシー）、シナジー
戦略選択の基準	・シナリオを検討する：戦略上の不確実性と外部環境にある機会、脅威からの示唆によって行う。 ・持続的な競争優位を追求する。 　　・組織の強みや競争相手の弱みを利用する。 　　・組織の弱みや競争相手の強みをやわらげる。 ・組織のビジョン・目標と整合性を持っていること。 　　・長期的な投資収益を達成する。 　　・ビジョン・目標と矛盾がないようにする。 ・実行可能であること。 　　・利用可能な資源だけを必要とする。 　　・内部的な組織と整合性を持つ。 ・企業内の他の戦略との関係を考慮する。 　　・製品ポートフォリオのバランスを考える。 　　・柔軟性を考慮する。 　　・シナジーを利用する。

ない。ナイキは、カジュアルなスポーツウェアの製造事業ではなく、スポーツとフィットネスの事業に属していると定義し直してから、再度軌道に乗った。

市場の定義

　企業は、自社が競争優位を持つ市場を選択しなければならない。カリフォルニアのある小さな信用組合は、その支店周辺に住む個人貯蓄者を対象顧客とすると定義した。ディーン・ウィッターは個人投資家に集中し、抵当業務からは手を引いた。ガーバー・プロダクトは市場定義を年齢で制限し、幼児と児童を対象市場と定義した。サービスマスターは同社の事業が、病院その他ヘルスケア施設のメンテナンスニーズを対象とすることであると定義した。このように事業の焦点を絞り込むことは、事業運営上の原動力となる。

垂直統合

　製品市場の観点ではカバーされない戦略オプションの1つが、垂直統合である。出版社のなかには、製紙業や木製品の取り扱いへと後方統合したものがある。ゼネラル・モーターズはバッテリー、点火プラグ、その他多数の自動車用部品も生産している。ナイキやリーバイ・ストラウスなどの企業は小売へと前方統合する選択肢を有している。問題は、企業がどの程度の垂直統合を行うべきか、ということである。垂直統合によって支配力が増し利益増加の可能性がある一方、リスク増加と関連投資によってリスクが増加し柔軟性が喪失されるというトレードオフの関係にある。このことについては、第12章で詳細に論ずることとする。

成長方向性

　戦略の立案にとって、静的ではなく動的なフォーカスを持つことが重要である。図表2－4に示す製品市場マトリクスは、成長方向性のオプションを見つけ出し、動的な視点を得るうえで役に立つ。
　この製品市場マトリクスでは、成長のための4つのオプションが示されている。第1のオプションは既存の製品市場へのさらなる浸透である。競合相手から顧客を奪う、あるいは既存顧客による使用頻度を高めるといった方法がある

図表2-4　製品・市場成長方向性

	既存製品	新製品
既存市場	市場浸透	製品拡張
新市場	市場拡大	多角化

垂直統合

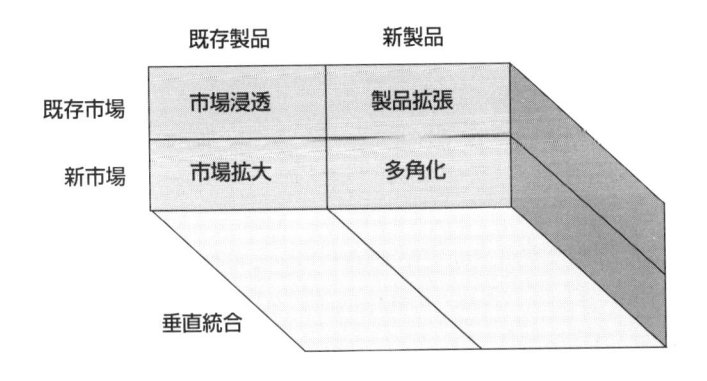

だろう。第2のオプションは既存の市場にとどまりながら製品ラインを拡張することである。ヘルスケア施設にクリーニングサービスを提供している企業であれば、購買やビルメンテナンスなどヘルスケア施設の他の管理業務へと拡張することができる。3番目のオプションは、同じ製品を新しい市場に投入することである。先のヘルスケア施設向けクリーニング企業は、他の産業へとクリーニングサービスを拡大することができる。これら成長の3オプションについては、第12章でより詳しく見ていくこととする。第4の成長オプションである新たな製品市場への多角化は、第13章で詳しく論ずる。図表2-4には、製品市場マトリクスにさらに垂直統合という5番目の成長オプションを表す別の次元の軸も付加されている。

投資戦略

　どんな製品市場においても4種類の投資オプションを採用することができる。参入あるいは成長するための投資、既存のポジションを維持するための投資、投資を回避して事業縮小（収益のみ搾り出し続ける）、あるいは撤退する、という4つである。撤退という選択肢が浮上するのは、事業の見通しが極端に悪くなった場合や、その事業領域が会社の全社的な方針と適合しなくなった場合であろう。

機能領域戦略

　事業戦略の立案は、販売、ブランドマネジメント、研究開発、製造、そして財務などの各機能領域における戦略を明確化することを含んでいる。さまざまな機能領域を互いに矛盾しないように調整することは、実際には困難な作業である。この作業を進めるうえでは、戦略的目的が重要な役割を果たす。

　持続可能な競争優位を達成するための、機能別の経路に対応する5つの戦略的指針は第1章で紹介したが、この点については第9章および第10章においてさらに詳しく論じる。これらの戦略的指針を達成する手段はさまざまである。差別化は製品品質、製品特性、イノベーション、サービス、流通、強力なブランド名など各側面から行うことができる。ローコスト戦略は、累積生産量の増加に伴うコスト削減効果を表す経験曲線をもとにすることもあれば、製品設計の簡素化あるいは生産工程の自動化などに基づいて行うこともできる。

　第1章で紹介したその他の戦略的指針、すなわち集中化、先制攻撃、シナジーは、差別化およびローコスト戦略と併せて用いられる戦略的指針である。集中化戦略を取る企業は、製品ラインであれ市場であれ資源を狭い範囲に集中して振り向けることとなる。先制攻撃では、「先行者利益」を作り出すことを試みる。冷凍菓子産業で最初に新しいタイプの菓子を市場に投入して認知度を高めた企業は、通常、相当に大きな持続可能な競争優位を得る。シナジー戦略は、企業内のほかの事業とのつながりを活かすことを目指す。複数の事業の研究開発スタッフが設備を共用できるようになれば、コストを削減し、有効性を向上させることができる。

持続可能な競争優位の基礎

　戦略が長期間有効であるためには、その戦略はその企業独特の事業の組合せに基づく資産やコンピテンシー（能力）、あるいはシナジーを反映したものでなければならない。したがってどの資産、能力、シナジーを開発し維持するかがきわめて重要な判断となる。重視すべき資産や能力の候補を見つけ出す方法については、第4章で示す。

戦略的ポジショニング

　戦略的ポジショニングは、顧客、従業員そして提携先から、事業の競合相手や市場との関係においてその事業がどのように知覚されるかを明示するものである。戦略的ポジショニングは、事業戦略のエッセンスを表現している。ニーマン・マーカスは、流行に敏感で高級な購買層のための感覚鋭敏な小売店としてポジショニングしているし、ハーレー・ダビッドソンは、自由な走りにこだわるライダーのためのパワフルなオートバイとしてポジショニングしている。

戦略代替案からの選択

　図表2－3では、戦略代替案の選択に役立つ基準のリストを、大きく5領域に分けて示している。

- **シナリオを検討する**　将来のシナリオは、戦略的不確実性、環境上の機会や脅威が刺激となって生まれる。「バッテリーにおけるブレイクスルー的な技術革新が電気自動車を実現可能なものにするかどうか」という戦略的不確実性は、YesとNoという2種のシナリオに結びつく。環境汚染取締りの強化という脅威もまた、自動車会社やエネルギー会社の戦略に関連するシナリオを生み出すことになる。こうして見出されたシナリオごとにそれぞれの戦略オプションを評価することは、有意義であり、また賢明なことでもある。
- **持続可能な競争優位を追求する**　戦略の一部に持続可能な競争優位が存在するかどうかも、運用上の有用な判断材料である。競合の反撃にあっても長期間持続可能であるような、真の競争優位をその事業が持ちえなければ、魅力ある長期的利益を得るのは望み薄であろう。持続可能な競争優位を達成するためには、戦略は組織の資産と能力を最大限に活かし、自社の弱みをやわらげるものでなければならない。
- **組織のビジョン・目標と整合性を持っていること**　組織のビジョン（将来

の戦略はどうあるべきかということ）と組織の目標を掲げる第一の目的は、戦略的意思決定をしやすくすることである。したがって、ビジョンや目標に立ち返ってみることは重要である。もちろん環境が変化すれば、ビジョンや目標も変わることはありうる。戦略を変更するという明確な判断を下すことは、魅力的な代替策が現れたときにそれを無視することとは大きく異なる。

- **実行可能であること**　より現実的な選択基準として、戦略は実行可能でなければならない。戦略は、その組織が使用できる資源の範囲内で立案される必要があり、さらに、組織構造、システム、人、文化といった他の組織的特性とも調和していなければならない。これらの組織的な考察は、第16章で行う。
- **企業内の他の戦略との関係を考慮する**　戦略は、他の事業単位と次の点で関係している。
  - ▷ **キャッシュフローの源泉と使途のバランスを取る**　いくつかの事業単位はキャッシュフローを生み出し、他の事業単位は魅力的な投資機会を提供する、というように企業内においてキャッシュフローの源泉使途のバランスが取れていなければならない。これについては、第7章および第13章で詳述する。
  - ▷ **柔軟性の強化**　固定資産への投資、長期契約、垂直統合などは企業にとって重大な拘束であり、戦略上の柔軟性は通常失われやすい。
  - ▷ **シナジーの利用**　シナジーの可能性を利用しない企業は、せっかくの機会を逸することになる。

戦略の実行

　戦略の実行段階では、選択された戦略代替案を活動計画に落とし込むことになる。新たな市場に参入する場合には、参入の手段となる製品を開発あるいは買収するための、体系的なプログラムが必要になる。強力な研究開発グループを組織しなければならない場合であれば、人員を採用し、組織し、施設を取得するというプログラムが必要となる。活動計画は1年以上の期間を対象とする

こともある。今後1年間を見通して、具体的な短期目標を含む詳細な計画を作成することは役に立つ。

戦略のレビュー

　戦略市場経営のシステムにおいてきわめて重要な問題の1つは、戦略の見直しと変更が必要な時期を見きわめることである。通常、戦略の成果および環境について、いくつかの重要な指標をつねに監視する必要がある。売上、市場シェア、粗利益率、利益、ROAなどが定期的な報告・分析の対象となるかもしれない。外部に関しては、情報のモニタリングプロセスはより困難であり、有効な情報収集システムを必要とする。システムの中心となるのは、継続的な考慮を必要とする一連の戦略的不確実性と諸問題を識別することである。

戦略立案プロセス

　図表2-1は、戦略立案の論理的な一連のプロセスを示したものである。外部分析と内部分析を終了した後、具体的な戦略オプションがリストアップされ、最適な戦略が選択される。最後に、活動計画と戦略レビュープログラムが実行される。この後、おそらく次年のプラニングサイクルでこのプロセスが繰り返され、計画がアップデートされていく。

　ただ、図表2-1は有用な戦略立案の構造を提示しているが、実際の戦略立案プロセスは直線的というよりも繰り返し行きつ戻りつするプロセスであることに留意すべきだろう。戦略の特定・選択は、外部分析や内部分析のあいだに行われるべきだろう。戦略を評価するプロセスでさらなる外部分析の必要性が判明することもあるし、このプロセスをなんどか繰り返すことが必要となる。前述したように、戦略の実行および戦略の変更の必要を示す指標は継続的にモニターし、年次のプラニングサイクルにとらわれることがないようにする必要がある。事業戦略の立案をサポートするプロセスは、第16章で詳述する。

まとめ

- 外部分析は、顧客、競合相手、市場、そして環境の分析を含んでいる。これらの分析の目的は、現在の、あるいは出現のきざしのある機会、脅威、トレンド、戦略的不確実性、そして戦略代替案を見つけ出すことである。
- 内部分析は、業績評価とともに、組織の強み、弱み、問題、制約、そして戦略代替案の調査を含んでいる。
- 事業のビジョンにおいては、コアとなる価値（不変のガイドライン）、コアとなる目的（存在理由）、そして大胆なゴール（BHAG：big, hairy, audacious goals）を明確にすべきである。
- 戦略代替案は、製品・市場の範囲、垂直統合の程度、機能領域戦略、そして資産と能力（コンピテンシー）の開発を含んでいる。選択された戦略は、外部環境に対応したものでなければならない。

注

[1] 事業のビジョンに関する議論についてはJames C. Collins and Jerry I. Porras, "Building Your Company's Vision," *Harvard Business Review,* September-October 1996, pp.65-77. 著者は第4の要素である「想像した未来の生き生きとした描写」を挙げている。ビジョナリーカンパニーの研究については名著*Built to Last: Successful Habits of Visionary Companies,* HarperBusiness, New York, 1994（山岡洋一訳『ビジョナリーカンパニー』日経BP出版センター）参照。

戦略的分析

PART2——STRATEGIC ANALYSIS

/ 第3章　External and Customer Analysis

外部分析および顧客分析

　戦略の立案・検討は、論理的には外部分析すなわち戦略に影響する可能性を持つ事業の外部要因分析から始まる。第2部の第3〜6章は外部分析を行ううえで有用な概念と方法を提示する。第7章では内部分析すなわち企業の強み、弱み、問題、制約およびオプションの分析を行う。

外部分析

　外部分析は方向を定め、かつ目的を持っていなければうまくいかない。外部分析は、必要のないことまで報告書にするという際限のないプロセスに陥る危険がつねにある。どんな事業においても関連する資料は数限りない。方針と方向性不在では、役に立たない膨大な資料の山を築くだけに終わりかねない。

戦略的意思決定への影響

　外部分析プロセスはそれ自体で終わるものではない。それどころか、戦略に影響を与える戦略代替案を生み出しあるいはそれを評価するというような意図により動機づけられるべきものである。外部分析は戦略的意思決定の代替案の発見、あるいはその代替案からの戦略の選択に影響を及ぼすことによって、戦略に直接的なインパクトを与える可能性を持つ（図表3-1）。より具体的にいえば、外部分析は投資決断、機能領域戦略の選択、および持続可能な競争優位の開発に寄与すべきものである。

図表3-1　外部分析の役割

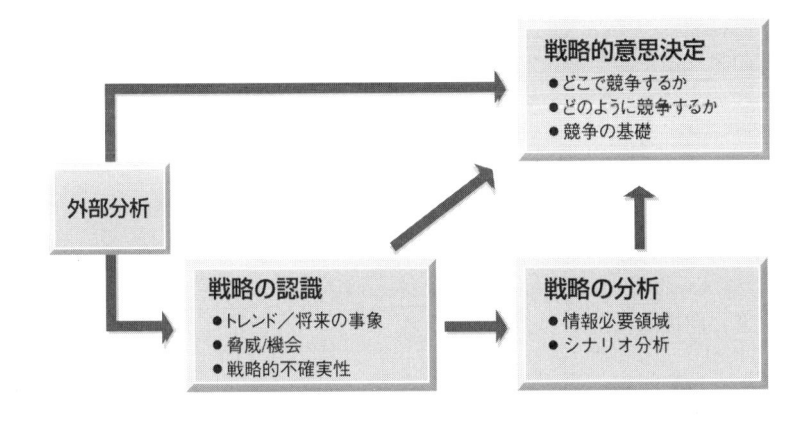

```
                                              ┌─────────────────┐
                                              │  戦略的意思決定  │
                              ┌──────────────▶│ ●どこで競争するか │
                              │               │ ●どのように競争するか│
                              │               │ ●競争の基礎      │
                              │               └─────────────────┘
                              │                      ▲
┌────────┐                    │                      │
│ 外部分析 │                   │                      │
└────────┘                    │                      │
     │      ┌──────────────────┐      ┌──────────────────┐
     │      │   戦略の認識      │      │   戦略の分析      │
     └─────▶│ ●トレンド／将来の事象│─────▶│ ●情報必要領域    │
            │ ●脅威/機会       │      │ ●シナリオ分析    │
            │ ●戦略的不確実性   │      │                  │
            └──────────────────┘      └──────────────────┘
```

投資判断――どこで競争するか――は、次のような質問を含む。

- 既存の事業領域は売却すべきか、縮小すべきか、維持すべきか、あるいは成長のために投資すべきか。
- どの成長方向性に投資を振り向けるべきか。
- 市場浸透、製品拡張あるいは市場拡大が期待できるか。
- 新しい事業領域に参入すべきか。

機能領域戦略の選択――どのように競争すべきか――は、次のような質問を含む。

- どのような機能領域戦略が立案、実行されなければならないか。
- ポジショニング戦略、セグメンテーション戦略、流通戦略、製造戦略はどのようなものであるべきか。

持続可能な競争優位の構築——競争の基盤——は、次のような質問を含む。

- 主要成功要因は何か。
- どのような資産と能力が開発され、増強され、また維持されなければならないか。

補完的な分析目的

図表3-1は、外部分析においてさらに以下の点を考慮に入れることにより、戦略立案に間接的に寄与することになる。

- 明らかなトレンドと将来の事象。
- 脅威と機会。
- 戦略の結果に影響する可能性を持つ戦略的不確実性。

動物性脂肪に対する消費者の懸念あるいは新しい競合相手の出現というような重要なトレンドや事象は、戦略オプションの評価に劇的な影響を及ぼす場合がある。新技術は既存企業にとって脅威となる一方で、参入する競合企業にとってはチャンスとなる。

戦略的不確実性

戦略的不確実性は外部分析を行ううえで特に有用なコンセプトである。戦略的にコミットする前に1つだけ質問に対する答えを知ることができるとすれば、どんな質問を選ぶだろうか。ゼネラル・モーターズのサターン自動車部門で、コンバーティブル車を製品ラインへ加えるべきかどうかについて考える場合、重要な戦略的不確実性とは次のようなものを含むだろう。

- 翌年のコンバーティブル自動車の販売状況はどのようなものになるか。何台のコンバーティブルが売れるのか。どのようなサイズと価格帯カテゴ

リーで売れるのか。
- トヨタ、ホンダおよび日産は将来のコンバーティブル車に対しどんな戦略を持っているのか。

　戦略的不確実性とは戦略的意思決定とは概念的に異なっており、戦略的意思決定の結果に影響する特定の不確実性に焦点をあてたものである。「サターンはコンバーティブルをその製品ラインに加えるべきか」という問いは戦略的意思決定であるが、「コンバーティブルの将来の需要はどうなるか」は戦略的不確実性である。ほとんどの戦略的意思決定は一連の戦略的不確実性によって導かれる。

戦略的不確実性	戦略的意思決定
・主要企業は参入するか。 ・豆腐ベースのデザートは受容されるか。 ・技術革新は起こるか。 ・海外通貨に対して自国通貨が高騰するか。 ・既存技術でコンピュータ制御のオペレーションが可能となるか。 ・市場は価格にどの程度敏感か。	・製品市場への投資 ・豆腐ベースの製品への投資 ・技術への投資 ・海外生産へのコミットメント ・新システムへの投資 ・価格を維持する戦略

　以下は、戦略的不確実性およびそれらに関する戦略的意思決定の例である。戦略的不確実性はしばしば、さらなる戦略的不確実性の源泉となることがある。ごく一般的な戦略的不確実性の1つは、製品（例えば超音波診断装置など）の将来の需要がどうなるのかといったものである。

　「その不確実性は何に依存するか」という質問は、通常、さらなる戦略的不確実性を生み出す。ある不確実性は技術の進歩を見きわめることかもしれないし、それに伴うさらなる不確実性としては、競合関係にある複数の技術によって達成できるコストレベルや利益レベルを考察することかもしれない。このような戦略的不確実性は、さらに、次のレベルの戦略的不確実性を生み出すこと

になるかもしれない。

戦略的不確実性	第2レベルの戦略的不確実性
・将来の需要はどうなるか。	・業績の好転？ ・競合技術の開発？ ・ヘルスケア産業の財務能力？

分　析

　図表3-1に示されるように、不確実性を扱うには3つの方法がある。　第1に、意思決定が論理上説得力を持つか、または決定を遅らせることが高い代償や危険を伴うという理由によって、戦略的不確実性があるにもかかわらず戦略的意思決定が促されるケースである。第2に、情報を収集・分析することで不確実性が低下するかもしれない。一口に情報収集といっても最優先の使命を与えられた特別対策本部の設置から消極的なモニタリングまで、さまざまなかたちが考えられる。こうした活動にどれだけの経営資源を充当できるかは、その情報が戦略に対しどんな潜在的なインパクトを持ち、どれだけ緊急性があるかによるだろう。第3に、シナリオ分析によって不確実性をモデル化することができるかもしれない。

　シナリオとは、ある戦略的不確実性に対しある答えを用意した場合、答え、あるいは将来の事象やトレンドに対する予想を前提とした場合に生まれる、将来の環境に関する1つの見方である。フレッシュジュースバーが今人気を集めているのは一時的な流行であろうか、それとも将来性ある成長領域といえるのであろうか。このような質問は、肯定的または否定的なシナリオの出発点となりうる。それぞれのシナリオは非常に異なった環境の様相を描き出し、異なった戦略の提言に結びつく可能性がある。外部分析に関する最終章、第6章では情報必要領域とシナリオ分析について詳細に論じる。

本章とこれに続く第4、第5、第6章においては、多くのコンセプトと方法が紹介される。ただし、どのような場合でもそれらのコンセプトと方法がすべて使用されるということはまれである。戦略立案者はそうしたいという衝動を抑えなければならない。状況に応じて最適なコンセプトや方法の選択が必要なのだ。さらに、いくつかの限られた領域でより有益な分析成果が得られる可能性もあり、そこに集中的に資源投入すべきだろう。

創造的思考作業としての外部分析

外部分析はある意味で創造的な思考作業である。現実問題として、新しい戦略オプションの開発に注ぎ込む努力は日常的な業務上の問題解決に向けられる努力に比べあまりにも少ないことが多い。創造的思考の本質は異なる複数の視点を持つことにあり、外部分析とはまさにそれを行うことである。戦略家にとっての試練は企業内部に目を向けるだけでなく顧客、競合相手、市場および環境の視点からも戦略を考えなければならないことだ。これらの視点それぞれは、図表2-1に示したように、さらに数多くの要素に分けることができる。異なる視点から戦略を見ることによって、見落とされがちなオプションを生み出すことが期待される。

分析のレベル——市場を定義する

外部分析とは何についてのものか。外部分析を行うためには市場あるいは下位市場の境界を定める必要がある。外部分析の範囲には次のようなようさまざまなレベルの産業、分野が含まれる。

- スポーツ用品
- スキーウェアおよび器具
- スキー板とスノーボード
- ダウンヒル用スキー板
- 高性能スキー板

分析のレベルは、関連する組織的単位と戦略的意思決定の種類によって決まってくる。ウィルソンのようなスポーツ用品会社はすべてのスポーツについて横断的に資源配分決定を行い、スポーツ用品産業全体に関心を向ける必要がある。スキー用具メーカーであればスキー、ブーツおよびウェアの要素だけに関心を持つかもしれない。ファットボーイズのメーカーは、スキー産業のごく一部分にのみ興味を持つかもしれない。市場を定義するための１つのアプローチは、事業の範囲を特定することである。この範囲は製品市場および競合相手によって特定できる。そこには、現在はもちろん、将来の製品市場および競合相手も関係してくる。

　外部分析においては、つねにトレードオフがある。範囲を細分化しすぎると、魅力的なオプションや方向性をもたらしうるトレンドや機会が見えなくなってしまう。ダウンヒル用スキーのメーカーであれば、参入対象として、あるいは既存のビジネスにインパクトを与えるという理由で、スノーボードやクロスカントリー用スキーを分析対象に含めたいと思うかもしれない。その一方で、あまりにも範囲が広いと分析の深さが犠牲になるおそれがある。範囲を絞った分析のほうが、より多くの洞察を生み出す可能性があるからだ。

　分析は通常、複数のレベルで行う必要がある。ダウンヒル用スキーとスノーボードの産業が分析の主たる対象かもしれないが、スポーツ用品全体の分析をすることでスキーに代わるいくつかの代替製品の脅威や市場トレンドが明らかになるかもしれない。その一方で参入、投資および戦略決定はしばしばセグメントのレベル（高性能スキー板など）で行われるため、このレベルにおける分析も必要となることがある。さらに、産業内部の異なる製品市場によって主要成功要因が異なる可能性がある。これに対する１つのアプローチは、主たるレベルを最も深く分析し、同時に他のレベルも分析するという重層的な分析を行うことである。もう１つのアプローチとしては多数の分析を順を追って連続的に行うという方法もある。最初の分析から、別のレベル分析を行う必要性が見出されるかもしれないからである。

外部分析をいつ行うべきか

　毎年の年次プラニングサイクルのなかで、外部分析を繰り返し行ってしまうことが多く見られる。もちろん、最初の年と同じ深さで2年目以降も分析することは不要であろう。詳細な分析を行った直後の年には、ある重要な一部に分析の焦点を当てるほうがより生産的かもしれない。

　年次のプラニングサイクルは戦略をレビューし変更するための有益な刺激となる。ただし、年中行事として外部分析を行うことは、本質的に危険である。戦略のレビューと変更の必要性は多くの場合継続的に発生する。したがって、情報の探索と分析は継続的に行わなければならない。外部分析のフレームワークとコンセプトは、その分析がオンラインで行われるのみで全体の一部分だけに限ったものであっても、分析の骨組みを与えるという意味で重要な役割を果たす。

　外部分析は顧客および競合相手を分析することから始まる。これらの分析が産業をどう定義づけるかに役立つからである。ある産業は、米国西海岸でできたてのクッキーを買う顧客、というようにある特定の顧客グループのニーズによって定義することができる。このようにして産業を定義したうえではじめて、競合相手を特定でき外部分析の均衡が得られる。さらにクッキー産業のような場合は、すべての競合会社を挙げることによって産業自体を定義することが可能である。

　顧客は企業の活動と直接的な関係を持っているため、通常、関連する業務の機会、脅威および不確実性を分析するための貴重な情報源である。

顧客分析の範囲

　戦略市場経営において、最初の論理的なステップは顧客分析である。顧客分析はどのように市場がセグメントされているかについての理解、顧客購買動機分析、および未充足ニーズ分析に分けることができる。図表3－2に、各領域における一連の基本的な問いを示す。

図表3-2　顧客分析

セグメンテーション	・最大の顧客層はどのような顧客か？　最も収益性の良い顧客は？　最も魅力的な潜在性を持つ顧客は？　ニーズ、動機、特性に関して顧客は納得できるグループに分類できるか？ ・市場は、どのようにして、個別の事業戦略を必要とするグループへとセグメンテーションできるのか？　次のような変数を考慮するべきである。 　・顧客の求める便益 　・利用頻度／レベル 　・用途 　・組織のタイプ 　・地理的ロケーション 　・顧客ロイヤルティ 　・価格センシティビティ
顧客の購買動機	・製品／サービスのいかなる要素に、顧客は最も価値を置くか？ ・顧客の目的は何か。顧客は本当は何を買っているか？ ・各セグメントでは、購買動機のプライオリティの点で、どのように違っているのか？ ・顧客動機にどのような変化が起こりつつあるのか。顧客のプライオリティについてはどうか？
未充足ニーズ	・一部の顧客は、なぜ満足していないのか。一部の顧客は、なぜ購入するブランドや供給業者を変更するのか？ ・顧客トラブルの重大さと発生率はどの程度か？ ・顧客の認識できる未充足ニーズは何か。顧客が認識していない未充足ニーズは存在するか？ ・これらの未充足ニーズは、競合相手にとっても、大きな機会／脅威となるか？

セグメンテーション

　セグメンテーションは多くの場合、差別化、ローコストあるいは集中化戦略に基づく持続可能な競争優位を開発するかなめである。マッキンゼー東京支社長を長年務めた大前研一は、小売業と建設業の顧客に集中することによって、持続可能な競争優位を得たフォークリフト会社について述べている。この会社は、要求水準の高い港湾作業用および材木積み出し作業用のセグメントを他社に譲り、これらのセグメントから撤退した。[1] 注力した製品ラインは20％のコ

スト優位を達成し、フォークリフトトラック市場の80%以上のニーズに応えた。低価格化され価値工学（VE）で管理された製品ラインは、たちまち支配的ポジションを確立した。

セグメンテーションとは、戦略の文脈においては他の顧客グループとは異なる反応をする顧客グループの特定を意味する。セグメンテーション戦略は、認識されたセグメントと、それらのセグメントに対して競争力ある製品・サービスを提供するプログラムとを結びつけるものである。したがって、セグメンテーション戦略の成功のためには、競争力の高い製品・サービスのコンセプトの確立、開発およびその評価が必要となる。

セグメントはどのように定義されるべきか

セグメントを識別する作業は困難なものである。ある特定の状況下において市場をセグメントする方法は、文字どおり何百通りも存在する。セグメンテーションのための変数として考慮すべき数は5から10、あるいはそれ以上に及ぶことが通常であり、セグメントを定義するうえで有用な方法を見逃すことのないように、広くさまざまなセグメンテーション変数を考慮することが重要である。これらの変数の評価は、異なる戦略が追求される、あるいは追求されるべきセグメントを特定するうえで役立つかどうかを基準に行われなければならない。

1つのセグメントは、1つのユニークな経営戦略をサポートできる程度の規模を必要とする。さらにその経営戦略は、そのセグメントに対してコスト効率の観点からも有効でなければならない。一般に、特定のセグメントに対する戦略を開発するうえでは、相当なコストを要するからである。通常、戦略の有効性がこの追加的なコストに見合うかどうかが問題となる。

セグメントを定義するうえでどの変数が最も有用かの選択基準は、通常明白ではない。しばしば使用される変数は図表3－3に示されたものである。

最初のグループの変数は、関係する製品とは無関係に一般的な特性をもとにセグメンテーションを行うものである。あるベーカリーは複数の地方あるいは地域に注目して地域セグメントに関心を示すかもしれない。さらにその市場を

図表3-3　セグメント定義のアプローチ例

顧客の特性

- 地理的特性 ・小さな南部のコミュニティは、ディスカウントストア向きの市場である
- 組織のタイプ ・レストラン、メーカー、銀行、小売業では、コンピュータのニーズが異なっている
- 企業の規模 ・大規模病院と中規模病院、個人開業医
- ライフスタイル ・メルセデス・ベンツやＢＭＷの購買者と比較してジャガーの購買者は冒険心に富み、保守的ではない
- 性別 ・若い子供の母親
- 年齢 ・子供向けシリアルと大人向けシリアル
- 職業 ・複写機ニーズは、法律家と銀行家と歯科医では異なっている

製品に関連したアプローチ

- ユーザータイプ ・家電製品の購買者 ── 建築業者、改築業者、家の所有者
- 使用度合い ・コンサート観客 ── シーズンチケット購入者、熱心に通う人、行かない人
- 求められる便益 ・デザートの購買者 ── カロリーを気にする人と利便性を重視する人
- 価格センシティビティ ・価格に敏感なホンダ・シビックの購買者と高級車メルセデス・ベンツの購買者
- 競合相手 ・競合している製品の購買者
- 用途 ・ハンド・ドリル ── プロのユーザーとDIYユーザー
- ブランドロイヤルティ ・ハインツのケチャップでなければだめな人と、価格が安ければ買う人

自宅用の顧客、レストラン、学校、病院での給食業務などというような組織タイプごとに分類するかもしれない。人口構成という変数であれば、シングルの親、専門職の女性、初老の人、10代の女性、ヒスパニックなどの戦略上の機会を表すセグメントを定義する。米国のヒスパニック人口は2000年における3200万人から2010年には4400万人になると予測されており、この増加は同期間において予測される米国の人口増加の約半数にあたる。

　マリオットは、10年間に10億ドルを投じ高齢者向けの介護およびライフケ

アを目的とした定年後のコミュニティーを200作る戦略を決めた。[2] 同社はホテル、レストラン、フードサービス事業でつちかったスキルを活かすと同時に、目標セグメントにおける劇的な成長性をうまく利用した。1990年には65歳以上の人口は3200万人であったが、2020年には5000万人になり、うち85歳以上の人々が500万人を超える見通しだからである。

　次のセグメンテーション変数のグループは製品に関連するものである。最も多く使用されるのは、用途である。ベーカリーはベーカリー製品を少量使用するレストランに出荷する場合と、ヘビーユーザーであるレストランに出荷する場合とではまったく異なる戦略を取るかもしれない。ゼニス・データ・システムは最大のコンピュータユーザーである政府に注目することにより、非常に競争の激しいパソコン産業においてニッチを見出した。

　競合相手によるセグメンテーションは、しばしば、戦略の特定と強固なポジショニングの形成に結びつくため、有用である。オールズモビル・オーロラのターゲット顧客グループは、BMWのような高機能ヨーロッパ車の購入者の層と一致する。オーロラはBMWに匹敵する性能を持ち、BMWより低価格の自動車としてポジショニングされている。他4つの有用なセグメンテーション変数は、製品から得られる便益、価格へのセンシティビティ、ロイヤルティ、用途である。

製品から得られる便益

　最も有用なセグメンテーション変数があるとすれば、製品から得られる便益であろう。その選択がトータルな経営戦略を決定するからである。グルメ冷凍食品市場はカロリーを気にする顧客、栄養と健康に注目する顧客、味に興味を持っている顧客、および価格に敏感な顧客に分類できる。これらの各セグメントに対しては、それぞれ異なる戦略を取る必要がある。

価格センシティビティ

　低価格と高品質のあいだの便益トレードオフは、有用であると同時に、かな

り一般的である。したがって両者は別扱いに考えたほうが適切である。多くの製品において、まず価格を考える顧客と品質や特徴に積極的に高い価格を支払う顧客とは、明確な区別のもとに分類されている。例えば総合雑貨店といえば、ディスカウントショップから名だたるデパートまで、明確に定義された階層を形成している。自動車はホンダ・シビックからレクサス、さらにはロールス・ロイスまでの幅がある。航空旅客輸送サービスはファーストクラス、ビジネスクラスおよびエコノミークラスに分類される。これらのケースでは、いずれも価格に関するセグメントが戦略を決定する。

ロイヤルティ

資源の配分において重要な変数であるブランドロイヤルティは、図表3-4において示されるようなロイヤルティマトリクスを使用して整理できる。[3]

このマトリクスの各セルはそれぞれに異なる戦略的プライオリティを表し、各セルに対しては異なるプログラムが正当化される。一般に、ロイヤルティが高い顧客を当然視するのは安易にすぎよう。顧客の生涯利益という視野に立てば、ロイヤルティを高めることがいかに価値のあることであるかが明らかになる。

コンサルティング会社ベインによる研究によれば、銀行業務、保険、自動車サービス、出版およびクレジットカードなどの産業においては、ロイヤルティが5％増加することで顧客によって生み出される生涯利益はほぼ倍増する。[4] 重要なことは、多くの場合顧客の期待に一貫して応え、つねに関係を保ち、嬉しい驚きや喜びを与えることなどを通じてロイヤルティの高い顧客に報いることである。

ロイヤルティマトリクスでは、競合相手の顧客を含め境界線上の顧客も高いプライオリティを持っていることを示している。このマトリクスを活用するには、6個のセルそれぞれのサイズを推定し、各グループに属する顧客を特定したうえで、顧客のブランド選択およびロイヤルティのレベルに影響を及ぼす戦略プログラムの設計をすることが望ましい。

図表3-4　顧客ロイヤルティマトリクス

	いつもブランドを変更する	境界線上	高ロイヤルティ
既存顧客	中	高	最高
既存顧客以外	低から中	高	低

用　途

　用途または利用法は、あるタイプの製品およびサービス、特に工業製品のセグメンテーションに非常に有効である。ポータブルコンピュータはある人にとっては旅行用に必要かもしれないが、他の人にとってはオフィスで使用しないときに便利に格納できるコンピュータが必要かもしれない。あるセグメントでは文書処理のために使うだろうし、別のセグメントではデータ処理のほうに関心を持っているかもしれない。四輪駆動車であれば、ある人は産業用の運搬作業のために使用するかもしれないし、他の人はレクリエーションを第一目的に購入しているかもしれない。

　運動靴業界は、競技で使用するスポーツ選手（少数だが、影響力がある）、週末だけスポーツする人、街で履くために運動靴を使用するカジュアル着用者にセグメンテーションされる。ナイキなどの一部のメーカーが機能性に重点を置いた戦略を採用しているのに対し、他のメーカーのなかにはカジュアル着用者セグメントが市場の80％を占め、それほど高い機能性を実際には必要としないことを認識して、主としてスタイルに重点を置いた戦略を採用しているところもある。

複合セグメント戦略と集中戦略

　セグメント戦略には2つの対極的なタイプが考えられる。1つは、単一のセグメントに集中することであり、それは市場全体と比較するとはるかに小規模となりうる。いまや全米最大の小売業であるウォルマートは、創業当初、米国中南部の11州における人口2万5000人以下の都市に集中して出店していた。これは競合する大手ディスカウントチェーンからはまったく無視されていたセグメントであった。地理的に小都市に焦点を当てる戦略は、効率的で反応速度の速い倉庫システム、廉価でモチベーションの高い労働力、比較的低費用の小売りスペース、そして無駄がなく徹底した、しかも現場主義のマネジメントスタイルなどの競争優位を生む直接的な原因となった。もう1つの例として、カリフォルニアで8番目に大きな銀行ユニオン・バンクでは、個人顧客は相手にせず、法人顧客向けの包括的な取引に特化し、競合相手よりも顧客に密着したサービス業務を提供している。

　集中化戦略の対極にあるのが、複数のセグメントを対象とするものである。ゼネラル・モーターズは典型的な例である。1920年代に、同社は価格に敏感な顧客向けにシボレー、高級指向の顧客向けにキャデラック、中間の顧客向けとしてオールズモビル、ポンティアックおよびビュイックをポジショニングした。またマッシュポテトのあるメーカーはファーストフードチェーン、病院、老人ホーム、学校・大学のそれぞれのセグメント向けに異なった戦略を開発した。

　多くの産業において、積極的な企業は複合的セグメント戦略を採用している。キャンベル・スープは、テキサスとカリフォルニアではナッチョ・チーズスープをより辛味をきかせた味つけにしているし、南部市場向けにはクレオールのスープを、またヒスパニック市場向けにはレッドビーンスープを提供している。キャンベルはまた、ニューヨークでフットボールチームのニューヨーク・ジャイアンツと同社のスワンソン冷凍ディナーとを結びつけるキャンペーンを行っているし、シエラネバダ山脈のスキー場では、スキーヤーに熱いスープ・サンプルをふるまっている。複合的戦略の開発には大きなコストがかかるため、この戦略は全事業的なインパクトが見込める、という前提があってこそ正当化される。

複数のセグメントにおける商品のあいだには、重要なシナジーが存在する可能性がある。アルペンスキー業界では、高機能スキーによって作られたイメージはレクリエーション用スキーの販売にとっても重要である。したがって、高級品で弱いメーカーは低額品でも苦戦することとなる。反対に、成功した高級品企業は他のセグメントへも参入したいと考えるものである。汎用飛行機メーカーにとっての主要成功要因は、固定ギヤと単一エンジンのピストン式航空機からターボプロップ飛行機までの幅広い製品ラインを揃えることである。それは、顧客が順次大きな飛行機に買い換える傾向があるため、製品ラインに大きな断層があると他の企業に乗り換えられてしまうからである。

顧客購買動機

　顧客セグメントを識別した後のステップは、顧客の購買動機を考察することである。製品購入決定の背後には何があるのだろうか。また、購買動機はセグメントによってどう異なるのか。理解を助けるために、航空機利用者のセグメントとそれぞれの購買動機のプライオリティ事項を示す（図表3-5）。
　オンライン小売業者は、次のような明確な購買者セグメントが存在し、各セグメントは異なった一連の購買動機を有していることを発見した。[5]

- 新米ユーザー購買者——シンプルなインターフェース、懇切丁寧な指導、そして特別に安心させる仕組みが必要である。
- なかなか決心しない購買者——情報、特別に安心させる仕組み、そして人による顧客サポートが必要である。
- けちな購買者——価格が妥当なものであり、これ以上検索する必要がないということをわからせる必要がある。
- 戦略的購買者——同好者や専門家の意見へのアクセスと、製品内容についての選択を可能とする必要がある。
- 情熱的購買者——自らの経験を共有するコミュニティーツールと、商品や個人的推薦を閲覧する魅力あるツールが必要である。

図表3-5　顧客購買動機：航空旅客の例

セグメント	顧客購買動機
ビジネス	・信頼できるサービス、便利なフライトスケジュール、利用しやすい空港、マイレージ、気のきいた顧客サービス
個人旅行	・価格、利用可能なフライトスケジュール

- 利便指向の購買者――効率的なナビゲーション、顧客や専門家からの多くの意見、そして優れた顧客サービスが必要である（最大のグループである）。

いくつかの購買動機は、戦略を定義するのに役立つ。例えばトラックは馬力に重点をおいて設計され、ポジショニングされるかもしれないが、そのような戦略的コミットメントを行うまえに車の馬力が購買動機全体のどれほどの決定力を持つかを知ることが重要である。その他の購買動機は、戦略を定義したり事業を差別化するうえにおいては決定的でなくても、適度に充足されなければ競合に敗れる要因となりうる可能性があるからだ。グルメ冷凍ディナーの最も大きな購買動機が味である場合、その分野で企業が存続していくためには、少なくとも顧客が受け入れる味を提供できなければならない。

図表3-6が示唆するように、顧客購買動機分析はある特定のセグメントの

図表3-6　顧客購買動機分析

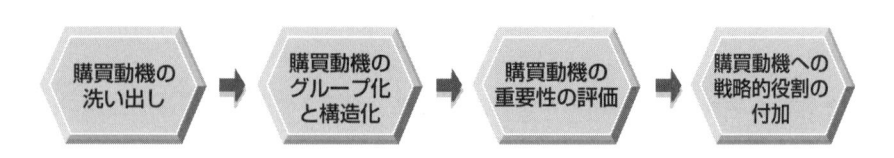

購買動機の洗い出し ⇒ 購買動機のグループ化と構造化 ⇒ 購買動機の重要性の評価 ⇒ 購買動機への戦略的役割の付加

購買動機を特定する作業から始まる。マネージャーたちは自ら顧客の購買動機を類推することができるかもしれないが、通常、顧客に系統立てて製品やサービスについて議論させることにより、多くの有効な情報が得られる。なぜその製品を使用しているのか、購買目的は何か、好印象あるいは悪印象に関係しているのは何か、といった質問への答えが得られるからだ。自動車の安全性といった動機については、なぜ安全性が重要なのかという質問ができるかもしれない。その結果、不安なく、静かで、安定していると感じたいという願望のような、もっと基礎的な動機が重要なことが判明する可能性がある。

　顧客の声は、グループインタビューあるいは個別インタビューによって得ることができる。MIT品質機能開発プログラム（QFD）のグリフィンとハウザーは、食品携帯用容器に関する調査について、グループインタビューと個別インタビューの2つのアプローチの結果を比較した。[6] その結果、個別インタビューのほうがコスト効率が良く、グループインタビューは追加でかかる費用を正当化するのに十分な付加的な情報を生み出さなかったと報告している。彼らは、さらに購買動機の完全なリストを獲得するために必要とされるインタビューの数を調査し、20から30のインタビューでその目的の90から95％をカバーできるとの結論を下している。

　購買動機の数は多岐にわたる可能性がある。したがって次の作業は、それらの動機をグループとサブグループへ分類することである。一般にはマネージャーチームによって作成される関連図が使用される。各チームメンバーは購買動機を1つずつ書いたカードを渡され、ひとりのメンバーがある動機の書かれたカードをテーブルの上に置くか、壁にピンでとめていく。他のメンバーは購買動機の位置づけについて議論しつつ、類似したカードを同じ場所に追加していく。カードの集合が合理的なグルーピングになったという合意に至るまで、このプロセスを継続する。その後、それぞれのカードの山はより一般的で戦略的な購買動機を上に、より特定的で戦術的な購買動機を下にという具合に序列をつけて配置される。

　もう1つの方法は、顧客あるいは顧客のグループに依頼して、購買動機をカードの集合へと分類していく方法である。顧客は次に、彼らの購買動機を最もよく表すカードを各集合から1枚選ぶようにと告げられる。顧客あるいは顧客

グループがこの作業を終えた後、クラスター分析や統計プログラムを使用して判断を統合することができる。マネージャーは自らこのプロセスを行うことで学習することが多いが、グリフィンとハウザーは1社について20回これらの作業を行った結果、マネージャー層は、顧客ベースのアプローチのほうが自身で行ったものよりも市場の実態をよく表していると考えるに至った、と報告している。

　顧客購買動機分析の次の作業は、購買動機の相対的な重要性を決定することである。ここでも、マネージャーチームが自ら判断することもできるし、顧客に動機の重要性を直接、あるいは二者択一のトレードオフ形式の質問で評価するように依頼することもできる。エンジニアがオシロスコープの反応時間と正確さのどちらかを犠牲にしなければならないとすれば、どちらだろうか。あるいは、飛行機の乗客にとっては価格と便利な出発時刻とのどちらが重要なのであろうか。トレードオフ形式の質問は、属性に関して困難な判断を下すよう顧客に求めるものである。もう1つのアプローチは、どの判断が実際の購入決定に関係しているかを確かめることである。このアプローチによれば、最近の母親たちはスナックを選ぶ際、かつて重要であると答えたもの、つまり「栄養価」や「食べやすさ」ではなく、実際には「こどもの好きなもの」や「ジューシーなもの」を選ぶことが多いことが明らかになった。

　4つ目の作業は、事業戦略を定義する際に役割を果たす動機を特定することである。戦略の中心となる動機の選択は、顧客の購買動機だけでなく、競争関係分析において出現する競合相手の戦略といった他の要因にも関わってくる。もう1つの要因は、その企業にとって戦略がどの程度実行可能で現実性があるかということである。その決定には、戦略実行の分析とともに内部分析も必要となる。

定性調査

　定性調査は顧客購買動機の理解において強力なツールである。定性調査には、フォーカスグループセッション、詳細な面接、顧客事例研究、実地での顧客訪問などがある。この調査の目的は、前述の構造化された動機のリストから

はわからない本当の動機を見つけ出すことにある。スポーツタイプの車の購入者は、実際には彼らの若さあるいは若い考え方を表現しているのかもしれない。ある製品が高価すぎると思うのは、実際には資金入手の困難さを反映しているのかもしれない。顧客についてこのような内面を知ることは、他の方法では決して得られなかった戦略的洞察を得ることにつながる。

　こうした調査では代表的な顧客グループの横断的観察が求められるが、顧客のある特定部分に特別の注意を傾けることも有益なことがある。非常にロイヤルティが高い顧客は、会社が作り上げる顧客との絆を明瞭に表現できることが多い。失われた顧客、すなわち他社に移ってしまった顧客は、製品やサービスに関する問題点を明確に表現することができるかもしれない。新しい顧客あるいは最近頻度を増加させた顧客であれば、新しい用途を示唆してくれるかもしれない。多数の仕入先を持っている顧客であれば、競合他社との比較において自社の特徴をうまく伝えてくれるかもしれない。

顧客プライオリティの変化

　顧客のプライオリティ（優先事項）の変化に対する洞察を得ることはきわめて重要である。[7] ハイテク領域においては、顧客プライオリティは適切な設備を選択しインストールを助けるというニーズから性能、さらに低価格指向へと変化していくことが多い。コーヒービジネスでは、顧客の好みと習慣は食料品店でコーヒーを買うことからグルメなカフェでコーヒーを飲むこと、さらに豆のままグルメコーヒーを買うことへと発展した。顧客プライオリティは変化しないと思い込むのは危険である。重要な成長セグメントが、従来の基本的なビジネスモデルとは異なるプライオリティを有しているかどうかを問うことは、いっそう重要である。

積極的パートナーとしての顧客

　顧客は製品開発や広告に対する受動的ターゲットではなく、販売・購買プロセスを通じた積極的パートナーとなってきている。このトレンドは、シスコの

顧客が製品設計を支援するとか、医療に関して患者が主導権を取るとか、視聴者がビデオからTiVo（題名やジャンルによって予約録画できる装置）に移るにつれてメディアの支配権が移動するとか、インターネットによって各種情報や自分以外の顧客の意見へのアクセスが強化される、などの現象により、よく理解することができる。この変化を利用するためには、経営者は以下のことを行わなければならない。[8]

積極的な対話の促進　顧客とのコンタクトは、いまや対等な者どうしの対話と考えられるべきである。シュワブによる顧客との（オンラインあるいはオフラインでの）相互交流は、積極的な対話がいかに強固な関係を作り出しうるかを示している。

顧客コミュニティーの動員　インターネットは、強力で広範なオンライン顧客コミュニティーを促進する。難しい課題は、コミュニティーがブランド体験の拡張となり、製品とその用途に対する顧客インプットの源泉となるように、コミュニティーの環境を創設することである。

顧客デリバリーの管理　特に技術的な製品においては、顧客の側における技術的洗練度合いに差があり、一度に多くのレベルの顧客を扱うことは困難である。より技術的に洗練されたグループほど、より積極的なパートナーとなる。

パーソナル化された体験の共創　オンラインの花店は、顧客に単に選択肢のメニューを提示するのではなく、花と花瓶の種類とアレンジメントをデザインさせるかもしれない。体験を共に作るということは、個人のニーズに対して物品を個別に提供する以上のことを意味している。

未充足ニーズ

未充足ニーズとは、既存の製品やサービスによっては満たされていない顧客ニーズのことである。スキー場は、急峻で上級者向けの斜面にアクセスできる降雪機のニーズを有している。人材派遣産業は、テンポラリーの弁護士、先端技術者および医者に対する未充足ニーズに応えることによって、大きく成長を

遂げた。エグゼクティブ・ジェット・エビエーション社は、自社でのジェット輸送を必要としているが、飛行機を買い、維持することができない企業に対して、1社あたりに小型ジェット機の8分の1の権利を売るために設立された。

　未充足ニーズが戦略的に重要な理由は、企業がそのシェアを増加させ、新市場に参入し、あるいは新販路を創出して支配する機会を提供するからである。さらに未充足ニーズは、競合相手を確立している位置から追い落とすレバーとなりうるという意味で、確立した地位を有する企業への脅威となりうる。アリアット社は従来の乗馬靴に満足しない乗り手に、高機能運動靴を供給することにより乗馬靴市場に参入した。馬術競技者はスポーツ選手であるという確信に基づいて、アリアット社は未充足のニーズに対応したブランドと製品ラインを開発したのである。

　既存の製品の制約に暗黙のうちに慣れてしまっているあまり、顧客自身未充足ニーズに気づかないことが多いかもしれない。1890年代の農民は、よく働き少ない飼葉で済む馬を熱望はしたが、トラクターを購入予定リストに含めることはなかったであろう。顕在化していない未充足ニーズを見つけ出すことは、決して容易ではない。しかし、既存プレーヤーからの反撃圧力をほとんど受けないため、未充足ニーズは積極的にそれを探求する企業にとっては大きな機会となりうるのである。重要なのは、未充足ニーズを見つけ出すために技術の進歩を予測するか、新技術を適用することである。

未充足ニーズを見つけ出すために顧客を活用する

　顧客は未充足ニーズの主要な源泉である。問題は、顧客に未充足ニーズを見つけ出してもらい、知らせてもらうために彼らにどうアクセスするかである。最初のステップとしては、個別インタビューあるいはグループインタビューによって市場調査を行う。調査では通常、実際の製品使用経験から議論を始める。その製品にはどんな問題があったか、その製品への不満は何か、他の製品と比較してどうか、期待するところと比較してどうか、製品が組み込まれているトータルシステムにどんな問題があるか、製品はどのように改善できるか、といったことについて議論していく。この種の調査は、ダウケミカルが「スピフィ

ッツ」(あらかじめ湿らせた使い捨てタオル)を開発するきっかけとなった。

　顧客の集合体による意見交換は、より詳細な洞察を提供することができる。ブラック・アンド・デッカー社は、6種以上の電動工具を所有する日曜大工のファンを50グループ編成しており、ここから得られた意見により、中間価格帯のクオンタムという製品ラインを開発した。[9] 同社の幹部はこのグループのメンバーの自宅に出向いてどのように工具が使用され、いかに問題や不満が発生するかを直接観察した。ここで観察された問題の1つは、同社の既存のコードレスドリルは作業が終わる前にバッテリーが上がってしまうことであった。解決策としては1時間で再充電できる分離可能なバッテリーパックをドリルに装備することであった。おが屑の処理をどうするかという問題は、小さなバキュームバッグつきのノコギリとやすりの開発につながった。安全問題への対策のため、自動ブレーキシステム(ABS)がノコギリに組み込まれた。

　顧客調査と同様に、苦情のモニタリングも重要な役割を果たす。成功したテキサスの金融サービス会社USAAは、毎年顧客あてに50万通のアンケートを郵送しているが、そこには同社のサービスについての問題点や新製品アイディアについての自由回答式の質問が記載されている。その結果、USAAはいくつかの投資信託を発売することとなった。ヒューレット・パッカードでは、顧客からの苦情は個々の案件についてその苦情主に従業員1人を割り当てる。そして、その顧客がきちんと答えを受け取ることを確認するだけでなく、その問題から新製品や新サービスを作ることができないかどうかを見きわめている。

　問題調査(プロブレムリサーチ)と名づけられたアプローチにおいては、まず製品に関する潜在的な問題のリストを作成する。[10] その後、その問題が(1)重要かどうか、(2)しばしば生じるかどうか、(3)解決策があるかどうか、に関して各問題を評価してくれるように100〜200人の回答者のグループに依頼し、問題に優先順位がつけられる。各問題点のスコアは、これらの順位づけを組み合わせることにより得られる。ドッグフードの問題調査では、ドッグフードの匂いがよくないということ、ドッグフードのサイズが1種類しかなく、いろいろな犬種を考えると不便であるということがわかり、その結果、これらの問題点を解決する製品が登場した。別の問題調査では、航空会社が座席の足元スペースが広くなるように客室の設計を改善することにつながった。

先駆的ユーザーとは、次のような人々である。

- 市場において一般的となっていくであろうニーズに、市場の大部分より1カ月から1年早く気づく人。健康食品人気のトレンドがあると仮定すれば、健康食品や栄養に興味を持っている人は健康食品に関する先駆的ユーザーとなるだろう。
- それらのニーズの充足方法を得ることで著しく利益を得る地位にある人。オフィスオートメーションの先駆的ユーザーは、今日の技術革新から大きな利益を得ることができる企業であろう。

クリエイティブ思考

　型から抜け出した（あるいは型を捨て去る）ような思考は、未充足ニーズに応える新たな提供物を発見するための試みとして重要である。異なった思考をすることは、カテゴリーを創造ないし変化させるような新たな提供物を作り出し、その新たな提供物が新たな考え方の基本ないし標準となる結果、既存の競合相手を重要でないものとしてしまう。これは、何かもっといいものはないのだろうか、という考え方である。

　長年のあいだ、旅行ガイド雑誌産業はあまり活力のない成熟した産業であった。しかし、ラフ・ガイドという企業は、多くの30代、40代の人々は通常の旅行には飽き足らないのではないか、という単純な疑問を抱いた。そこで同社は、読者が資料の90％が役に立たない厚いガイドブックを買わなくてもすむように、読者の興味のみならず目的地についても詳細に書かれたオンライン上のガイドを作成した。ラフ・ガイド社のウェブサイトは、14000の目的地と旅行に関する情報とニュース、そして旅行保険を提供している。[11]

　クリエイティブ思考は、重大な成長機会につながるビッグアイディアを生み出す方法である。それは、フォルガース・コーヒーがパッケージと宣伝を再調整することと、スターバックス・チェーンを創設することほどの違いとなりうる。クリエイティブ思考のプロセスは、いかなる組織単位も採用することができる次の3つの原則に基づいている。第1に、アイディアを簡単には評価しな

いこと。ネガティブに考えてアイディアを未成熟なうちに葬り去るのではなく、一見すると悪いアイディアであっても良いアイディアに結びつくかもしれないとの考えをもって、発言の機会を与えること。第2に、異なった精神的・物理的視点から問題にアプローチすること。大海に浮かぶヨット、メイン州のキャンプ場、バービー人形の心、その他何でもよい（クリエイティブ思考の第一人者であるデボノは、このプロセスを「物事を横から見る（lateral thinking）」と呼んでいる）。最後に、最も成功しそうなアイディアを採用し、市場において試みるに値するような潜在商品へと改善するメカニズムを持つことである。

まとめ

- 外部分析は、機会、脅威、トレンド、そして戦略的不確実性を見つけ出すことにより、戦略に影響を及ぼすべきものである。外部分析の最終的な目的は、戦略的選択、つまりどこで、どのように競争するかに関する意思決定を下せるようにすることである。
- セグメンテーション、すなわち異なった競争戦略をサポートする顧客グループの特定は、求められる利益、顧客ロイヤルティ、そして用途などのさまざまな顧客の特性に基づくことができる。
- 顧客購買動機分析は、競争するため、また持続可能な競争優位を導出するために、どのような資産と能力が必要なのかに関する洞察を提供することができる。
- 事業にとって機会（あるいは脅威）となる未充足ニーズは、技術の予測、リードユーザーへのアクセス、また体系的なクリエイティブ思考によって、見つけ出すことができる。

注

1：Kenichi Ohmae, *The Mind of the Strategist*, New York: Penguin Books, 1982, pp.43-46（田口統吾・湯沢章伍訳『ストラテジック・マインド』プレジデント社）.

2：Paul Farhi, "Marriott Corp. Gambles $1 Billion on Communities for Elderly," *Adweek's Marketing Week*, March 6, 1989, pp.28-31.

3：International Data Group, "How to Target :A Profit-Based Segmentation of the PC Industry," November 1993.

4：Patricia Sellers, "Keeping the Buyers You Already Have," *Fortune*, Autumn/Winter 1993, pp.56-58.

5：Melinda Cuthbert, "All Buyers Not Alike," *Business 2.0*, December 26, 2000.

6：Abbie Griffin and John R. Hauser, "The Voice of the Customer," *Marketing Science*, Winter 1993, pp.1-27.

7：顧客プライオリティについては Adrian J. Slywotzky, *Value Migration*, Harvard Business School Press, Boston, 1996 参照。

8：C.K. Prahalad and Venkatram Ramaswamy, "Co-opting Customer Competence," *Harvard Business Review*, January-February, 2000, pp.79-87.

9：Susan Caminti, "A Star Is Born," *Fortune*, Autumn/Winter 1993, pp.45-47.

10：E. E. Norris, "Seek Out the Consumer's Problem," *Advertising Age*, March 17, 1975, pp.43-44.

11：Michael Lynton, Comment, *Fast Company*, January, 1999, p.78.

第4章 競合分析
Competitor Analysis

　日本の自動車会社が1970年代において、特に米国市場への浸透に成功した理由はしばしば取り上げられている。重要な理由を1つ挙げれば、日本の自動車会社は米国企業よりもはるかにうまく競合分析を行ったことによる。[1]

　1960年代の日本企業の競合分析努力については、自動車産業に関する報告のなかでデイビッド・ハルバースタムがいきいきと描き出している。「彼らはグループでやってきて写真をとり、スケッチしていった。またすべてをできるかぎりテープに録音した。質問は正確だった。彼らは、アメリカ人のオープンさに驚嘆した」。[2] 日本人は同様に、欧州メーカーについて特にその設計アプローチの面から研究した。ハルバースタムによれば、これとは対照的にアメリカ人は日本からの競争上の脅威を認識するのが遅れ、日本企業を分析することや、変化した競争環境が生み出した新たな戦略上の緊急課題をうまく理解できなかったのだ。

　競合分析は、外部分析の第2段階である。ここでも目標は、製品・市場投資判断あるいは持続可能な競争優位の獲得、維持への努力に対して影響を及ぼす洞察を得ることであるべきだ。分析は、顕在的、潜在的な競合相手の行動、弱み、強みによって作り出された脅威、機会、および戦略的不確実性の認識に焦点を当てなければならない。

　競合分析は、現在の競合相手と潜在的な競合相手の特定から始まる。現在の競合相手を識別するためには大きく異なる2つの方法がある。第1の方法は顧客の視点を調査するものであり、顧客が競合相手を選択する。このアプローチでは、競合相手を顧客の選択における競争の程度によりグルーピングする。第2の方法は、競合相手の競争戦略に基づいて戦略グループに分類することを試みるものである。

図表4-1　競合分析を構造化する質問

誰が競合相手なのか
- われわれは通常、誰と戦っているのか。どの会社が最も強力な競合相手なのか。強力ではないが、侮りがたいのはどこか。代替品のメーカーはどこか。
- これらの競合相手は、その資産と能力、あるいは戦略により、戦略グループにグループ分けすることが可能か。
- 潜在的な参入者となりうるのは、どの会社か。彼らにとっての参入障壁は何か。彼らに思いとどまらせるために、何ができるのか。

競合相手の評価
- 競合相手の目的と戦略は何か。コミットメントのレベルはどうか。彼らの撤退障壁は何か。
- 競合相手のコスト構造はどのようなものか。彼らはコスト優位にあるか、それとも不利か。
- 競合相手のイメージとポジショニング戦略は何か。
- 長期的に見て、成功している競合相手はどの会社で、うまくいっていない競合相手はどの会社か。それはなぜか。
- 個々の競合相手、あるいは個々の戦略グループの強みと弱みは何か。
- 競合相手が参入する、あるいはより強力になるために、利用できるポイント（こちら側の弱み、顧客の問題点、未充足ニーズなど）は何か。
- 競合相手を、その資産と能力で評価する。競合の強さの表を作成する。

　競合相手が識別された後、焦点は競合相手とその戦略を理解することに移る。特に重要なのはそれぞれの競合相手、あるいはその戦略グループの強みと弱みを分析することである。図表4-1に、競合分析を構造化することができる一連の質問をまとめておく。

競合相手の特定 ——
顧客に基づいたアプローチ

　主要な競合相手は多くの場合、簡単に認識、特定できる。コカ・コーラはペ

プシ、バージンのような他のコーラブランドやプレジデント・チョイスのようなプライベートブランドと競合関係にある。シティバンクはチェース・マンハッタン、バンク・オブ・アメリカはじめ大手銀行と、NBCはABC、CBSおよびFOXと、フォルガース［訳注：プロクター・アンド・ギャンブルのコーヒーブランド］はマクスウェル・ハウスと競合関係にある。このようなグループの競合分析は深い洞察をもって行わなければならないが、最も直接的に競合している企業どうしは似たようなビジネスモデルを採用し、顧客について同様の前提を使用していることが多い。これら共通する競争の枠組みのなかで勝利を得るためには、同様のことをよりうまく行うこと、価格に焦点を当てることが必然的に要求される。その結果、収益性は悪化していく。

　顧客プライオリティの変化によって、従来の基本的なビジネスモデルが多くの市場で精彩を失っていく。飲料としてのコーラはもはや支配的ではない。テレビ視聴者は大手系列番組以外の選択肢を持っている。銀行は街で唯一の預け先ではない。コーヒーもさまざまな形態で販売され消費される。新しい競合相手のうちいくつかはあまりにも小さいか非常に異なって見えるので、既存企業のレーダースクリーンに現れないだけかもしれない。しかしその感度を増強することで、次のような重要な産業ダイナミクスを描き出すことができるのだ。[3]

- コカ・コーラがペプシはじめ他のコーラ会社に注目しているあいだに、カリストガのようなソーダ、エビアンやアローヘッドのミネラルウォーター、アイスティー製品、果実ベースの飲料など非常に収益性の高いニッチ商品が出現した。これらのカテゴリーでは価格プレミアムと高い収益性を享受しているものが多い。
- テレビネットワークが互いに苦戦しているあいだに独立系ネットワークが出現しつつあり、ESPNやCNNのような強力なケーブルネットワークが隆盛をきわめている。そしてホームショッピングやペイ・パー・ビュー、任天堂、インターネット、ブロックバスタービデオでさえも、視聴者の暇な時間を奪い合うようになっている。
- 銀行が競合他行に目を奪われているあいだに、その市場は投資信託、保険業者、証券会社（チャールズ・シュワブのようなディスカウントブロー

カーを含む)、さらにはマイクロソフトのようなソフトウエア会社にさえ、侵食されてしまった。
- フォルガース、マクスウェル・ハウスその他の会社がクーポン販促によってスーパーマーケットでの販売を奪い合っているあいだに、スターバックスのような企業がまったく異なる種類のコーヒーをいままでとは異なる方法で売ることに成功している。

新しい競争形態が出現した際に多くの企業が直面する戦略上のチャレンジは、それらを認識し、理解し、そして参加することである。古いモデルに安住して新しい選択肢を無視するという一般的傾向がある。古いモデルの収益性が高かった場合はなおさらである。その罠を回避するには、小さくて非常に異なるコンセプトを持つものであっても、新しいビジネス形態の出現に敏感になること、その出現と同時に研究することが大切である。競合分析はそのための枠組みを提供する。一義的な競合相手以上のものを含めるために分析を拡張する作業を行うべきである。間接的な競合相手の分析は、それが差し迫った脅威あるいは機会であるかどうかの程度に応じて、より深くまたはより浅く行われることになるだろう。

顧客の選択

競合相手グループを認識するための1つのアプローチは、競合相手を顧客の視点から見ることである。顧客はどのような選択を行っているのか、ということだ。シスコの購買者には、もしシスコが必要な機器を作っていないとしたら、どのブランドを購入したかを尋ねることができる。老人ホームの給食の仕入担当者には、もしマッシュポテトが値上がりしたら、何で代用するかを尋ねることができる。スポーツカーの購買者には、ほかにどの自動車を考慮に入れたか、実際にほかのどのショールームに行ってみたかを尋ねることができる。

製品用途の関連づけ

競合相手についての洞察を得るためのもう1つアプローチは、特定の製品使用場面や用途との関連づけを行うことである。[4] およそ20人から30人の製品使用者に、使用場面や用途のリストを作成するように依頼する。その後、それぞれの使用場面について、今度は使用者が適切な製品の名前をすべて挙げていく。こうして、利用場面のリストはより完璧なものとなる。そのあと、それぞれの利用場面に対して個々の製品がどの程度適切なのかについての判断をほかの回答者グループが求められる。そして、適切な使用場面の類似性に基づいて製品がグループ分けされる。したがって、もしペプシが軽食の場面に適切だと考えられているのであれば、同様に考えられている製品群とまず競合することになる。同様のアプローチは、異なった用途で使用される可能性のあるいくつかの工業製品にも適用可能である。

顧客の選択と製品の用途という双方からのアプローチは、競合相手を認識するための概念的基盤を提供しており、市場調査を利用できない場合でもマネージャー自身が行うことができる。顧客が選ぶ際の選択肢という概念、および使用場面への適切性という概念は、競争環境を理解するうえでの強力な支援ツールとなる。

競合相手の特定 ──
戦略グループ

戦略グループの概念は、産業の競争構造を理解するまったく異なったアプローチである。戦略グループとは、次のような企業グループをさす。

- 過去にある程度の期間、類似した競争戦略を取っている（同一の流通チャネルの使用、同一種類のコミュニケーション戦略の使用、あるいは同一の価格・品質ポジションの使用など）
- 類似した特性を持つ（規模、積極性など）

●類似した資産と能力を持つ（ブランドイメージ、物流能力、グローバル性、研究開発など）

　例示すると、ペットフード業界には歴史的に3つの戦略グループがある。第1の戦略グループは巨大で多角化したブランド力ある消費者向け食品企業で構成されている。このグループに属する企業はすべて大規模マーチャンダイザー、スーパーマーケットを通して販売しており、ブランドは強力で確立され、広告宣伝を有効に使用し、規模の経済を享受している。ラルストン・ピュリナは、広範な製品ラインとシェア21％を持つボリュームリーダーかつプライスリーダーである。一方ネスレはキャットフードに特に強く、第2位の地位を占める。ハインツは9-ライブスやアモーレ、マーズはペディグリーとウィスカスというブランドを擁する、いずれも重要なプレーヤーである。

　第2の戦略グループは高度に集中化した高プレミアムの専門製品を持つ企業群であり、ヒルズ・ペットフード（科学的ダイエットと処方箋によるダイエット）、アイムス・カンパニーのような企業を含んでいる。これらの企業は獣医師や専門ペットショップを通して販売しており、健康に関心のあるペット所有者に到達するために専門医を紹介するネットワークを使用している。

　第3の戦略グループはプライベートブランドの生産者であり、ドアン・プロダクツがこの分野のリーダーである。ラルストンは、このグループにも属している。

　個々の戦略グループはある戦略グループから別の戦略グループへと企業が移動することを不可能にする、あるいは少なくとも妨げる障壁を有している。ペットフードの各戦略グループはそれぞれ障壁によって参入から守られている。高プレミアムグループは、有名ブランド、健康セグメントに必要な製品と製造知識、影響力ある獣医師や小売業者との関係、さらに既存の顧客ベースを有している。プライベートブランドの製造業者は、低価格の製造工程、低い管理コスト、さらに顧客との強力な関係を有している。当然だが、障壁を回避したり、克服したりすることは可能である。ラルストンはシリアルなど他分野でのプライベートブランド契約の関係を利用して、いくつかのプライベートブランド製品をも製造し、さらに高プレミアムの戦略グループへの参入をも視野に入れている。ただし、障壁は厳然として存在し、戦略グループを超えての参入は

通常不利を伴う。

戦略グループのメンバーは、参入障壁とともに撤退障壁をも有することがあり、設備投資や専門性の高い労働力などの資産は相当に大きな撤退障壁となる。

戦略グループのあいだに障壁が存在するという考え方は、非常に重要である。持続可能な競争優位を確立する1つの方法は、競合他社に対して障壁となるような資産と能力によって、競合から守られた戦略を取ることだからである。PCおよびサーバ市場を考えてみるとよい。デルやゲートウェイその他少数の企業は、最初はカタログで、次に電話を通じて、そして今ではインターネットによって、コンピュータを顧客に直接販売してきた。これらの企業は、優れた製品サポートシステムをはじめ、直接販売をサポートする数多くの資産と能力を開発した。コンパック、IBM、ヒューレット・パッカードなどの競合相手（これらの企業は小売業者やシステムインテグレータなどの間接的なチャネルを使用してきた）は、戦略を変更することが非常に困難であることを知ることとなった。関連する資産と能力を開発することが高価で困難であるばかりでなく、既存チャネルとの関係が大きな障害となったからである。

戦略グループ概念の使用

戦略グループの概念は、競合分析のプロセスを簡単にしてくれる。多くの産業において、個々に分析するには競合相手の数が多すぎて30の競合相手を考慮することすら不可能に近く、ましてや何百もの競合相手を扱うことはいうまでもない。分析対象の数を少数の戦略グループにしてしまえば、分析をコンパクトで実現可能かつより使いやすいものにできる。例えばワイン産業の場合、ロバート・モンダビのような企業の競合分析においては、安物ワイン（3ドル以下）、普及品ワイン（3ドルから15ドル）、高級ワイン（15ドル以上）の3つの戦略グループを調査することになるだろう。一方グルーピングをしても、戦略的な内容や洞察はほとんど失われない。同一の戦略グループに属する企業は産業の変化にすべて一様に影響され、かつ一様に反応するからだ。したがって、競合相手の将来戦略を予測する際に戦略グループの概念を使用することは有用

なのである。

　戦略グループへのグルーピングは、戦略的投資判断を洗練されたものにすることができる。どの産業へ投資すべきかではなく、どの戦略グループに投資すればよいかということに焦点を当てることが可能であり、したがって個々の戦略グループの現在の収益性と将来の収益可能性を見きわめることが必要である。戦略の1つの目的は、戦略的優位を構成することができるように資産と能力を魅力的な戦略グループに投資することだからである。

　戦略とその基礎となる資産と能力の選択は結局、多くの場合、戦略グループの選択あるいは形成を意味する。したがって戦略グループの構造に関する知識は、きわめて有用性が高い。

戦略グループによる予測

　戦略グループの概念は将来の競争戦略を予測することにおいても有用であ

図表4-2　規制緩和により出現した戦略グループ

グループ	産業	例
・全国規模で操業し、フルラインの差別化された商品を持つ。コストパフォーマンスの良さを強調する。	証券 航空 トラック輸送 鉄道 通信機器	メリル・リンチ デルタ コンソリデイテッド・フレートウェイ バーリントン・ノーザン ルーセント・テクノロジーズ
・低価格路線——多くの場合、規制緩和の新規参入者。	証券 航空 トラック輸送 鉄道 通信機器	チャールズ・シュワブ サウスウエスト航空 オーバーナイト トランスポーテーション 沖電気
・強力な顧客ロイヤルティを持ち、魅力的な顧客グループをターゲットとする特化型企業。	証券 航空 トラック輸送 鉄道 通信機器	ゴールドマン・サックス エアー・ウイスコンシン ライダー・システムズ サンタ・フェ ノーザン・テレコム

る。5つの業界における規制緩和の効果に関するマッキンゼーの研究（図表4－2）によれば、成功を収めた企業は、次の3つの戦略グループのうちどれか1つへと移動したことが高い精度をもって示されている。[5]

第1グループは3つのフェーズで進展する。第1フェーズでは中小規模の企業が、大企業と互角に戦うため合併により十分な市場シェアを得ようと試みる（この試みは多くの場合失敗に終わる）。第2フェーズでは、製品ラインあるいは市場のギャップを埋めるため、強力な企業が買収を行う。このフェーズ（規制緩和後3～5年ごろに生じる）において、主要な企業は広範な製品ラインと流通カバレッジを構築しようとする。第3フェーズでは、産業をまたいでの合併が行われる。強力な企業はその属する産業外の企業と合併していく。

第2の戦略グループは価格センシティブなセグメントにシンプルな製品ラインと最小限のサービスを提供することにより、規制緩和の後に業界に参入するローコストの企業から成る。第3のグループは特定の顧客グループに特別あるいは専門のサービスを提供する集中化戦略をとる企業群である。

潜在的な競合相手

現在の競合相手に加えて、次のような潜在的な市場参入者を考慮することは重要である。

1. **市場拡大**　最も明白な潜在的競合相手は、他の地方あるいは他の国々で操業している企業であろう。クッキー会社であれば、隣りの州のクッキー会社に、つねに注意を払わなければならないであろう。
2. **製品拡張**　大手スキーメーカーであるロシニョールは同一の市場を開拓することにより、スキーウェアへ事業を拡大し、さらに技術上および流通上の優位を生かしてテニス用品にも参入を果たした。
3. **後方統合**　顧客は潜在的な競合相手となりうる。ゼネラル・モーターズはその発展期に多くのコンポーネントメーカーを買収した。キャンベル・スープのような缶詰用缶の大口ユーザーは缶や容器の自社生産を開始す

ることにより、後方統合を行っている。
4. **前方統合**　利幅の拡大に魅力を感じる供給者もまた、潜在的競合相手である。例えば、インテルは、最終消費者向け製品を携えて、消費者向け製品市場に参入しようとしている。いままでの仕入先が市場における成功のために非常に重要な部品、部分を握っていると確信して、前方統合による利益と支配力の獲得に魅力を感じる可能性がある。
5. **資産または能力の流出**　重大な戦略的弱みを持った既存の小さな競合相手がその弱みを縮小あるいは除去できる企業に買収された場合、手ごわい参入者へと変貌する可能性がある。そのような動きの予測は困難かもしれないが、多くの場合、競合相手の強みと弱みの分析はシナジーを有するいくつかの潜在的な合併を示唆する。競合相手が長期的視点において財務的資源あるいは経営的資源を有してはいないが、平均以上の成長を有する業種に属する場合、吸収合併において特に魅力的な候補となる可能性がある。
6. **報復あるいは防衛戦略**　潜在的あるいは実際上の市場参入に脅かされた企業は、報復に出る可能性がある。例えば、マイクロソフトはインターネット領域などでいくつかの動きを取ったが、それは既存のソフトウエアにおける支配的なポジションを防御する意味もあった。

競合分析 ──
競合相手の理解

　競合相手とその活動を理解することには、いくつかの見返りがある。まず、競合相手の現在の戦略的強みと弱みについて理解することは、対応に値する機会と脅威を示唆してくれる可能性がある。将来の競合相手の戦略に対する洞察は、来るべき脅威と機会への予測を可能にする。さらに、戦略代替案に関する意思決定は、重要な競合相手が取るであろう反応を予測する能力に依存する。最後に、競合分析は恒常的に詳しくモニターするに値するいくつかの戦略的不確実性の認識に帰着するかもしれない。戦略的不確実性とは、「競合相手Aは、

図表4-3 競合相手の理解

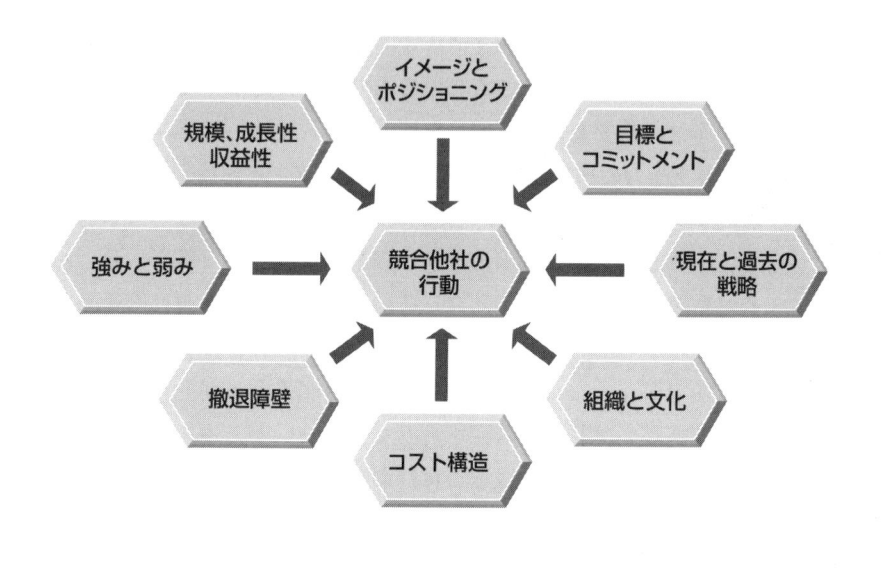

```
                    イメージと
                  ポジショニング
                        │
   規模、成長性              ↓              目標と
     収益性 ──→                         コミットメント
                                           │
                                           ↓
   強みと弱み ──→    競合他社の    ←── 現在と過去の
                      行動                 戦略
                        ↑
                        │
   撤退障壁 ──→                       組織と文化
                        ↑
                    コスト構造
```

米国西部市場への参入を決定するだろうか」といったことである。

図表4-3が示すとおり、競合相手の行動は8つの要素によって影響を受ける。最初のものは、規模、成長性および収益性などによって測定される財務的業績である。

規模、成長性および収益性

売上と市場占有率の成長とレベルは、経営戦略の活力を示す指標となる。強い市場ポジションの維持あるいは急速な成長の達成は、通常競合相手（あるいは戦略グループ）が強力であり戦略が成功していることを意味している。対照的に、市場ポジションの低下は企業がその戦略を取ることへの興味と能力に影響する財務上あるいは組織的な制約によることが多い。大企業のなかに入り込んでしまっている事業の売上高の大まかな予測を立てるためには、事業に関係する従業員数を調べ、それに2万ドルをかけてみるとよい。この方法は、多く

の事業について非常に正確であり、また従業員数は多くの場合簡単に入手可能である。

規模と成長性の次は収益性である。収益性のある事業は親会社による搾取の対象となっていないかぎり、一般に投資のための資本調達が容易である。長期間の損失を出していたか最近急激に収益性が減少した事業は、外部あるいは内部における資本調達に困難を抱えている可能性が高い。

イメージ戦略とポジショニング戦略

事業戦略は、最強のトラック、最も丈夫な自動車、最小の電子機器、あるいはいちばん使いやすい掃除機、といったようなイメージに重要な基礎をおく場合がある。製品クラスに関係する属性から品質、イノベーションあるいは環境への配慮のような製品クラスを超える無形資産へとイメージを移すことは多くの場合有効である。ジレットのグローバル戦略は「選ばれた人はジレットを選ぶ」という標語によって推進されている。ファラロン［訳注：ネットワーク機器メーカー］はコンピュータと革新的な技術の使用を結びつけている。革新性（イノベーション）はファラロンの戦略の重要な要素であり、革新的だと思われることはファラロンにとって不可欠なのだ。もう1つの常套手段は個性や顧客との関係にフォーカスすることである。ハーレー・ダビッドソン、ティファニー、そしてサターンは、顧客との強力な感情的つながりを持つパーソナリティブランドとなった。

ポジショニングの代替案を構築するに際して、主な競合相手のイメージとブランドパーソナリティを見きわめることは有用である。重要な属性や個性に関する競合相手の弱みは、自社の差別化と優位性構築の機会となりうる。競合相手の強みは、それを超越するかあるいはその裏をかかなければならないというチャレンジを表している。いずれにしても、競合状況を知ることは非常に重要である。

競合相手のイメージとポジショニングについての情報は、ある程度まではその企業の製品、広告、パッケージ、行動を調査することにより推定できる。しかし、顧客調査は、多くの場合現在の状況を正確に知るためにきわめて有効で

ある。伝統的なアプローチは、企業とそのブランドが顧客にとって何を意味するかを知るための定性的な顧客調査を行うことだ。その企業から何を連想するのか。もしその企業を人とすれば、どんな人なのか。どのような視覚的イメージ、本、動物、あるいは行動がその企業によって想像されるのか。その本質は、いったい何なのかを調査するのである。

競合相手の目標とコミットメント

競合相手の目標についての知識により、その現在の業績が満足できるものなのかどうか、したがって戦略の変更がありそうかどうかを予測することができる。事業単位の財務目標によって、回収が比較的長期に及んでもそのビジネスに投資するという競合相手の意欲を推し測ることができる。市場シェア、売上の成長性および収益性に関しての競合相手の目標が何かは特に重要であり、非財務の目標はさらに有用である。競合相手は技術的なリーダーとなりたいと思っているのか、サービス重視の組織を目指しているのか、あるいは流通の拡大が目標なのか。そのような目標は競合相手が取りうる将来の戦略をよく示唆するものとなる。

競合相手の親会社（もし存在すれば）の目標はさらに重要である。親会社の現在の業績レベルと財務的な目的はどのようなものか。競合である事業単位が親会社と同レベルの業績を上げていない場合は改善のプレッシャーが働いており、投資がさし控えられる可能性がある。とりわけ重要なのは、その事業単位のグループ内における役割である。その事業は親会社の長期計画の中心となっているのか、それとも周辺事業なのか。またそれは成長領域と見なされているのか、それとも他の領域への資金供給を期待されているのか。その事業は、他の事業とのあいだでシナジーを創出しているか。親会社は、なんらかの理由で、その事業単位に対して感情的な思い入れを持っていないだろうか。財務的資源が豊富な企業が、いつも実際に資金を支出するとは限らない。

競合相手の現在および過去の戦略

競合相手の現在および過去の戦略は、調査する必要がある。過去に失敗した戦略については、特に注意しなければならない。その経験によって、類似した戦略に再び手を染めようとはしなくなるからである。さらに、競合相手の新製品や市場における行動のパターンは、その将来の成長方向性を予測するのに役立つ。差別化戦略を取っていると考えられる場合、それは製品ラインの広範さ、製品の品質、サービス、流通の種類、あるいはブランド認知にどの程度まで依存しているだろうか。ローコスト戦略を採用している場合、それは規模の経済、経験曲線、製造設備あるいは原料入手などのどれに基づいているだろうか。そのコスト構造はどうなっているのか。集中化戦略を採用している場合、その狙っている範囲はどのようなものか。

競合相手の組織と企業文化

競合相手の経営者のバックグラウンドや経験に関する知識は、将来の行動に対する洞察を提供してくれる。経営者は販売、エンジニアリング、あるいは生産のうちどの分野の出身だろうか。経営陣は、別の業界や別の企業の出身者が多いだろうか。クロロックスでは、経営陣に対して、プロクター・アンド・ギャンブルの影響が非常に大きいが、これは裁判所が売却を命じるまで、プロクター・アンド・ギャンブルがクロロックスの経営権を握っていたからである。

組織構造、システム、人、およびそれらによって影響される組織の文化は、しばしば戦略に対して広範な影響を及ぼす。目的達成のための厳しい管理と従業員の志気に依存しているコスト指向の高度に構造化した組織は、積極的でマーケティング指向の戦略への転換がきわめて難しい。同様に、革新とリスク負担を強調する、ゆるやかに結びついた水平的な組織体は、規律を持った製品の一新や費用削減プログラムの実施に困難を伴う。第16章において明らかにするとおり、一般には、文化、組織構造、システム、人などの組織的な要素は考慮される戦略の範囲を限定する。

コスト構造

競合相手のコスト構造についての知識からは、特に競合相手がローコスト戦略を取っている場合、競合相手の将来の価格戦略とその持続可能性についての兆候を見出すことができるかもしれない。損益分岐点レベルを決定する変動費と固定費の概略を知ることが目標である。次の情報は、通常入手可能であり、コスト構造に関する洞察を提供する。

- 従業員数および直接労働者（変動労務費）と間接労働者（固定費の一部を構成）の大まかな分類
- 原料および購入されるコンポーネントの相対的なコスト
- 在庫、工場および設備などの資産
- 売上高、工場数などの配賦のベースとなるものの数

撤退障壁

撤退障壁は企業がある事業領域から撤退できるかどうかにおいてきわめて重大な問題となり、したがって競合による事業へのコミットメントの重要な指標となる。撤退障壁には次のようなものがある。[6]

- 特化した資産――他の用途への転換に高額の費用を要し、それゆえ転用価値の低い工場、設備、その他の資産。
- 労働契約、リース、既存設備の部品維持のための費用などの固定費。
- 会社のなかの他事業単位との関係――会社のイメージや共通の施設、流通チャネル、あるいは販売員など。
- 政府の規制および社会的障壁――政府は鉄道会社が乗客サービス業務から撤退することを規制するかもしれないし、企業は従業員の雇用に責任を感じて、戦略的行動をさし控えるかもしれない。
- 経営者のプライド、あるいは経済的意思決定に影響を及ぼすような事業あるいは従業員への感情的な思い入れ。

強みと弱みの評価

　競合相手の強みと弱みについての知識は、さまざまな戦略を追求する企業の能力についての重要な洞察となり、戦略代替案を認識あるいは選択するプロセスに対する重要なインプットとなる。

　戦略立案の1つのアプローチは、自社が既存あるいは構築中の強みを持っている領域において、競合相手の弱みを利用することを試みることである。競合相手の弱みに自社の強みをぶつける戦略の立案が望ましい。反対に、競合相手の強みに関する知識はそれを回避するか、無意味にするために重要となる。

　競合相手の強みを無意味にする戦略を立案した企業の好例は、小売流通の能力と小売宣伝に関する資源を持たない、ある小さなソフトウエア会社である。その会社のターゲット顧客は、ソフトウエアをトータルで、場合によってはハードウエアも含めて投資会社や病院のような組織に販売する付加価値ソフトウエアシステム企業であった。これらの付加価値システム企業は、製品力を理解し、活用することができ、彼らのシステムへそれを統合することができ、量的にも大量にその会社のソフトウエアを使用した。競合相手の流通チャネルへの優れたアクセスや広告活動を支える資源は、このようにして無意味にされたのである。

　競合相手の強みと弱みの評価はその産業において重要な資産と能力の認識することに始まり、それらの資産と能力に基づいて競合相手を評価していくことになる。以下、このトピックスについて見ていくこととする。

競合相手の強みおよび弱み

関連する資産と能力は何か

　競合相手の強みと弱みは、資産または能力の存在あるいは欠如に基づいている。したがって、よく知られたブランドや好立地のような資産は強みとなりうるし、強力な宣伝プログラムの企画力のような能力も同様である。反対に資産

や能力の欠如は弱みとなる可能性がある。

したがって、競合相手の強みと弱みを分析するためにその産業における重要な資産と能力を認識することが必要である。図表4-4に要約するとおり、次の5種類の質問することが有効である。

1. **どの企業が過去において長期にわたり成功してきたか。どのような資産あるいは能力がその成功に貢献したのか。どの企業が慢性的に低業績だったか。それはなぜか。どのような資産あるいは能力がその企業には欠けていたのか。**

定義により、持続可能な競争優位を提供する資産と能力は、長期にわたる業績に影響を与えなければならない。したがって、長期にわたって業績の異なる複数の事業は、資産と能力についても異なっているはずである。業績の原因分析により通常、業績と関連のある能力と資産のセットが判明する。典型的には、よりよい業績を有する会社はそれらの成績の基礎となる重要な資産と能力を開発、維持してきているはずだ。反対にその産業と戦略において重要な資産と能力に関する弱みは、弱い企業における低業績の明白な原因となっているはずである。CTスキャナ産業においてリーダー企業であるゼネラル・エレクトリックでは、優秀な製品技術、研究開発、確立したシステム構築能力、X線の製品ラインを有する強力な販売サービス組織と既存設置ベースを有している。

図表4-4　重要な資産と能力の認識

- なぜ成功している企業は、成功しているのか。なぜうまくいっていない企業は、うまくいっていないのか。
- 鍵となる顧客の購買動機は何か。
- 大きなコスト構成要素は何か。
- 産業の可動性の障壁となっているのは何か。
- バリューチェーンのどの構成要素が競争優位を作り出しているのか。

2. 顧客の重要な購買動機は何か。何が顧客にとって本当に重要なのか。

　顧客の購買動機により、購買決定をもたらすためにどの資産あるいは能力が意味のある優位を構築しうるかが明らかになる可能性がある。重機械産業においては、顧客はサービスと部品在庫を評価している。「世界中どこであろうと24時間以内に部品サービスを提供する」というキャタピラーの約束は、それが顧客にとって重要であるため、キャタピラーの重要な資産となってきた。アップルは、ユーザーフレンドリーなプラットフォームの設計によって、デザイナーの購買動機に焦点を当ててきた。

　顧客購買動機分析は、ある事業が必ず提供しなければならない資産と能力の認識に役立つ。スナック菓子の主たる購買基準がフレッシュさである場合、企業はこのような属性を提供するためのスキルを開発しなければならない。対象となる顧客セグメントにとって重要な領域での能力を欠く企業は、たとえ他の本質的な競争優位を持っていたとしても、苦境に陥る可能性がある。

3. その製品あるいはサービスの大きな付加価値部分は何か。大きな費用コンポーネントは何か。

　産業のコスト構造分析により、全費用中最大のパーセンテージを占めるのはどの付加価値段階かが明らかになる。重要な付加価値段階においてコスト優位を得ることは、それが低価格に使用されるか、差別化に使用されるかを問わず、重要な持続可能な競争優位となる可能性を持つ。小さな付加価値段階におけるコスト優位は小さな利用効果しかもたらさない。金属缶事業においては費用全体に比較して輸送費が大きな割合を占めるため、顧客の近隣あるいは隣接の敷地に工場を立地できる企業は、大きなコスト優位を持つことになる。

4. バリューチェーンの構成要素を考えてみて、そのいずれかが競争優位を生み出す可能性を提供していないか。

　大きな付加価値を持つ構成要素を見つけるための1つのツールは、マイケル・ポーターによって開発された概念モデルであるバリューチェーンである。[7] 事業のバリューチェーン（図表4-5）は2種類の価値創造活動から構成されており、競合を評価するうえで参考にすべきである。バリューチェーンの構成

図表4-5　バリューチェーン

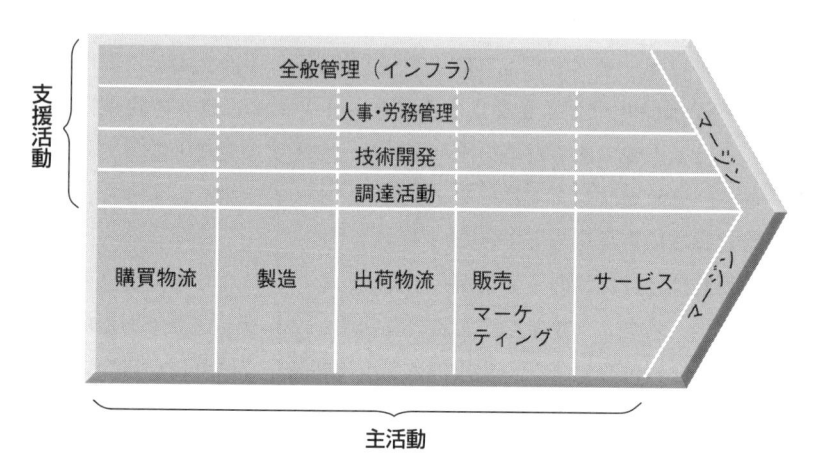

```
支援活動 ┌─────────────────────────────────┐
        │     全般管理（インフラ）          │
        │     人事・労務管理                │
        │     技術開発                      │
        │     調達活動                      │
        ├──────┬──────┬──────┬──────┬──────┤
        │購買物流│製造  │出荷物流│販売  │サービス│
        │      │      │      │マーケ │      │
        │      │      │      │ティング│      │
        └──────┴──────┴──────┴──────┴──────┘
              └──────── 主活動 ────────┘
```

M.E.ポーター『競争優位の戦略』

要素には次のようなものがある。

主活動
- 購買物流──原材料の取扱いと保管
- 製造──原材料の最終製品への転換
- 出荷物流──受注処理と流通
- 販売・マーケティング──広告宣伝、プライシング、チャネル管理
- サービス──設置、修理、部品供給

支援活動
- 調達活動──調達手続きの管理、情報システム構築
- 技術開発──製品、工程、システムの改良
- 人事労務管理──採用、教育、報償の管理
- 全般管理──全体の経営、財務、会計、政府との関係維持、品質管理

バリューチェーンによって示唆されている直線的な業務の流れは、つねに競合相手の有用な描写とは限らず、特にインターネット領域においては適切ではないことが多い。もう1つの別な考え方は、競合相手にとって重要な付加価値構成要素、すなわち顧客の利益やコスト削減を生み出している構成要素は何なのかという問いに答えることである。例えばイーベイについては、そのような構成要素は、業務運用、顧客サポート、そしてオークションサービスということになろう。さらに、AOLやアイエスクローなどとのネットワーク上の提携関係もまた重要な付加価値となろう。

強みと弱みのチェックリスト

　図表4－6に、競合相手が強みと弱みを持ちうる領域についてのチェックリストの概要を示す。最初のカテゴリーは革新性（イノベーション）である。花王の強みの1つは石鹸、洗剤、スキンケア製品において革新的な製品を開発する能力であり、その新製品は通常きわだった技術的利点を備えている。高度に技術的な産業においては全社費用に対する研究開発のパーセンテージや基礎から応用に至る連携の強調が、革新的製品を生み出す累積的な能力の指標となりうる。製品特性、性能、新製品、製品改良、および特許などに関するプロセスからのアウトプットは、革新的製品を生み出す能力のより正確な基準となる。

　競合相手の強みと弱みにおける2番目の領域は製造である。テキサス・インスツルメンツの半導体と関連事業の強みの主たる領域は製造にあったと考えられる。製造における強みとなりうるいくつかの重要な分野は、持続可能なコスト優位の源泉となる可能性を持っている。工場・設備、原料アクセス、垂直統合レベルあるいは労働力の種類などの点で、コスト優位の基礎となるものが存在しているだろうか。過剰設備は固定費を増加させることになるが、市場が不安定または成長している場合には、それが強みの源泉となる可能性がある。

　3番目の領域は財務であり、短期的、長期的に資金を生み出す、あるいは調達する能力である。深いポケット（財源）を持つ会社は決定的な強みを有する。それによって、小さな会社にはできない戦略を追求することが可能となるから

図表4-6　強みと弱みの分析

革新性
- 製品技術力あるいはサービスの優秀さ
- 新製品開発
- 研究開発
- 技術
- 特許

製造
- コスト構造
- 生産活動の柔軟性
- 設備
- 原材料へのアクセス
- 垂直統合
- 従業員の態度とモチベーション
- 生産（処理）能力

財務——資本へのアクセス
- 営業活動からの資金
- 買掛等による資金
- 負債や新株発行による資金調達能力
- 親会社の資金供給意欲

経営
- トップ経営者と中間管理層の質
- 事業に関する知識
- 文化
- 戦略的目標とプラン
- 起業家的主眼
- プラニング／オペレーション・システム
- 忠誠心——離職率
- 戦略的意思決定の質

マーケティング
- 製品品質に関する評判
- 製品特性／差別化点
- ブランド認知
- 製品ラインの広範さ——販売システムとしての能力
- 顧客指向
- セグメンテーション／集中
- 流通
- 小売との関係
- 広告／宣伝スキル
- 販売員
- 顧客サービス／製品サポート

顧客ベース
- 規模とロイヤルティ
- 市場シェア
- 参入しているセグメントの成長率

である。クライスラーとゼネラル・モーターズを、あるいはミラーやバドワイザーと小さな地方のビール会社を比較してみるとよい。営業利益も1つの大きな資金源となる。現在または将来生み出されるキャッシュフローの性質はどのようなものだろうか。親会社や他の資金源もまた、現金その他の流動資産の供給源となる。ここで重要なのは、その会社が負債またはエクイティを使用することを正当化できる能力と、その資金源にアクセスする意思である。

　第4の領域は、経営である。まったく共通点のない事業の業務をコントロー

ルし、モチベーションづけをする能力は、ヒューレット・パッカードはじめ巧妙に多角化している企業の強みである。トップと中間管理職の質、厚み、ロイヤルティ（離職率によって測定される）は、重要な資産となる。分析すべきもう1つの側面は、文化である。組織にしみついた価値観や規範は、ある戦略を促したりあるいは禁じたりする可能性がある。スリーエムのような組織は、新しい方向性を始めることを可能にする起業家的な文化と、そのような新しい方向性を育てる組織的スキルの両方を兼ね備えている。戦略的目標や計画を設定する能力は、重要な能力となりうる。競合相手は、どの程度のビジョンと意思を持ち、それを追求する能力を持っているのだろうか。

　第5の領域は、マーケティングである。特にハイテク分野においては最も重要なマーケティング上の強みは、製品ラインであることが多い。すなわち品質に関する評判、品揃え、他の製品から差別化できる特性などである。ブランドイメージと流通は、ゲータレード、デル、そしてバンク・オブ・アメリカなどの多様な事業にとって鍵となる資産となってきた。真の顧客指向を生み出す能力は、重要な強みである。もう1つの強みは、広告宣伝を有効に行う能力と意欲である。パーデュー・チキンの成功は優秀な広告を創り出す能力によっていた。販売力やサービス業務といったマーケティングミックスの他の要素もまた競争優位の源泉となりうる。キャタピラーの強さの1つは、ディーラーネットワークの質の高さである。特にハイテクの分野での強みは企業がその顧客に密着する能力であるとも考えられる。

　最後の領域は顧客ベースである。顧客ベースはどれくらいの規模か。また、それはどのくらいロイヤルティが高いか。商品はその顧客によってどう評価されているのか。顧客が他のサプライヤーに乗り換える場合、顧客が負担しなければならないコストはどれくらいか。顧客のロイヤルティや満足度が非常に高い場合には、購買先を変更させることは困難を伴う。現在の顧客セグメントのサイズと潜在成長力はどのくらいだろうか。

競争上の強みグリッド

　適切な資産と能力を識別したのち、次のステップはそれらの資産および能力

について自社と主たる競合相手あるいは戦略グループを測ることである。この結果は「競争上の強みグリッド」と名づけられ、資産と能力に関して競合相手のポジションを明らかにするために役立つ。

ほとんどの場合、持続可能な競争優位は、産業や採用する戦略にとって重要な資産や能力において競合相手に優越するポジションに基づいている。よって各競合相手の重要な資産と能力のポジションに関する情報は、戦略立案と評価の中心となる。

戦略にとって重要な資産と能力に関して優越的ポジションを持たない場合には、その資産や能力を獲得するかあるいは戦略を修正するか放棄しなければならない。競合相手とみられる企業間に相違点が見出せないということもあるだろう。競合相手のすべてが持っている能力は競争優位の基礎とはなりえない。飛行安全性は航空旅客にとって非常に重要であるが、航空会社がパイロットの質と飛行機のメンテナンスに関して変わりがないと顧客が感じているのであれば、それは競争優位の根拠ではありえない。もちろん、ある航空会社がテロに対抗するセキュリティにおいて優秀であることを乗客に確信させることができれば、持続可能な競争優位は現実のものとなりうる。

高級車市場

高級車市場においての競争上の強みグリッドを図表4－7に示す。重要な資産と能力が成功にとって非常に重要か、あるいは二次的な重要性にとどまるかによってグループ分けされ、左側に示されている。主要な競合ブランドが列の上側に並べて示される。各セルは、そのブランドが当該資産あるいは能力に関して強い、平均以上、平均、平均以下、そして弱いというようにコード化されている。

本図表は、結果的にレクサス、インフィニティおよびメルセデスの全体的な強さを示し、さらにブランドごとに強みと弱みのプロフィールのサマリを提供する。フォードとレクサス、あるいはBMWとアウディというように、2つのブランドを比較することも可能である。

図表4-7　競争上の強みグリッド（米国における高級車市場競合ブランド）

資産と能力	米　国		日　本			欧　州				
	キャデラック (GM)	リンカーン (フォード)	レクサス (トヨタ)	アキュラ (ホンダ)	インフィニティ (日産)	メルセデスベンツ	ボルボ	BMW	アウディ	ジャガー
主要成功要因										
製品品質	○	○	●	◐	○	●	◐	●	◐	◐
製品差別化	◐	○	●	◐	○	●	●	●	◐	●
ディーラー満足度	●	●	●	◐	◐	●	◐	●	◐	◐
市場シェア	●	○	●	◐	○	◐	◐	◐	○	○
サービスの質	◐	●	●	◐	◐	◐	●	●	◐	○
二次的な重要事項										
財務能力	○	○	●	◐	○	●	◐	●	◐	○
経営の質	◐	◐	●	◐	◐	◐	◐	◐	◐	○
販売員/流通	●	●	●	◐	◐	●	◐	◐	◐	○
ブランド認知	●	●	●	◐	◐	●	◐	●	◐	◐
広告宣伝	●	●	●	◐	◐	◐	○	○	○	○

凡例：○ 平均以下　◐ 平均　● 平均以上

下位市場の分析

下位市場や戦略グループにおいて、そして異なる製品ごとに分析を行うことが多くの場合望ましい。企業はその属する産業内においてすべての企業と競争しているわけではなく、類似の戦略を採用している企業や類似の市場に従事している企業とのみ競争している。高級車市場においても安全性という下位市場では強みグリッドは非常に異なった様相を見せており、ボルボが大きな強みを持っている。同様にハンドリングという下位市場ではさらに異なる様相を見せている。ここではBMWが大きな強みを有している。

分析プロセス

競争上の強みグリッドを作るプロセスにおいては、非常に多くの情報を得ることができるため、有益である。1つのアプローチは何人かのマネージャーに自らのグリッドを独立して作成させる。相異点は通常マネージャー間の異なった認識や情報のベースを明らかにするであろう。相異を解消する過程において、適切な情報が行きわたり、かつ戦略的不確実性を特定して構造化することができる。競合相手の品質の評判に関する意見の相異はそこに戦略的不確実性があることを明らかにし、市場調査を行うことを正当化するかもしれない。もう1つのアプローチは、準備段階でスタッフにてつだってもらい、グループというセッティングにおいてグリッドを作成することである。可能な場合には、実験室におけるテスト結果や顧客認識調査に基づいた客観的な情報を使用すべきである。さまざまな側面において競合企業がどのように評価されるべきかについての意見の不一致が生じた場合には、このような情報が特に必要となる。

競合相手に関する情報の入手

競合相手のウェブサイトは、通常、豊富な情報源であり、最初に確認すべきものである。戦略的ビジョンが、（価値観と文化に関する記述とともに）しばしば掲載されており、多くの場合事業のポートフォリオが配列されている。ポートフォリオの並び方は、事業の優先順位と戦略に関する手がかりを与えてく

れる。例えば、IBMがEサービスを強調しているとすれば、同社のサービス事業の方向性に関して見て取ることができるであろう。ウェブサイトは、工場、グローバル資産、そしてブランドシンボルなどの情報も与えてくれる可能性がある。競合相手のサイトのリサーチとともに、サーチエンジンによる競合相手の事業に関する記事やファイナンシャルレポートへのアクセスも有益である。一般情報サイト（例えばbusiness.com）や業界の展示会、業界誌、チャネルメンバー（小売店など）、そしてファイナンシャルアナリストのサイトも、有益な情報を提供してくれる可能性がある。

　競合相手に関する詳細な情報は、さまざまな出所から入手可能である。競合相手は通常、供給業者、顧客や流通業者、証券アナリストや株主、立法当局や規制当局などと頻繁に連絡を取っており、これらと接触することによって情報の入手が可能となる。業界誌、展示会、広告、スピーチ、年次報告などのモニタリングは有益である。技術開発活動に関する情報は技術会議や技術雑誌から入手できる。今日では、コンピュータでアクセス可能な何千ものデータベースによって、ほとんどの企業についての詳細な情報が利用可能になっている。

　競合相手とその顧客との関係にかかわる詳細な情報は市場調査によって得られる。定期的な電話調査からは競合相手の戦略の成功面と脆弱な面についての情報を得られるであろう。回答者に対しては次のような質問を投げかけることができる。どの店が自宅にいちばん近いのか、どの店でいちばんよく買い物をするか、その店に満足しているか、どの店が最も安いか。どの店の催し物が気に入っているか、最も顧客サービスがよい店はどこか、最も清潔な店はどこか。顧客ベースのロイヤルティ（また、その脆弱性）は、顧客満足度の値あるいはいちばん便利な店やいちばん安い店でないにもかかわらず、なおかつそこで買おうという意思によって示されているといえるのだ。

まとめ

- 競合相手は、顧客の選択（顧客が選択した競合相手のセット）によって、あるいは競合相手を戦略グループ（類似の戦略を採用し、類似の資産、

能力、その他の特徴を有する企業群）にまとめることによって、特定することができる。
- 競合相手は、規模、成長と収益性、イメージ、目的、事業戦略、組織文化、コスト構造、撤退障壁、そして強みと弱みなどのいくつかの要素にしたがって分析すべきである。
- 成功あるいは失敗している事業の特徴、鍵となる顧客の購買動機、そして付加価値の大きい構成要素を考慮することにより、現状あるいは出現しつつある強みと弱みを見つけ出すことができる。
- 競合相手あるいは戦略グループを重要な資産と能力（コンピテンシー）との組合せで配列する競争上の強みグリッドは、重要な戦略的情報のコンパクトな要旨を提供する。

注

1： David Halberstam, *The Reckoning,* New York: William Morrow, 1986, p.310.

2： Ibid.

3： レーダースクリーンの感度を増すために Adrian J. Slywotzky, *Value Migration,* Harvard Business School Press, Boston, 1996 参照。

4： George S. Day, Allan D. Shocker, and Rajendra K. Srivastava, "Customer-Oriented Approaches to Identifying Product Markets," *Journal of Marketing 43,* Fall 1979, pp.8-19.

5： Donald C. Waite Ⅲ, "Deregulation and the Banking Industry," *Bankers Magazine 163,* January-February 1982, pp.76-85.

6： Michael E. Porter, *Competitive Strategy,* New York: The Free Press, 1980, pp.20-21（土岐坤ほか訳『競争の戦略』ダイヤモンド社）。撤退障壁の概念については、第13章でもう一度取り上げる。

7： Michael E. Porter, *Competitive Advantage,* New York: The Free Press, 1985, Chapter 2（土岐坤ほか訳『競争優位の戦略』ダイヤモンド社）。

8： Shawn D. Cartwright and Richard W.Oliver, "Untangling the Value Web," *Journal of Business,* January-February, 2000, pp.22-27.

第5章 市場分析

Market Analysis

　市場分析は、市場または下位市場と市場の力学について戦略的判断を下すために、顧客と競合相手の分析に基礎をおく。市場分析の主な目的の1つは、現在の市場参加者および潜在的な市場参加者にとっての市場、下位市場の魅力度を提示することである。市場の魅力度は参加者によって達成される長期的な投資効率で測定され、その市場の収益可能性は製品・市場投資判断への重要なインプットとなる。参照範囲は市場の全参加者である。当然のことながら、魅力的な市場へ参加することが自動的に企業に成功を保証するものではない。その市場が特定の企業にとって適切かどうかは、市場の魅力度と関連はあるがまったく異なる問題であり、市場の魅力度のみならず、その企業の強みと弱みが競合相手の強みと弱みに照らしてどうであるかということによる。

　市場分析の第2の目的は、市場の力学を理解することである。情報収集と分析をガイドできるような、出現しつつある主要成功要因、トレンド、脅威、機会および戦略的不確実性を認識することが必要である。主要成功要因とは、市場で競争するために必要な資産あるいは能力をいう。ある企業が主要成功要因について戦略的な弱みを持っており、練り上げられた戦略によってもその弱みを無意味にできないのであれば、その企業の競争能力は限定されてしまう。市場トレンドは、顧客分析あるいは競合分析において認識されたものを含むであろう。しかし、市場分析における視座はより広範であり、通常、これら以外のものも問題となる。

市場分析の観点

　市場と関連製品市場の分析の性質と内容は、状況にもよるが、多くの場合次のような観点を含んでいる。

- 現在の市場規模と潜在的な市場規模
- 市場成長性
- 市場収益性
- コスト構造
- 流通システム
- トレンド
- 主要成功要因（KSF：Key Success Factors）

　図表5－1に、機会、脅威および戦略的不確実性を識別する議論を活性化させる観点に基づく一連の質問を示す。本章ではこれらの各観点について、市場規模の評価から順次解説していく。そして成長市場のリスクに関して、本章の最後で論ずることとする。

現在の市場規模と潜在的な市場規模

　市場、下位市場の分析の最も基本となる出発点は、市場全体の売上高である。15％のシェア獲得に成功する戦略を立案できる可能性が高い場合に、トータルな市場規模を知ることは重要である。下位市場についての知識はしばしばきわめて重要である。市場のダイナミクスがノンアルコール、スーパープレミアム、地ビール、ドライあるいは輸入ビールといったビール市場の下位市場で生じている場合には、ビール市場全体の売上高についての知識はあまり役に立たないかもしれない。
　市場規模の予測は、政府機関や業界団体の調査から得られることがある。こ

図表5-1　市場分析を構造化するのに役立つ質問

規模と成長性	・重要な、あるいは潜在的に重要な下位市場は何か。それらの規模と成長上の特徴は何か。どの下位市場が衰退しており、あるいは近い将来衰退を始めるか。それはどのくらい早く起こるか。販売トレンドの背後にある力は何か。
収益性	・個々の下位市場について、次のことを考慮する：これは普通の企業が利益を上げられる事業領域なのか。既存企業どうしの競争はどの程度激しいのか。潜在的参入者や代替品の脅威を評価する。供給者と顧客の交渉力はどの程度か。市場とその下位市場は、現在と将来においてどの程度魅力的か、また収益性があるか。
コスト構造	・さまざまなタイプの競合相手について、何が主要なコストと付加価値の構成要素となっているか。
流通システム	・流通チャネルの選択肢はどのようなものがあるか。それらはどのように変化しているか。
市場のトレンド	・市場におけるトレンドは何か。
主要成功要因	・競争に打ち勝つのに必要な主要成功要因、資産、能力は何か。それらは将来どのように変化するのか。戦略によって、どのように競合相手の資産と能力を無意味にできるか。

れらの情報源は、ワインの販売についてみればその種類、輸入品か国産品か、地理的市場、あるいは販売会社といった内訳まで明らかにしている。もう1つのアプローチは、競合相手の販売について公表された財務情報、あるいは顧客などから情報を得ることである。さらにコストのかかるアプローチは、顧客調査を実施し、サンプルである彼らの使用量を市場全体へと投影してみることである。

潜在的市場──ユーザーギャップ

現在の関連市場の規模に加えて、潜在的な市場をも考慮することは多くの場合有用である。新規の使用、新規のユーザーグループあるいは今以上に頻繁な使用は、市場規模と市場の見通しを劇的に変化させるものである。

シリアル市場には欧州市場や、レストラン、学校、託児所といったアメリカの施設関連顧客に未開拓の潜在市場がある。[1] これらのセグメントはすべて、劇的な成長の余地を有している。特にヨーロッパ人はアメリカ人の約25％しかシリアルを購入していない。技術が進歩し、乳製品が冷蔵不要になれば、家庭以外でのシリアル利用がもっと便利になり、その使用量はさらに増えるであろう。もちろん、重要なのは可能性の認識だけでなく、その可能性を利用するために適切なビジョンと施策を持っていることである。多くの産業、多数の戦略家が可能性を認識することやそれを活かすことの洞察を欠いたために、投資機会を逃してしまっている。

幻の可能性

ある領域がしばしば話題にのぼるため、またニーズがあまりにも明らかなため、潜在的な成長が保証されているかのように見えることがある。『不思議の国のアリス』の登場人物が言うように、「私があなたに3回伝えることは、真実です」というわけである。しかしこのような可能性は、その実現を妨げる要因があるために実際には虚像に終わる場合がある。例えば、中国におけるコンピュータその他の電子機器に対する需要は、確かに存在する。しかし、資金不足により購入ができないうえ、政府機関の非効率性と規制によって、収益性ある高効率の業務運用が不可能ではないにしても困難なものになっている。人工知能（AI）やペン操作PCは、ともに膨大な需要があるかのように語られたが、実際には現実のものになるに至っていない。

小さいことはよいことたりうる

いくつかの企業では、小規模な市場への投資を禁じる投資基準を持っている。モービル、マリオット、フリトー・レイ、プロクター・アンド・ギャンブルなどは伝統的に、数年のうちに大きな売上高をもたらす新製品にばかり目を向けてきた。しかし、マイクロマーケティングの時代になり、企業活動の多くはより小さなニッチセグメントで行われている。企業がそれらを回避すれば、結果的

に市場において活力と収益性が大きい事業領域から自らを閉め出すことになりかねない。さらに、多くの重要な事業領域も、最初の何年間かは規模が小さい。企業が小規模市場を回避することは、他社の獲得した先行者利益を後になって克服しなければならなくなることを意味している。

市場成長性

　市場規模と、重要な下位市場の規模が推定されたら、次の焦点は成長性である。将来の市場規模はどのくらいであろうか。他のすべてが一定であると仮定すれば、市場の成長は市場シェアを増加させることなく、より多くの売上と利益を達成できることを意味する。市場成長はさらに、企業が経験曲線に基づく将来のより低いコストを予測した価格設定を採用しないかぎり、需要が供給よりも速く増加し、したがって価格圧力が少ないことを意味している。反対に市場規模の縮小は売上の減少を意味し、各社とも縮小する市場において現状の売上を維持しようとする結果、価格圧力の上昇を招く可能性を物語っている。

　したがって、戦略的な選択は縮小局面を察知して投資を回避ないし引き揚げ、成長局面を察知して投資することである、というように見えるかもしれない。もちろん、現実はこれほど単純ではない。特に、製品市場が縮小しているときは、ある企業にとっては好機となりうる。その1つの理由は、他の競合相手が撤退し投資を引き揚げているためであり、成長のために参入、投資している状況と反対の状況が出現するからである。そのような企業は他社に撤退を促したり、あるいは最後まで残るセグメントで収益性のある支配者になることを試みてもよい。こうした戦略の追求は第14章において詳細に検討する。

　成長局面が魅力的だという一般通念も、やはりつねに成り立つとは限らない。成長局面はかなりのリスクを伴うことがある。成長局面を正しく評価することは重要であるため、これらのリスクについて、本章の最後に議論することとする。

推進力の認識

多くの場合、最も重要な戦略的不確実性の1つは、市場売上の予測である。投資判断のような重要な戦略的意思決定は、判断自体の正しさだけでなく市場力学の背後にある推進力の理解に依存する。

重要な戦略的不確実性について考える場合、そのほとんどは答えとなるものが何に依存するかを問うことから始まる。主要な市場での売上を予測する場合には、どのような力が販売を推進しているのかを見きわめなければならない。図表5-2で示すように、いくつかの売上シナリオを視覚化することは多くの場合有用である。その後、次のような問いを投げかけることができる。パターンCが生起する場合、何が起こらなければならないか。何がパターンBを引き起こす可能性があるのか、などである。この答えは、戦略立案においてきわめて重要となるような第2レベルの戦略的不確実性の認識に結びつく可能性がある。

将来のDVD市場では、成長率は、機器のコスト、ディスクのコスト、業界標準の出現、教育における製品使用、それに代替技術の出現によって左右される。この場合、重要な第2レベルの戦略的不確実性は、コストと価格はどうなるのかということになろう。第2レベルの戦略的不確実性は、情報の探索と分析のガイドとすることができ、シナリオ分析につながる。コストに関して異な

図表5-2　売上パターン

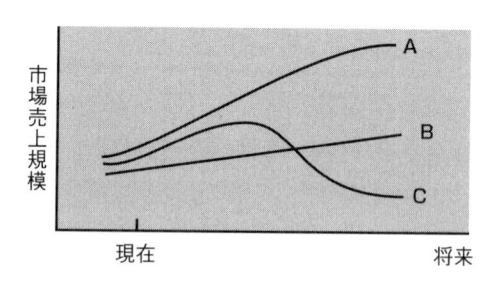

る前提に基づいたシナリオを調査することもできる。

　ワイン市場では反アルコール運動のインパクト、税制、ワインの健康への影響、それにプレミアム赤ワインの将来の需要などが推進力となるであろう。この場合、第2レベルの戦略的不確実性の1つは、反アルコール運動がどの程度の強さになるか、ということになるであろう。

成長の予測

　過去のデータは、現実と希望とを分けるために有用な視点とサポートを提供するが、その使用には注意が必要である。ランダムな変動や短期的な景気変動によって、データに著しいトレンドが生じる可能性があり、これを用いて安易な推定をすることは警戒しなければならない。さらに、戦略上の興味は過去の投影にではなく、むしろトレンドの転換点や、成長率や成長の方向が変化する時点の予測にある。

　市場売上の先行指数は、しばしば転換点を予測ないし予言するのに役立つことがある。先行指数には、次のようなものがある。

- **人口統計データ**　出生数は教育需要の先行指数である。また、65歳に達する人の数はリタイアメント設備需要の先行指数である。
- **関連器具の販売**　パソコンとプリンタの販売は、消耗品需要やアフターサービス需要の先行指数となる。

　市場売上の予測、特に新市場の売上予測には類似産業における実績を参照できる。難しいのは、類似の特性を持つ過去の市場を見つけることである。カラーテレビの売上は白黒テレビの売上と類似したパターンを持っていると考えられる。新しいスナック菓子の売上は、以前に市場投入された他のスナック菓子のカテゴリーや軽食バーやグラノラバーのいくつかのような消費者向け製品の推移と同様のパターンを辿るかもしれない。いくつかの類似製品クラスを調査し、それらの製品クラス間に製品特徴と関連した違いが見られる場合に、この観察の最大の価値が発揮される。

今日では家電品、カメラおよびビデオデッキのような耐久消費財の売上パターンについて、きわめて正確な方法で予測を行うことができるようになっている。それは、売上を初期購入と買替え需要に分解することによるものである。

市場の成熟と衰退の検知

　市場における売上についての特に重要な転換点は、製品ライフサイクルが右肩上がりの成長段階から水平な成熟段階に転じるとき、および成熟段階が衰退段階に転じるときに生じる。こうした推移は市場の健全性と市場の性質についての重要な指標となる。このような推移には、しばしば主要成功要因の変化が伴う。過去の市場の売上と利益パターンは、成熟または衰退の始まりを認識するのに役立つ。しかし、次のものはときとしてより敏感な指標となる。

- **過剰設備と製品差別化の欠如によって生じた価格圧力**　成長が鈍化するか、あるいは衰退しているような場合、より楽観的なシナリオの下で構築されていた設備能力は過剰となる。さらに製品の発展過程においては、多くの競合企業が同じような製品改善を行うようなことになりがちであり、意味のある差別化を維持することはさらに困難になる。
- **購買者の洗練度と知識**　購買者は製品の成熟とともに製品になじみ、製品についてよりよく知るようになる。したがって顧客は、確立したブランドによる安心を得るためのプレミアム価格を払う意思を失っていく。コンピュータの購買者は、長年のあいだに自らのコンピュータ選択能力に自信を持ってきている。その結果、IBMのような有名ブランドの価値は薄れてきている。
- **代替製品または代替技術**　TiVoのようなパーソナルテレビの販売は、ビデオデッキの衰退の指標となる。
- **飽　和**　潜在的な初期購入者数が減少している場合、市場売上は成熟ないし衰退する可能性がある。
- **成長余地の欠如**　市場への浸透が完璧になされ、新たな用途または新ユーザーによる成長余地が見えない場合である。

- **顧客の無関心** 新たな用途や新製品発表への顧客の関心が薄らいでいる。

成長下位市場を探す

　産業におけるダイナミクスを理解することは、成果に結びつく可能性がある。どの下位市場が成長しているのであろうか。コーヒーを考えてみよう。[2] 1人1日当たりの消費量は1960年代の初めには3カップ以上であったものが、1990年には1.7カップ未満へと落ち込み、1990年代にはやや回復を示した。しかしこの回復は、主要なスーパーマーケットブランドのマクスウェル・ハウス（クラフト）、ヒルズ・ブロス（ネスレ）、およびフォルガース（プロクター・アンド・ギャンブル）などの低落にもかかわらず生じたものである。成長はスターバックスのようなコーヒーハウス、コーヒーミルで挽くために特別な豆を買う消費者、そしてグルメブランドによってもたらされていた。主要コーヒー企業も、マックスウェル・ハウス・リッチ・フレンチロースト、フォルガース・グルメシュープリーム、あるいはクラフト・カッピオなどの新製品によってこの成長に参加しようと苦心している。しかしそれらの新製品は、信用の問題を引き起こしている。つまり、スーパーマーケットのブランドが本当にスターバックスのような専門店のものと同じぐらい興味を引き、アピールできるようなグルメコーヒーを生産することができるのか、ということである。

市場収益性分析

　なぜ、ある産業あるいは市場には収益性があり、他の産業にはないのかということについて、経済学者は長いあいだ研究を行ってきた。ハーバード大学の経済学者であり、経営戦略の指導者的立場にあるマイケル・ポーターは、産業あるいは市場への投資価値を評価するという経営戦略上の問題に、彼の理論と発見を応用した。[3] 問題は、市場において平均的な企業がどのくらいの収益性を持つのかを推定することである。もちろん、企業が平均以上の利益をもたらすような戦略を立案することは望ましい。しかし、産業の平均利益水準が低い

場合に、1つの企業だけ財務的な成功を収めることは、産業の平均収益性が高い場合と比べて困難であろう。

ポーターのアプローチはいかなる産業にも適用することができるが、産業内部の市場あるいは産業の下位市場にも適用可能である。基本的な考え方は、平均的な企業の長期的投資効率によって測られる産業あるいは市場の魅力度は、図表5-3のなかで示されるように、収益性に影響を及ぼす次の5つの要因に依存するということである。

- 既存の競合相手の競争の強さ
- 利益が高い場合、参入してくる潜在的な競合相手の存在
- 価格が高騰する場合、顧客を引きつける代替品
- 顧客の交渉力
- 供給者の交渉力

図表5-3　ポーターの市場収益性に関する5つの力モデル

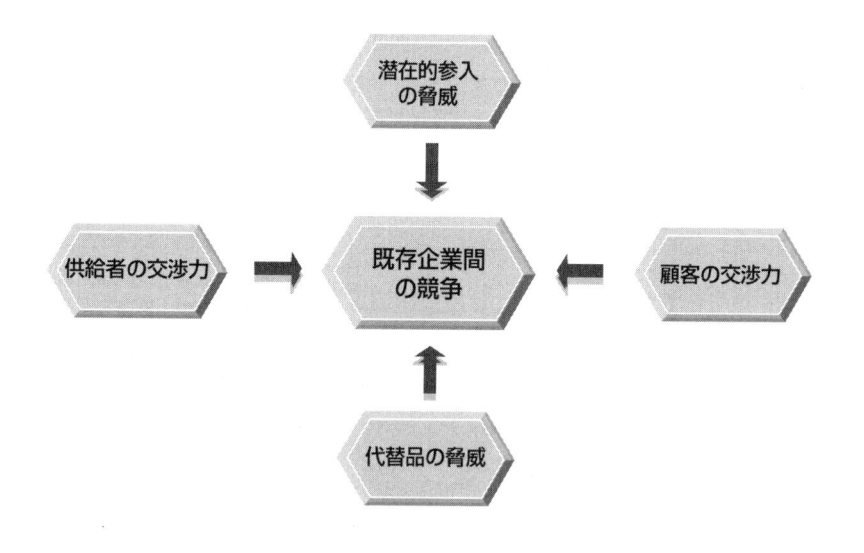

```
              ┌──────────┐
              │ 潜在的参入 │
              │  の脅威   │
              └─────┬────┘
                    ↓
┌──────────┐  ┌──────────┐  ┌──────────┐
│供給者の交渉力│→│既存企業間 │←│顧客の交渉力│
│          │  │  の競争   │  │          │
└──────────┘  └─────↑────┘  └──────────┘
                    │
              ┌──────────┐
              │ 代替品の脅威│
              └──────────┘
```

なぜ、いくつかの産業が他のものよりも歴史的に見て収益性が高かったのかを説明するにあたり、これらの要因が意味を持つ。この構造を理解することはさらに、競合の力に対処するのにどの主要成功要因が必要なのかを理解することにつながる。

既存の競合相手

既存の競合相手からの競争の強度は、次のようないくつかの要因に依存する。

- 競合の数、規模、コミットメント
- 競合相手の製品と戦略が類似しているかどうか
- 高い固定費の存在
- 撤退障壁の大きさ

最初に答えるべき質問は、何社の競合相手が市場にすでに存在し、あるいは至近の参入のために設備を建設しているだろうか、ということである。競合相手の数が多いほど、競争は激しい。また、継続的に強い影響力とコミットメントを持った大きな企業が存在するのか、それとも小さい脆弱な企業ばかりなのか、ということも考慮すべきである。第2に考慮すべきことは、差別化の程度である。競合相手は類似しているのか、それともいくつか（あるいはすべて）の企業は顧客に評価される特異点によって隔離されているのか。第3の要因は、固定費のレベルである。通信や航空などの高固定費産業は、設備能力が過剰に増大したときに厳しい価格圧力を経験することとなる。最後に、特化した資産、顧客や流通業者との長期契約の締結、そして企業の他の部署との関係などの撤退障壁の存在を評価しなければならない。

インターネットにおけるEコマース企業とコンテンツ企業の急激な失墜の主要な要因の1つには、競合の数が多すぎるということがある。参入障壁が低く、提供する商品が非常に類似しているので、特に必要とされるインフラとブランド構築への大きな投資が必要な場合には、それに見合う十分な利幅が取れない（場合によっては存在しない）のである。衆目を集める極端な市場成長と参入

障壁の低さからして、この結果は目に見えていた。ある時点においては、膨大な数のペットフードやドラッグストアのEコマース店舗が、まだ黎明期にある市場にひしめいていたのである。

潜在的な競合相手

第4章では、産業や市場に参入することに関心を持つ潜在的な競合相手を識別することについて論じた。認識の有無にかかわらず、潜在的競合相手が現実に参入するかどうかは大部分参入障壁の規模と性質による。したがって参入障壁の分析は、将来における競争の激しさおよび収益性レベルを予測するうえできわめて重要である。

さまざまな参入障壁のなかには、必要な資本投資（ケーブルテレビや通信におけるインフラ）、規模の経済（ヤフーやAOLなどのインターネットポータルの成功は、規模の経済に基づくところが大きい）、流通チャネル（フリトー・レイやIBMは、容易には真似できないチャネルへのアクセスを持っている）、そして製品差別化（アップルとハーレー・ダビッドソンは、自社を新規参入者から防御するような高度に差別化された製品を有している）などがある。

- **資本投資の必要** 鉱業や自動車製造は大規模な投資を必要とし、それがリスクを増加させる。
- **規模の経済** 製造、広告、流通その他の領域で規模の経済が存在する場合、大きな販売量を迅速に獲得することが必要となる。シリアル市場では米国での販売量の約5％で生産の経済性が生じると推測されている。既存ブランドが1％のシェアを増加させるのがせいぜいなところ、新規参入者はこれを5回勝ちつづける必要があり、それは事実上不可能である。
- **流通チャネル** いくつかの市場においては、流通チャネルを獲得することは非常に困難であり、高価な代償を要することがある。相当大きなマーケティング予算を持つ確立した大企業でさえ、スーパーマーケットの棚スペースを得るのには苦労している。シリアルメーカーは小売店に対し、棚スペースを過去のシェアによって割り振るように推奨して、新規参入

者の参入を妨げている。
- **製品差別化** 確立した企業は優れた製品特徴、ブランド名とイメージ、広告と顧客サービスなどにより高いレベルの顧客ロイヤルティを作り出し、維持している。製品差別化による障壁が特に高い市場には、シリアル、ソフトドリンク、ビール、化粧品、店頭薬および銀行業などがある。

代替品

　代替品は、第一義的な競合相手に比べれば競合の強度は低い。しかし代替品は依然として重要である。代替品は市場の収益性に影響を及ぼす可能性があり、大きな脅威ないし問題となることがある。プラスチック、ガラスおよびファイバー箔製品は金属缶市場に対する圧力となる。電子警報装置は警備保障市場の代替品となる。Eメールは、フェデックスやUPSの速達便市場に対する重大な脅威となる。相対的なコストパフォーマンスの面で着実な進歩を示す代替品であって、顧客のスイッチングのコストが非常に低いという場合には特に注意を払う必要がある。

顧客の力

　顧客が売り手と比較して大きな力を持っている場合、顧客は価格の引下げを要求するか、より多くのサービスを要求することができ、この意味で収益性に影響する。特定の顧客の購入規模が売り手の事業の大部分を占める場合、他の供給業者が利用可能である場合、そして顧客が後方へ統合することができ、製品のすべてあるいは一部を自社で製造することができる場合などには、顧客の力はより大きなものとなる。タイヤメーカーは自動車業界において、強力な顧客に直面することとなる。金属缶製造業者の顧客はパッケージ製品の巨大メーカーであり、長いあいだ価格とサービスについて譲歩を要求してきており、同時に後方統合を行ってきている。シリアルメーカーはスーパーマーケット業界と直面しているが、その力は年々強くしかも強引になってきている。その理由は発展する情報技術における強みである。ソフトドリンク企業はファーストフ

ードのレストランチェーンや運動競技チームに販売しているが、これらは強い交渉上の地位を持っている。

供給者の力

　供給者の産業が数社に集中しており、さまざまな市場のいろいろな顧客に販売している場合、供給者は価格に影響を及ぼすために使用できる相対的な力を持つこととなる。供給者を切り替えるための顧客のコストが高い場合、その力はさらに強いものとなる。高度に集中している石油産業は、他の燃料への転換に費用を要する顧客の産業の収益性に影響を与えるに十分なほどに強力である。しかし顧客産業が自分自身のエネルギーを作りうる、ごみの再利用によるエネルギー再生は、いくつかの局面でこの力のバランスに変化をもたらす可能性がある。

コスト構造

　市場のコスト構造についての理解は、現在および将来の主要成功要因への洞察をもたらす。最初のステップは、製品あるいはサービスにどこで価値が付加されるのかを見きわめるために、図表4-5で紹介したバリューチェーンの分析を行うことである。図表5-4において示されるとおり、バリューチェーンの1つの段階に帰せられる付加価値の相対的割合は非常に重要であり、主要成功要因はその段階に関係していることが多い。OPEC石油カルテルが行ったように、ある資源や技術に対する支配を確立することも可能かもしれない。競合各社は、バリューチェーンのなかの付加価値が高い段階で、低コストで操業できる企業になろうと努力することになる。付加価値が低い段階での優位はたいした利用価値を持っていない。金属缶事業では販売価格に対して輸送費が比較的高く、したがって顧客の近隣に工場を持つことができる企業は重要なコスト優位を持つことになる。

　高付加価値段階において優位を獲得することは、かならずしも可能ではない

図表5-4　付加価値要因と主要成功要因

生産のステージ	その生産ステージに主要成功要因を持つ市場
・原材料購入	・金鉱業、ワイン生産
・原材料の処理	・鉄鋼、製紙
・生産／二次加工	・集積回路、タイヤ
・組立て／縫製	・アパレル、計測機器
・物理的流通	・ミネラル・ウォーター、金属缶
・マーケティング	・ブランド化粧品、酒類
・アフターサービス	・ソフトウエア、自動車
・技術開発	・カミソリ、医療機器

かもしれない。ベーカリー会社の小麦粉といった原料は高い付加価値となるかもしれないが、原料はコモディティ価格で広く入手可能であるから主要成功要因ではありえない。しかし、最も高い付加価値段階を最初に見てみることは、有益なことである。

　主要成功要因の変化を予期しておくことは重要なことであり、特に変化の速い成長マーケットにおいては重要度が高い。1つのアプローチは、付加価値段階の相対的重要性の変化を調べることである。セメント市場は、その輸送が鉄道やトラックに限られていたときには非常に地方色が濃い産業であった。しかし特殊船の開発によって海上輸送費用が極端に低下したことにより、主要成功要因はローカルの地上輸送から特殊船へのアクセスおよび生産規模へと変化した。多くの電気器具について製品がコンポーネントへと統合されていくにつれて、最も高い付加価値項目は組立てからコンポーネントへと変化した。

　コスト構造についてのもう1つの考察は、経験曲線戦略がどの程度採用可能かということである。企業は、量に基づいて持続可能なコスト優位を作り出すことが可能であろうか。規模の利益を生み出す大きな固定費が存在しているだろうか。経験曲線の概念、および経験曲線戦略を特定の局面で取ることができるのかどうかについては、第10章で取り扱う。

流通システム

流通システムの分析は、次の3タイプの質問を含んでいる。

- 流通チャネルの選択肢は何か。
- トレンドは何か。どのチャネルが重要性を増しているか。どんな新規チャネルが出現したか、あるいは出現しそうか。
- チャネルにおいて、誰が力を握っているのか。それは、どのように変化しそうか。

　有効かつ効率的な流通チャネルへのアクセスは、しばしば主要成功要因となる。代替的なチャネルの候補はいくつかの点で比較することができる。第1は、直接性の程度である。エイボン、タッパウエアなどの企業や多くの産業向け企業は、自社の販売員によって直接販売を行う。例えば、デルやゲートウェイは、最初は郵便と電話受注により、そして次にインターネットを主たる受注、販売、そして顧客サポート手段として使用することにより、コンピュータの直接販売を提供した。この他、ラジオ・シャック、GAP、フローシェイムなどの企業は、自社の小売店舗を通じて販売している。顧客に最も近い企業がマーケティングについてのほとんどのコントロールを有し、かつ通常、最大のリスクを負うことになる。

　新たな流通チャネルの創設は、しばしば持続可能な競争優位につながる。劇的な事例は、スーパーマーケットでパンティストッキングを販売する能力によってレッグスが達成した成功である。レッグスの販売プログラムには委託販売、万引きを困難にする包装によるパッケージング、場所を取らない縦長のディスプレイ、全国コマーシャルによってバックアップされた高品質・低価格な製品の提供、発注や在庫などの機能の提供などが含まれている。このように、既存のチャネルを考慮するだけではなく、潜在的なチャネルを考慮することも有効である。

　流通チャネルに関する、現在考えられるチャネルと出現しつつあるチャネル

の分析は、市場とその主要成功要因の理解において重要となる可能性がある。スーパーマーケットでのワイン販売の増加は、ワインメーカーがパッケージングと宣伝に焦点を当てることを従来以上に重要なものにした。Eコマースの出現、ガソリンスタンド内のコンビニエンスストアの成長、トイザらすやホーム・デポのようなカテゴリーキラーの成功、そしてスペシャルティ・カタログ販売の成長は、これらのチャネルに影響を受ける企業にとって戦略的重要性を有するトレンドの例である。

市場のトレンド

　外部分析の最も有用な要素の多くは、市場トレンドは何なのかという質問をすることから生まれる。この質問は2つの重要な特性を持つ。つまり変化に焦点を当てているということ、さらに何が重要なのかを識別させる傾向があるということである。市場トレンドについて話し合うことは顧客分析、競合分析、および市場分析の有益なサマリとなる。したがって市場分析の最終段階において、トレンドを認識することは有益である。

　ワイン市場における明白なトレンドは、高級ワイン（ボトル当たり15ドル以上）の成長である。1990年代において、普及品ワイン（3ドルから15ドル）の売上は3倍となり、安物ワイン（3ドル以下）の売上は減少する一方で、高級ワインの売上は4億ドル以下から60億ドル以上へと跳ね上がった。米国におけるソフトドリンク市場が伸び悩むなか、無炭酸飲料は急激に成長し、ハーブ・ビタミン添加飲料の売上は爆発的に増加した。ソフトドリンク企業が、これらのトレンドに乗ったカテゴリーにおけるポジションを得ようとしたのは、驚くべきことではない。

　トレンドを見逃したり、誤解したりすることは、破滅的な結果をもたらす。1994年から1999年のあいだに、携帯電話の販売済台数は2600万台から3億台へと跳ね上がり、技術もアナログからデジタルへと変化した。1997年時点でリーディング企業であったモトローラは、この変化に1～2年のあいだ乗り遅れ、それによってノキアの後塵を拝することになったのである。10年前にはフィ

ンランドのスノータイヤとゴム長靴の冴えないメーカーであったノキアは、無線通信におけるトレンドに対し抜け目なく積極的な投資を行ってきた。[4]

トレンドと一時的流行

　成長を促進し、差別化された戦略を立案した企業に利益をもたらす本質的なトレンドと、投資を誘発するだけの期間しか存在しない一時的流行（この場合、投資は十分回収できないか、あるいはまったく捨て金となる）とを区別することは、きわめて重要である。自転車の伝統企業であるシュウィンは、1985年にマウンテンバイクは一時的流行であると言い放ったが、それが同社の市場ポジション、そして最終的には企業の健全性に破滅的な結果をもたらした。[5] 化粧品やペット用品などのEコマースは確実なトレンドであるという誤った確信が、戦略家を初期的なシェア獲得戦略へと走らせ、最終的にはそれらの企業を破滅させる結果となってしまった。

　ザンドル・グループという企業は、次の3つの質問が一時的流行に対する本物のトレンドを見つけ出すのに役立つと述べている。[6]

1. **何がそれを促進しているのか**　トレンドは着実かつ確実な基礎を有しているはずである。トレンドは、ポップカルチャーではなく人口動態、ファッションではなく実質価値、トレンディーな盛り上がりではなくライフスタイル、あるいは媒体ではなく技術によって促進されていることが多い。高級ワインの盛り上がりは、財産と人生における良質の趣味を身につけたベビーブーマーによって促進されていた。
2. **それはどの程度主流となりうるのか**　それは予見可能な未来においてニッチ市場に限定されるのか。それはインターネットの青果店で宅配もするウェブバンのように、慣れ親しんだ習慣において主要な変化を要求するものなのか。
3. **それは広範な基礎を持っているのか**　それはカテゴリーや産業全体にわたるものなのか。例えば、東洋の影響は、ヘルスケア、食品、健康、そし

てデザインにおいて明白なものであり、トレンドであるという兆候である。

フェイス・ポップコーンによれば、一時的流行は製品自体に関するものであるのに対して、トレンドは顧客の製品購入を促進するものに関するものである。ポップコーンは、大きく広範で10年以上にわたるようなトレンドは、意図的に作り出すことも変化させることもできず、ただ観察することができるのみである、と述べている。[7]

一時的流行に関するもう1つの視点が、ピーター・ドラッカーによって述べられている。彼によれば、変化（トレンド）は人々が行うものであるのに対し、一時的流行は人々が話題にする対象である。この示唆するところは、トレンドはデータに支えられた実体と行動を必要とし、想像を拾っただけの単なるアイディアではないということである。ドラッカーはさらに、今日のリーダーは、チェンジエージェントとなるため、単に革新的であるだけでなくそれを超えなければならないとしている。つまり、本当の見返りは、トレンド（それが本物のトレンドであったとしても）を見きわめるだけでなく、それを作り出し、そして促進することから得られるのである。[8]

主要成功要因 ── 競争の基礎

市場分析の重要なアウトプットは、市場での各戦略グループにおける主要成功要因の認識である。主要成功要因とは、成功裡に競争するための基礎を提供する資産および能力である。主要成功要因には2種類がある。第1に、戦略上必須であり、他社もそれを有するので必ずしも優位を提供しないが、それを欠く場合には相当な弱みとなるものである。第2に、戦略的強みであり、その企業が特に優れているものであり、競合相手にまさる資産あるいは能力であって、優位性の基礎となるものである。競合分析によって抽出された一連の資産と能力は、主要成功要因の認識を可能にする基礎的なセットを提供する。考慮すべ

きポイントは、現在最も重要な資産と能力はどれかということであり、さらにもっと重要なのは、将来最も重要になるのはどれか、ということである。

6種の成熟製品産業に関するある研究は、主要成功要因は産業によって異なっており、その異なり方は予測可能である、ということを示している。資本材のメーカーであれば、消耗品のメーカーとは異なる主要成功要因を持っている。そして、主要成功要因にマッチする強みを持った企業は他の企業よりも明らかに高い業績を上げていた。[9] フィリップ・モリスやプロクター・アンド・ギャンブルのような企業がボトリング会社へのアクセスという主要成功要因を欠いたために、清涼飲料市場への参入に失敗したという事例はこのことをよく表している。ヒットを作り出し、それをマネージしなければならない書籍（あるいは映画）産業においては、以下の事項が主要成功要因となる。

- 有名人と駆け出しを織り交ぜた著者（あるいはプロデューサー）との関係
- 誕生した商品を効率的にマーケティングする能力、およびヒットが生じた際にそれを利用するため、迅速に対応するシステム
- 固定費と限界費用を管理し、規模の経済を獲得する能力
- 流通チャネルとの関係
- 電子出版も含めてのインターネットに対する戦略

現在の主要成功要因を識別するだけでなく、将来の主要成功要因、特に新たに出現する主要成功要因を予測することが重要である。主要成功要因が変化し、企業がそれまで依存していた能力と資産がさほど重要でなくなってしまった結果、多くの企業が困難を経験した。産業材の企業にとって、技術と革新は事業の導入期や成長期においては一般的に最も重要である。しかし市場が成熟するにつれて、システム的能力、マーケティングそれにサービスバックアップの役割がより重要なものとなっていく。消費材では、導入期と成長期においてはマーケティングと流通が重要である。しかし製品が成熟期から衰退期へ向かうとともに、業務運用と生産がより重要になる。

自動車部品産業において過去に成功した企業は、ドアの取っ手のようなパーツを確実に、しかもローコストで供給できる企業であった。[10] 自動車会社は、

今ではサプライヤーにドアの取っ手のみを製造するのではなく肘掛け、内装、ラッチそして配線を完備したドアシステム全体を設計し、製作することを望んでいる。その結果サプライヤーが成功するためには、設計能力を持ち、周辺関連技術にも通じていることが必要となる。

高成長市場におけるリスク

戦略家は成長領域を探し出すべきであるとする伝統的な考え方は、しばしばそれにともなう一連の重要なリスクを見落としている。図表5-5中で示されるように、成長領域には次のようなリスクが存在している。

- 市場の規模に比較して、競合の数とコミットメントが大きくなりすぎるというリスク
- 優秀な製品あるいはローコストの優位を有する競合相手が、参入するリスク
- 主要成功要因が変化するリスク、また、自社がそれに適合できないリスク
- テクノロジーが変化するリスク
- 市場が期待ほどには成長しないリスク
- 過剰設備あるいは顧客を引きつけるために人気製品を低く値づけするというような、小売り業者の慣行に起因する価格不安定のリスク
- 高い成長率を維持するための資源が不足してしまうというリスク
- 適切な流通が利用できないというリスク

競合による混雑

最も重大なリスクは、おそらくあまりにも多くの競合相手が成長局面に魅了されて、非現実的な市場シェアの期待とともに参入するかもしれないことである。現実には、市場売上が競合企業のすべてを養うのには十分ではないかもしれない。例えば、非常に多くの競合企業がEコマース、コンテンツ、そしてイ

図表5-5　高成長市場のリスク

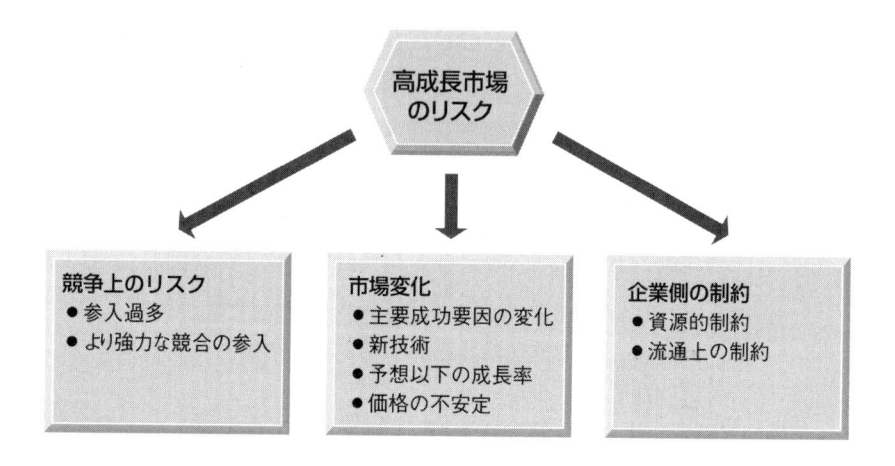

```
                    高成長市場
                     のリスク
        ┌───────────────┼───────────────┐
        ▼               ▼               ▼
  競争上のリスク      市場変化        企業側の制約
  ●参入過多       ●主要成功要因の変化   ●資源的制約
  ●より強力な競合の参入 ●新技術         ●流通上の制約
                  ●予想以下の成長率
                  ●価格の不安定
```

ンターネットベンチャーへと参入した結果、成長カーブの前側において、産業全体として設備過剰に陥ってしまった。

　過剰な数の競合企業が引きつけられ、その結果として急速に魅力を失う可能性が高い市場では、下記のような諸条件が見られる。

1. 誰にでも、市場とその高成長率が見えている。その結果市場に関連する企業の戦略家は、その市場を真剣に考慮するように促されるし、明白な成長方向に背を向けるという結果を恐れるようになる可能性がある。
2. 初期段階において極度の高成長予測がなされ、しかも現実の成長が観察されて、それが確実な現象として高い市場成長を裏づける証拠と見なされてしまう。
3. 成長率に対する脅威はまったく考慮されないか、割り引かれてしまう。また、市場を取り囲む熱気を削ぐものが存在しない。ベンチャーキャピタリストや株式アナリストが擁護者になると、その熱気は容易に伝播し

ていく。
4. 初期的には企業が市場に参入するのを妨げる障壁が存在しない。
5. 製品が、リスクが高い技術や保護された技術ではなく、既存の技術を使用している。技術はときとして金融やマーケティングの障壁よりも明白で克服しにくい障壁となる。しかし限られた小売スペースのような、マーケティングに関する参入障壁の重要性は、市場が参入者で混雑してしまったのちに明らかになる。
6. いくつかの潜在的な参入者は、他社からは見えにくく、その意図はわかりにくく、しかも不確かである。その結果、競合企業の数とコミットメントは過小評価されてしまう。

市場が魅力を失うことは、しばしば比較的短期間に起こる。市場の瓦解の引き金は、(1)市場が飽和に達したため、あるいは景気後退が介在することによって起こる予期せぬ市場成長の減速、(2)末期における挑戦的な参入者の無理やりな値引きによる市場参入、(3)市場リーダーによる果敢な製品と価格報復による失地回復の試み、あるいは(4)付加価値構造を変化させるような技術的開発の結果としての市場における主要成功要因の変化、などの組合せであることが多い。これらの引き金となりうる事象は、さらなるリスクの源泉となる。

優れた競合相手の参入

究極のリスクは、健全な成長市場においてポジションが確立されたのちに、競合相手がきわだって優れた製品、あるいは本質的なコスト優位を有する製品を持って参入することである。例えば、アップルのニュートンはハンドヘルドコンピュータとして最初に市場に投入されたものであったが、高価でデザインも悪く、使い方も複雑であったために失敗してしまった。スリーコムの安価でデザインも良く、取扱いの簡単なパームパイロットが、遅れて参入したにもかかわらず市場において勝利したのである。自動車、テレビからビデオデッキまで非常に多くの産業において、極東からの後発の低価格製品が成功を収めた。

主要成功要因の変化

　企業は市場発展の初期段階に強力なポジションを確立することに成功するかもしれないが、その後主要成功要因が変化したときにはその基礎を失うことになる。予測によれば、生き残るパソコンメーカーは垂直統合あるいは経験曲線の利用によるローコストな生産を達成できる企業、効率的でローコストな流通を得られる企業、および顧客にソフトウエアを供給できる企業などであるが、これらは市場発展の初期段階においてはかならずしも重要なものではない。多くの製品市場においては、製品技術に焦点を当てることから製造技術に焦点を当てることへ、時間が経つにつれて変化することを経験した。製品技術に基づいた優位を達成できる企業が、市場の進展によって必要となってくる製造技術に基づく優位達成に必要な資源、能力そして指向や文化をかならずしも持っているわけではない。

技術の変化

　第1世代の技術開発は、陳腐化してしまう製品ラインや生産設備へのコミットメントとなってしまうかもしれない。安全な戦略は、どの技術が大勢を占めるかが明らかになるまで待ち、その後にその技術と互換性を持つかたちで参入し、その技術の改善を試みることである。主要な競合企業が特定の技術にコミットした場合、持続可能な競争優位の確立に最適な手段がよく見えるようになる。対照的に、初期の参入者は多くの不確実性とともに進まざるをえない。

期待はずれの市場成長

　多くの市場瓦解や価格競争は、市場成長率が（まだ健全性を保っていながらであっても）期待値以下に下落したときに生じる。これは、競合各社がその期待に基づいて生産能力を増強してしまうからである。電子バンキングへの需要は出現が予測されたのと比べて何十年もよけいにかかり、大画面テレビの需要も実現すると予想されていたより長期間を要した。特に、対象となる製品市場

が新しくダイナミックであり、流行によって魅力的なものとなっている場合には予測は困難である。

　予想の困難さは、1960年から1979年までのあいだに『ビジネスウィーク』、『フォーチュン』と『ウォール・ストリート・ジャーナル』に掲載された主要な新製品、市場および技術に関する90以上の予測の分析によって明白に例証されている。[11] 記事として掲載された予測のうち、約55%は成長が現実のものとならなかった。その理由としては、技術の過大評価（三次元カラーテレビや虫歯ワクチンなど）、あるいは消費需要の過大評価（双方向ケーブルテレビ、4チャンネルステレオ、あるいは乾燥食品など）、またコスト障壁の無視（超音速旅客機や動く歩道など）、あるいは政治問題の無視（海上採鉱など）であった。自分で巻く紙巻タバコ、小型葉巻、スコッチウイスキーおよびCBラジオなどの予測は消費者ニーズや消費者嗜好の変化により失敗している。

価格の不安定

　過剰設備の建設が価格圧力につながる場合、産業の収益性は短命に終わる可能性がある。特に、航空会社や鉄鋼業のように固定費が高く、規模の経済が決定的に重要である産業においては著しい。しかし、いくつかの企業が顧客フローを単に引きつけるための目玉商品として、ホットな製品を使用するということがありうる。

　1980年代の終わりにホットな成長領域であったCDは、小売業者の過剰な増加に火をつけ、1987年に5500店舗であったものが1992年には7000店舗以上に及んだ。[12] 約15ドルでCDを売っていたときには小売業者は非常に収益性が高かった。しかしホームエレクトロニクスチェーンのベスト・バイがモール以外のロケーションに顧客を引きつけるために、10ドル未満でCDを販売することを決定したとき、またサーキット・シティがこれにならったとき、かなりの数の主要CD小売り業者が利益と販売量の劇的な減少を経験し、最終的には破産する結果となった。ホットな成長領域は自らの首をしめる値引きではなく、永久の目玉商品としてのCDを取り扱うことを決めた企業から発信された価格不安定によって、まさに災難となってしまった。

資源的制約

　急速に成長している事業での大きな資金需要は、小規模企業にとっての1つの大きな制約である。ロイヤルクラウンのダイエットライトは、コカコーラのタブやダイエットペプシなど大きな競合相手の広告や流通への値引きに匹敵する施策を打ち出せなかったために、1960年代半ばにリーダーとしてのポジションを明け渡さなければならなかった。さらに予想を上回る製品開発コストや市場参入コスト、また積極的あるいは自暴自棄な競合相手によって引き起こされた価格低下によって、資金需要はしばしば増加する。

　成長によって引き起こされる組織的な圧力や問題は、財政的な逼迫よりもさらに予想しがたく、扱いが困難である。拡大する事業に対処するために人を確保し、教育することができなかったために、あるいはシステムや組織構造を成長に合わせることができなかったために、多くの企業が急成長期を生き抜くことができなかった。タンデム・コンピュータは成長をマネージする能力を誇りとしているが、同社は成長可能性は人を採用し教育する能力によって制約を受けると考えており、人的資源を上回って成長することを注意深く回避した。そしてさらに、将来の成長を予期して適切なシステムと構造を持つことを試みている。対照的に、コーベットは1962年から1966年までに売上および店舗数が3倍に拡大し急成長を遂げた、きわめて成功した先駆的ディスカウント・チェーンであったが、その成長をマネージできず結局破綻してしまった。コーベットは、巨大な規模の業務を取り扱うためのシステム、組織構造、および人員を作り上げることができなかったのである。

流通上の制約

　ほとんどの流通チャネルは少数のブランドだけを取り扱うことが多い。ほとんどの小売業者は、4ないし5種以上の家庭用品ブランドに棚スペースを提供することをきらう。結果として、いくつかの競合企業は魅力的な製品およびマーケティングプログラムを持っていたとしても適切な流通を獲得できないこととなり、それらの企業のマーケティングプログラムは、有効なものではなくな

ってしまう。

　流通上の制約は、1980年代半ばにソフトウエア産業において始まった市場の瓦解に拍車をかけた。120を超える企業が財務用のスプレッドシートプログラムを作っていたが、市場および流通チャネルは多数のソフトウエアをサポートできなかった。結局、少数の企業だけが生き残った。ビデオのベータ型式は、顧客ベースがあまりにも小さくなってしまってビデオ店が在庫を正当化できなくなったとき、その地位を失った。

　流通の不足や流通による選択と類似した問題として、市場成長が減速しはじめたときに生じる流通業者の力の著しい増加がある。取引をやめるという脅しをかけてメーカーに価格の引下げや販促費の拠出を迫るためにこの力を使おうとするのは、流通業者自身が直面する激しい競争においても利益を維持しようとすることにも原因がある。メーカーが過剰であるという問題におけると同じ要素の多くが、流通チャネルにおける次の段階での混雑にも寄与することとなる。この次のレベルにおける市場の瓦解は、サプライヤーにとっても非常に大きな影響を持つ可能性がある。

まとめ

- 市場分析においては、市場の魅力度とともに市場の構造やダイナミクスをも評価対象とすべきである。
- まだ開発されていない用途があるため、市場サイズは過小評価されている可能性がある。
- 市場成長は、推進力、先行指標、そして類似産業を参照することにより予測することが可能である。
- 市場収益性は5つの要素に依存する。すなわち、既存の競合相手、供給者の交渉力、顧客の交渉力、代替品、そして潜在的参入者である。
- コスト構造は、個々の構成要素の段階における付加価値を調査することにより分析することが可能である。
- 流通チャネルとトレンドは、多くの場合、成功のために非常に重要である。

- 市場トレンドは、戦略の収益性と主要成功要因の両方に影響を及ぼす。
- 主要成功要因は、ある戦略グループ内で競争するために必要なスキルと能力をいう。
- 成長市場において困難な点として、競合の脅威、市場の変化、そして企業自体の内部的制約などがある。

注

1：Greg Stanger, Clark Newby, Todd Andrews, Rob Wamer, Presley Stokes, and Lisen Stromberg, "The Ready to Eat Cereal Market," unpublished paper, 1991.

2：Kathleen Deveny, "For Coffee's Big Three, A Gourmet-Brew Boom Proves Embarrassing Bust," *Wall Street Journal,* November 4, 1993, p.B1.

3：この節は Michael E. Porter, *Competitive Advantage,* New York: The Free Press, 1985, chapter 1（土岐坤ほか訳『競争優位の戦略』ダイヤモンド社）.

4：Gary Hamel, *Leading the Revolution,* Boston, Mass: Harvard University Press, 2000, p.6（鈴木主税・福嶋俊造訳『リーディング・ザ・レボリューション』日本経済新聞社）による。

5：Scott Davis of Prophet Brand Strategy suggested the Schwinn case.

6：Irma Zandl, "How to Separate Trends from Fads," *Brandweek,* October 23, 2000, pp.30-35.

7：Faith Popcorn and Lys Marigold, *Clicking,* HarperCollins, 1997, pp.11-12.

8：James Daly, "Sage Advice—Interview with Peter Drucker," *Business 2.0,* August 22, 2000, pp.134-144.

9：Jorge Alberto Souse de Vasconcellos and Donald C. Hambrick, "Key Success Factors: Test of a General Theory in the Mature Industrial-Product Sector," *Strategic Management Journal,* July-August 1989, pp.376-382.

10：Brian O'Reilly, "The Perils of Too Much Freedom," *Fortune,* January 11, 1993, p.79.

11：Steven P. Schnaars, "Growth Market Forecasting Revisited: A Look Back at a Look Forward," *California Management Review* 28(4), Summer 1986.

12：Tim Carvell, "These Prices Really Are Insane," *Fortune,* August 4, 1997, pp.109-114.

第6章 環境分析と戦略的不確実性

Environmental Analysis and Strategic Uncertainty

　本章では、議論の焦点を市場から市場を取り囲む環境へと移す。ここでの主題は、直接、間接に戦略に影響を及ぼす環境のトレンドと環境での事象である。環境分析とは、トレンドと事象を認識し、それらの発生する可能性とインパクトを評価することである。

　環境分析は市場や産業から一歩退いた観察であるが、それはわずか一歩にすぎない。環境分析を行う場合、詳細、広範囲にトレンド調査を行うなかでしばしば身動きがとれなくなってしまう。よって、分析を行う際には戦略に対して重要な影響を持つ、適切な領域に限定することが必要である。

　環境分析は図表6-1に示すように、技術、政府の規制、経済、文化および人口動態の5領域に分けて行うとよい。本章ではこれらの各領域について議論と解説を行い、ついでトレンドと事象を予測する方法論を提示する。

　外部分析における4側面の最後である環境分析について記述した後、戦略的不確実性に対処するという作業に移る。これは外部分析の重要なアウトプットである。インパクト分析およびシナリオ分析は、不確実性の戦略への展開を支援するツールである。インパクト分析すなわち戦略的不確実性の相対的重要性の評価をまず紹介し、ついで戦略の策定と評価を支援するために将来のシナリオを作成、使用する方法としてシナリオ分析を紹介する。

図表6-1	環境分析
技 術	・既存の技術はどの程度成熟しているのか。 ・どのような技術的進展あるいはトレンドが産業に影響を及ぼすのか。あるいは影響を及ぼす可能性があるか。
政府の規制	・どのような規制の変更が考えられるか。そのインパクトは何か。 ・戦略に影響するような税制その他の優遇措置がなされつつあるか。 ・ある政府の管轄下で操業することに、どのようなリスクが考えられるか。
経 済	・企業が操業している国の経済状況とインフレ率はどのようなものか。それらは、どのように戦略に影響を与えるか。
文 化	・ライフスタイル、ファッション、その他の文化的要素における現在のトレンドと出現しつつあるトレンドは何か。それらはなぜ起こっているのか。その意味するところは何か。
人口動態	・どのような人口動態トレンドが産業と下位市場の市場規模に影響を与えるか。 ・どのような人口動態トレンドが機会や脅威となるのか。
一般的な環境分析の質問事項	・重要なトレンドと重要な将来の事象は何か。 ・どのような機会と脅威があると思うか。 ・戦略に影響を与えるトレンドと事象に関して、何が主要な不確実性の領域か。これらの戦略的不確実性をそのインパクトに関して評価せよ。
シナリオ	・どのような戦略的不確実性がシナリオ分析の基礎としてふさわしいか。

環境分析の諸側面

技 術

　環境分析の最初の側面は、市場あるいは産業の外部で生じている技術的トレンドあるいは技術的な事象であって、戦略に影響を与える可能性を有するもの

である。それらのトレンドないし事象は、それを活かせる企業には機会となり、また新たな代替技術は重大な脅威となる可能性がある。家庭への配線に膨大な投資を行っているケーブルテレビ産業が静止軌道上の衛星から直接受信できるシステムに関心を持つのは当然であろう。フェデックスのような速達便サービスは、ファクシミリやEメールのような新しい形式のコミュニケーションによって影響を受けている。

環境分析

　今後現れる技術を列挙することは、多くの場合それほど難しいことではない。難しいのは、そのなかで勝ち残る技術と敗退する技術を見わけることである。小売業における経験がわかりやすい示唆を与えてくれる。勝ち残った技術としては、1936年発明のショッピングカート（顧客により多く、しかもより簡単に買ってもらうことができる）、そしてバーコードリーダー（チェックアウトを改善し、豊富な顧客情報をもたらす）などがある。敗退した技術としては、Eコマースの未熟な前身である1983年のビデオテックスと1993年の双方向テレビがある。テッド・ターナーのチェックアウト・チャンネル（食料雑貨店のレジのカウンターに置かれたカラーモニター）とビデオカート（特売品を紹介し購買者をガイドする、ショッピングカートに装着されたカラーモニター）もこれに加えることができるであろう。

　インディアナ大学の小売業の専門家であるレイ・バークは、勝者と敗者を予測し区別する基準を設けるためにさまざまな研究を利用している。バークの視点は小売業ではあるが、新たな技術を利用しようとするすべての組織は、これらの基準から得るものがあるだろう。[1]

- 顧客にとってただちに利益を判別できる技術を使用すること　利益はただちに知覚されるものでなければならない。チェックアウト・チャンネルは顧客を楽しませようと設計されたものであるが、顧客は押しつけがましい迷惑としか考えなかった。
- 技術を使いやすくすること　顧客は無駄な時間を使ったりいらいらしたりするのがきらいだが、新しい技術がそう思わせてしまう例があまりにも

多い。ある調査によれば、ほとんどのテキストベースのインターネット食料雑貨ショッピングシステムは、顧客がどのように買い物をするかを習得するだけでなんと20分から30分を要する。AOLが主たるライバルであるコンピュサーブに勝利した理由の1つは、AOLのほうが使いやすかったからである。

- 導入の仕方は重要である。プロトタイプを作成し、テストし、再調整すること　ある店舗内端末は、用紙切れを表示するようになっていないため、顧客をいらだたせた。その一方で、装置が魅力的な場所に置かれてさえいれば、顧客は双方向テレビ会話システムを受容するという、ある銀行での事例がある。

- 技術に対する顧客の反応はさまざまであると認識すること　ある銀行では、人と話したくないという理由で、ATMを利用する顧客がテレビ会話システムをきらうことを発見した。他のある小売業者の場合は、個々の顧客に対応する宣伝活動を行うことが、ロイヤルティの獲得につながっている。

破壊的技術(Disruptive Technology)

　戦略的な成功は、単に技術を予測しそれに対応する計画を立案するのではなく、技術の創出によってもたらされる可能性が高い。そして、重要なのは破壊的技術と維持的技術を区別することである。維持的技術は既存の製品やサービスの性能を改善するのに対して、破壊的技術はビジネスモデルと、勝つために必要な資産と能力の性質を変化させるのである。クレイトン・クリステンセンによれば、既存企業、特に市場におけるリーダーは、既存のアプローチに集中するように動機づけられ、組織されており、維持的技術を革新することでそれをサポートしている、としている。[2] 市場をかき乱すような技術を作り出すことによって、何も金の卵を産む鶏を殺してしまうことはないのである。特にうまくいくかどうかの見通しが不確かで、投資が高いリスクを伴う場合にはなおさらである。

新技術のインパクト

新技術への移行をマネージすることは、決定的に重要である。しかし、たとえ成功を収める新技術の出現があっても、既存技術による事業が突然だめになってしまうことをかならずしも意味しない。

パーデュー大学の研究者グループは、次のような新技術が出現した5種の産業における企業15社について研究した。[3]

- ディーゼル機関車　対　蒸気機関車
- トランジスタ　対　真空管
- ボールペン　対　万年筆
- 原子力　対　化石燃料プラントボイラー
- 電気カミソリ　対　安全カミソリ

新技術の劇的なインパクトについての予測面において、考えさせられる内容を持つ2つの興味深い結論が得られた。第1に、既存技術による製品は相当の長期にわたり販売を続けられていた。その理由の1つは、既存技術にかかわる企業がその技術を改善しつづけるからである。事実、電気カミソリの出現以来安全カミソリの販売は800％も増加している。新技術はしたがって、既存技術の成長期の終了を意味するものではないといえよう。既存技術に依拠する企業は、新技術に対応するための、かなり長期の時間的猶予を持っているのである。

第2に、新技術が何をもたらすかの予測はかなり困難であった。調査の対象となった新技術は、当初は高価で粗削りな傾向があり、またそれらは特定の下位市場を侵攻することによってスタートしていた。トランジスタは補聴器およびポケットラジオで初めて使用された。さらに、新技術は単に既存の技術を侵害するのではなく、新市場を創出するという動きが見られた。使い捨てボールペンや多くのトランジスタ製品は、まったく新しい市場を開拓したのだ。

政府の規制

法律上ないし政府規制上の制約の追加または廃止は、戦略的な脅威や機会に

なる可能性がある。食品や化粧品中の配合成分のいくつかの禁止は、多くの企業の戦略に甚大な影響を与えた。ソフトウエア、CD、DVD、映画ビデオなどの産業において、著作権侵害を防ぐような政府の努力がもたらすインパクトはきわめて重要な問題である。現在使用されている全ソフトウエアの4分の1以上が不法コピーされているのが現状だからである。金融、エネルギーその他の産業での規制緩和は、関係企業にとって大きな意味を持ち、自動車産業は燃料経済性基準によって、また高級自動車への課税によって影響を受ける。医療産業は、高価な設備への投資を強制された。

　1930年代と1940年代にかけてフォーチュン誌によって予測された環境上のトレンドや事象に関する代表的な調査によれば、合成ビタミン、遺伝子工学上のブレイクスルー、鉄道の衰退、そしてテレビ、ハウス・トレーラー、スーパーハイウェイの出現などの多くの領域において、特筆すべき正確さを示した。しかし、国際政治に関する分野ではきわめて貧弱なものであった。[4] 1930年代なかごろの記事は、ヨーロッパ戦線に対する米国の関与の可能性を予測しえなかった。1945年の記事では不適切にもソ連との貿易の急激な成長を予測していた。つまり冷戦の到来を予想できなかったのだ。中東でのシナリオはイスラエルの出現を予測していなかった。多国籍企業にとってきわめて重要性の高い国際政治の進展は、予測が非常に困難である。政治的な事象が自社にとって破滅的な結果に至らないようにするには、戦略は十分に思慮深い分散投資を含み、しかも柔軟なものである必要がある、ということができる。

経　済

　戦略の評価は通常、インフレ、失業、経済成長で測定される経済の健全性に対する判断に影響される。資本集約的産業への大きな投資は、不況期の赤字を回避するため好況期と一致するように設定される必要があるかもしれない。通常は、経済全体のみならず個々の産業の健全性を考える必要がある。1980年代初頭においては、経済全体の不況よりも自動車市場および鉄鋼などの関連産業の不況のほうがはるかに大きかったのである。

　多国籍企業が参加している産業では、為替に関する予測は重要であろう。こ

のため、為替に影響する国際収支その他の要因の分析が必要になるかもしれない。ほとんどの先進国における自動車産業は、通貨価値の変動に大きな影響を受けている。

文　化

　次の例が示すとおり、文化的トレンドはさまざまな企業にとって脅威あるいは機会のどちらにもなりうる。

　女性のライフスタイルの予測調査をある服装デザイン会社が行った。その調査は、今よりも多様なライフスタイルが一般化し、より多くの時間を家の外で過ごし、働く女性はよりキャリア指向となると予測していた。これらの予測は、服装デザイン企業の製品ラインと価格決定戦略に対して重要な意味を持っている。活動の多様化はスタイルの多様化と衣服の所有点数の増加につながり、その結果、個々の服の単価はおそらく低下すると考えられる。さらに消費者が経済的、社会的に自立しているということは、流行に流されるファッションの減少を招き、特定の職業には特定の服装が必要だという感覚も失われていくであろう。

　フェイス・ポップコーンは、未来を形成するであろう文化的トレンドを彼女自身の基準に基づいて明らかにし、研究を行った。その研究は、多くの企業にとっての未来環境について、挑戦的な見方を提供している。例えば、次のようなトレンドを考えてみるとよい。[5]

- **引きこもり**　消費者は外界のきびしい現実から身を守るために、安全で居心地のいい「自宅類似の」環境へ逃げ込んでいる。このトレンドは、オンラインショッピング、カタログショッピング、ホームセキュリティーシステム、ガーデニング、そして高機能住宅などにとって追い風となる。
- **空想アドベンチャー**　消費者は、ストレスと退屈から逃れるため、低リスクの興奮と刺激を渇望している。これを理解している企業は、テーマレストラン、エキゾティックな化粧品、冒険旅行、幻想的なコスチューム、空想をベースとしたエンターテインメント、幻想的な車などを提供して

いる。
- **快楽的報復** 消費者は、禁断の果実を手に入れて味わうため、ルールに反抗している（例として、芳醇なアイスクリーム、葉巻、マティーニ、日焼けサロン、毛皮など）。
- **小さな贅沢** 忙しくストレスに疲れた人は、即座の喜びを提供する手ごろな価格の贅沢で、自分にご褒美を与えている。生絞りのオレンジジュース、チョコレートつきトゥースカン・ビスコッティ、皮の硬く厚いパン、高級万年筆、などがその例である。裕福なら、ポルシェの食器、マホガニーのクリス・クラフトカヌーなども含まれるであろう。
- **若返り** 消費者は、社会生活の緊張とバランスをとるために、若さ、新しさ、そして若返りのシンボルを求めている。55歳を超えた人たちが学校に通い、トライアスロンやアウトドアなどの活動的なスポーツに参加するのは、このトレンドを反映している。これは実は、若いころのノスタルジーを得るための製品、活動、娯楽を求める幅広い年齢層に適用することができるのである。
- **健康重視** 消費者は、生活の質と健康の大切さを重視しており、自身の健康をヘルスケア産業に委ねてしまうのではなく、自分の健康は自分で管理している。この例は、全体観的医療法、菜食主義の製品やレストラン、有機野菜、浄水器、そしてフィットネスクラブなどがある。
- **多彩な生活** 消費者は、ますます忙しくなる生活に対処するため、多くの役割をこなさなければならなくなっている。複数のニーズに応える小売店、食事を迅速に用意するサービス、セカンドハウスを管理し訪問のために準備するサービス、消雑音機、Eコマース、そしてヨガなどは、すべてこのトレンドに対応している。

人口動態

人口動態トレンドは、市場の基底をなす強力な力であり、予測可能なものでもある。影響力ある人口動態上の変数としては、年齢、収入、教育、そして地理的位置などがある。

高年齢層は急速に拡大しており、財産を持つのみならず財産を使う時間もあるため、特別な関心の対象となってる。米国における65歳以上の人口は、2000年における3300万人から2020年には4900万人へと増加する。同期間において、85歳以上の人口は360万人から650万人へと増加し、家族の援助なしに生活している人が増えるであろう。女性は男性よりも長生きするので、人口に占める女性の割合は高年齢グループでは極端に増加する。85歳の年齢層では、100人の女性に対し男性はわずか41人しかいない。ある調査からは、高齢の女性は、より若いセグメントに合わせた製品のなかから選択しなければならないことに不満を持っていることが判明している。

　ベビーブーマーの加齢の一方、10代の人口は上昇してくる。アメリカの13歳から19歳の人口は2010年に3100万となり、ピークに達すると予想される。[6] 10代は彼らが生きている時代を反映する。さまざまなエレクトロニクス製品を当然のものと考え、AIDSや中絶といった大人の問題にも平然と対処している。彼らはまた、MTVに影響された文化にさらされたためにMTV世代とも呼ばれている。GAPやエクスプレスといった小売業者や、リーバイスやクレアラシルといったブランドが証明しているとおり、彼らに到達することは利益を生み出す。

　エスニック人口は急速に増加しており、ほぼすべての企業と産業の顧客となるとともに主要な企業の戦略にも影響を及ぼしている。ヒスパニック人口はそれ以外の人口と比較して約5倍の速度で増加して、その平均収入も同様に増加している。ヒスパニックはまもなく米国の最大の少数民族となるであろう。アジア系米国人の人口は現在600万人であるが、やはり急激に増加している。

　国内の異なる地域へのビジネスと人口の移動は、証券会社、不動産投機会社、そして保険会社のような多くのサービス企業にとって重要なかかわりがある。さらに、都心のダウンタウン地域の再活性化は、ちょうど郊外住宅地開発の初期と同様に小売業者と不動産開発業者を大きく巻き込むものである。

戦略的不確実性の取扱い

　戦略的不確実性すなわち戦略的な示唆を有する不確実要因は、外部分析でのきわめて重要な成果物である。外部分析は通常、多数の戦略的不確実性を出現させる。取扱いを容易にするため、それらの不確実性は論理的グループあるいはテーマへとグループ分けする必要がある。そのうえで、情報収集および分析の優先順位を決めるために各グループの重要性を評価することは有用である。次のセクションに述べるインパクト分析は、このような評価を行うことを目的として作られている。

　戦略的不確実性の多くは、本質的に予測のできない将来トレンドないし事象である。その場合、情報収集や追加的な分析では不確実性を減少させることは難しく、シナリオ分析を使用することが有用である。シナリオ分析では基本的に不確実性を所与のものとして受け入れ、2つ以上の将来シナリオを生成した後、おのおののシナリオに対して戦略が立案される。シナリオ分析の成果の1つとして、意思決定を組織的、戦略的に柔軟なものとなしうる。これにより、戦略を事業局面に適応するように変えることができるのである。

インパクト分析 ──
戦略的不確実性のインパクト評価

　外部分析の重要な目的の1つとして、戦略的不確実性に順位づけを行い、それらが時間とともにどのようにマネージされるべきかを決定することがある。どの不確実性が情報収集や詳細な分析への集中的な投資に見合うのか。また、どれが限定的なモニタリング努力にふさわしいのだろうか。

　問題は、多数の戦略的不確実性がしばしば多くの第2レベルの戦略的不確実性を生み出してしまうことにある。これら多数の戦略的不確実性によって情報収集と分析の無限のプロセスに入り込み、資源を無制限に浪費してしまうおそれがある。出版社であれば、ケーブルテレビ、ライフスタイルパターン、教育

のトレンド、地理的な人口移動、印刷技術などに関心を持っているだろう。これらの問題のうちどれ1つをとってみても多くの下位領域を含んでおり、意図しなくても際限のない調査に入り込みかねない。ケーブルテレビは各種のペイTVのコンセプト、番組供給業者、技術および視聴者の反応を含んでいるであろう。明確な優先順位が確立されていなければ、外部分析は羅列的で焦点を失った非効率なものになってしまうのだ。

戦略的不確実性の範囲は監視され、分析されるべきであり、そのインパクトと緊急性に依存するものである。

1. 戦略的不確実性のインパクトは、次の項目に関係している。
   - 既存また将来設置されうる戦略事業単位に対して、インパクトを与えるトレンドまたは事象を含む度合い。
   - 関係する戦略事業単位の重要度。
   - 関係する戦略事業単位の数。
2. 戦略的不確実性の緊急性は、次の項目に関係している。
   - 関係するトレンドあるいは事象が生じる可能性。
   - トレンドあるいは事象の時間的な枠組み。
   - 戦略の立案・実行に必要な時間に対して、対応可能な猶予時間。

戦略的不確実性のインパクト

個々の戦略的不確実性は、現在の戦略事業単位、将来提案される戦略事業単位または将来設置される戦略事業単位に影響する、潜在的なトレンドまたは事象を含んでいる。ビール会社にとっての戦略的不確実性は、地ビール市場の将来展望に基づいているかもしれない。ビール会社が、地ビール市場への参入提案および、同じ領域にポジショニングした輸入ビールの両方を有する場合、地ビール市場でのトレンドがその会社に大きな影響を及ぼす可能性がある。自然食品へのトレンドは、同社がスパークリングウォーターの製品ラインへ参入する機会を示すかもしれず、戦略的不確実性の基礎となりうる。

戦略的不確実性のインパクトは、関連する戦略事業単位の当該企業にとって

の重要性に依存するであろう。戦略事業単位のあるものは他の戦略事業単位より重要である。その重要性は事業単位の売上、利益あるいはコストによって示されるが、これらの指標は将来性や成長性によって補足される必要がある。戦略事業単位の現在の売上、利益あるいはコストだけでは、企業にとっての真の価値を反映していない場合があるからである。最後に、ある情報必要領域が複数の戦略事業単位に影響を与える可能性があるため、関連する戦略事業単位の数もまた、戦略的不確実性のインパクトに関連してくる。

戦略的不確実性の緊急性

　戦略的不確実性に関連したトレンドや事象は大きなインパクトを持つが、発生の可能性が低いため、情報の収集、分析に対する積極的な資源の投入に値しないことがある。同様に、戦略的意思決定の検討期間と比較してその発生があまりにも遠い将来のものである場合には、ほとんど重要性がないといえよう。潮力エネルギーの利用が具体化することはありそうにないし、あったとしても遠い将来であろうから、電力事業にとって関心事とはならない。

　最後に、必要と考えられる対応時間に対して、対応のために実際に使うことができる時間はどの程度かという問題がある。時間が十分でない場合、将来の対応戦略をただちに立案しはじめられるように、出現しつつあるトレンドと事象をより正確に予測することが重要となる。

戦略的不確実性のマネジメント

　図表6-2は、戦略事業単位における戦略的不確実性の分類を示す。緊急性およびインパクトの両方とも低い場合、低いレベルの監視で十分かもしれない。インパクトが低く、緊急性が高い場合、その領域はモニタリングと分析に値するであろう。緊急性が低くインパクトが高い場合は、より深い監視と分析を必要とし、また不測の場合の戦略を考慮しておく必要があるだろう。ただし、不測の場合の戦略の立案・実行は、かならずしも必要ではないかもしれない。トレンドと事象で緊急性とインパクトの両方が高い場合には詳細な分析を行うことが適切であり、また不測の場合の対応プランまたは戦略を立案しておく必要

図表6-2　戦略的不確実性のカテゴリー

	緊急性 低い	緊急性 高い
インパクト 高い	モニタリングと分析；不測事態対応の代替戦略を考慮	詳細に分析；戦略を立案
インパクト 低い	モニタリング	モニタリングと分析

があろう。タスクフォースを設置してこの作業にあたらせることになる。

シナリオ分析

　戦略立案の本質は「創造的」ということにある。それは新しい有効な戦略を立案すること、また異なった視点から既存の戦略を見ることである。戦略的プラニング作業はその事業での既存のメンタルモデルにとらわれがちなため、作成される戦略も過去の抽出にすぎないという傾向が強い。新しい戦略代替案を作成するために、また古い戦略に挑戦するためには、新しい視点をどのように持ち込めばよいのだろうか。1つの答えがシナリオ分析であり、あまり使用されていないが強力な方法論である。次の例を見よう。[7]

- ある製薬会社が新製品の競争力にかかわる複数のシナリオを検討した。その結論は、その投資計画はリスクが高いということであり、これが米国史上最大の合併の1つにつながった。
- ある銀行のマーケティング組織では将来の米国の利率に基づくシナリオを分析し、目標達成のためには主要な地理的エリアごとに差異をつけてマネージする必要があるとの結論を下した。
- ある革新的なヨーロッパの化学品処理会社では、長期計画の前提になる矛盾を認識するために、候補の製品およびプロセスに関する複数の研究開発シナリオを使用した。その結果、相互に両立できない研究開発プロジェクトのいくつかが終了するまで、1億ドルの新規投資が延期された。
- あるソフトウエアサービス会社は、考えられる競合相手のシナリオ3つとおのおのに対応する戦略を立案した。その結果、過去とは大きく異った戦略の採用につながった。

シナリオが提供してくれるのは、トレンドと事象が相互に関連、影響するような複雑な環境を取り扱う方法である。多数の小さなトレンドや事象が1つか2つあるいは3つの将来環境のシナリオへまとめられれば、分析はより扱いやすいものとなる。

シナリオはさらに、不確実性への対処に役立つ。不確実性を減少させるための情報に費用をかける代わりに（このプロセスはしばしば高価で役に立たない）、シナリオの確実性ではなく可能性が受け入れられることとなる。戦略家はこのようにして、実現しないかもしれないという現実に対処できるのである。

シナリオ分析で重要なことの1つは、ラインのマネージャーが分析を行う点にある。シナリオを作成し、新たな戦略を考え、既存の戦略をテストするためにシナリオを使用するプロセスは、思考パターンを変化させ、旧来の前提にチャレンジし、革新的な選択肢を作成し、新たな方向性を正当化することとなるであろう。このプロセスが担当者であるプランナーによって行われる場合、学習の必要性が起こらない。

図表6-3に示すとおり、シナリオ分析は4ステップに分けられる。最初の

図表6-3　シナリオ分析

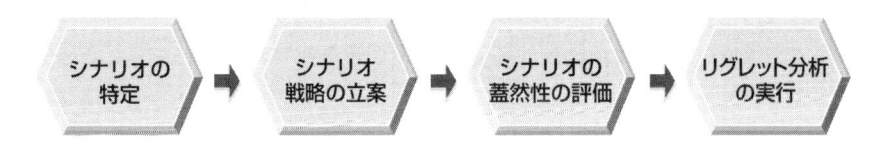

シナリオの特定 → シナリオ戦略の立案 → シナリオの蓋然性の評価 → リグレット分析の実行

ステップは、シナリオを特定することである。

シナリオの特定

　戦略的不確実性は、シナリオの推進役となる。インパクト分析によって、企業が最優先すべきシナリオを特定できる。医療用画像装置のメーカーは、技術進歩によって、現在より本質的に低いコストで装置が作れるようになるかどうかを知りたいであろう。農業設備メーカーまたはスキー場経営者は、雨や雪が降らない好天が続くかどうかを不確実性の最も重要な領域だと考えるかもしれない。ワークステーションメーカーは、単一のソフトウエア標準が出現するのか、あるいは多数の標準が共存するのかを知りたいであろう。こうして選ばれた不確実性は、2つないしそれ以上のシナリオへとつながる。
　シナリオが単一の戦略的不確実性に基づく場合、通常は関連する事象や環境によって肉づけできる。したがって、インフレによる景気後退シナリオが、家電産業にとって値上げや小売の倒産などのような多くの条件を生成することになる。
　結果の好ましさに基づいてシナリオを作成することは、ときには有用であり、楽観的シナリオ、悲観的シナリオ、そして最も起こりうるシナリオを作成する。悲観的シナリオの検討は、既存の前提や計画をテストするために有用である。戦略的プランニングにおける楽観的雰囲気は、しばしば競合相手が積極的に対応しない、市場が衰退あるいは崩壊しない、また技術的問題が表面化しない、な

どを暗黙の前提にしがちである。シナリオ分析は、ピクニックでの曇りや雨の可能性を考慮するための、脅しではない方法を提供してくれる。

　もちろん、将来の関心ある期間にとって、複数の変数が重要となることが多い。これらの組合せは、比較的多くのシナリオを作り出してしまうことがある。大手グリーティングカード会社では、3つの変数が重要であると考えるかもしれない。小規模の専門カード会社の成功、ある種類のカードの寿命、そして将来の流通チャネルの性質、である。これらの組合せによって、数多くのシナリオができてしまう。うまく働く理想的なシナリオの数は2つあるいは3つであり、それより多くなった場合にはプロセスは扱いにくくなり、さまざまな価値も大部分は失われてしまう。[8] したがって、理想的には信頼できそうなあるいは信頼できるシナリオと、現状から離脱し、戦略に影響を与えるのに十分な程度に本質的なシナリオとの両方を含む少数の組合せを見出して、シナリオの数を減らすことが重要である。

シナリオ戦略の立案

　シナリオが作成された後、次のステップは、それらのシナリオを既存の戦略と新しい選択肢の両方に関連づけることである。楽観的なシナリオに適合した戦略は、能力を増強し、かつ強力な市場ポジションを確立する積極的な努力を示唆することがある。反対に悲観的なシナリオは、投資を回避し、価格安定戦略を示唆するかもしれない。技術的なブレイクスルーに基づくシナリオは、その技術での研究開発プログラムに結びつく可能性がある。

シナリオの蓋然性の評価

　代替的な複数の戦略を評価するために、シナリオの蓋然性を見きわめることは有益である。シナリオの合計がいくつかの変数の組合せになる以外は、実際には作業は環境予測の一部にすぎない。蓋然性を直接評価してくれるように専門家に依頼できるかもしれないが、各シナリオの基礎となる因果関係の要因を決定できる場合には、しばしば、より深い理解が得られるのだ。建設機器産

業が建設需要の異なる3つのレベルに基づくシナリオを作成する場合、そのレベルにはいくつかの原因があるであろう。1つ目は、金利である。2つ目は建売業者にとっての資金の入手可能性であり、それはさらに、今後の金融機関と市場の構造に依存するであろう。3つ目の原因は道路建設、エネルギー、その他の領域への政府支出のレベルかもしれない。

リグレット分析の実行

　最終ステップは、予想と違うシナリオが出現してしまった場合に各戦略の予期される結果を比較することである。楽観的なシナリオに基づいた戦略が追求され、現実には悲観的なシナリオが出現した場合には、何が起こるであろうか。この作業は戦略の選択肢に伴うリスクの感覚、あるいはリスクの定量化をも生み出す。各シナリオの評価が定量化され、蓋然性が評価されれば各戦略の期待値を割り出すことができる。単純に個々のシナリオの結果をその蓋然性と掛け合わせ、その結果を合計するだけのことである。

まとめ

- 技術、人口動態、文化、経済、そして政府規制の変化に関する環境分析は、企業にとっての機会あるいは脅威となる現在および潜在的なトレンドと事象を見つけ出し、分析することを目的としている。
- インパクト分析は、戦略的不確実性の基礎となるトレンドと事象の影響と緊急性を体系的に評価することをその内容とする。
- シナリオ分析は、将来に関する異なった仮説を探求するためのツールであり、2～3の起こりうるシナリオの特定、個々のシナリオに対する戦略の立案、シナリオの蓋然性の評価、結果として生まれた戦略の各シナリオにおける評価、などを内容とする。

注

1： Raymond Burke, "Confronting the Challenges That Face Bricks-and-Mortar Stores," *Harvard Business Review,* July-August 1999, pp.160-167.

2： Clayton Christensen, *The Innovator's Dilemma,* Boston, MA:Harvard Business School Press, 1997（伊豆原弓訳『イノベーションのジレンマ』翔泳社）.

3： Arnold Cooper, Edward Demuzilo, Kenneth Hatten, Elijah Hicks, and Donald Tock, "Strategic Responses to Technological Threats," *Academy of Management Proceedings,* 1976, pp.54-60.

4： Richard N. Farmer, "Looking Back at Looking Forward," *Business Horizons,* February, 1973, pp.21-28.

5： Faith Popcorn and Lys Marigold, *Clicking,* HarperCollins, 1997, pp.11-12.

6： Laura Zinn, "Teens," *Business Week,* April 11, 1994, pp.76-84.

7： Mason Tenaglia and Patrick Noonan, "Scenario-Based Strategic Planning: A Process for Building Top Management Consensus," *Planning Review,* March-April 1992, pp.13-18.

8： Robert E. Linneman and Harold E.Wein, "The Use of Multiple Scenarios by U.S.Industrial Companies," *Long-Range Planning* 12, February 1979, p.84.

Internal Analysis

第7章 内部分析

　戦略の立案は、外部の脅威と機会に加えて自社の目標、強み、能力に基づいて行わなければならない。1980年代半ば、グランド・メット（Grand Met）はホテル、酪農、カジノ、育児、パブおよび看護サービスを含む28の異なる事業に関与していた。[1] 内部分析によって、同社の強みはブランド食品、飲料製品と世界的な業務をマネージすることにあるという結論に達した結果、グランド・メットはいくつかの事業を売却し、大きな国際的チャンスのあるブランド食品・飲料事業に集中した。

　自社の事業を詳しく理解することが、内部分析のゴールである。事業の内部分析は競合分析に似ている。しかしそれは、業績評価にかなり重点をおいており、はるかに内容に富み、深みを持つ。内部分析のほうがより詳細であるのは、それが戦略にとって重要であり、また、より多くの情報が利用可能だからである。分析は売上、利益、コスト、組織構造、経営スタイルなどの現在の具体的な情報に基づく。

　戦略の立案が企業、戦略事業単位のグループ、単独の戦略事業単位あるいは戦略事業単位内の事業領域のどれについても可能であるように、内部分析もこれらのどのレベルでも行うことができる。そのような各レベルの分析は、もちろん強調点と内容において異なっているが、その構造やねらいにおいては同じである。共通のゴールは組織的な強み、弱み、制約を認識し、最終的には強みを活かし、あるいは弱みを補正ないし埋め合わせてその組織にふさわしい戦略を立案することである。

　内部分析は、事業の財務業績すなわち収益性と売上を調査することから始まる。業績が不十分であるか悪化している場合は、戦略の変更が必要なことを示す。反対に現在あるいは将来の業績が満足できるものであれば、「壊れていな

ければ、直すことはない」という古い格言が示すとおりである。もちろん、壊れていない場合でも維持、補修、あるいは再活性化を必要とするかもしれない。業績の分析は、特にある事業にどの程度投資するか、あるいは投資を差し控えるかの判断に関係している。

本章の最初のセクションでは、売上、総資産利益率（ROA）および経済付加価値（EVA）の概念によって測定される財務業績について議論する。次のセクションは顧客満足度、製品品質、ブランドイメージ、相対コスト、新製品、従業員能力など、将来の収益性と関連するその他の業績の側面をカバーする。

内部分析でのもう1つの視点は、戦略の選択を制限あるいは促進する企業特性を考慮することである。3番目のセクションは、過去および現在の戦略、戦略上の問題点、組織的能力および制約、財務的資源（財源）および制約、そして組織的な強みと弱みの5方面から問題を考察する。最後のセクションでは事業ポートフォリオ分析について論じる。事業ポートフォリオ分析では、事業ごとの業績とその従事する市場の魅力度で評価する。

財務業績 ―― 売上と収益性

内部分析の多くは現在の財務要素の分析、すなわち売上と収益性の測定から始まる。このどちらか一方の変化は、製品ラインの市場での存続可能性や競争力ある生産能力の変化の兆候となる。さらにそれらは過去の戦略が成功しているかどうかの指標となり、戦略変更の必要性を評価するのに役立つ。また、売上と収益性は少なくとも明確であり、容易に測定ができる。その結果、それらが業績評価ツールとしてきわめて広範に使用されていることは当然である。

ほとんどの企業では、その目標の重要な要素として、売上と収益性のターゲットを有している。経営学の教授でありコンサルタントでもあるY・K・シェッティーは、4つの基本的な産業グループに属する大企業82社の企業目標に関する資料を入手した。その結果、89％が収益性指標を使用しており、82％が売上目標を含んでいた。[2] 市場占有率、社会的責任、従業員福祉、製品品質および研

究開発のような目標を有する企業は、全体の3分の2に満たなかった。

売上とシェア

　ある製品やサービスを顧客がどう見ているかに関する敏感な指標は、売上または市場占有率（シェア）である。顧客にとっての相対的価値が変化すれば、市場や顧客の慣れによる遅延がときにはありうるが、結局は売上とシェアに影響が出る。

　戦略的に重要なのは、売上のレベルである。売上の増加は顧客ベースの成長を意味する。新しい顧客がロイヤルティを持つという前提に立てば、拡大した顧客ベースは将来の売上や利益につながる。シェアの増加は規模の経済や経験曲線効果により持続可能な競争優位の獲得につながりうる。反対に、販売の減少は顧客基盤の減少や規模の経済の逸失をもたらす。

　売上を指標として使用する場合の問題点は、自社や競合相手による宣伝などの短期的な活動が売上に影響することである。したがって、顧客に届けられた価値の基本的な変化から、戦術的活動によって引き起こされる販売の変化を分離することが必要となる。また、売上またはシェアの分析については、後述する顧客満足度分析と併用することが重要である。

収益性

　利益は、事業業績の重要な指標である。利益は成長戦略を追求し、老朽化した工場設備を更新し、市場リスクを吸収するために社内外で発生する資金ニーズの供給源となる。総資産利益率（ROA）は基礎的な収益性指標の1つであり、事業関連の資産で利益を割ることにより計算する。

$$ROA = \frac{利益}{資産}$$

　同様に、1920年代にゼネラル・モーターズとデュポンによって開発された次の式は、ROAを売上高利益率と総資産回転率に分解するために用いられる。

$$\text{ROA} = \frac{\text{利益}}{\text{売上}} \times \frac{\text{売上}}{\text{資産}}$$

 したがって総資産利益率は2つの要因を持つことになる。1つは利益率であり、販売価格とコスト構造に依存する。もう1つは総資産回転率であり、在庫管理と資産稼働率に依存する。

 ROAの条件式における分子分母の決定は、一見するほどには容易ではない。分子分母の両方について、本質的な問題が存在するのだ。償却によって発生する歪みやブランドエクイティのような無形資産、それに有形資産の市場価格が帳簿価格に反映されていないことによる歪みなどである。これらの問題は、本章の付録でさらに議論する。

よい業績とは何か

 株主価値の概念は過去20年間においてきわめて影響力を有した概念であり、「よい業績とは何か」という問いに対する答えを提供する。個々の事業は、株主資本のコストと負債のコストの加重平均である資本コストを上回るROAを上げなければならない。例えば、株主資本のコストが16%であり、負債のコストが8%であって、株主資本の額と負債の額が等しければ、資本コストは12%である。もし負債が4分の1で残りが株主資本であれば、資本コストは14%ということになる。もしROAが資本コストより高ければ、株主価値は増加しているということになり、低ければ株主価値は減少しているということになる。

 株主価値を増加させる方法としては、以下のようなものがある。

- 追加的な資本を使用せずにコストを減らし、あるいは収入を増加させて、より多くの利益を上げる。
- 高いリターンを有する製品に投資する（もちろん、これが戦略そのものである）。
- 株主資本コストを減少させるため自己株式を買い入れることにより、負債比率を上昇させ、加重平均値としての資本コストを減少させる。

- 使用資本の量を減少させる。株主価値分析においては、資産の使用は無料ではないので、これを減少させるインセンティブがある。もしジャストインタイム方式採用による改善により在庫を削減できるのであれば、それは直接的に株主価値に影響する。

株主価値の概念は、理論的には正しい。[3] もし、利益の流れが正確に予測できるとすれば、分析は信頼できる。問題は、短期の利益（株価、したがって株主の富に影響することが知られている）は長期的利益と比較して容易に予測できるが、操作も容易だということである。短期的利益が長期的利益にも反映されると考える投資家は、短期的利益を偏重している。本来さまざまな目標を抱えている企業経営者にとっても、同様のことがいえる。長期的な期待のために短期的な財務業績を犠牲にするという自己抑制は、それほど簡単なものではなく、特に将来の期待がオプションのかたちを取る場合は困難である。例えば、ゼネラル・モーターズのサターンへの投資は、同社にこのブランドを他の領域にも拡張するオプションをもたらした。同様に、ブラック・アンド・デッカーがGEの小型家電部門を買収したとき、この事業を関連領域に展開するというオプションをも取得したのである。しかし、これらのオプションは、短期的には大きな利益をもたらさないかもしれない。

投資の削減も、やはりリスクを伴う。例えば、コカ・コーラが投資を削減し株主価値を改善するためにボトラーを売却したとすれば、同社の製品品質への管理も弱くなってしまうだろう。一般的に投資の削減はアウトソーシングを伴い、これには柔軟性と業務管理の喪失とのバランスが必要である。例えば、モデム機器の設置をアウトソーシングしてしまうブロードバンド接続会社は、顧客とのコンタクトの機会を失うことになる。

株主価値分析の1つの危険は、従業員、供給業者、顧客など株主以外の利害関係者の優先順位を下げてしまうことである。これらの利害関係者は、実は長期的な成功の基礎となる資産なのである。いくつかの企業の過激な人員削減は、企業の脂肪どころか筋肉まで削ぐことになってしまい、将来への期待をも潰してしまった。GEでさえ株主価値を向上させることを目的として研究開発支出を削減したが、これも裏目に出る可能性がある。ゼネラル・モーターズに

よる仕入れコストの大幅な削減は、技術的優位とコスト削減の源泉となる供給業者との関係に悪影響を与えた。コスト削減努力により顧客サービスを削減してしまうことは簡単であるが、それでは顧客ロイヤルティをも下げることになってしまう。

収益性以外の業績指標

　戦略市場経営での難題の1つは、説得力をもった長期的な見とおしを表す業績指数の開発である。短期的な業績指標に集中し、長期的なリターンを伴う新製品やブランドイメージへの投資を縮小する、という誘惑があるからである。
　正味現在価値（NPV）の概念は長期的な利益を表す。しかし、それはかならずしも使用可能とは限らない。NPVはしばしば、意思決定の基準も有用な実行手段も提供しないことがある。400万ドルよりも600万ドルのほうがいいという、

図表7-1　長期的収益性を測る業績指標

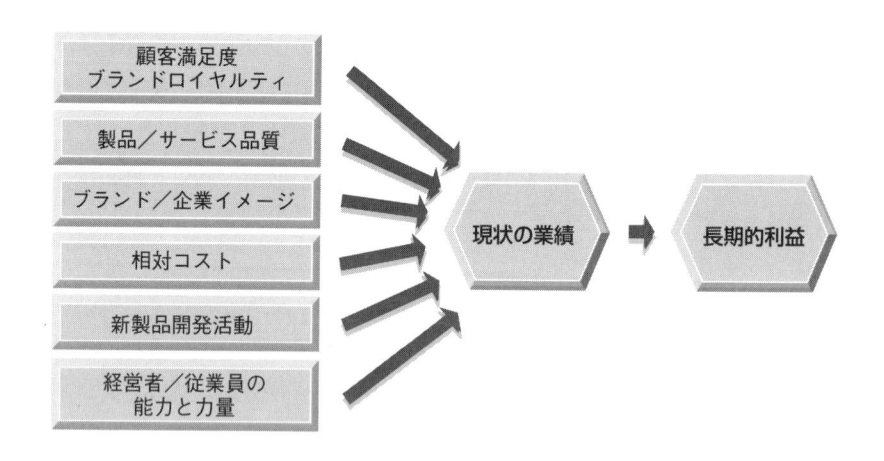

- 顧客満足度／ブランドロイヤルティ
- 製品／サービス品質
- ブランド／企業イメージ
- 相対コスト
- 新製品開発活動
- 経営者／従業員の能力と力量

→ 現状の業績 ⇒ 長期的利益

あたりまえのことをいうのと同類である。本当の問題は、どの戦略代替案が600万ドルを生み出し、どれが400万ドルを生み出すのかを見きわめることにある。

　長期的な存続可能性や健全性を表す業績指標の開発が必要なのだ。現在および将来の戦略、ならびにそれらの持続可能な競争優位の基礎となる資産と能力に焦点を当てるべきである。計画期間内において、事業にとって重要な資産と能力とは何であろうか。どのような戦略的側面が最も重要であろうか。商品の提供についての競争力を持つことであろうか、新製品を開発することであろうか、あるいは、より生産性を上げることであろうか。この種の質問は、企業が注視すべき実績の領域を見つけ出すのに役立つ。答えは状況によるであろう。しかし、図表7－1に示されるように、それは多くの場合、顧客満足度やブランドロイヤルティ、製品やサービスの品質、ブランドや企業のイメージ、相対コスト、新製品開発活動、さらに経営者や従業員の能力と力量などを含んでいる。

顧客満足度／ブランドロイヤルティ

　多くの企業の最も重要な資産は、おそらく顧客ベースのロイヤルティである。売上とシェアの指標は、顧客が企業についてどう実際に感じているかについての有用な指標ではあるが、粗削りである。これらの指標は市場の惰性を反映しているし、競合相手の行動や市場全体の動向によるノイズが混入している。顧客満足度とブランドロイヤルティの指標は、売上やシェアより敏感であると同時に診断的な価値を提供する。

顧客満足度、顧客ロイヤルティ測定のガイドライン
　第1に、購入するブランドや企業を変えることを顧客に動機づけてしまう問題や不満の原因をつきとめるべきである。第2に、最も鋭敏で洞察に富む情報は、しばしばブランドや企業を変えた人からもたらされる。したがって、あるブランドを買うのをやめてしまった顧客へのインタビューは、しばしば得るものが多い。第3に、好まれているブランドや企業と、単に不満がないというのとでは大差がある。本当にそのブランドや企業が好きだとする顧客グループの規模と強さを調査すべきなのだ。第4に、指標は長期間追跡され、競合相手の

ものと比較されることが必要である。指標の時系列的な変化と競合との相対的な比較が、最も重要なのだ。

製品とサービスの品質

　製品やサービスとその構成要素は、競合相手の製品やサービスと、顧客の期待、ニーズとの両方に対して批判的かつ客観的に比較されなければならない。それはどの程度の価値があるのか、本当に優れた性能を提供できるのか、競合相手の商品と比べてどうか、将来、競合相手が製品を刷新した場合の提供物と比べてどうだろうか。企業が共通して犯す失敗の1つは、競合相手の現在および潜在的な提供物の現実的な評価との困難な比較を回避してしまうことである。

　製品とサービスの品質は通常、特定し、長期間測定できるいくつかの重要な要素に基づく。自動車会社は欠陥、仕様書に沿った性能、耐久性、修理可能性その他の特性を測定できる。銀行は待ち時間、処理の正確さ、そして顧客が感じたサービスの質に関心を持つだろう。コンピュータ製造企業では、相対的な性能スペックと修理データに反映された製品の信頼性を調べることができる。よい製品ラインのよりよいマーケティングを追求する企業は、基本的な製品欠陥を抱えている企業とはまったく異なるものである。

ブランドイメージ、企業イメージ

　ブランドや企業にとっての見落とされがちな資産は、顧客がそのブランドや企業をどう感じているかについてである。そのイメージはどんなものであろうか。顧客の感じる質は、しばしば実際の質とはまったく異なっており、過去の製品あるいはサービスについての経験、小売り業者の種類、価格戦略、パッケージング、広告および典型的顧客層といった品質に関する手がかりに依存している。そのブランドあるいは企業は、特定の製品領域や技術領域（ヨットの設計製造など）で専門家とみなされているだろうか、革新的か、高価であろうか。そのブランド・企業は、ある国やユーザーのタイプまたは使用目的（レースなど）と関係しているだろうか。そのようなイメージは、ブランドや企業にとっ

て重要な戦略的資産となる可能性がある。

　顧客の使用経験やブランド、企業が顧客にとって何を意味するかについて語ってくれるよう、定期的に顧客の核心となるグループに依頼してイメージをモニターすることができる。重要なイメージの変化を認識することは、そのような努力から得られる。顧客を代表するサンプルによる組織的な調査は、より正確な追跡情報を提供することになろう。

相対コスト

　製品やサービスとその構成要素のコスト分析を注意深く行うことは、戦略がコスト優位や対等なコストに基づく場合には特に重要であるが、これは競合相手の製品の分解とシステムの詳細な分析を含んでいる。日本のコンサルタントである大前研一は、このような分析が性能分析とともに用いられる場合には、図表7-2で示される4種の状況のうちの1つとなると述べている。[4]

図表7-2　相対コストと相対パフォーマンス

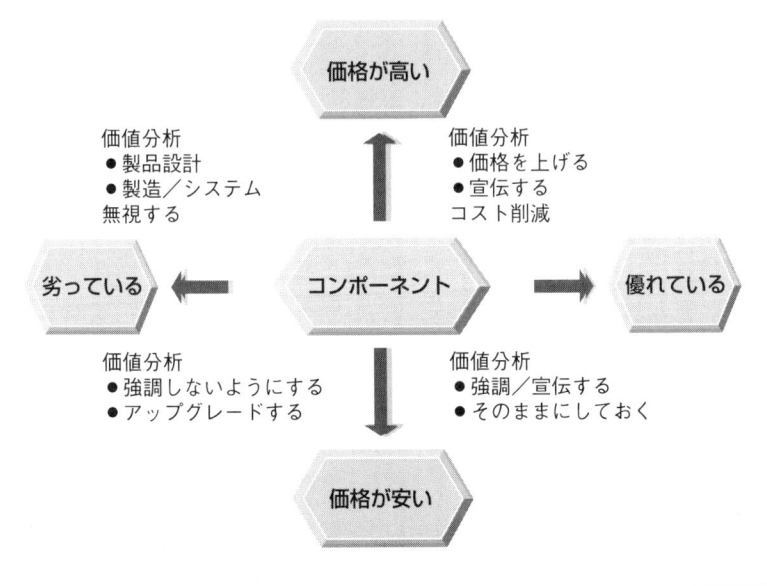

```
                        価格が高い
                            ↑
  価値分析                           価値分析
  ●製品設計                         ●価格を上げる
  ●製造／システム                   ●宣伝する
  無視する                           コスト削減

  劣っている  ←  コンポーネント  →  優れている

  価値分析                           価値分析
  ●強調しないようにする             ●強調／宣伝する
  ●アップグレードする               ●そのままにしておく
                            ↓
                        価格が安い
```

自動車のブレーキシステムや銀行の出納業務のようなコンポーネントについてみると、競合相手よりも高価で性能的に劣っている場合、変革を要する戦略的な課題となる。しかし、分析によって、そのコンポーネントがコストと顧客へのインパクトの双方からみて無視できる程度である場合も考えられる。一方、そのコンポーネントが競合相手よりも優秀な場合には、コスト低減計画が唯一適切な戦略ではないかもしれない。価値分析では、そのコンポーネントの顧客にとっての価値が測られるが、それによって製品やサービスの優位性が値上げや販促活動を正当化することもありうる。他方、コンポーネントが競合他社のものほど高価ではないが劣っている場合、価値分析によって、その短所をなるべく強調しないのがよいことがある。コスト優位性はあるがハンドリングが劣る自動車について、企業はそのドライブ性能については強調を避け、経済的な車として位置づけることとなろう。もう1つの選択肢は、このコンポーネントを改良することである。反対にコンポーネントがそれほど高価でなくかつ優秀である場合には、価値分析によって、そのコンポーネントがポジショニングと広告戦略で重要な役割を果たし、強調されるべきことが明らかになるかもしれない。

コスト優位の源泉

コスト優位に至る多くの方法は、第10章において議論する。これには規模の経済、経験曲線、製品設計の革新、ノーフリルの製品提供などがある。これらそれぞれはコスト優位に基づく競争概念に異なった視点を提供する。

平均原価法

平均原価法では、固定費や準変動費のいくつかの要素は慎重に配賦されることなく、総生産量に対して平均されてしまう。生産能力の異なる新しい機械と古い機械がある場合、生産コストが全生産量を用いて平均されるとすれば、新しい機械は本来よりも収益性が低いように見えてしまい、誤った判断を促してしまうこともあろう。

平均原価法は、本来安全なはずの市場へ競合相手が参入する突破口を開いてしまうおそれがある。銀行用通帳メーカーのJ・B・カーツ・カンパニーは、

平均原価法によって大口顧客が小口顧客に対し補助を行っているかのような状況を作り出してしまった。[5] 大口顧客の処理コストを平均原価法が大きく見せてしまったため、きわめて収益性が高い大口顧客に対し、競合相手がカーツを下回る価格を提示する機会を結果的に与えてしまったのだ。他の製品ラインを補助している製品ラインは競合相手にとっての機会となり、したがってその企業にとっての脅威となるため、脆弱であるということができる。

新製品開発活動

　研究開発業務は、新製品コンセプトを継続的に生み出しているだろうか。製品コンセプトから新製品の開発に至るプロセスは、しっかりとマネージされているだろうか。製品の性能や市場ポジションに影響を与えたといえるような、成功した新製品の実績はあるだろうか。

　新製品革新の1つの指標は、特許取得件数である。IBMは、1990年代を通じてすべての産業におけるどの企業よりも多くの米国特許を取得しており、その件数はキヤノンなどの研究開発型企業を大幅に上回るものである。さらに、IBMは、同社内の発明を市場にまで出すことに関しても好成績を収めている。製品化に要する時間もまた、革新の成功のもう1つの指標であり、自動車産業においては新型車に関する競争の鍵である。[6]

経営者および従業員の能力と力量

　長期的な視点で企業にとって重要なものは、戦略を実行する人である。現在の人的資源は、現在および将来の戦略をサポートできるだろうか。組織に入ってくる人は、その種類と質の両面で組織のニーズと一致しているだろうか。それとも、何か埋められないギャップが存在しているだろうか。タンデム・コンピュータは、次の成長フェーズに向けてとりわけ慎重に人を配置し組織することによって、急速な成長を持続させた。対照的に、爆発的成長を経験した多くの企業は、拡張に見合うだけのシステム、人、そして組織構造を作り出すことができず、最終的には倒産していった。

組織は、どれだけうまく人を採用できるかだけでなく、どれだけうまく人を育てられるかについても評価されるべきである。健全な組織は、モチベーションやチャレンジを与えられ、精神的に満たされ、それぞれの専門領域で成長を遂げている個人によって構成されている。これらの要素は、従業員アンケートやグループディスカッションによって調査、測定できる。過去30年間にわたって日本の自動車会社が享受した品質とコスト優位の主要な要因は、生産労働者の姿勢であった。銀行業やファーストフードといったサービス産業では、通常、前向きな従業員の業務遂行と姿勢を維持する能力が、主要成功要因となる。

戦略代替案の決定要因

　内部分析に対するもう1つのアプローチは、戦略代替案の決定要因を考慮することである。大きな組織変更を伴わない戦略代替案の採用を不可能にしているのは、事業のいかなる特性によるものであろうか。複数の戦略代替案から1つを選択するに際して、どのような特性が重要性をもつのか。これらの質問に対する答えはここでも状況によるであろうが、図表7-3に示される5領域は、詳細な検討に値する。

過去および現在の戦略

　過去の業績の基礎を理解し新しい代替案の分類を試みるため、過去と現在の戦略の正確なプロフィールを作成することは非常に重要である。ときに、戦略は考えられていたものとはまったく異なるものへと発展する。ある会社ではイノベーターとして自社のポジションを定め、初期的な突破口となったイノベーションを繰り返すために研究開発に膨大な費用を費やした。しかし、前20年間の会社業務に関する率直な分析が、その会社の成功は製造における強みと規模の経済によることを明らかにした。その期間中、業界におけるすべての有意義なイノベーションは他社によって行われていたのだ。研究開発活動が製品特性、信頼性およびコストの改善においてのみ成功しており、技術的な突破口の

図表7-3　戦略代替案の決定要因

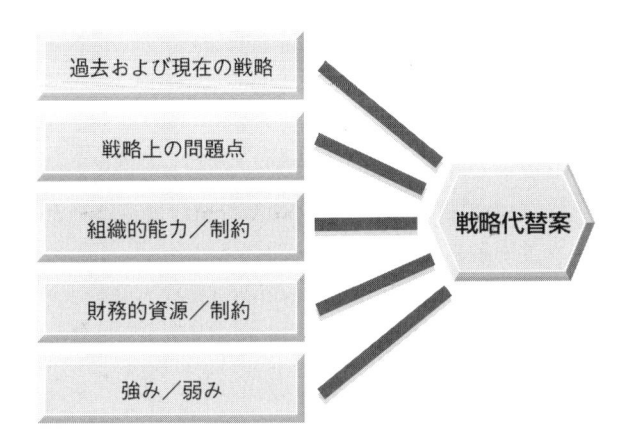

- 過去および現在の戦略
- 戦略上の問題点
- 組織的能力／制約
- 財務的資源／制約
- 強み／弱み

→ 戦略代替案

開発にはまったく成功していないという認識は、戦略代替案を整理するうえで役立つこととなった。

戦略上の問題点

　もう1つの重要かつ有用な要素は戦略上の問題点、つまり戦略的関係における問題点である。例えば、フォードと同社のエクスプローラー・ブランドは、ファイヤストン製タイヤの剥離という問題に直面したが、このことは関連するブランドに関する施策と積極的な管理のニーズを生み出した。ひとたび重大な欠陥を抱えてしまった自動車ブランドは、製品設計と製造とを含む戦略的な施策を必要とする。

　戦略上の問題点は、資産（事業の適地など）や能力（新製品投入スキルなど）の欠如を内容とする弱みとは異なる。弱みは、企業が戦略を調整することにより対処しなければならない。これに対して戦略上の問題点は、その処置が困難

でコストがかかるものであったとしても、積極的に解決しなければならないものである。

組織的能力と制約

会社の内部組織、すなわち組織構造、システム、人、そして文化は強みと弱みの両方の重要な源泉である。新しいビジネスチームや部署がつねに生み出されているスリーエムの柔軟で起業家精神に富む組織構造は、その成長の鍵となっている。マクドナルドや他のファーストフードチェーンのシステムは重要な強みである。テキサス・インスツルメンツの経営者の出身は大部分製造または技術者であり、それは半導体事業においては強さの源泉であったが、消費者向け製品の開発においては弱みとなった。デイナ・アンド・ホワイトの生産的かつローコストの文化は、同社がローコスト戦略を追求することを可能にした。

内部組織はいくつかの戦略のコストや実現可能性にさえ影響することがある。戦略と組織的要素のあいだには適合（fit）が存在しなければならない。戦略がよく適合していない場合、それを実行することには大きなコストがかかり、あるいは不可能なことさえありうる。単一の産業を指向するバックグラウンドを持った確立した中央集権的組織は、分権的組織と起業家精神を要する多角化戦略の実行に困難を覚えることもあろう。内部組織については、戦略の実行と適合について考慮する第16章においてより詳細に論じることとする。

財務的資源（財源）と制約

ある戦略事業単位に投資すべきかどうか、またある戦略事業単位からキャッシュを引き出すかどうかについては判断を要するところである。同様な判断を複数の戦略事業単位のグループについても行う必要がある。企業は純投資額を増加させるべきであろうか、あるいは流動資産を保持し、または現金を株主や債権者に返還することにより純投資額を減少させるべきであろうか。基本的には、投資の原資を獲得する企業の能力を考慮しなければならない。

資金の確実な出所、可能性のある出所、そして資金の使途を見きわめる財務

分析は、この能力を評価することに役立つ。キャッシュフロー分析では営業その他の資産からの利用可能なキャッシュを予測する。特に成長戦略においては、それが単に既存の製品市場へのさらなる浸透という内容であるとしても、通常、営業から得られる資金を上回る運転資金その他の資産を必要とする。本章の付録では、キャッシュフロー分析を行う方法に関する議論を示している。

さらに、資金は負債、あるいはエクイティファイナンスによっても調達可能である。これらの資金調達方法が望ましいかどうかおよびその実現可能性を見きわめるため、貸借対照表の分析が必要となることがある。現在の負債構造、およびそれを支える企業の能力は特に重要である。本章の付録では、さらにこの点に関して有用ないくつかの財務比率についても検討する。

企業の事業部や子会社での投資提案については、親会社ないし本社にどれだけの支援や関与を期待できるのかを考慮する必要があろう。複数の戦略事業単位を合計すると、企業の支援の意思と能力をはるかに超える投資を計画している、ということは、あまりにもしばしば見られることである。企業の資源の現実的な評価は、戦略立案をより効率的にすることができるのである。

組織の強みと弱み

内部分析の重要なステップは、その資産と能力に基づく組織の強みと弱みを認識することにある。実際、内部分析の多くは強みと弱みを認識する必要によって動機づけられる。強みと弱みには、当然、多くの源泉が考えられ、第4章ではこれらの源泉を認識する方法が示されている。第8章では、資産と能力がどのようにして持続可能な競争優位の基礎になるかについて議論する。

分析から戦略へ

内部分析においては、組織の強みと弱みを認識するだけでなく競合相手と市場に対して関連づける必要がある。戦略市場経営は第1章において論じたとおり、相互に関連した3要素を持っている。第1に、投資する領域あるいは投資

を引き上げる領域を決定することである。投資は、新たな製品市場や新しい自社の強みを持つ領域を作り出すように仕組まれたプログラムといったかたちで成長領域、あるいは既存の領域に対して行われる可能性がある。第2に、機能領域戦略の特定と実行であり、製品ポリシー、製造戦略、流通の選択などを含む。戦略市場経営の第3の要素は、企業が競争している製品市場における持続可能な競争優位の基礎を開発することである。

戦略的意思決定を行う際、本章に先立つ各章がすでに明らかにしたように、さまざまな評価からのインプットが重要である。しかし、どんな戦略的意思決定であってもその核心は次の3種類の評価に基づくべきである。第1には、組織の強みと弱みに関する評価である。第2に、競合相手の強み、弱みおよび戦略の評価である。組織の強みはそれが競合相手の強みや戦略によって無意味にされる場合には、無価値のものになってしまうからである。第3に、競争の状況、顧客とそのニーズ、市場および市場環境の評価である。これらの評価は、選択された市場に選択された戦略が導入された場合にどれくらい魅力的かということを見きわめることに焦点を当てる。

目標は、自社の強みと競合相手の弱みを利用し、自社の弱みと競合相手の強みを意味のないものにする戦略の立案にある。理想は、成長している健全な産業において、競合相手によって獲得されるか無意味にされるおそれのない自社の強みに基づく戦略を用いて競争することである。図表7-4は、これらの3種類の評価が戦略に影響を及ぼすためにどのように結合するかを要約している。

小型家電部門を売却するというゼネラル・エレクトリックの意思決定は、これらの戦略上の原則をよく表している。[7] 小型家電は同社の伝統的事業の1つであり、小売り業者と顧客にとっては、ともにランプおよび大型家電製品ラインと結びついていた。しかし小型家電産業の収益性は低く、その理由は過剰設備と小売り業者の力の強さにあった。またコスト圧力は製品性能と信頼性をも低下させてしまった。さらに同社の強みである技術的優位性や財務的資源は小型家電産業では活かされなかった。小型家電産業ではいかなるイノベーションもコピー可能だったからである。よって同社は、ここには戦略的適合性が存在しないとの結論に達し、ブラック・アンド・デッカーに対し小型家電事業を売却したのである。

図表7-4　戦略的意思決定の構造化

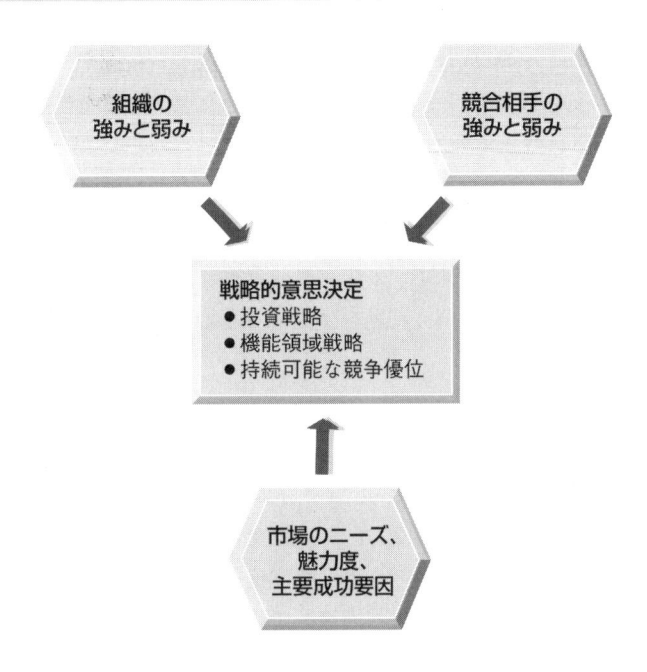

```
組織の強みと弱み        競合相手の強みと弱み
        ↓                    ↓
        戦略的意思決定
        ● 投資戦略
        ● 機能領域戦略
        ● 持続可能な競争優位
                ↑
        市場のニーズ、
        魅力度、
        主要成功要因
```

事業ポートフォリオ分析

　事業ポートフォリオ分析は、属する市場の魅力度と、市場における企業のポジションの強さ、という2つの重要な次元において事業単位を評価する構造化された方法を提供する。その結果、これらの鍵となる次元を軸としたマトリクスにおいてさまざまな事業単位を表現できる。分析と表示は当然、資源配分の意思決定に結びつく。どの事業が投資に値するのか。また、どの事業がスピンオフされるべきか。これらは非常に基本的な、戦略上の投資の問題である。

　資源配分は通常、組織的に非常に困難な問題である。分権化された組織においては、キャッシュを稼いでいる事業の担当者が会社全体の投資機会に資金を提供するはずのキャッシュをコントロールしてしまい、個々の事業は結局、成

長のための資金を自分で捻出しなければならないことになるのが自然の成り行きである。しかしその結果、可能性は巨大だが現在は低い利益あるいは損失しか生み出さないような急成長している事業は、必要とされるキャッシュをしばしば得られないことになる。皮肉なことに成熟した製品を持つ事業はあまり魅力的な投資案件を持っているわけではないが、キャッシュフローが潤沢なため、その投資案件は資金を得てしまうことになる。この結果は魅力度の低い領域に手持ちのキャッシュが還流されてしまい、最も魅力的な領域には投資されないということになる。事業ポートフォリオ分析はどの事業が入手可能なキャッシュを得るべきなのかという問題を議論するために役立つ。

市場魅力度と事業ポジションのマトリクス

図表7-5は市場魅力度と事業ポジションのマトリクスを示し、各事業単位がここに位置づけられることになる。この概念はゼネラル・エレクトリックとコンサルティング会社マッキンゼーの戦略立案作業の功績である。

まず、水平軸である市場魅力度を考慮しよう。基本的な質問は、その生み出すキャッシュフローという観点において、競合相手にとってその市場がどれだけ魅力的か、という問題である。市場を計ることはポーターの「5つの力モデル」から始まるべきである。市場分析の他の要素とともに、顧客、競合相手、および事業環境の分析などを考慮しなければならない。出発点として、9個の要素が図中に示してある。実際の要素はその状況において重要なことによるであろう。

縦軸に示される事業ポジションの評価を次に考慮する。事業ポジションはその事業の内部分析に基づくべきであり、特に競合相手との比較におけるその資産と能力の評価に基づくべきである。10個の要素を図中に示すが、適切な要因のセットは個々の具体的な状況に則して作成される必要がある。

マトリクスの使用

市場魅力度と事業ポジションのマトリクスは、会社の強みと市場機会を結び

図表7-5　市場魅力度と事業ポジション

	市場魅力度		
事業ポジション 競争能力	高い	中程度	低い
高い	1	1	2
中程度	1	2	3
低い	2	3	3

1. 投資／成長
2. 選択的投資
3. 収穫／売却

競争能力の評価
- 組織
- 成長
- セグメントごとのシェア
- 顧客ロイヤルティ
- 粗利益
- 流通
- 技術
- 特許
- マーケティング
- 柔軟性

市場魅力度の評価
- 規模
- 成長
- 顧客満足レベル
- 競合：数、タイプ、有効性、コミットメント
- 価格レベル
- 収益性
- 技術
- 政府の規制
- 経済状況へのセンシティビティ

つける形式的で構造的な方法である。1つの含意は、図表7-5において「1」と表示した箱のように、企業のポジションと市場魅力度の両方が肯定的である場合、企業はおそらく投資すべきであり成長を試みるべきだということである。しかし、「3」と表示した箱のように、評価が否定的である場合は収穫するか売却することが推奨されるであろう。「2」と表示した3個の箱については、投資が有利だろうと信じるに足る具体的な理由があった場合にのみ投資するという、選択的な投資判断がなされることになる。

現在の戦略が引きつづき採用されたと仮定した場合に、企業のポジションと市場魅力度の両方が変化するかどうかを予想するという試みは、有益な作業である。異なったセルへの移動が予測される場合、それは戦略の変更を考慮する

必要性のシグナルとなる。投資戦略を立案するにあたって、次の各項目は論理的な選択肢となる。

- **維持のための投資** 環境および競争に対する力を補うために十分なだけを投資することによって、ポジションの浸食を食い止めることを試みる。
- **浸透のための投資** 収益を犠牲にしても、ポジションの上昇を試みる。
- **再建のための投資** いかなる理由であれ、すでに適当ではなくなった過去の搾取戦略によって喪失する以前に保持していたポジションを回復する試み。
- **選択的投資** いくつかのセグメントにおけるポジションを強化し、他のセグメントでは低下するにまかせるという試み。
- **低投資** キャッシュを引き出し、投資を最小限に抑えることによって、事

参考　成長シェアマトリクス（ボストン・コンサルティング・グループ）

市場成長率：高／低
競合における地位（最大の競合相手に対するシェアの比率）：10　高　1.0　低　0.1

スター　問題児
金のなる木　負け犬
研究開発

ポートフォリオ分析は、1960年代なかごろにおいてボストン・コンサルティング・グループの成長シェアマトリクスを用いて始まった。これは、同社により考案され、積極的に使用されたものである。このコンセプトは、企業における個々の事業を図表に示す2軸に配置するものである。市場シェア（実際には最大の競合相手に対する自社シェアの比率）は、規模の経済や製造経験に基づくコスト優位を反映するため重要であると考えられた。市場成長は、市場の魅力度に関する唯一最大の指標と考えられた。

業を収穫する試み。
- **廃棄** 事業を売却するか、解散する。

まとめ

- 売上高および収益性分析は、過去の戦略の評価と既存製品の市場での存続可能性の兆候を示している。
- 株主価値の考え方は、投資から発生するキャッシュフローが資本コスト（すなわち株主資本のコストと負債のコストの加重平均）を上回るべきことを内容とする。しかし、人員削減、資産の削減、そしてアウトソーシングなどの株主価値向上策は、自社の持つ資産と能力を破壊してしまうというリスクを伴う。
- 業績評価は、財務的な側面を超えて、顧客満足度、ブランドロイヤルティ、製品・サービス品質、ブランド・企業イメージ、相対コスト、新製品開発活動、経営者と従業員の能力と力量のような側面にまで及ぶべきである。
- 5つの事業特性が戦略的選択を制限ないし促進する。すなわち過去および現在の戦略、戦略上の問題点、組織の能力と制約、財務的資源と制約、そして強みと弱みである。
- 事業ポートフォリオ分析は、事業単位を市場の魅力度と市場における企業ポジションの強さという2つの重要な軸で評価する体系的方法である。分析とそこにおける表示は、資源配分判断に結びつく。

注

1：Grand Metropolitan Annual Report, 1993.
2：Y.K. Shetty, "New Look at Corporate Goals," *California Management Review* 22, Winter 1979, pp.71-79.
3：株主価値のリスクについてのすぐれた見解として Allan A. Kennedy, *The End of*

Shareholder Value, Cambridge, MA: Perseus Publishing, 2000 を参照。

4：Kenichi Ohmae, *The Mind of the Strategist*, New York: Penguin Books, 1982, p.26（田口統吾・湯沢章伍訳『ストラテジック・マインド』プレジデント社）.

5：J. B. Kunz Company A, Case 9-577-115, Boston: Intercollegiate Case Clearing House, 1977.

6：IBM, *Red Herring*, November, 1999, pp.120-128.

7：Robert Slater, *The New GE*, Homewood, Ill. : Irwin, 1993, p.101.

付録：キャッシュフロー予測 ―― 資金の源泉と使途

戦略立案期間におけるキャッシュフロー予測は、どのようなキャッシュの財源

図表7A-1 貸借対照表および資金収支計算書

単位：百万ドル

貸借対照表（12月31日現在）

項目		金額	項目		金額
流動資産		6.0	流動負債		3.0
現金、売掛金、有価証券	3.5		買掛金	2.0	
棚卸資産	2.5		その他	1.0	
固定資産		6.0	固定負債（長期借入金）		2.0
土地、建物、構築物、機械装置	10.0		資本		7.0
（減価償却累計）	4.0		資本金	4.0	
			準備金その他	3.0	
資産合計		12.0	**負債および資本合計**		12.0

予想される資金の源泉と使途

資金の源泉		資金の使途	
運転資本の減少	0	運転資本の増加	1.0
固定資産の売却	0	固定資産の購入	2.5
長期負債の負担	2.0	長期負債の償還	0
新株の発行	0	自社株式買入償却	0
営業純利益	1.0	営業損失	0
減価償却	0.5	配当	0
資産源泉合計	3.5	**資産使途合計**	3.5

が利用可能であり、どのようなキャッシュの使途が存在しているのかを見きわめるために重要である。分析を始めるにあたって最初の合理的な前提条件は、現在の戦略およびトレンドが近い将来において変わらないということである。また、楽観的および悲観的シナリオを前提とした資金フローを予測することはさらに有効である。その後に、戦略変更や新戦略導入のインパクトが見きわめられる。

図表7A-1は単純化された貸借対照表と、主な財源と使途のカテゴリーを示す。この本図表はキャッシュフロー分析の主要な要素について議論するための土台を提供する。資金の源泉と使途を示すとともに、いくつかの有用な貸借対照表の比率を紹介する。それらの比率は資産・負債構造の観点において企業の財務的健全性の指標となる。したがってそれらの指標は、債務負担またはエクイティファイナンスを通じて資金を調達することの好ましさと実現可能性に関する判断を行う際に有効である。

図表7A-1における資金の源泉と使途を前提とした最初の項目は、正味運転資本である。正味運転資本は流動資産から流動負債（一般に1年未満の負債）を差し引いた額と定義される。流動比率は、運転資金の妥当性を測定する1つの方法である。

$$流動比率 = \frac{流動資産}{流動負債}$$

最適な比率は、当然に事業の性質に依存する。特に在庫に多くの資産を持つ企業は高い値を必要とする可能性がある。これから在庫を除外した比率は当座比率と呼ばれる。

$$当座比率 = \frac{在庫を除く流動資産}{流動負債}$$

売上が増加するとともに、業務を支えるために適切となるように運転資本も増加するのが当然である。

図表7A－1における資金の源泉と使途に関する第2の項目は、固定資産の売却と購入である。固定資産の購入は、現在の業務レベルを維持するために必要なものと、成長を達成するための任意の支出にあたって必要なものとに分けることができる。

　ここでも、財源と使途の分析は提案されているすべての成長戦略から生じるものを反映すべきである。

　第3のカテゴリーは長期債務の負担と償還である。適切な負債レベルを見きわめるために必要な比率には、次のものがある。

$$債務自己資本比率 = \frac{長期負債}{資本}$$

$$総債務自己資本比率 = \frac{総債務}{資本}$$

　この比率が高ければ高いほど、当然に事業不調期の金利負担は重くなり、緊急時における債務負担能力は低くなる。最適レベルは金利負担と対比した収益力、債務とそれに伴うリスクに対する企業の考え方、将来の投資に対するリターン、競合他社の債務自己資本比率などによる。債務負担による資金の使途はどれだけの債務を負担すべきかを見きわめる際に重要である。資金が企業を買収するために使われるのであれば、買収後の結合した貸借対照表の構造と資金フローが考慮されるべきである。

　図表7A－1で示される第4のカテゴリーは、資本の部の変化である。新株の発行を通じて資金を調達することがどの程度好ましく、また実現可能なのであろうか。反対に、株価が低迷している場合に株式を買入れ償却することは、他の資金使途と比較して有利であるかもしれない。

　最後に、営業から得られる資金があり、これは投資計画が始まる出発点を提供する。営業利益に対して減価償却費は加えられ、支払配当金は差し引かれる。償却は現金の流出を伴わない費用だからである。したがって償却は実は財源で

あるともいえる。営業からの利益は他の財源と関連している。負債を増加させることは金利負担を増加させ、将来の業務活動に対して利用可能な資金を食いつぶしてしまう。株価を上昇させる能力は配当政策に依存するかもしれない。さらに、資産への投資や投資の差し控えは将来の償却に影響を与える。

　貸借対照表を評価するにあたっては相当な判断を要し、疑いをもって見る必要があるであろう。報告されている債権には不良債権があるかもしれない。償却は工場のそれを含んでいないこともあろう。また資産と負債は、報告された帳簿価格とは本質的に異なる市場価値を持っている可能性がある。インフレの影響はさらに解釈を難しくする。したがって比率やキャッシュフロー予測を解釈ないし調整することが適当な場合もありえよう。

戦略代替案

PART3—— ALTERNATIVE BUSINESS STRATEGIES

第8章 持続可能な競争優位の獲得

Obtaining a Sustainable Competitive Advantage

　考慮すべき戦略代替案は、どのようなものか。どれが最適なのか。本書において前章までは主題ではなかったこれらの疑問に、本章から第15章にかけて焦点を当てる。これら各章の目標の1つは、戦略の成功の鍵である持続可能な競争優位（sustainable competitive advantage：SCA）の概念を明らかにすることである。どのようにして持続可能な競争優位を作り出すかということと、競合相手の持続可能な競争優位をいかにして無力化するかということの両方を見ていくこととする。第2の目標は、最良の代替案を考慮する可能性を広げるために、利用可能な既知の戦略代替案の範囲を広げておくことである。劣悪な代替案中の優秀な選択よりも、優秀な代替案中の劣った選択のほうが価値があるからである。

　本章は、持続可能な競争優位の創造に焦点を当てる。第9章および第10章では、多くの考えられる戦略的指針ないし一般的な戦略のうち4つ、つまり差別化、集中化、ローコスト、そして先制攻撃について議論する。第11章では事業戦略の外観である戦略的ポジショニングの概念を紹介する。第12章および第13章では、製品・市場投資判断を伴う成長戦略を検討する。第12章では、市場浸透、製品拡張、市場拡大、そして垂直統合について議論する。第13章では多角化とその他の成長オプションを扱う。第14章では、成熟ないし衰退市場に焦点を当て、産業の再生、収益性ある生存者となること、そして維持、縮小あるいは撤退判断について議論する。第15章では、多くの企業で重要性を増しているグローバル戦略を分析する。

持続可能な競争優位

　戦略には、ポジショニング戦略、価格戦略、流通戦略、グローバル戦略などさまざまな機能領域戦略を含むことが多い。競争の方法は無限に存在するが、図表8-1に示されるように、競争方法は競争に成功するための唯一の要因ではない。持続可能な競争優位の獲得、長期間成功する戦略の作成のためには少なくとも他に3要因が不可欠である。

競争の基礎——資産と能力

　第1の要因は、競争の基礎である。戦略は一連の資産と能力に基づく必要がある。資産または能力による支えなくして、競争優位が持続することは考えにくい。高品質の製品を供給するために必要な設計や製造の能力不在のまま高品質戦略を追求することは意味がない。また、適任の人材と正しい文化が存在しなければデパートでのプレミアムサービスポジショニングの戦略は成功しな

図表8-1　持続可能な競争優位

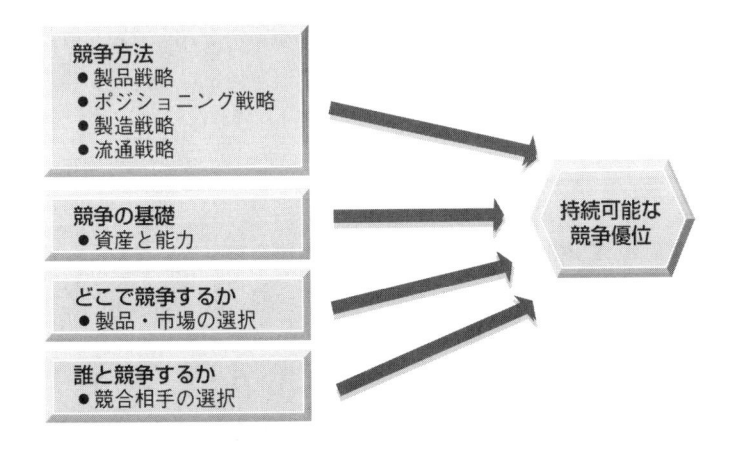

競争方法
- 製品戦略
- ポジショニング戦略
- 製造戦略
- 流通戦略

競争の基礎
- 資産と能力

どこで競争するか
- 製品・市場の選択

誰と競争するか
- 競合相手の選択

→ 持続可能な競争優位

い。誰が行うのかということは、何を行うのかということと同じぐらい重要なのである。

　さらに、自社のブランドを高品質なものの1つとしてポジショニングすること自体は容易に模倣できるが、実際に高品質の製品の供給を模倣することは容易ではない。それには特定の資産と能力を必要とするからである。スーパーマーケットを通じてシリアルや洗剤を販売することは誰でもできる。しかし、それを効率的に行うために必要な資産と能力を持つのは、ほんの一握りの企業なのである。

　第4章で議論したように、次のような質問は重要な資産と能力を識別するのに役立つ。成功した事業は、どのような資産と能力を持っていたのか。失敗した事業は、どのような資産と能力を欠いていたのだろうか。主要な市場セグメントの購買動機は何か。大きな付加価値を持つ構成要素は何か。可動性の障壁は何か。バリューチェーンのどの要素が、優位を生み出せるのだろうか。

どこで競争するか

　持続可能な競争優位の2番目に重要な決定要素は、ターゲットとなる製品市場の選択である。資産と能力に支えられ、よく練られた戦略であっても、それが市場で機能しないために失敗することもありうる。したがって戦略とその基礎となる資産と能力は、市場によって評価される何かを含んでいなければならない。ヒューブラインのワイン事業の持続可能な競争優位は流通であるという場合、流通がその産業での成功にとって重要でなければならない。プロクター・アンド・ギャンブルのプリングルスというポテトチップスは、安定した品質、長い賞味期限、衝撃に強い容器、さらに全国的な流通など多くの資産を持っていた。問題は、これらの特徴が市場にとっては高い価値を持っていなかったことにある。市場は、主に味に関心があったのだ。そのため、実際にプリングルスの味が改善され、それが消費者に認められるまでは、スナック菓子市場における浸透力は限られたものであったのだ。CDナウは、強力なブランドと卓越した配送システムを構築した。しかし、アマゾンその他の企業からの競争に直面して、顧客は、CDナウのサービスを評価しなかったのである。その結果、CDナウは

コストを下回る価格でCDを売り始め、衆目を集めたドット・コム企業倒産の1つとなってしまった。巨大なメディア企業であるバーテルスマンが、CDナウブランドを買収した。バーテルスマンは、同社の音楽やエンターテインメント分野における大きな資産を使用して、CDナウのビジネスモデルを変更しようと試みるであろう。キングスフォールド・チャコールはプレミアムセグメントへの3番目の参入者であったが、プレミアムセグメントの規模が3社で競争するには小さすぎたため失敗してしまった。

誰と競争するか

　持続可能な競争優位のための3番目の必要条件は、競合相手の認識である。資産や能力はときとして、適切な競合相手に対してのみ持続可能な競争優位を生み出す。したがって競合相手や戦略グループが資産と能力に関して脆弱か、十分か、あるいは強力かの評価はきわめて重要である。目標は、競合相手において重要な資産と能力が不在であればそれに乗じた戦略を推進することである。

　一般に、資産あるいは能力が持続可能な競争優位の基礎となるためには、それが競合相手に対するコスト優位を形成すること、あるいは差別化のポイントを形成することのいずれかに役立つ必要がある。飛行の安全性は航空旅客にとってきわめて重要であるから、格安航空会社といった戦略グループが安全性の面で弱いと考えられている場合、またはある航空会社が反テロリスト対策上優れているという場合には、持続可能な競争優位がたしかに存在するということになる。

持続可能な競争優位のその他の特性

　戦略が上述のように少なくとも3種の特性を有している場合には、有効な持続可能な競争優位が作り出されることになる。戦略は資産と能力によって支えられていなければならず、戦略を評価してくれるセグメントを含む競争領域において使用されるべきである。また戦略は、自社の持続可能な競争優位に容易に追いつくことができず、また自社の競争優位を容易に無意味にすることので

きない競合相手に対して使用されなければならない。これらに加えて、有効な持続可能な競争優位は、次の要素を備えていることが必要となる。

1. **本質的であること**　意味のある違いを生むためには、十分に本質的でなければならない。競争の諸要素についての中途半端な強みは、市場に影響を及ぼす優位性を提供しないことが多い。品質上わずかにまさるカーペットを生産する能力は、市場では十分に評価されないおそれがある。
2. **持続可能であること**　環境の変化や競合相手の行動を前提にして、なおかつ持続可能でなければならない。パソコン市場のようなハイテク市場は、時間とともに大きく変化することがあり、製品がコモディティ化してくると技術的な優位の重要性は無意味になってしまうおそれがある。ある局面での知名度は、巧妙な宣伝や流通チャネルの選択によって反撃されるであろう。自動車製造でのトヨタのコスト優位は、独自のコスト優位を達成した韓国の自動車会社によって危うくされるかもしれない。メリル・リンチの現金管理口座のような情報技術革新は、追随者によって模倣され、最初に考えられたほどの優位にはならなかった。意図的か偶然かにかかわらず、戦略の基礎となる資産や能力を無意味にしうる競合相手と直面する場合、持続可能な優位性は存在しないということができる。
3. **目に見えるものであること**　目に見えるかたちで顧客に影響を及ぼす事業属性が利用可能でなければならず、事業のポジショニングと持続可能な競争優位とはリンクさせることが重要である。製品の信頼性の保証に関する能力や資産は、顧客にとって明白ではないかもしれない。しかし、広告や製品デザインによって目に見えるようにできれば、それは信頼性に関するポジショニング戦略を支援することができる。メイタグが信頼性の高い企業として知られているのは、その広告での信頼性に関する主張を製品デザインや製品性能が実際に支えているからである。

現実的には、持続可能な競争優位は種々さまざまの形態を取ることができる。マネージャーたちが考える持続可能な競争優位についての研究は、この多様性を表している。

マネージャーは持続可能な競争優位として何を指摘するか

　サービス産業およびハイテク産業に属する248事業のマネージャーに、その事業の持続可能な競争優位を挙げるように依頼した。[1] 目的は、頻繁に使用される持続可能な競争優位を見つけ出し、マネージャーがそれらを明確に表現することを確認し、同じ戦略事業単位の違うマネージャーが同一の持続可能な競争優位を指摘するかどうかを見きわめ、かつ個々の戦略事業単位についていくつかの持続可能な競争優位が考えられているのかを知ることであった。回答はコード化され、カテゴリー分けされた。図表8－2で要約された結果は、持続可能な競争優位の構成に関していくつかの興味深い洞察を提供している。

　さまざまな競争アプローチを代表するマネージャーによって挙げられた、広範な多様性を持つ持続可能な競争優位が図中に示されている。ある少数のものが支配的であるという結果とはならなかった。挙げられるものは当然、産業によって異なっていた。ハイテク企業については、知名度は技術的優秀性や製品革新、既存設備ベースほどには重要ではない。本章に続く第9章、第10章ではいくつかの持続可能な競争優位についてより詳細に議論する。

　図表8－2中のほとんどの持続可能な競争優位は、資産あるいは能力となっている。顧客ベース、品質に関する評判、そして優秀な経営陣や技術陣は事業上の資産であり、顧客サービスや技術的優位性は通常、能力の集合体である。

　この調査の対象中、95の事業については同一の戦略事業単位からもうひとりのマネージャーがインタビューを受けた。その結果はマネージャーたちが高い精度をもって同一の持続可能な競争優位を挙げることを示している。95事業中76のマネージャーペアがまったく同じ回答をしており、それ以外でも複数の持続可能な競争優位のうち1つが違っていただけである。

　もう1つの発見はきわめて示唆に富むものである。1事業当たりの持続可能な競争優位の数が4.58だったことである。これは、戦略がただ1つだけの持続可能な競争優位に基礎をおくのでは、通常十分ではないことを示唆している。ときに、事業が単一の能力あるいは資産によって語られ、例えば品質本位の事業やサービス指向の事業が成功を導いたとされる。しかしこの調査は、少なくとも複数の優位性を生み出す資産や能力を持つ必要があることを示している。

図表8-2　248事業の持続可能な競争優位

	ハイテク	サービス	その他	計
・品質に関する評判	26	50	29	105
・顧客サービス、製品サポート	23	40	15	78
・名前（ブランド）の認知、有名度	8	42	21	71
・優秀な経営・技術スタッフの確保	17	43	5	65
・ローコスト生産	17	15	21	53
・財務的リソース	11	26	14	51
・顧客指向／フィードバック／市場調査	13	26	9	48
・製品ラインの広範さ	11	23	13	47
・技術的優越	30	7	9	46
・満足した顧客の設置ベース	19	22	4	45
・セグメンテーション、集中	7	22	16	45
・製品特性、差別化	12	15	10	37
・継続的な製品イノベーション	12	17	6	35
・市場シェア	12	14	9	35
・流通の規模／ロケーション	10	11	13	34
・低価格・高価値の商品	6	20	6	32
・事業に関する知識	2	25	4	31
・産業の先駆者／初期参入者	11	11	6	28
・効率的で柔軟な生産／顧客に合わせることができるオペレーション	4	17	4	25
・効果的な販売員	10	9	4	23
・包括的なマーケティング・スキル	7	9	7	23
・ビジョン／文化の共有	5	13	4	22
・戦略的目標	6	7	9	22
・強力で有名な親会社	7	7	6	20
・ロケーション	0	10	10	20
・効果的な宣伝／イメージ	5	6	6	17
・起業家精神	3	3	5	11
・バランスのとれた調整	3	2	5	10
・技術調査／技術利用	8	2	0	10
・迅速なプラニング	2	1	5	8
・流通業者とのよい関係	2	4	1	7
・その他	6	20	5	31
・計	315	539	281	1135
・事業数	68	113	67	248
・SCA平均	4.63	4.77	4.19	4.58

戦略的指針——持続可能な競争優位への道

　戦略的指針（あるいは一般的事業戦略、戦略的テーマ、戦略的方向性）は、事業の持続可能な競争優位獲得に向けたアプローチを、共通のテーマを持つグループへと分類する包括概念である。利用可能な戦略的指針は数多く存在する。最もよく知られている5つの戦略的指針は、本章およびこれに続く2つの章で議論される（図表8-3）。

　最も重要な戦略的指針のうちの2つは差別化とローコストである。マイケル・ポーターの主張によれば、戦略は差別化あるいはローコストのいずれかの優位性を提供すべきだとする。[2] 差別化とは、顧客に価値を提供する戦略について、独自性の要素があることを意味する。企業は性能、品質、信頼性、名声あるいは利便性などの強化により、その提供物を差別化する。第9章は、図表8-2中で詳しく見た、持続可能な競争優位の研究において挙げられた差別化戦略を扱う。その戦略は優れた品質の提供と強力なブランドエクイティの創造について特に強調するものである。ローコスト戦略はコスト優位性に基づいており、それによって得られる利益を製品に投資するか、それを低価格実現に利用するか、あるいは高い利益を得るために使用することができる。ローコスト戦略は第10章で議論される。

図表8-3　戦略的指針

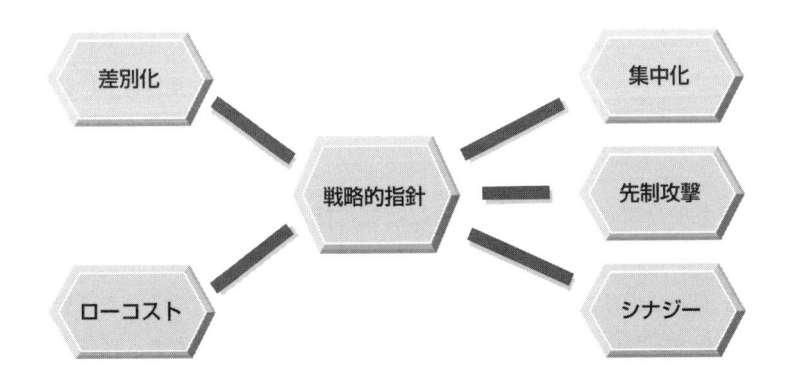

戦略は差別化とローコスト以外の指針を持つこともある。これらの指針のうち3つが図表8-3に示されている。集中化戦略は市場セグメントあるいは製品ラインの一部に集中するものである。先制戦略は競合相手の反撃を防止あるいは防御するために、先行者利益を利用する。シナジー戦略はある事業と同一企業内の他事業とのあいだのシナジーに依存する。シナジーの役割は次のセクションにおいて議論する。第10章では、ローコスト戦略に加えて集中化および先制戦略について議論する。

そのほかにも、さまざまな戦略的指針が考えられる。ある状況で重要となりうる指針のなかには、イノベーティブであること、グローバルに考えること、起業家的スタイルをとること、情報技術を利用すること、などがある。トレーシーとウィアセーマは、市場でリーダーシップを握るための3種の方法を提案している。[3] 第1は業務運営上の卓越性（operational excellence）であり、デルコンピュータがその例である。業務運営の卓越性は顧客の利便性ないし資金の効率的運用に結びつく。デルはパソコンに関して、受注生産（BTO：Build-to-order manufacturing）と通信販売を基礎に、いままでとは根本的に異なる効率的な配送システムを作り出した。第2は顧客緊密性（customer intimacy）であり、ホーム・デポやノードストロームのような企業によって実証されている。これらの企業は個人に対するパーソナル化されたサービスにおいて卓越している。第3は製品リーダーシップ（product leadership）であり、ジョンソン・エンド・ジョンソンやスリーエムといった企業に見られる。製品リーダーシップとは、最先端の製品やサービスを提供しつづける努力のことである。

シナジーの役割

戦略事業単位間のシナジーは、真に持続可能な競争優位を作り出すことができる。それは企業のユニークな特性に基づくからである。競合相手は、関連する資産や能力を得るためには組織自体を複製しなければならないことになる。

ゼネラル・エレクトリックにおける戦略ビジョンの中核的要素は、多様な事業を横断するシナジーを達成することである。[4] ジャック・ウエルチはこれを

「統合された多様性」と呼ぶ。このコンセプトによれば、ゼネラル・エレクトリックではある事業部は優位性を獲得するために、全社あるいは他の事業部の資源を頼りにすることができる。CTスキャナ（X線診断装置）事業における持続可能な競争優位は、ある部分は膨大な設置数と大きなサービスネットワークを誇るレントゲン撮影装置事業における業界リーダーシップによっており、またある部分はCTスキャナで使用される技術を保有する他の事業を持っているという事実に基づいている。

ルー・ガースナーの下におけるIBMの戦略の基礎は、より多くの製品ラインを通じて中核技術を前面に出すことにより、シナジーを作り出すことである[5]。その意図するところは、IBMの持つ規模、スケールおよび技術を活用することにある。このビジョンは、IBMを自律的な事業単位に分割することを計画した前任者のビジョンとは180度異なっている。

ソニーは、シカゴのミシガン・アベニューにある店舗のような店内あるいは複数の有名なクルーズ船内で多数の製品を陳列することによって、多種多様な製品グループ間のシナジーを作り出している。これらのクルーズ船はテレビ、映画館、そして音響設備などのソニー製のエンターテインメント製品を装備している。その結果、ソニーは高品質であり、ハイテクかつ最先端のエンターテインメントを提供しているのだという印象の再強化というインパクトにつながっている。

シナジーとは、全体は部分の総和以上のものである、という意味である。つまり、2つの戦略事業単位（2つの製品・市場戦略）が共同して操業することは、2つの戦略事業単位がそれぞれ独立して操業するよりも良いことを意味する。製品については、肯定的なシナジーは製品が別々に提供されるよりもセットで提供されるほうが大きなリターンをもたらすことを意味している。同様に市場については、ある事業において複数の市場をセットとして操業するほうが、それぞれが自主性のもとに操業するよりも良い、ということである。

シナジーの結果として、結合した複数の戦略事業単位は下記の1つ以上を持つこととなる。

1. 顧客価値の増加、したがって売上の増加

2. 営業費用の低減
3. 投資の低減

　一般にシナジーは、次のような2つの業務運用における共通のことがらを利用することにより達成される。

- 顧客と顧客の製品利用方法（複合的なソリューションを創造する可能性）
- 販売員あるいは流通チャネル
- ブランドおよびそのイメージ
- 生産設備、オフィス設備あるいは保管設備
- 研究開発
- スタッフや業務運用上のシステム
- マーケティングと市場調査

　シナジーを概念的に理解することは困難ではないが、実際上はつかみどころのないものである。その1つの理由は、シナジーが本当に出現するかどうかの予測が困難だからである。しばしば、2つのビジネスが関連するように見え、相当に大きな潜在的シナジーが存在するように見えるが、実際には実現されないことがある。あると思われたシナジーは、おそらく合併を仕立てる最中に作り上げられた幻想か希望的観測にほかならない。また、そうではない場合にも、潜在的シナジーは存在するが、実行時の問題がその実現を妨げることもある。2つの組織間の文化的組合せがうまくいかないのかもしれないし、インセンティブが不適当である場合もある。第16章における戦略の実行に関する記述は、潜在的なシナジーが本当に実現されるかどうかを予測する問題に直接関係している。

提　携

　提携の目的は即席のシナジーを得ること、である。テキサコとマクドナルドとを結びつけることにより、テキサコは集客と付加価値を得ることができ、マクドナルドは価値ある立地を得ることができる。セガは新技術へのアクセスを獲得し、

自身の中核的なグラフィック技術を利用するために提携を利用している。[6] そのため、通信ではAT&T、チップでは日立、音響ではヤマハ、ゲーム機ではビクター、そしてソフトウエアではマイクロソフトと提携している。

提携は、インターネット戦略において、多くの場合成功の鍵となる。ヤフー、AOL、そしてアマゾンは、インターネットトラフィックを集め、訪問者に差別化された価値を提供するという彼らの目標を達成するために、数百の主要な提携と数千に及ぶ小規模提携を行っている。第15章　グローバル戦略では、提携と合弁を形成し、それを機能するようにするという困難なプロセスを取り扱う。

コアアセットとコアコンピタンス

企業における競争上の基礎となりうる資産あるいは能力はコアアセットまたはコアコンピタンスと呼ばれ、シナジーを生み出すうえでの優位となりうる。プラハラードとハメルはこれを樹にたとえた。根がコアアセットまたはコアコンピタンス、幹と大枝が中核製品群、小枝が事業単位、葉や花が最終製品群であるとする。[7] もし最終製品のみを見て根の強さを調べないのであれば、競合相手の強みを見すごすことになってしまう。コアコンピタンスは、首尾一貫した指針への企業全体の技術とスキルの統合を表す。ブランド名や流通チャネルのようなコアアセットは、複数の事業単位にまたがる投資と経営を正当化することとなる。

ソニーのコアコンピタンスは小型化にあり、スリーエムは粘着テープ技術、ブラック・アンド・デッカーは小型モータ、ホンダは自動車用エンジンと動力伝達機構、NECは半導体（コンピュータとコミュニケーションの両事業に関する競争の基礎となっている）、キヤノンは精密機器、精密光学、微小電子技術に、それぞれのコアコンピタンスを有すると考えてみるとよい。これらの能力はそれぞれが多数の事業の基礎となり、新たな事業を生み出す可能性を持っている。これらの企業は多種多様に異なる方法や局面で能力（コンピタンス）に投資している。そしてコアコンピタンスに関連した主要な業務を社内で行うことにこだわるであろう。アウトソーシングはコアコンピタンスを弱体化することになってしまい、自社同様の最先端技術を駆使できる企業はほかにはない

ということを、善くも悪くも認識することになろう。

能力ベースの競争

　能力ベースの競争は、経営戦略の重要な構成要素が製品や市場ではなくビジネスプロセスであることを示唆している。[8] 競合他社を凌駕するプロセスを構築し維持することは、持続可能な優位に結びつくことが多い。したがって、戦略立案においては組織内で最も重要なプロセスを見つけ出し、どのようにそれが測定されるべきかを特定し、目標パフォーマンスレベルを設定し、パフォーマンスを優れた顧客価値や競争優位の達成に結びつけ、そしてそれを実行するために機能横断のチームを組織する、ということを行わなければならない。

　そのような重要なプロセスの一例は、新製品開発と市場投入プロセスである。このプロセスを市場のニーズに即応できるものにする一方、期間を従来の5年から3年に短縮した日本の自動車会社はきわだった優位性を達成することとなった。もう1つの例は、グランド・メトロポリタンの重要子会社であるIDVにおいて、持続可能な競争優位と考えられている国際的な事業経営である。さらにもう1つの例は、小売での発注および物流管理プロセスである。倉庫の刷新、専用トラックシステム、そしてコンピュータ化された発注システムなどを通じた発注および物流管理プロセスの劇的な改善により、ウォルマートは、コストと在庫の取扱い面で競合に対する大きな優位を達成した。

　鍵となるプロセスでの優れた能力の開発は、優位性獲得に向けた人とインフラの戦略的投資を含んでいる。真のプロセス改善は、部分部分へのコントロールと所有なくしては達成されない。したがって、多数の別の企業に部分的な作業を任せ、自らは指図的な作業のみ行うバーチャルコーポレーションは能力ベースの競争のよいモデルとはいえない。

戦略的ビジョン 対 戦略的日和見主義

　成功した戦略、そして持続可能な競争優位を生み出す、2種のまったく異な

るアプローチが存在する。そのどちらも機能するが、まったく異なるシステム、人、文化を必要とする。戦略的ビジョンは長期的な視点をとり、戦略立案とそれを支える分析はともに、焦点を将来におく。これに対して、戦略的日和見主義では、今現在に意味をなす戦略を強調する。その暗黙の確信は、将来に正しい戦略を持つ最良の方法は今日それを正しく持っていることである、とするものである。

戦略的ビジョン

戦略的ビジョンの運営に成功するためには、企業は次の4種の特質を持っていなければならない。

1. **明確な将来戦略** 戦略を生み出す中核的な考え方、競争する市場の特定、機能領域戦略、事業を支える競争優位性などを兼備すること。
2. **組織全体を通じたコミットメント** 戦略の正しさへの確信、ビジョンの達成可能性と保有価値の受け入れ、そしてビジョン実現への真のコミットメントがなければならない。
3. **戦略実行のための資産、能力、および資源**が存在するか、あるいはその獲得計画が進行中であること。
4. **忍　耐** 資源をビジョンから逸脱させるような競合の脅威や魅力的な機会に直面しても、戦略を固守する意思が存在すること。

戦略的ビジョンは、目的感を提供する。世界レベルの自動車を製造し、顧客の知性を尊重するというサターンのコミットメントは、感動を与えてくれる。対照的に、株主をより裕福にするためROIの2ポイント上昇、売上の10％増加などによっては意識を鼓舞することはむずかしいだろう。戦略的ビジョンはさらに、回収に何年もかかるような投資に対して根拠を提供する。全業務を通じてコストパフォーマンスを重視するポジションにこだわる石油会社アーコの能力は、有効なプログラムや資源を開発できた理由の1つである。

図表8－4に要約されるように、戦略的ビジョンの運営にはある種の組織お

図表8-4　組織的な相違点

組織的特徴	戦略的ビジョン	戦略的日和見主義
視 点	・未来を見通す	・現 在
戦略的不確実性	・将来に影響を与えるトレンド	・現在の機会と脅威
環境の検知	・将来シナリオ	・変化の感知
情報システム	・未来予測	・オンライン
指向性	・コミットメント	・柔軟性
	・資産構築	・適合性
	・垂直統合	・即時応答性
リーダーシップ	・カリスマ的	・戦術的
	・ビジョン指示	・行動優先
構 造	・中央集権的	・分権的
	・トップダウン	・流動的
人	・理詰めで能力ある	・起業家的
経済優位性	・規模の経済	・範囲の経済
シグナリング	・競争相手へ強力なシグナルを発信	・突然行動する

よび経営スタイルが必要である。戦略的ビジョンは将来指向と長期的視点に基礎をおく。すなわち、計画期間はその属する事業の性質によって、2年、5年、あるいは10年以上へと延長される。したがってこれを支援する情報システムや分析活動の目的は、将来の環境を理解することにある。将来のできごとやトレンドに対して洞察を持つ専門家が有用になるであろう。シナリオ分析、デルファイ法、技術予測およびトレンド分析などが戦略立案の分析フェーズの一部を構成すべきである。

　組織は、ただちに投資回収できるとは限らない資産であってもそれを構築する能力に長けている必要がある。トップダウンや、ビジョンを支持する報酬制度を伴った中央集権的構造が有益であり、組織内外の重要な関係者にビジョンを信奉させられる強力でカリスマ的なリーダーが有用である。

　シナジーがあり技術主導の会社でありたいというビジョンは、コーニングが消費者向け製品の企業から、光ファイバーや液晶ディスプレイなどの領域におけるリーダーへと発展していくのに役立った。[9]　コーニングの戦略は膨大な技術投資の実行、事業単位を横断した技術共有、マーケティングと技術陣の提携といった内容を含んでいる。目標は、組織全体に対するインパクトを最大化す

るために、技術開発を利用するということである。

戦略的ビジョンは、さまざまなかたちを取ることができる。ゼネラル・エレクトリックのジャック・ウエルチは、各事業領域において1位あるいは2位の会社になるというビジョンを持っていた。その結果として、彼は劇的にゼネラル・エレクトリックを変えてしまった。過去のある時点において、メルセデス、ティファニー、そしてノードストロームは、高品質の製品とサービスを提供することにおいて、おのおのの領域でベストでありたいというビジョンに突き動かされていた。シャープのビジョンは、特にオプトエレクトロニクスの領域において技術的な革新者でありつづけることによって成功する、というものである。

組織的頑強さ

戦略的ビジョンの道をとることのリスクは、図表8-5に示唆されるとおり、ビジョン自体が間違っているかもしれないし、ビジョンの追求が組織的な頑強さによって時間の無駄に終わってしまうかもしれない、ということである。ビジョンの実現を妨げる多くの落とし穴が存在するのだ。落とし穴としては次の3つが主要なものであろう。

図表8-5　ビジョン 対 日和見主義

	戦略的アプローチ	戦略的リスク
未来にフォーカス	戦略的ビジョン	戦略的頑強さ
現在にフォーカス	戦略的日和見主義	戦略的漂流

実行上の障壁

描かれた将来像は本質的に的確であるが、要求された戦略を企業が実行できないかもしれない。これは、1960年代にゼネラル・エレクトリックや他の企業がコンピュータ市場に参入する際の問題の一部であったし、ソニーが業界標準としてVTRのベータ方式を推進したときの問題の一部でもあった。

将来の仮定の誤り

将来に関して誤った仮定に基づいているために、ビジョンに欠陥をもたらす可能性がある。アメリカン・エキスプレス、シアーズ、メリル・リンチその他企業のビジョンの原動力となっていたワンストップ金融サービス企業の概念は、顧客がワンストップの金融サービスに価値を見出すだろうという誤った仮定に基づいていた。しかし実際には、消費者は専門企業と取引きすることのほうを好むということが判明した。同様にゼネラル・エレクトリックのファクトリーオートメーションの概念は、大きな損失を出した後に誤りが判明した。顧客はハードウエアやソフトウエアのコンポーネントを望んでいたのであり、工場はどうでもよかったのである。

パラダイムの変化

3番目の問題は、パラダイムの変化がある場合に生じる。技術の変化は事業の性質の変化を引き起こす。コンピュータはメインフレームからミニコンピュータ、パソコン、ポータブル、ワークステーションそしてサーバへと変化していった。半導体産業では、真空管事業がまずトランジスタに道を譲り、そして集積回路、マイクロプロセッサへと変化していった。どちらの場合も、個々の新しいパラダイムは製品構成の著しい変化をもたらした。あるパラダイムにおけるリーダーが次のパラダイムにおいてもリーダーであるということは非常にまれであった。実際、業界のリーダーが新しいパラダイムに直面して衰退するということはむしろふつうのことであった。

新しい事業モデルがパラダイムを変更してしまうこともある。スターバックスその他の企業はコーヒーの購買や消費の形態を変えてしまい、競合のスーパーマーケットで缶に詰めて売るという方法を、衰退した収益性のないセグメン

トにしてしまった。デルは個人と企業両方のコンピュータ購入の形態を変え、小売チャネルを通じて販売する企業を不利にした。ニューコアは、スクラップ鉄を原料として使用する分散式の小型製鉄所を建設して鉄鋼業界を変え、そのため大規模な鉄鋼会社では価格競争を余儀なくされ、売上も減少、利益さえもなくなってしまっている。いずれの場合も、新規参入者や、リーダー企業がそれまでニッチプレーヤーだと軽視していた企業によって新しいパラダイムが支配されていることは、偶然の産物ではない。確立された事業運営方法から業界の利益や企業価値が逸失していく動きは、経営コンサルタントであるエイドリアン・スライウォツキーにより、「価値移住（Value Migration）」と名づけられている。[10]

組織はなぜ頑強なのか

組織的な頑強さは成功した企業において特に著しいが、それにはいくつかの原因がある。まず、成功には皮肉なペナルティーがあるということである。成功は本来、新しいパラダイムのビジネスを作り出すための資源を供給するはずである。しかし、現実は、成功は古いビジョンや活動を強化し、コスト削減やサービス改善によってその成功をさらに洗練させる方向に向かいがちである。結果として、運用上の改善が根本的な変化を覆い隠してしまうことが多い。大前研一は、日本企業は「よく働くことにより勝つ」という強迫観念を持っており、それは変化を妨げるのみならず産業全体を収益性のないものにしてしまうと述べている。[11] 日本企業では、造船や自動車その他の産業における過剰設備は膨大なものであり、「勝つ」ために破滅的な価格競争に終始してきた。

第2に、これと密接に関連するが、新しいパラダイムはおそらく異なった組織、特に異なった文化を必要とするということである。組織がいままで成功し発展してきており、古いビジョンに適する文化を育んできた場合は特に、企業文化を変えることは容易ではない。指導的な2人の組織理論家、マイケル・タシュマンとチャールズ・オーライリによれば、英国航空、IBM、そしてシアーズの事業変革がトラウマ的な財務赤字の後まで成し遂げられなかった2つの原因は、既存の文化の強力さと変革の困難さにあったとしている。[12]

第3に、なぜ金の卵を産む金の鶏を、わざわざ殺さなければならないか、と

いう問題である。新しいパラダイムの成功はときとして古いビジョンの事業を直接に共食いする関係にある。また、業界リーダーが支援しなければ新しいパラダイムは訪れないかもしれない。ゼロックスは1960年代に複写機事業を事実上独占しており、さらにリース戦略を取っていたために、新製品開発・投入のためにキャッシュフローを費やすことが困難であった。したがってゼロックスでは小型オフィス用複写機を発明するインセンティブはまったくなかったのである。このことは、複写機産業における革新を遅らせる結果となった。しかしそれは、後にキヤノンその他の企業によって行われた、複写機の世界を永久に変えてしまうような変革を許す余地をも残すことになってしまったのである。

ビジョンの力は、それに伴うコミットメントに基づく。このコミットメントは過去ではなく将来へ焦点を当てることであるから、誤ったビジョンの追求に帰着してしまう可能性がある。重要なのは、逆境に直面してもコミットメントと忍耐を維持することであると同時に、挽回への無駄な努力のため誤ったビジョンに資源を奪われないようにすることである。

戦略的日和見主義

戦略的日和見主義は、現在に焦点を当てることにこだわる。その前提は、環境が非常に動的でしかも不確実なので、将来の目標にねらいを定めるということが非現実的だということである。ある事業が現在戦略的優位性を持っていないとしたら、将来において戦略的優位性を持つ可能性も低い、ということでもある。

戦略的日和見主義には、いくつかの長所がある。その1つは、今、出現しつつある事業上の機会を逃す危険が縮小されるということである。シリアルにおけるゼネラル・ミルズ、ペットフードにおけるラルストン・ピュリナ、そして専門家向けコンピュータ出版におけるジフ・コミュニケーションズのような企業はすべて、今まさに出現しつつあるニッチセグメントを求めており、特徴ある市場に適合したブランドを開発している。デリ・キャット、キトン・カブードゥル、そしてマチュアといったラルストンのブランド、トライアングルズ、オートミール・クリスプ、スプリンクル・スパングルス、そしてシナモン・ト

ースト・クランチといったゼネラル・ミルズのブランドなどは、すべて現在の嗜好ないしトレンドにアピールするようにデザインされている。ジフは、たゆみなくニッチなコンピュータマガジンを出しつづけている。組織的頑強さに伴う危険も縮小される。

戦略的日和見主義は、分権化された研究開発やマーケティング部門を持ち、つねに新製品を生み出しているような事業において、特に健全な活力とエネルギーを生み出すことが多い。スリーエムでは新しい事業が絶え間なく生み出され、その可能性について評価されている。ヒューレット・パッカードもまた、分権化された起業家的経営を信奉する企業である。これらの分権的な企業は多くの場合、市場や製品に近く、機会を追求する意欲に満ちている。

戦略的日和見主義は、多くの製品ラインによってサポートされた資産と能力を伴う範囲の経済性に帰着する。ナイキは好例であり、そのブランド資産と能力を製品デザインと広範で多様な製品市場での顧客探索に使用している。ナイキの戦略の重要な部分は、その製品デザインとブランドの強力さによって、選択したセグメントとの強力な感情的結びつきと関係を構築することにある。ナイキは出現しつつあるセグメント、例えばアウトドアバスケットボールや製品改良、製品革新に関して非常に敏感である。そして成功した戦略的日和見主義企業の特徴である戦略的な柔軟性を持っている。

図表8－4が示すように、戦略的日和見主義によって運営される典型的な事業は、戦略的ビジョンによって運営される事業とはまったく異なる。まず、戦略的不確実性が著しく異なる。どのようなトレンドが現在最もアクティブであり、重要なのであろうか。市場における現在の推進力は、何だろうか。どのような技術が利用可能か。現在の戦略の機会と脅威は何か。競合相手は市場において、また研究所において何を行っているのか。どのような戦略の変化が生じているか、あるいはまもなく生じるだろうか。

戦略をサポートする情報システムや分析はさらに異なる。戦略的日和見主義を支えるため、企業はトレンド、機会、および脅威をその出現と同時に感知することを目的として、つねに顧客、競合相手、それに業界をモニターしていなければならない。情報収集と分析は俊敏で、しかもオンラインであるべきである。最近の進展やニュースを分析するための頻繁で定期的なミーティングが有

益であろう。組織はファンダメンタルズの変化を迅速に理解し、行動を起こす必要がある。

　戦略的日和見主義を強調する組織の特徴は、戦略的な機会が出現すると同時にそれに対応しようとする戦略的な柔軟性と意欲である。組織は順応性が高く、新しい事業を収容するためにシステム、組織構造、人、企業文化を調整する能力を持っている。戦略は動的であり、変化は規範となっている。新製品がつねに検討され、あるいは市場投入されており、その一方で他の製品は主力ではなくなり、あるいは市場から引き揚げられている。新市場への参入がなされ、他の市場では投資が検討され、新しいシナジーと資産が創造されている。人々は起業家精神に富み、新しい機会や脅威に敏感であり、反応は俊敏である。

戦略的漂流

　戦略的日和見主義モデルに関する問題は、図表8-5に示されるとおり、それが戦略的漂流になってしまうおそれがあるということである。投資判断は、ビジョンではなく機会に対応して漸次的になされる。その結果、気がついてみれば企業は必要な資産と能力を欠いたいくつかの事業を営んでおり、そのあいだにほとんどシナジーが見つけられないということになりかねない。

　少なくとも3つの現象によって、戦略的日和見主義が戦略的漂流に変わる可能性がある。まず環境変化について、それが短命で一時的なものであるにもかかわらず、戦略的な行動を取るに十分な持続性を持った環境変化と見まちがえてしまうことである。環境変化が非常に短命であるため、ある戦略が利益をもたらさないか、あるいは実行する余地すらない場合は、結果的にその戦略は事業や環境にふさわしくないものとなってしまう。

　次に、実際にはまったく戦略的ではないのに、即座の利益を得る機会が戦略的なものとして正当化されてしまう場合である。ある計測器会社が複数の顧客から特殊用途の計器を受注した場合に、他の顧客も使用すると考えがちだが、それにはほとんど戦略的価値はない。このような機会は大きな初期的受注に結びつくが、より戦略的な活動から研究開発部門を逸脱させてしまうことになるのだ。

3番目に、おそらく文化的な衝突のためかあるいはシナジー自体が幻想にすぎなかったために、期待されたシナジーが実行上の問題を生じて実現されない場合である。コアアセットやコアコンピタンスの利用がうまくいかない場合もある。結果として、新事業領域は持続可能な優位性を持たない状況になってしまう。

戦略的漂流は必要な資産や能力を持たない事業を作り出してしまうだけではなく、優れたビジョンを持つコアビジネスの支援さえも不可能にしてしまうおそれがある。ビジョンやコミットメントを持たなければ、見かけ上確かそうな即座の戦略的機会へと投資を転用する誘惑にかられる。戦略的日和見主義は、このようにして投資の遅延やコアとなるビジョンからの資源転用の言い訳にされてしまうおそれがあるのだ。

戦略的漂流の一例は、鉄鋼会社のために特注品の設計、設置およびサービスを行っていたある企業である。鉄鋼会社はしだいに知識を蓄積し、主に価格的な理由で標準品を買うようになった。この企業は徐々に、市場シェアを維持するためにこのコモディティ事業にも手を出すようになっていった。そして、自社が二股戦略を追求していること、それは自社に適合していないことに気がついた。本当のコモディティ企業と互角に戦うには間接費がかかりすぎていたし、自社の高級サービスを提供する能力は色あせ、いくつかのニッチプレーヤーに対して見劣りがするようになってしまっていた。ビジョンを持っていたのであれば、このような罠に陥らずに済んだのであろう。

成功した最初の大型ディスカウントショップのコーベットは、有名メーカー品を卸価格より5ドル上乗せして売る耐久消費財店をニューヨークで開店した。[13)]その低価格イメージによりコーベットは他の地域にも進出し、小売業者の主力となった。ある業界のスポークスマンはコーベットの創業者について、今世紀で最も影響力ある小売業者のひとりであると述べていた。しかし、時間が経つにつれてコーベットは衣服、家具、食品にも進出し、しかも地理的に積極的に拡大した。その結果、従来のような現場で直接マネージする経営スタイルでは調整と意思疎通に問題を生じ、効率の悪いものとなってしまった。さらに悪いことに、コーベットの低価格イメージが減殺されてしまった。そして結局、コーベットは必要な資産を持たない事業へと漂流していき、その衰退と倒産は、コーベ

ットが出現したときと同様に人々の注目を集めるところとなったのである。

日和見主義に加えてビジョンも

　多くの企業は、戦略的ビジョンと戦略的日和見主義を同時に取ることによって、両方の世界を持つことを試みている。戦略的日和見主義はコアビジネス以外の多角化事業について適用し、企業のビジョンの達成はしっかりとマネージすることによって戦略的ビジョンを補完することができる。ウエイト・ウォッチャーのビジョンが他の製品カテゴリーにまでその名前を拡大し、ブランドイメージを利用することだとすれば、戦略的日和見主義はその拡張の選択プロセスや、どれを先に行うかを立案するのに用いることができる。

　この2者の組合せは、機能する可能性はある。しかし、明らかなリスクと問題もある。1つの問題は、戦略的ビジョンは忍耐と投資を必要とし、戦略的日和見主義に通常伴う短期的な利益に代表されるような誘惑に対して脆弱であるということである。どのような場合であっても、戦略的ビジョンで必要とされる固執と自制を保つのは難しいことである。

　組織の問題は、より扱いにくい。一方のアプローチに適したシステム、人、組織構造そして文化は、通常もう一方のアプローチには適さない。したがってある組織において両方のアプローチを同時に取ることは難しい。

動的なビジョン

　パラダイムシフトの出現を予期して変化しうる動的なビジョンを持つことは、魅力的な戦略である。これは困難な目標であり、実行できるマネージャーや企業はほとんどない。しかしその見返りは大きいし、ニューコアや、チャールズ・シュワブ、マイクロソフトのようないくつかの会社はこれに成功している。

　1970年代、総合製鉄メーカーや日本の製鉄会社からの価格圧力に直面していたニューコアは、未組織の労働力を使用し、スクラップ鋼を原料として地方の小型製鉄所で根太（建築に用いられる高付加価値製品）を生産するという戦略

を立案した。約10年のあいだ、ニューコアはこのモデルにより戦略的にも財務的にも成功を収めた。しかし、1980年代半ばまでには他社もこの戦略をコピーしはじめ、スクラップ鋼はもはや豊富ではなくなり、またアルミニウムが従来の鉄鋼市場をかなり侵食してきた。これらの変化に対応して、ニューコアはスクラップ鋼の代替品を使用し、ブラジル産鉄鉱石を導入してトリニダードの工場で処理することで圧延品の高級市場に集中し、新しいパラダイムを再創造した。[14]

チャールズ・シュワブは、個人投資家向けディスカウントブローカーから、シュワブ・ワンソースのブランドで取引手数料無料の革新的な投資信託サプライヤーへと転換した。現在では、シュワブの投資商品に魅力を感じた投資家に助言を与えるために、シュワブ・インスティテューショナルと呼ばれる無料の金融アドバイザー陣営を擁している。マイクロソフトの焦点は、オペレーティングシステムからインターネットのアプリケーションへと進んだ。シュワブとマイクロソフトの両社は古いビジョンを放棄したのではなく、新しい方向でそれを強化したのである。

ビジョンはどのようにして変更するのだろうか。それには確実に変わるという意思、パラダイムシフトを予想し未来指向の戦略的思考を通じて新しいビジョンを作り出す能力、そして組織と特に文化を変える能力を必要とする。戦略立案上の分析過程についてはすでに述べた。組織的な要因は、第16章で議論する。次の2セクションでは、ビジョンの変更の適切な道程となる2つの観点について議論する。すなわち戦略的意思、および戦略的柔軟性である。

戦略的意思

ハメルとプラハラードはいくつかの企業の組織を例に挙げて、勝つことへの持続的な固執を戦略的ビジョンに結びつけた戦略的意思を持っていると述べている。[15] 彼らは、キヤノン、コマツ、サムスン、そしてホンダのような企業が世界的なリーダーへと成功裏に上りつめたことをこのモデルがよく説明しているとする。キヤノンは「ゼロックスを倒す」こと、コマツは「キャタピラーをやっつける」ことを、またホンダは「第2のフォード」になることを追求した。

戦略の成功を達成するという戦略的意思は、戦略的ビジョンと成功への執着に加えて、いくつかの特性を持っている。まず、勝利の本質を認識していなければならない。コカ・コーラの戦略的意思はコカ・コーラを世界中のすべての消費者の「手が届く範囲」に置く、という目標を含んでいた。視認性を伴った流通こそが成功への鍵だからである。NECはコンピュータと通信の融合を達成できるような技術を獲得する必要があると決定し、それがNECの指針となった。

第2に、戦略的意思は新しい持続可能な競争優位を認識し、あるいは既存の競争優位を改善するための継続的な努力により組織をストレッチすることをも含む。その意味で、戦略的意思は動的で未来指向の視点を持っているのだ。松下、東芝、その他の日本のテレビメーカーを考えてみるとよい。彼らは、当初は安い労務費という優位性に依存した。そしてプライベートブランドのニーズに応えることによって、規模の経済を獲得した。次のステップは品質、信頼性、商品特性、ブランドおよび流通における優位性を構築することであった。対照的に、もし日本メーカーの強み弱みの分析を行えば、ローコストというニッチに集中すべきであるという結論に結びつくことになってしまったであろう。

第3に、戦略的意思は真のイノベーション、すなわちものごとをまったく違うやり方で行う意欲をしばしば必要とする。サビンはリースではなくディーラーによって売ることができ、簡易で低価格、信頼性の高い製品を擁して米国の複写機市場に参入した。その結果、販売とサービスでのゼロックスの巨大な優位性とリース設備に融資する能力は無意味なものになってしまった。ホンダは大型オートバイ市場を攻略するために、エンジン設計において真の意味での進歩を遂げた。

勝つことへの執着は競合相手なしでも作り出すことができる。ピーター・ジョンソンは建造物の構造材メーカーで特許による独占を保っていたトラスト・ジョイストを経営するにあたって、いかにして仮想敵を作り出したかについて述べている。[16] 仮想敵が事業に参入するために低価格品と革新的な製品とを作り出したと仮定した。その結果として、ピーター・ジョンソンは刺激を受け、隣接市場においてのイノベーションを行った。

戦略的意思は、成功に不可欠な優位性のために長期的な推進力を提供する。

それは、単純に同じことを少し改善して行ったり、前の年より少しがんばって働いたりということから企業を抜け出させて、型を破るモデルを提供する。それは、他の方法では成し遂げられないレベルに達することを支援して組織を評価し、伸張させることができるのである。

戦略的柔軟性

　戦略的意思は、通常、持続可能な競争優位の達成に対するコミットメントを表している。しかし、動的な産業においては、持続可能な競争優位は移動する標的であり、能動的に達成することは難しい。顧客ニーズ、技術、競合相手の姿勢などについての予測にあたって、あまりにも多くの不確実性が存在するからである。このような局面における解決策は、機会が訪れたときにすぐに動けるように戦略的柔軟性を達成しておくことである。

　戦略的柔軟性（外部あるいは内部の変化に応じて戦略を調整ないし立案する能力）は、複数の製品・市場あるいは技術に参加すること、余剰資産を持つこと、変化をサポートする組織的システムと文化を構築することなど、さまざまな方法で達成することができる。

　複数の製品・市場あるいは技術に参加するということは、企業が異なった複数の領域で操業しているということを意味する。例えば、新たな製品・市場に需要がシフトしているように見える場合、あるいは新たな技術が出現している場合に、企業は、大きなリスクと時間を伴いゼロからスタートするのではなく、既存の製品・市場を単純に拡張することができる。組織は、市場の変化の可能性に対処するため、収益性の悪い事業領域にも参入しておくということも可能である。例えば、GMのサターンへの投資は、たいした利益をもたらさなかった。しかし、もしOPECや戦争によってガソリンの供給が削減された場合には、サターンを所有していることにより、GMは非常に良好な競争ポジションを有することとなろう。

　利用度の多くない資産に投資することもまた、戦略的柔軟性を提供する。わかりやすい例は、機会や問題領域に対する投資を迅速に実行することができるようにするため、トヨタが200億ドルもの現金を蓄積しているように流動性を維

持することである。流通、組織人員、あるいは研究開発において過剰な能力を維持することもまた、企業が迅速に対応する能力を強化することにつながる。

変化をサポートする組織文化は、戦略的柔軟性を作り出す。変化を強化する文化は、第6章で述べた外部情報システムなどを利用して機会と脅威を感知することに習熟することから始まる。このような組織文化は、マネージャーが行動指向の戦略によって機会を利用していくことを促す組織構造と報酬制度にサポートされた起業家的スタイルをも含んでいる。そこには、走り出してから目標を設定するようなメンタリティーを許容する度量が存在していなければならない。

警告

戦略的ビジョンは、それから逸脱するという誘惑に直面してもかたくなに固執する態度を必要とする。さらに規律と極度の集中をも必要とする。過度に動的なビジョンは、もはやビジョンではない。たとえていえば、波をつかもうとすると転覆してしまうというような非常に大きなリスクが存在するのである。

まとめ

- 持続可能な競争優位を構築するためには、戦略は、市場によって評価されるものでなければならず、競合相手に容易に複製ないし無力化されることのない資産と能力によって支えられていなければならない。
- シナジーは、企業組織のユニークな特徴に基礎をおくため、多くの場合持続可能である。戦略的日和見主義は現在に焦点を当て、現在の機会と戦略的選択を強調するのに対して、戦略的ビジョンは長期的な視点を持ち、戦略の変更を回避する。戦略的日和見主義は戦略的漂流となってしまうおそれがある反面、戦略的ビジョンのアプローチは、戦略的頑強さに結びつくおそれがある。
- 戦略的柔軟性は、組織が戦略的機会を利用し、戦略的問題をマネージする

方法を提供する。

注

1 ： David A. Aaker, "Managing Assets and Skills: The key to a Sustainable Competitive Advantage," *California Management Review*, Winter 1989, pp.91-106.

2 ： Michael E. Poter, *Competitive Advantage*, New York: The Free Press, 1985, chapter 1.

3 ： Michael Treacy and Fred Wiersema, "Customer Intimacy and Other Value Disciplines," *Harvard Business Review*, January-February 1993, pp.83-93.

4 ： Noel M. Tichy, "Revolutionize Your Company," *Fortutne*, December 13, 1993, pp.114-118.

5 ： Ira Sager, "Lou Gerstner Unveils His Battle Plan," *Business Week*, April 4, 1994, pp.58-60.

6 ： Neil Gross and Robert D. Hof, "Sega!" *Business Week*, February 21, 1994, pp.66-71.

7 ： C. K. Prahalad and Gary Hamel, "The Core Competence of the Corporation," *Harvard Business Review*, May-June 1990, pp.79-91.

8 ： George Stalk, Philip Evans, and Lawrence E. Shulman, "Competing on Capabilities: The New Rules of Corporate Strategy," *Harvard Business Review*, March-April 1992, pp.57-69.

9 ： Keith H. Hammonds, "Corning's Class Act," *Business Week*, May 13, 1991, pp.68-76.

10 ： Adrian J. Slywotzky, *Value Migration*, Boston: Harvard Business School Press, 1996.

11 ： Kenichi Ohmae, "Companyism and Do More Better," *Harvard Business Review*, January-February 1989, pp.125-132.

12 ： Michael L. Tushman and Charles A. O'Reilly Ⅲ, *Winning through Innovation: A Practical Guide to Leading Organizational Change and Renewal*, Boston: Harvard Business School Press, 1997.

13 ： Robert F. Hartley, *Marketing Mistakes*, 5th ed., New York: Wiley, 1992, chapter 13.

14 ： Slywotzky, *Value Migration*.

15 ： Gary Hamel and C. K. Prahalad, "Strategic Intent," *Harvard Business Review*, May-June 1989, pp.63-76.

16 ： Peter T. Johnson, "Why I Race against Phantom Competitors," *Harvard Business Review*, September-October 1988, pp.106-112.

第9章 差別化戦略

Differentiation Strategies

　差別化戦略は、1社あるいは複数の競合相手と比較して製品提供を異にすることにより顧客から評価を受ける戦略をいう。付加された価値は顧客による選択に、そして最終的には顧客満足に結びつく必要がある。完全なローコストの優位性に基づかないほとんどの成功した戦略は、なんらかの意味で差別化されたものということができる。

　価値の付加によって差別化する方法には、さまざまなものがある。なんらかのことを競合相手が行うのと比べてよりよく行うことも可能であり、いままでにない製品特性やサービスを追加することも可能である。価値は、事業のさまざまな局面で付加することができる。次のような例を考えてみるとよい。

成分あるいはコンポーネント

- ペパーリッジ・ファーム［訳註：キャンベルの食品ブランド］は、競合相手よりも高価な成分を使用している。
- メルセデスは、車体と内装に他社よりもよい材料を使用している。

製品提供

- IBMのシンクパッドは、競合他社のラップトップより軽い。
- プリングルスは、ポテトチップスを保護する機能を持ったパッケージを提供している。

製品の組合せ

- ダウ・ブランドは、スピフィッツという添加剤を濡れタオルに加えることで、タオルの拭取り能力を向上させている。

サービスの追加
- 産業用雑巾事業のミルヒケン・ショップ・タオルは、顧客である洗濯業者にさまざまなサービスを提供している。コンピュータ・ベースの発注入力システム、輸送最適化システム、市場調査の補助、データシステム、販売支援などで、さらには洗濯とセールス技能に関する電話セミナーまで行っている。[1]
- ある航空会社は、マイレージカード所持者のために空港施設を利用できるクラブを設けている。

製品ラインの広範さ
- アマゾンは、ワンストップショッピングの体験を提供している。
- ある音響機器メーカーは、顧客に総合的なシステムデザインの徹底した品揃えを提供している。

サービスバックアップ
- サターンは、高いレベルのディーラーサービスを提供している。それはサターンがきめ細かなディーラーネットワークを持っているためであり、またサターンの車がサービスの面から設計されているためでもある。

チャネル
- レッド・エンベロープは、インターネット上で高い品質のセンスとオリジナリティーを持った贈答品を提供している。

デザイン
- あるホテルは、客室内に至るまで独特の外観を有している。
- 半透明のiMacは、コンピュータの外観一新の火付け役となった。スティーブ・ジョブズは「デザインは人間の創造するものの魂だ」と語ったと伝えられている。
- フォルクスワーゲン・ビートルは、新たな、しかし伝統の個性を備えた外観で戻ってきた。

成功する差別化戦略

差別化にはさまざまな方法がある。その過程のいかんにかかわらず、成功した差別化戦略は3つの特性を持っている。

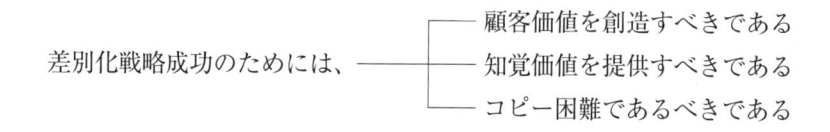

差別化戦略成功のためには、
- 顧客価値を創造すべきである
- 知覚価値を提供すべきである
- コピー困難であるべきである

顧客価値の創造

まず、差別化戦略は顧客のために価値を付加する必要がある。実際の価値と見かけ上の価値とは明確に区別する必要があり、見かけ上の価値を顧客が評価しないことは非常に多い。ワンストップの金融サービスというビジョンは、顧客の評価を得られなかった。顧客が望んでいたのは投資マネージャーの優秀さや能力であり、利便性はそれほど重視されなかったのである。バイエルの名をアスピリン以外の製品につけることは、実際には思ったほど市場に評価されなかった。バイエルの名の価値は、新しい製品群には移行できなかったのだ。

差別化戦略成功のための鍵の1つは、差別化のポイントを自社の観点ではなく顧客の観点から開発することである。差別化は、顧客が製品を買うことや使うことにどのように影響を及ぼすのであろうか。差別化は顧客にとってのコストダウン、製品性能の向上、あるいは顧客満足の向上に寄与するであろうか。第3章で紹介された、未充足ニーズや顧客の問題の概念がここでは重要である。

製品を差別化するもう1つの方法は、顧客を理解するために市場調査を行い、アイディアや仮説を体系的にテストすることである。市場調査の1つの役割は、付加された価値がそれに伴う価格プレミアムを正当化するかどうかを確認することである。差別化戦略はしばしば高価格を伴う。それは、通常差別化が価格を重要ではないものとするからであり、またなんらかの費用を伴うからでもある。問題は、市場において価格プレミアムが受け入れられるかどうかである。

知覚価値の提供

次に、付加された価値は顧客によって知覚されなければならない。知覚されない場合、問題は付加された価値が効果的に伝わっていないか、あるいはそもそも伝わってさえいないかどちらかということになる。顧客はバーガーキングの便利な注文システムや、スバルの優れたブレーキシステムに気づかないかもしれない。情報に接しなかったのかもしれないし、情報が記憶しやすく信頼できるかたちでパッケージ化されていなかったのかもしれない。

付加価値にブランドをつけることは、それをより記憶しやすく、わかりやすく信頼できるものにする1つの方法である。ミスター・グッドレンチのブランドは、ゼネラル・モーターズがそのサービスプログラムについて消費者に伝えるために有効であった。ワンクリックは、アマゾンが同社の鍵となる差別化点を知らせることに役立ち、効率的で楽しい体験を提供するという戦略的ポジションをサポートするブランド名である。

知覚価値の問題は、特に顧客が付加価値を評価できない場合に顕在化する。航空会社の安全性や歯科医のスキルについて考えてみるとよい。顧客はかなりの時間と労力を費やさなければ、このようなことがらを評価できない。そのような努力を払う代わりに、顧客は航空機の外観や歯科医院の受付の専門性などのようなシグナルで探ることになる。かくして企業は、付加価値のシグナルないし端緒を管理する努力を払うことになる。ユーザーのイメージやなんらかの保証は有効であることが多い。オーラルBは歯医者さんの推薦する練り歯磨きであるとか、エアー・ジョーダンはマイケル・ジョーダンの保証つきだといった具合である。

コピーが困難であること

最後に、差別化のポイントは持続可能である必要がある。24時間サポートといった付加価値は、それが成功するとわかれば比較的簡単にコピー可能である。難しいのは、コピーが困難な差別化戦略を作成することである。2種の戦略的指針、すなわち前章で述べたシナジーと、次章で述べる先行者利益とを見

つけ出すべきことの1つの理由は、それが差別化と結びつけられた場合、持続可能性を獲得することがより容易になるからである。

差別化のポイントが資産と能力の複雑な組合せとともに全組織的な活動を含んでいる場合には、コピーは困難かつ高価なものとなる。これはその特性が動的に、つねに進化している場合には特にあてはまる。マイクロソフトのような、大きな研究開発投資を伴った創造的企業は簡単には複製できない。次に議論するように、高品質の提供や強力なブランドの構築も、全社的な活動を必要とする。

競合相手による複製は能力だけでなく意欲も必要とする。関連する投資やリスクを増加させることは、競合相手の意欲を衰えさせる。複数の差別化のポイントが関連する場合、複製はコストのかかるものとなる。サターンは交渉の必要のない単一価格、信頼性の高い車、安全装備、意欲的な組織、テネシー州スプリングヒル工場（つまり米国製）などを結合させている。この差別化戦略のたった1つの特徴を複製するだけでは、不足なのだ。

競合相手に戦略を複製する意欲を衰えさせる付加価値活動への過剰な投資も、長い目で見れば見合う可能性がある。優秀なサービスバックアップシステムの開発は、競合相手の意欲を衰えさせるかもしれない。広範な製品ラインにも同じことがいえる。その製品ラインのうちいくつかには収益性がないかもしれないが、それらが競合相手の価値提供の余地を封じる場合には、話は違ってくる。

差別化への2種のアプローチ

持続可能な差別化戦略のためには、多数のアプローチあるいは戦略的方向性がありうる。戦略情報システムの使用、グローバルな思考、革新的であること、顧客本位であること、独特な流通システムを使用すること、などである。ほとんどの成功した戦略は、組織的要素のすべて、すなわち組織構造、システム、人という要素を含む。そのなかでも代表的な差別化方法である高品質の提供と強力なブランドの構築を本章で詳細に議論する。差別化に成功した多くの企業がこれらのアプローチの1つまたは両方を使用しているという点で、これらは

それ自体としてつねに正しいものであり、これらを議論することは差別化戦略のいくつかの問題をさらに表出させるきっかけとなる。

高品質の提供

　差別化の原型は、品質戦略すなわち企業が競合相手のものより優秀な製品あるいはサービスを提供し、それを顧客に知覚させるものである。「品質に関する評判」は、図表8-2で最も頻繁に言及された持続可能な競争優位であった。

　品質戦略は、それがホテルでも自動車でも、またはコンピュータであっても、値ごろ感や経済的なだけの存在ではなく、プレミアムブランドとなることを意味する。マリオットのホテル、メルセデス・ベンツの車、IBMのコンピュータは高い顧客利益を提供し、価格プレミアムを要求し、それぞれの製品ラインのトップに位置している。

　ブランドはさらに、値ごろ感や経済性を訴求するブランドのグループ内での高品質ブランドとなることも可能である。Kマートはノードストロームと同じレベルの個人サービス、同じ品質の商品、同じ店舗環境を提供するわけではないが、その戦略グループのなかでという意味では依然として高品質ブランドであるといえる。高品質ブランドは通常のブランドとは異なる一連の基準によって判断される。駐車の容易さ、支払待ち時間、レジの店員の丁寧さ、希望の商品を在庫しているかどうか、といったものである。デルは通信販売のコンピュータ会社として高品質ブランドだと考えられている。ジレットのグッド・ニュースは、使い捨てカミソリにおいては高品質ブランドなのだ。

　知覚品質は、動的で変化しうるものであり、その変化が戦略の成功に影響を及ぼす。ブー・ドット・コムは、強力なブランドを構築するために、数多くのパブリシティイベントや注意深く選んだデザイナーブランドとの提携関係を使用した、資金の豊富な高級デザイナー系スポーツ服のEビジネス企業であった。しかし、同社のサイトは、使用体験に関する期待に応えることができなかった。そのサイトは、ナビゲーションが難しく、派手な3Dグラフィックによって顧客のリクエストに対する反応が遅くなってしまっていた。このような品

質に対する失望が、衆目を集めた倒産へとつながったのである。一方、コンチネンタル航空は、ユーザーの期待を大きく上回るサービス品質を提供することによって、同社のオペレーションに対するマイナスイメージを払拭した。マイナスの知覚品質を返上することは困難ではあるが、長期間にわたって恒常的に期待を上回る品質が提供される場合には、可能なのである。

総合的品質管理（TQM）

高品質ブランドであるためには、企業は顧客に品質を提供することについて自らを差別化していかなければならない。総合的な、組織全体によって支援された品質本位のマネジメントシステムが必要である。このようなシステムは日本において高度に発展しており、米国では総合的品質管理（TQM）として知られている。[2] これは以下のような多数のツールや格言によって構成されている。

- 長期間のコミットメントとTQMの価値の強調によって示される、上級経営者の品質へのコミットメント。
- 品質改良プロジェクトに集中し、変革する権限を与えられた機能横断的チーム。このチームはしばしば品質管理（QC）サークルと呼ばれる。しかしこの用語は初期の品質改善努力に関係しており、あまりにも限定的である。そこにはチーム指向の評価や報酬制度が存在すべきである。
- （結果ではなく）プロセス指向であること。焦点は品質の改善に結びつくプロセスの開発と改善にある。チームは問題解決ツールやプログラム開発の方法論を使用すべきである。
- 一連のシステム。すなわち、提案システム、測定システムおよび認識システムなど。
- 顧客の不服や不満の領域の問題とその原因に焦点を当てること。TQMで用いられる1つのアプローチは、繰り返し「なぜ」と尋ねることにより問題を深く探求することである。このプロセスは、「5つのなぜ」と名づけられている。

- 重要な品質指標を追いかけること。産業の内外、国内外の他企業とのあいだで業績比較のベンチマーキングがなされるべきである。意欲的な目標が立てられ、成果が認識されることになる。
- 納入業者の監査、格づけ、認証および納入業者との共同チーム活動などによる納入業者の巻き込み。
- 顧客の重要性、すなわち品質は顧客満足によって定義されるということ。

顧客フォーカス

　究極的には、高品質ブランドは顧客満足を改善するように設計される。つまり、顧客フォーカスは成功にとって不可欠なのである。顧客フォーカスを公言する企業は多いが、問題は、単なるリップサービスと真の企業文化や一連のプログラムとを区別することであり、その文化やプログラムが一体となって有意義な持続可能な競争優位を構成するのである。

　顧客フォーカスの1番目の指標は、経営トップの関与度合いである。最も顧客指向の企業であるという証左は、トップの経営者が顧客と1対1の定期的で有意義なコンタクトを持っていることにある。1993年にルー・ガースナーがIBMを引き継いだとき、最優先事項の1つは顧客との時間を持つことであった。さらに彼は、3カ月間週5社の顧客を訪問し、個々の企業について報告することをIBMのトップの経営者たちに求めた。彼は、文化を変えようとしていたのである。

　2番目の指標は報酬や評価システムへのリンクである。ガースナーによって開始されたさらなる変革は、IBMの販売員の報酬算定方式に関するものである。[3] その評価基準は現在では6割が収益性、4割が顧客満足に基づいており、売上はまったく関係がない。顧客はローカルの販売チームに満足しているかどうか、販売員が顧客の事業目標の達成を助けているかどうかについての調査を受ける。

　顧客フォーカスの3番目の指標は、何が顧客の選択、満足、不満をもたらすかについての知識である。最低限として、顧客の購買動機を特定し、複数の動機間の相対的な重要性が評価されなければならない。これらの購買動機は、明

確な機能的利益だけではなく、感情的利益や自己表現的利益のようなものまでを含んでいなければならない。さらに、顧客の理解は、購買判断のみならず、購買プロセスのすべてに及ぶべきである。つまり、購買目的の認識、取引、製品・サービスの受領、製品・サービスの使用、製品サポートの享受というプロセスである。差別化の源泉は、これらの要素のすべてにおいて発生する可能性がある。

品質とは何か

　品質とは何か。この問いは、決して小さなものではなく、真正面から取り組むべきものである。図表9－1は、多くの場合に関係する品質のいくつかの軸を列挙したものである。もちろん、これらの個々の軸には、複数の要素を含んでいる（例えば、プリンタの性能は、スピード、解像度、記憶容量といった性能特性を含んでいる）。さらに、このリスト自体、状況に依存する。サービスやソフトウエアにおける品質は、製品の品質とは大きく異なっている。

　銀行、レストラン、テーマパークなどのサービス分野においては、顧客に知覚されるサービス提供者の能力や責任を持った対応、顧客と接する人の感情移入などに大きく依存していることが、調査から明らかになっている。したがって、サービス分野における成功のためには、これらの諸側面についてつねにきっちりとした提供を行わなければならない。しかし、サービス品質の提供はまた、顧客の期待をマネージすることでもある。高すぎる期待は（特にその提供が非現実的である場合には）諸刃の剣であるから、マイナスの経験を避けることはプラスの経験を作り出す以上に重要であることが多い。待ち列での時間を顧客が我慢できるものとするために、ディズニーは余興を提供し、シュワブは株式ニュースを提供している。

　ソフトウエアや情報産業においては、製品はもちろんそれ自体として機能する必要があるが、品質は多くの場合他の3つの要素に依存していることが多い。第1に、経験がフラストレーションを感じるものではないこと。製品は、初心者であっても容易にインストールし使用することができるものでなければならない。第2に、顧客サービスセンターと連絡する際の体験が非常に重要である。

図表9-1 品質の領域

1. 性能	仕様はどのようなものか。うまく動作するのか。芝刈り機は、芝をうまく刈れるのか。銀行は、取引を迅速かつ正確に行うことができるのか。
2. 仕様の適合性	製品あるいはサービスは、高い信頼性を持って機能し、高い顧客満足を提供するか。
3. 特徴	航空会社は最新の映画技術、非常に高度な設備を提供しているか。
4. 顧客サポート	面倒見がよく能力も高い人と効率的なシステムで顧客にサポートを提供しているか。
5. プロセス品質	製品あるいはサービスの購買と使用のプロセスは心地よいものであり、フラストレーションや失望を伴うものでないか。
6. デザイン	デザインが製品あるいはサービスの購買と仕様の経験に対して楽しみを付け加えているか。

よいサポートを受ける体験は、ユーザーのフラストレーションを減少させるのみならず、メーカーの顧客への関心と能力を知らしめることになり、関係作りに役立つ。第3に、ソフトウエアのユーザーは、取り残されることをきらう。彼らは、つねに新規性のある機能とアップグレードを望んでいる。単に表面的な変更ではなく、真に機能する改良を望んでいるのである。[4]

伝統的な製品品質というものさしが差別化の機会を提供しなくなってきているので、現在ではプロセス品質に関心の焦点が当てられている。情報収集、取引、購入後体験などのプロセスの強調は、ブランドづけされたサービス特性（アマゾンのワンクリックなど）を作り出すことや、簡単でフラストレーションの少ない購買体験（オンラインでのデルやアマゾン、オフラインでのノードストロームやホーム・デポによって提供される体験）を提供することの可能性を生み出す。

品質機能展開（QFD）

企業が製品とサービスの属性をコントロールするのは、生産と研究開発を通

じてである。品質機能展開（QFD：Quality Function Deployment）は顧客購買動機との関連に基づいて製品・サービス属性を優先づけする、広く認知された方法である。[5] QFDの中核はマトリクスであって、横列は製品の機能的属性を表す。鉛筆は長さ、芯かすの量および形状によって特定することができる。マトリクスの縦列は持ちやすさ、汚れないこと、芯先のもち、転がりにくさなどの顧客の購買動機を表す。マトリクスの箱は、機能的属性がどれだけ顧客動機に関連しているのかを見きわめる目的で評価される。芯かすの量は汚れないという利益に、また鉛筆の長さや形状は持ちやすさという利益に関連している。これらは、機能的属性が製品開発段階でどのように優先づけされるかを見きわめるプロセスへの、1つのインプットとなる。

顧客の購買動機をオペレーション上の指標に結びつける際には、つねに、品質が効率を落とすことになるという懸念がある。電話サービスの質の改善を目的として、最初の呼び出し音で応答する確率が測定される場合、即答へのプレッシャーでオペレーターがそっけなくなるか短気になる結果、顧客満足度に悪影響を与えることがわかればその測定は中止されることになる。

高品質だというシグナルを送る

性能、耐久性、信頼性あるいは有用性といったような品質に関する要素は、買い手が評価することは不可能ではないにしても容易ではない。結果として、消費者は品質のシグナルを探し求める傾向がある。外見上の仕上がり具合は、このような品質のシグナルとなりうる。ある会社の製品について、外見上の仕上がり具合がよくない場合、買い手はその製品がより重要な品質属性をも欠いているのではないかと考える。あるエレクトロニクス製品企業は、情報提供依頼への対応の早さが品質の認識に影響を及ぼすことを発見した。品質戦略を追求する際には、品質に関する顧客の知覚に何が影響しているかを理解し、小さくとも目に見える要素に焦点を当てることがきわめて重要である。調査によれば、多くの製品において判断が困難な要素の知覚に影響するという点で、以下のような、見たり聞いたりできる要素が決定的に重要である。[6]

- ブロードバンド接続業では、設置チームのプロフェッショナルとしての態度が高品質を意味する。
- ステレオのスピーカーでは、大きなサイズがよりよい音を意味する。
- トマトジュースでは、濃さは高品質を意味する。
- 洗浄剤では、レモンの香りは洗浄力を意味する。
- スーパーマーケットでは、青果の新鮮さは店全体の品質を意味する。
- 自動車のドアを閉めるときの重厚な音は、ていねいな物づくりと堅牢で安全なボディを意味する。
- 衣服では、高価格は高品質を意味する。

　サービス分野の場合、サービス提供者の能力などの最も重要な属性は評価がきわめて困難である。外科医、図書館員、航空パイロット、歯科医あるいは銀行家を評価することを考えてみるとよい。顧客は、人や設備の物理的外見のように簡単に評価できる基準で対処している。ある航空会社の会長は「折りたたみテーブルがコーヒーで汚れているということは、顧客から見ると、われわれがエンジンメンテナンスをしっかりやっていないことを意味する」と語ったという。[7] 品質にとって何が重要かだけではなく、何が品質の知覚に影響を及ぼすかについて理解することは、それほどに重要なのだ。

知覚品質と財務業績

　PIMSデータベースは、400社以上、約3000の事業について知覚品質、相対価格、市場シェア、投資収益率（ROI）といった多くの重要指標に関する情報を長期にわたって集積している。このデータベースは、何百もの研究において分析され、そのほとんどは戦略の成功の手掛かりを見つけようとしたものであった。これらの研究における最も決定的な発見は、事業単位の業績に影響を及ぼす最も重要な戦略的要因がその事業単位の製品の知覚品質に依存するということである。実際、知覚品質について見ると、下位20％の事業のROIが17％であるのに対して、上位20％の事業のROIはその約2倍となっている。
　ジャコブソンとアーカーの詳細な研究は、知覚品質とROI以外の戦略的指標と

の関係について、どのようにして知覚品質が収益性を生み出すかを洞察している。[8] 直接的には顧客維持コストが減少するため、また間接的には知覚品質が高価格をつけることを許容し、あるいは市場シェアを増加させるため、知覚品質が収益性に影響を与えるのである。高価格は粗利益を増加させるのみならず、知覚品質を強化する手がかりとしても機能する。品質戦略を取るにあたってはかならずしも高価格戦略を取る必要がなく、高い市場シェアを狙ってもよい。品質を高めることは、ティファニーにとってもＫマートにとっても同様に良いことなのである。

最後に、知覚品質はコストを増加させることはない。高品質のニッチ戦略と高コストのあいだには自然なつながりがあるとする一般通念は、データ上は表れていない。品質は無料という考え方が原因の１つかもしれない。品質を高めることは欠陥の減少につながり、結果的に生産コストを低下させるからである。ヒューレット・パッカードのジョン・ヤングは、品質に焦点を当てることがコストをコントロールする最良の方法の１つであると述べており、低品質への対応がヒューレット・パッカードにおける製造コストの25％を占めているという調査結果を明らかにしている。[9]

知覚品質と株式リターン

アーカーとジャコブソンは、知覚された品質について真の長期的業績の指標である株式リターンにも影響を与えることを示している。[10] 彼らは、Total Research EquiTrendデータベースからIBM、ハーシーズ、ペプシ、シアーズなどのブランドによる売上が大部分を占める35社における、年間知覚品質の値を分析した。知覚品質はROIと同じように株式リターンに重大な影響を与えていた。ROIが株式リターンに明白に影響を与えることを前提にすれば、知覚品質の影響は明らかであるといえよう。投資家は知覚品質のような無形資産に影響を与える施策を感知し、反応する能力を有しているのである。図表９－２は、知覚品質と株式リターンの劇的な関係を示している。

図表9-2　知覚品質の変化に対する株式市場の反応と投資収益率

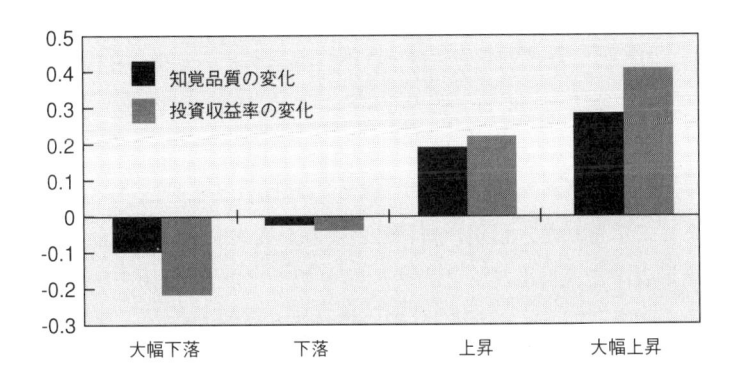

（棒グラフ：横軸は「大幅下落」「下落」「上昇」「大幅上昇」、縦軸は -0.3 から 0.5。凡例は「知覚品質の変化」と「投資収益率の変化」）

シュリッツの物語

　シュリッツ・ビールの物語は、知覚品質の戦略的な力をドラマチックな実例で見せてくれる。[11] シュリッツは、評判のよい「ガスト」の広告キャンペーンがヒットした1974年における強力な二番手のポジション（年間売上1780万バレル）から1980年代半ばにほとんどなにもかも失ってしまうまで（年間売上180万バレル）、まっさかさまに転落していった。株式市場における企業価値は、10億ドル以上も下落した。崩壊の始まりは、12日間かかっていた醸造工程を4日に短縮し、大麦モルトをコーンシロップに換え、いままでと違う種類の気泡安定剤を使用してコストダウンを行うという決定であった。これらの変更に関する情報は市場に伝わってしまっていたのだ。その後1976年前半に、新しい気泡安定剤が災いして「懸濁」したビールが棚に並ぶこととなった。さらに悪いことに、同年の初夏にはコストダウン対策が仇となって店頭のビールの気が抜けてしまうということが起こった。1976年の秋には、シュリッツのビンビールと缶ビール合計1000万本が「秘密裏に」回収され、廃棄された。結局、元の醸造工程に戻して積極的な広告を行ったにもかかわらず、シュリッツの業績が再び回復することはなかったのである。

強力なブランドの構築

　もう1つの類似した差別化方法は、ブランドエクイティを作り出して強力なブランドを構築することである。強力なブランドに基づく戦略は、ブランドが競争上の障壁を形成するため、持続可能であることが多い。ヒューレット・パッカード（HP）ブランドは（この企業の伝統から導かれ、また次々と出てくる新製品群によって示された）信用、信頼性、優れた人々、そして製品革新といった多くの無形資産を意味しているため、競合相手はたとえHPの製品仕様を上回ったものを販売しても、ただちにHPに勝つことはできない。

　ブランドの価値は、事業の市場価値（事業の将来利益の割引後現在価値）から有形資産を差し引くことにより、大まかに予測することができる。この残余部分は、ブランド、人、情報システム、あるいは流通力といった無形資産に由来する。ブランドに割り当てられる部分は、後者の資産価値の大まかな尺度といえる。インターブランド［訳注：コンサルティング会社］ではその調査によって、10億ドルを超えるブランドが世界に75あると結論づけた。これらのブランド価値は通常、企業の市場価値の20%から75%を占めている。ナイキ、イケア、アップルなどのブランドがこれらのうちの最上位に位置している。

　ブランドエクイティは顧客にとっての価値を作り出し、価格プレミアムかブランドロイヤリティの向上のどちらかのかたちで表れる。ブランドは次のようなさまざまな方法で顧客価値を増加させる。

- **情報を翻訳し処理することに役立つ。**コダック・ブランドは、コダックについて長期間にわたり人々が集積してきた膨大な情報を体系化し、記憶するためのメカニズムとして機能する。
- **購買意思決定において確信を提供する。**ヒューレット・パッカードのレーザージェットプリンタを買うことは、プリンタ事業で無名な企業の製品を買うよりもリスクが少ない。
- **製品に、意味と感覚を付加する。**マクドナルドの持つ家族団欒のイメージは、使用経験の性格と質を変える可能性がある。

ブランドエクイティとは何か

　ブランドエクイティとは、企業やその企業の顧客にとって、製品やサービスが提供する本来の価値に付加される（あるいは差し引かれる）ブランドやシンボルに結びつけられた、一連の資産（または負債）をいう。[12] ブランドエクイティの基礎となる資産は、状況によって異なる。それらは、図表9-3に示される4グループに分類できる。知覚品質についてはすでに議論した。残りの3グループはブランド認知、ブランドイメージおよびブランドロイヤルティである。これらは知覚品質と同様に、積極的にマネージする必要がある。その創造と維持には、投資が必要だということも認識する必要がある。さらに、これらにダメージを与える施策を指摘し阻止するような人およびシステムが存在しなければならない。

図表9-3　ブランドエクイティ

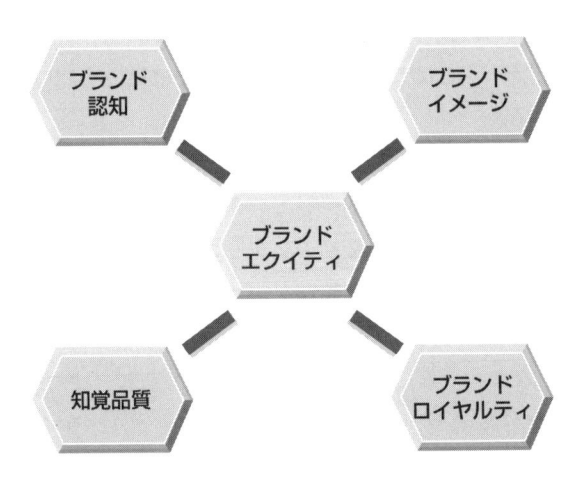

ブランド認知

　ブランド認知はしばしば当然のことと思われがちであるが、重要な戦略的資産となりうる。どの企業も同じような製品を提供しているような産業においては、図表8-2で持続可能な競争優位の3番目に挙げられているブランド認知が、競争上の持続可能な差異を提供する。

　ブランド認知は多様な競争優位を提供できる。まず、認知はブランドに親密さを提供する。一般に親密さは良いことであり、石鹸やチューインガムのような低関与製品（低価格で購買頻度の高い商品）は、親密さが購買判断に影響する。コーラやピーナッツ・バターのような製品の試食では、買ったことあるいは使ったことが一度もないブランドであっても、名前の認知が評価に影響することがあることが明らかにされている。

　次に、名前の認知は存在、コミットメントおよび本質のシグナルとなりうる。そして、これらの属性は高額商品の企業購買者や耐久財の消費者においてさえもきわめて重要である。部品や内容物にもブランドをつけるという、ニュートラ・スウィートとインテルの努力には、その背景に理由がある。「インテル・インサイド」キャンペーンは先進技術イメージの創造に成功し、インテルは大きな価格プレミアムの獲得に成功したが、このキャンペーンでは企業や製品については何も伝えようとはしなかったのだ。それは単なる認知がもたらす大きな力を示している。

　3番目に、ブランドが目立っているということは、購買過程の重要な段階でそれが思い出されるかどうかに関係している。広告代理店、試乗する車やコンピュータシステムなどの選択の最初のステップは、どのブランドを考慮対象とするかを決定することである。極端なケースは、ある製品分類を想定する場合にわずか1つのブランドしか思い出さないような場合である。クリネックス（ティッシュ）、クロロックス（漂白剤）、バンドエイド（ばんそうこう）、ジェロー（ゼリー）、クレヨラ（クレヨン）、モートン（塩）、ライオネル（列車）、フィラデルフィア（クリームチーズ）、V-8（野菜ジュース）、それにA-1（ステーキソース）などを考えてみるとよい。これらそれぞれについて、ほかのブランドをいくつ挙げることができるだろうか。競合相手はどのようにして、

このような支配的なブランドと戦ったらよいというのであろうか。

　ブランド認知は著しい持続性があり、したがって持続可能な資産である。支配的な認知レベルを達成したブランドを廃棄することはきわめて難しい。ダットサンの名称は日産へ変更後4年経っても、日産と同じぐらい強力なものだった。[13] 1980年代半ば、ミキサーに関する意識調査が行われたが、この調査ではミキサーのブランドでどれが好きかを質問し、ゼネラル・エレクトリックは第2位に入った。もう20年もミキサーを製造していなかったにもかかわらず、である。[14] 別の調査では、ブランド名の親密さに関して主婦に思いつくブランドをすべて挙げさせた。[15] 平均は28ブランドであったが、ブランドの古さについては特筆に価する。85％のブランドは25年以上経ったものであり、36％はなんと75年以上の歴史を持つものであった。

　消費者は連日マーケティングメッセージの洪水に見舞われているので、特にマスメディアが分散、断片化していることを考えあわせると、ブランド認知とその存在感を確立すること、しかもそれを経済的に行うことは非常な困難を伴うといえる。これは広範な製品ベースや販売ベースを持っているソニー、ゼネラル・エレクトリック、あるいはフォードのようなブランドにとってははるかに容易である。比較的小さな売上の、まだ新しいブランドでは維持に費用がかかり、多くの場合不可能でさえある。ブランド認知の確立には、イベントキャンペーン、パブリシティ、試供品提供、その他の注意を引くアプローチにより通常のマスメディアの外での活動に長けた企業が成功することとなろう。VISAがオリンピックをサポートする、ナイキが展示ショップを開店する、スウォッチが165年の歴史ある時計をフランクフルトや東京の高層ビルからつるす、ハーゲン・ダッツがオペラ会場で試供品を提供する、カドベリーが博物館やテーマパークを作る、ブイトーニが英国でのパスタ市場を握る手段としてブイトーニ・クラブを創設する、というようなことを考えてみるとよい。これらにおいては、マスメディア広告にのみ依存した場合と比べて、認知レベルをより効果的に引き上げることができた。

ブランドイメージ

　企業やそのブランドに付随するイメージは、重要な持続的事業資産となる場合がある。ブランドイメージとは、消費者の記憶においてブランドに直接あるいは間接につながるすべてのものをいう。マクドナルドは、ロナルド・マクドナルド、子供、2つのゴールデンアーチ（マクドナルドのMの字）、楽しむこと、速いサービス、家族小旅行、あるいはビッグ・マックとつながっている。これらすべての連想がマクドナルドをその顧客にとって楽しく、記憶に残り、かつアピールするものにしている。

　製品属性や顧客の利益は明らかなイメージである。それは購買理由となり、よってブランドロイヤルティの源泉となるからである。ハインツは出てくるまでいちばん時間がかかる（つまりいちばん濃い）ケチャップであり、ボルボは頑丈で安全であり、タンデム・コンピュータは信頼性が高く、クリネックスは柔らかい。クレストは虫歯予防の歯磨きであり、コルゲートは清潔の代名詞であり、クローズアップはさわやかな息のもとになる。ブルーミングデールはファッション性の高い商品を置いている楽しい場所である一方、Kマートはお値打ちな価格を提供する、という具合である。

　しかし、製品属性のイメージは、特にそのブランドが重要な属性を有している場合に強力となりうるが、最も重要な製品特性についてすべてのブランドをポジショニングしようとする結果、差別化にはならない可能性がある。さらに製品属性に関する優位性は容易に複製され、最終的には追い越されることとなりやすい標的となる。最後に、強力な製品属性のイメージは、ブランドエクステンションへの道、つまりブランドの柔軟性を制限することになる。強力なブランドは製品属性を超越しており、しかもブランドイメージで差別化する力を持つものである。組織の無形資産（例えば、革新的あるいはグローバルであること）、ブランドパーソナリティ（有能あるいは一流であること）、シンボル（ロナルド・マクドナルド・ハウス、あるいはエナジャイザー・バニー）、感情的利益、自己表現的利益などである。終わりの2つ、感情的利益と自己表現的利益は、顧客とのきずなを作り出すためにきわめて重要である。第11章において、戦略的ポジショニングの概念に関連する範囲で、ブランドイメージを再

度扱うこととする。

ブランドロイヤルティ

　顧客指向は、既存の顧客や施策がブランドロイヤルティを生み出すことへの関心に帰着する。事業にとって重要な持続的資産は、既存顧客ベースのロイヤルティである（図表8－2の10番目の項目）。競合相手は製品やサービスを複製するかあるいはよりよいものを作り出すかもしれないが、それでもなお、顧客にブランドを切り替えさせるという仕事が残っている。ブランドロイヤルティすなわち、ブランド転換に対する抵抗は単なる習慣（よく知っているガソリンスタンドやスーパーマーケットからほかの店に変える理由もない）、好み（ケーキミックスのブランドやそのシンボルを純粋に好んでいる、おそらく長期間の使用経験に基づく）、または転換コストなどに基づいている。従業員向けの特定ソフトウエアシステム学習訓練への投資がすでに多額に上っている場合、転換コストはソフトウエアユーザーへの配慮の必要性、ということになる。

　ロイヤルティの高い既存顧客ベースは、大きな持続可能な競争優位を提供する。第1に、既存顧客は比較的簡単に保持できるため、事業を行ううえでのマーケティングコストを減少させる。使い慣れたものは、快適で安心なのだ。既存顧客の意を迎え、転換への彼らの動機を抑え込んでおくことは、一般に新しい顧客の開拓や別のブランドを試すことへの説得に比べて著しく低コストである。ロイヤルティが高いほど、顧客の意向にそうことは当然容易である。

　第2に、既存顧客のロイヤルティは競合相手にとって重大な参入障壁となる。既存顧客がロイヤルティを持つ、あるいは単に満足というだけのレベルであっても、ブランド離脱が不可欠な市場への参入には非常に大きな資源を要する。したがって、参入者が利益を上げられる可能性は低いということができる。しかし、障壁が有効に機能するためには、潜在的な競合相手がそれを知っていなければならない。顧客がたやすくなびくという妄想を潜在的な参入者に抱かせないようにする必要があるのだ。したがって、顧客ロイヤルティや製品品質に関して宣伝するなど、強力な顧客ロイヤルティのシグナルを発することは有効であろう。

第3に、ブランドロイヤルティは流通でのレバレッジを提供する。ナビスコ・プレミアム・サルティネス、チェリオースまたはタイドのような強力なブランドロイヤルティを持つ製品は、店頭で有利な棚スペースを得ることができる。買いものリストにそれらのブランドが入っていることを小売店が知っているためである。極端な場合には、ブランドロイヤルティが顧客の店舗選択を決定する可能性さえあるのだ。スーパーマーケットがウエイト・ウォッチャーの冷凍食品やポール・ニューマンのサラダドレッシング、コカ・コーラ、グレイ・プーポンのマスタードなどのブランドを置いていなければ、何人かの顧客は違う店へ行ってしまうだろう。

　第4に、比較的大きく、しかも満足している顧客ベースはサービスバックアップや製品改善などを着実に行い、顧客に受け入れられ、成功した耐久性の高い製品としてのブランドイメージを提供する。通信販売によるコンピュータ会社のデルコンピュータは、潜在的顧客のコンピュータ通販に対する警戒心を解くために、『フォーチュン500社』中のロイヤルティの高い顧客ベースを宣伝している。

　最終的に、ブランドロイヤルティは競合の動きに対応する時間を提供する。すなわち「息つくひま」を与えるのである。競合相手が自社製品より優秀な製品を開発した場合、ロイヤルティの高いファンは、その製品に追随するか、相手の優位を無意味にするなどの対応に必要な時間を与えてくれる。新しく開拓されたハイテク市場にはそのときの最善の製品を購入する顧客セグメントが存在するが、このグループにはブランドロイヤルティが存在しない。対照的に、その他の市場では顧客が新製品を探し求めたりしない、したがって進歩についても知らないままの満たされた顧客が存在している。これらの顧客は、新製品を見つけたとしても購入品を変更する気はほとんどない。高いレベルのブランドロイヤルティによって、企業は危険の少ない追随戦略を取ることができるのである。

　ブランドロイヤルティのマネジメントは、戦略的成功を達成するためにきわめて重要である。ブランドロイヤルティをうまくマネージしている会社は、次のようなことを行う傾向がある。

- 既存顧客が適切な資源配分を受けるようにし、既存顧客から期待される将来の購買に価値をおく。
- 既存顧客のロイヤルティを測定する。測定は、顧客満足度のような敏感な指標のみでなく、顧客とブランドとの関係の測定も含む必要がある。ブランドは尊重され、好かれ、友人と考えられ、信頼されているだろうか。
- ブランドの弱点を見つけるために、そのブランドを買うのをやめた人にインタビューを行う。
- 組織全体の人員が顧客の好感を得るための権限を与えられ、動機づけられているような顧客文化を持つ。
- お得意様プログラムや思いがけない特別な利益またはプレミアムによって、ロイヤルティの高い顧客に報いる。
- 顧客団体などを通して、顧客がコミュニティの一員であると感じさせる。
- ダイレクトメール、ウェブ、フリーダイヤル、顧客バックアップサービスなどを通じて顧客との継続的なコミュニケーションを保つ。

まとめ

- 成功した差別化戦略は、顧客に対して、競合相手が容易に複製することのできない価値（知覚価値と実際の価値）を提供する。
- 差別化は、デザイン、成分あるいはコンポーネント、サービスの追加、製品ラインの広範さ、あるいはサービスバックアップなどのさまざまな軸に基づくことができる。これらの多くは、高品質の提供や強力なブランドに基づいている。
- 品質管理と品質の測定はさまざまな軸を持っている。重要なのは、どの軸が製品を差別化し、顧客の共感を得るかを見きわめることである。
- 品質は、顧客に焦点を当て、顧客にとって使いやすいプロセスとする方法を見つけることから始まる。
- 調査によれば、知覚品質の向上は、ROIおよび株主リターンをも向上させる。

- 強力なブランドの構築は、知覚品質、ブランド認知、ブランドイメージ、そしてブランドロイヤルティを作り出し、向上させることを含んでいる。
- ブランド認知は、親密さの感覚と本物であるというシグナルを提供し、重要な判断ポイントにおいてブランドを思い出させる働きがある。
- ブランドイメージは、製品属性を超えて組織の無形資産、ブランドパーソナリティ、シンボル、感情的利益、自己表現的利益などに及ぶべきである。
- ブランドロイヤルティは、マーケティングコストを削減し、競合相手に対する障壁を形成し、ブランドイメージを向上させ、そして競合相手の脅威に対抗してポジショニングし直すための時間を提供する。

注

1：Tom Peters, *Thriving on Chaos*, New York: Knopf, chapter C-1.

2：米国におけるTQMの要約につき *California Management Review*, Spring 1993のTQM特集を参照。

3：Ira Sager, "IBM Leans on Its Sales Force," *Business Week*, February 7, 1994, p.110.

4：C. K. Prahalad and M. S. Krisnan, "The New Meaning of Quality in the Information Age," *Harvard Business Review*, September-October, 1999, p.110.

5：Robert Neff, "Quality: Overview-Japan," *Business Week*, October 25, 1991, pp.22-23; John R. Hauser and Don Clausing, "The House of Quality" *Harvard Business Review*, May-June 1988, pp.63-73.

6：Valarie A. Zeithaml, Leonard L. Berry, and A. Parasuraman, "Communication and Control Processes in the Delivery of Service Quality," *Journal of Marketing,* April 1988, pp.35-48; and A. Parasuraman, Leonard L. Berry, and Valarie A. Zeithaml, "Guidelines for Conducting Service Quality Research," *Marketing Research,* December 1990, pp.34-44.

7：Tom Peters and Nancy Austin, *A Passion for Exellence*, New York: Random House,1985, p.77.

8：Robert Jacobson and David A. Aaker, "The Strategic Role of Product Quality," *Journal of Marketing,* October 1987, pp.31-44.

9：John Young, "The Quality Focus at Hewlett-Packard," *The Journal of Business Strategy* 5, Winter, 1985, p.7.

10：David A. Aaker and Robert Jacobson, "The Financial Information Content of Perceived Quality," *Journal of Marketing Research,* May, 1994.

11：シュリッツについては以下を参照. David A. Aaker, *Managing Brand Equity*, New York: The Free Press, 1991.

12：Aaker, *Managing Brand Equity*, chapters 2-6（陶山計介ほか訳『ブランド・エクイティ戦略』ダイヤモンド社).

13：Ibid.,p.57.

14："Shoppers Like Wide Variety of Houseware Brands," *Discount Store News*, October 24, 1988, p.40.

15：Leo Bogart and Charles Lehman, "What Makes a Brand Name Familiar?" *Journal of Marketing Research,* February 1973, pp.17-22.

第10章 ローコスト、集中化、および先制攻撃

Cost, Focus, and the Preemptive Move

　本章においては、さらに持続可能な競争優位を提供する3つの戦略的指針を見ていくこととする。すなわち、ローコスト（あるいは価格に対する価値）、集中化、および先制攻撃（先行者利益としても知られる）である。

ローコスト戦略

　ローコスト戦略は規模の経済、低賃金、生産の自動化など単独のアプローチとして考えられがちであるが、その優位性を達成するためにはさまざまな方法があることを認識すべきである。ローコストで成功した企業は次に議論するとおり、図表10-1に示されるような複数のアプローチを採用している企業である。

ノーフリル（実質本位）の製品とサービス

　ローコストへの1つの直接的なアプローチは、本来の機能とは直接関係しない特別なものや機能をすべて、製品やサービスから取り除くことである。プライス・クラブやサムズのような会員制卸売業は倉庫を店舗として利用しており、通常は地価の低い地域で操業し、クレジットカード払いや個人サービスといった快適さは提供していないことが多い。ノーフリルの航空会社、法律サービス・クリニック、ディスカウント証券会社、それに韓国の現代自動車は、すべて同様の一般的原理に従っている。

　特にサービス分野における大きなリスクは、競合相手がほんの2、3の特徴

図表10-1　ローコスト戦略

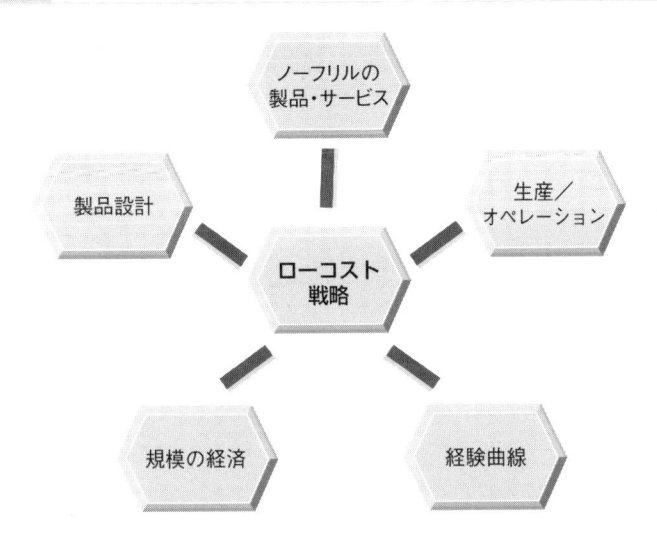

- ノーフリルの製品・サービス
- 生産／オペレーション
- 製品設計
- ローコスト戦略
- 規模の経済
- 経験曲線

を付け加えてノーフリルの企業に対してポジショニングしようとすることである。モーテル6は1960年代初頭に、電話もテレビもないホテル客室を提供することによって低価格ホテルのコンセプトを作り出して先駆者となった。それ以来低価格ホテル業界は多くの競合相手の参入を見たが、その多くはほんの少しだけモーテル6の上を行こうとするものだったのである。その結果として、その付け加える特徴を競い合う戦争へと発展してしまった。

　目標は、次の2者のうち1つの理由によって持続可能なノーフリルのコスト優位を作り出すことである。第1に、競合相手がその顧客の期待するサービス提供を簡単にはやめられないということである。第2に、競合相手の業務や施設が既存のサービスを提供するように設計されており、簡単には変更できない、ということである。

　ここでの適例はサウスウエスト航空であろう。サウスウエストは航空機3機でテキサスの3都市を結ぶ航空会社として1971年設立、座席の割当はなく、食事サービスはピーナッツだけで間接費が低く、賃金は業界平均以下であった。[1)]サウスウエストは立派なハブ、予約システム、そしてグローバルスケジュール

を持つことをきらった。サービスを省いているため飛行機を早く出発させることが可能となり、結果的に飛行回数は増加し、規模の経済を獲得した。デルタやアメリカンなどの競合相手はその顧客が期待するサービスを切り捨てることができず、またハブ・アンド・スポークに基づく戦略を変更することもできなかった。ノーフリル戦略はその結果として、サウスウエストをかろうじて生存しているような航空会社から業界の勝利者へと、押し上げることになったのである。

製品設計

　製品設計や製品構成はコスト優位を生み出すことができる。メゾナイトはおが屑や端材、小枝を利用して、木材代替品としての圧縮木材を開発した。その結果、同社の製品は木材を使用した場合の約半額となった。日本企業は少ない部品点数と標準部品（カスタマイズした部品ではなく）の使用により、信頼性が高くシンプルな製品設計を行って、複写機など多くの成熟産業に参入した。

　このアプローチの1つの変形は、高マージンの付属品や追加的特徴によって製品を補強し、顧客にとっての高い知覚価値を提供することである。いくつかのコンピュータ企業では、ソフトウエアまたはプリンタを含めることによって低価格のシステムを実現した。

　製品の小型化も、価格圧力が他の選択肢を取ることを許さない場合には有効な方法となりうる。この方法は「ハーシーズの解決法」と呼ばれる。カカオ豆の価格上昇にあたって、ハーシーズは板チョコを小さくして対応したからである。

オペレーション

　持続的なコスト優位は、オペレーションにおける資産と能力を通じても作り出すことができる。この種のコスト優位は、原材料、ローコストの流通（例えば、チャネルを通じてではなく直接配送）、労務費、政府補助金、立地コスト、イノベーション、オートメーション、安価な資本財の購入、そして間接費の削

減などに基づく。

　大きなオペレーション上の経済性を獲得するためには、バリューチェーンを精査し、本質的に高コストであり、取り除くか事業のオペレーションの仕方を変更することによってコスト削減できる構成要素を見つけ出すことが有益である。最も良い例は、チャネルを構成するものを削除してしまうことである。直接販売することによって、デル、ゲートウェイ、そしてアマゾンは、バリューチェーンのなかから大きな構成要素を取り除いている。例えば、伝統的な書店のビジネスモデルでは、書籍の30%は返品され、これがコスト面における大きな無駄になっている。アマゾンのビジネスモデルでは、この数値は3％にまで減らされており、非常に大きなコスト削減となっていることがわかる。[2]

　ホワイト・インダストリーズはまずローコストの資産を買収し、次に間接費と過剰労働力を削減した企業の好例である。1960年代終盤および1970年代、ホワイトは成熟した家電業界で赤字をたれ流している諸企業から次のような家電ブランドを買収していった。すなわちフランクリン（ステュードベイカー）、ケルビネイター（アメリカン・モータース）、ウエスティングハウス、フィルコ（フォード）、フリジデア（ゼネラル・モーターズ）である。その結果、ホワイトはワールプール、ゼネラル・エレクトリックおよびメイタグと並び、家電業界の主要企業の一角を形成した。

　ホワイトが買収したブランドはどれも大きな間接費を伴い、金食い虫となっていた大企業の1事業部であった。ホワイトはそれらの事業を数カ月のうちに黒字化することに成功している。これは主としてホワイトのまったく異なるコスト文化と、極度に少ない間接費のためである。間接費の一部は、製品ラインを整理し、生産を集約することにより削減された。他の多くの間接費削減は、徹底的に無駄のない業務を行うことによって達成された。強い労働組合と確立した文化を持った古い企業には、その必要性を認識していたとしても同様の施策を打つことはできなかったであろう。

規模の経済

　規模の経済とは、大きさに伴う本来的な効率性を意味する。大規模な組織の

図表10-2　会社規模による財務業績

	小規模	中規模	大規模
営業利益成長率	(2.8%)	3.4%	9.6%
総資産利益率（ROA）	7.1%	9.0%	15.7%
5年間の株主リターン	(1.2%)	3.8%	6.2%

場合、広告、販売員、研究開発、本社事務および設備維持費などの固定費はより多くの事業単位に配賦できる。さらに、大きな活動としては市場調査、法務要員、製造技術開発活動などが会社のニーズに特化した特別な資産や活動を支えることができる。

　異なる規模の食品、飲料および消費者向け製品企業109社に関する実証的研究は、規模の経済の現象をよく表している。[3] 図表10-2は小企業（売上高10億ドル未満の49社）、中企業（売上高10億ドルと70億ドルのあいだの40社）および大企業（売上高70億ドル以上の20社）の財務業績を表す。業績は大企業において著しく優れており、小規模企業では悪くなっている。さらなる分析を行うと、小さな中企業（売上高25億ドル未満）が大きな中企業よりかなり業績が良いことが判明する。考えられる説明の1つは、大きな中企業の規模においては複雑性増加のコストが規模の経済とは反対に作用したということである。

　規模の経済にとって重要なことは、業務の最適サイズを見きわめることである。企業サイズが最適点より小さい場合、その企業は競争上の重大な不利をこうむることになる。小さなビールブランドは宣伝支出が少なく、より大きな競合相手が規模の経済を享受するために不利益をこうむるのはその例である。しかし、シリアルのような産業においては、規模の経済を達成するためには小さな市場シェアで十分である。

　しばしば見られる誤りは、企業の販売量が複数の製品あるいはブランドに基づく場合に規模の経済を想定してしまうことである。クエーカー・オーツが独自のドッグフードブランド（ケン・L・レイションとキブルン・ビッツ）に追加するためにゲイン（ゲインズバーガーズ、サイクルおよびグレービー・トレインのブランドを有する）を買収したとき、ドッグフード市場において第2位

のポジションを手に入れ、半生セグメントで75％のシェアを獲得した。[4] しかし5種のブランドがそれぞれ独自のマーケティングと生産を必要としたため、規模の経済はほとんど生じなかった。それどころか、買収後の市場での大きな存在感が市場リーダーであるラルストンの積極的な対応を誘発してしまった。ラルストンはクエーカーが金のなる木と考えていた半生市場において、新製品を発売したのであった。

経験曲線

　経験曲線は、企業が製品製造の経験を蓄積するに伴って、実質価値（インフレ考慮後の価格）におけるコストが予測可能な率で下落することを表す。図表10－3は価格に反映されたＴ型フォードの経験曲線を示し、傾きが85％の経験曲線は、経験が2倍に累積するごとにコストは15％削減されることを意味する。ボストン・コンサルティング・グループなどによる、文字どおり何千ものコストに関する研究は実証的な論拠を提供しており、経験曲線が示唆するものは、最初に大きな市場シェアを築いたものはその後もコスト優位を持ちつづける、ということである。

図表10-3　Ｔ型フォードの価格　1909年から1923年（1958年貨幣価値による平均価格）

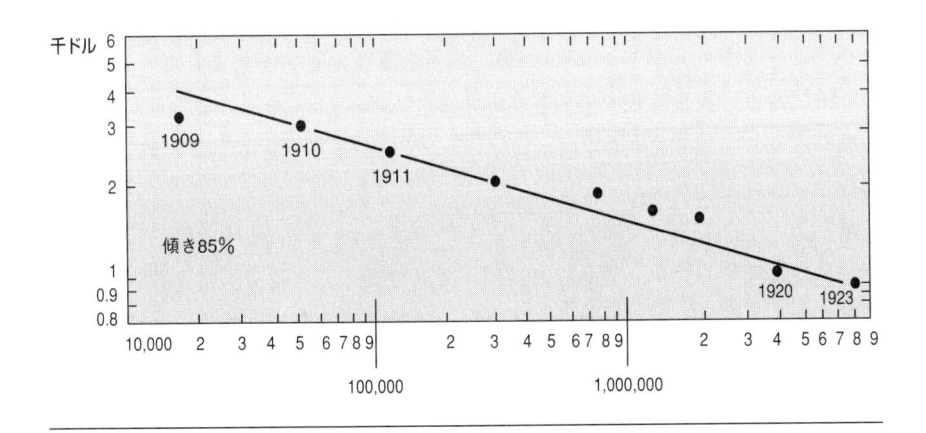

経験曲線は、部分的には規模の経済によるということができる。しかし一義的には次のようなものに基づいている。

- **学　習**　単純な反復によって、作業をより速くより効率的に行うことを学ぶというのが基本的な考え方である。さらに、長期間にわたり大量の仕事をこなすことから、作業プロセスの改善が割に合うことになる。学習は、1900年代初頭の時間動作研究、1930年代の学習曲線、そして日本企業に普及した品質管理サークルに通じている。
- **生産／作業における技術改良**　生産や作業を改善する新しい機器、コンピュータなどの情報システムその他資本的設備の設置は、特に資本集約的な産業に関しては劇的にコストに影響することが多い。さらに経験を蓄積するにつれ、それらの設備の能力を十分に活かすことを学び、さらに能力を増強するために改造することさえある。
- **製品設計の変更**　製品設計の単純化はコスト削減効果を拡大する可能性がある。米国の自動車用ドアロックシステムの部品点数は1954年に17個であったが、1974年には4個にまで減少した。[5] 実質経済価値でのこのシステムのコストは、同一期間に約75％下落した。このコストの減少は、冶金や鋳造の技術改良を含む20もの製品改良がもたらした結果である。

　経験曲線の概念を使用するにあたって、いくつかの問題を挙げておく必要がある。第1に、製品が複数であることが状況を複雑にする可能性がある。モータやフィールドサービスのような構成要素を複数の製品が共有している場合、その構成要素の数量は個々の製品よりも多くなり、経験曲線による効果は他の構成要素よりも早く進行することになる。したがって分析すべき経験曲線は、複数となる可能性がある。

　第2に、経験曲線は自動的に生じるものではない。経験曲線は効率性改善目標、品質管理サークル、製品設計目標、設備更新により積極的に管理される必要がある。さらに、遅れて来た参入者は、最新の設計を使用することによって経験を有する事業者同様の優位性をただちに入手する可能性がある。

　第3に、技術や市場が変化した場合には経験曲線は無意味になる可能性があ

る。ウォルター・キーシェルは次のように述べている。「あなたは、牛乳用ガラス瓶をなんの疑いもなく作りつづけており、実際非常に多くの瓶を生産した。しだいに効率が上がり、製造単価は下りつづけ、あなたは従来の路線を突っ走っていた。ところが突然、紙パックが出現した。これは、あなたの経験曲線とは何の関係もなかった。3年後、紙パックは市場を埋めつくし、あなたのガラス瓶工場では閑古鳥が鳴いていた。」[6]

　第4に、コスト改善はその源泉が何かにかかわらず低価格と高市場シェアに結びつき、それがさらに経験曲線を進展させるということを経験曲線モデルは示唆している。しかし低価格は価格戦争を誘発し、その結果利益率が低下し、さらに長期的に魅力のない市場になってしまうこともある。日本企業が低価格と高市場シェアの論理に訴えた結果、消費者向け電器製品のような産業はダメージをこうむったのであり、これは見習うべきモデルとはいえない。

　戦略立案の鍵は、経験曲線モデルがどのような場合に当てはまるのかを見きわめることにある。産業が成熟している場合の経験曲線は水平となり、累積的な経験を2倍にするために非常に長期間を要するため、経験曲線はさほど重要ではなくなってくる。付加価値が小さい場合も、経験曲線はほとんどインパクトを持たない。小麦や硫黄のような購入原料がコストの8割を占める場合、経験が果たすべき役割はきわめて小さくなってしまう。最も成功した経験曲線の適用例は、半導体のような連続的処理を行う製造や、鉄鋼のような資本集約的な重工業においてであった。

ローコスト文化

　成功したローコスト戦略は、いくつかのコスト改善を行い、コスト指向の文化によって支えられるなどのように通常多面的である。トップ経営者、報酬、システム、組織構造および文化はすべてコスト削減を強調していなければならない。TQCに成功した企業のような、熱心な集中力が必要なのだ。いわばコミットメントが必要なのである。ハインツは組織としてコスト削減にコミットすることにより、ケチャップ、冷凍フライドポテト、ビネガー、キャットフードなどでローコスト生産者となった。[7] ハインツは会社の上位100名のマネー

ジャーを対象にローコスト・オペレーションについての会議を開催し、芋の皮むきやオーブンの熱調整などの新プロセスを開発し、コストと品質の管理チームをつくり、スターキストを海外生産とし、英国でのスープ生産を自動化した。

集中化戦略

　集中化戦略とは、それが差別化か、ローコストか、あるいはそれら両方を含んでいるかにかかわらず、市場あるいは製品ラインの一部分に専念することを指す。図表10－4に示されるように、集中化戦略は戦略の実行が散漫あるいは場当たり的になることを防止し、限定的な資源で競争する方法を提供し、より大きな競合相手の資産および能力を回避し、ポジショニング戦略を提供して競合他社の圧力を弱める。

　集中化戦略はしたがって、散漫あるいは場当たり的な戦略になることを防止し、持続可能な優位に結びつきやすい。内部投資、施策、文化がすべて1つの目標に向けられ、組織の構成員すべてにコミットメントが存在する場合には、市場のニーズに適合した資産、能力そして機能的な戦略が生み出されていく。多くの場合、製品ラインや市場が拡大するにつれて広告、流通、製造などに妥協が生まれ、持続可能な競争優位とそれに伴う参入障壁は希薄化する。ザ・リミテッド、GAP、トイザらス、そしてビクトリア・シークレットは、総花的な百貨店その他の業態と比較して成功してきた。その理由の1つは、集中による戦略上および活動上の優位性にある。

　広範な製品市場に参加するだけの資源を持たない企業は、有効な競争に必要なインパクトを生み出すために集中化しなければならない。自動車や航空機のメーカーが製品開発や設備面で重い負担に直面するとか、消費者向け製品企業が複数のブランドを維持する余裕がない場合、このような資源面での制約が生じる。

　集中化戦略は競合相手の資産や能力を回避する可能性を提供する。シリアルなどのパッケージ食品産業では、ブランド認知を確立し、ブランド製品を流通させる能力は主要成功要因である。しかし、プライベートブランドの製造者は

図表10-4　集中化戦略

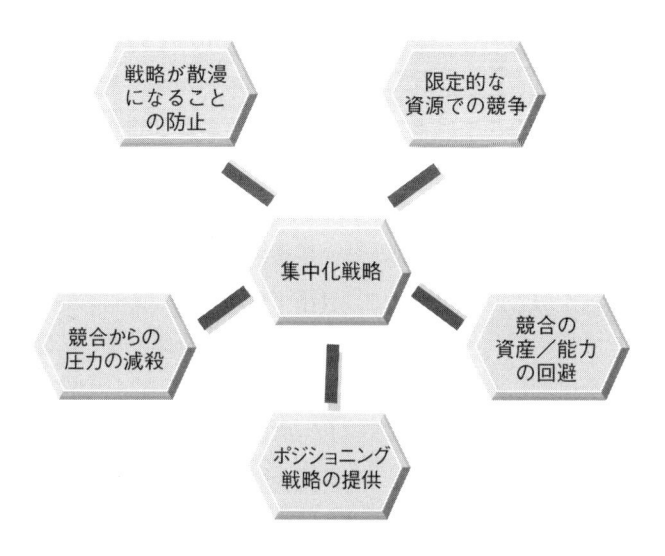

- 戦略が散漫になることの防止
- 限定的な資源での競争
- 競合の資産／能力の回避
- ポジショニング戦略の提供
- 競合からの圧力の減殺
- （中心）集中化戦略

コスト管理のみが重要となり、ブランドがなくてもうまくやっていける。これらの会社はプライベートブランドの製造によって、自身のブランドを危険にさらすことになる主要メーカーとは一線を画することができる。

集中化戦略はさらに、ポジショニングのためのツールを提供する。限定された製品ラインやセグメントまたは地理的エリアで操業している企業のイメージは、ブランドアイデンティティを確立するために有効である。ニーマン・マーカスは、業界で最高の価格帯部分にのみ参加しており、したがって非常に限られたセグメントに訴求している。より広範な製品市場に参加することは、たとえそれが実現可能であったとしても既存店のために開発した明確なイメージを破壊するというリスクを冒すことになる。レイモンド・コーポレーションは、倉庫内の狭いスペースを往来するのに最適な、矮小通路用リフトトラックの限定的な製品ラインで知られている。

小さなニッチからの収益は大きな成長市場からの収益に比較して小さいかもしれないが、競争もまた激しくないことが多い。「みんながやることは誤りだ」

というコンセプトは、急成長セグメントに対する高い評価が多数の競合相手の参入の可能性を見すごすか過小評価していることを示唆する。これは、なぜ成長領域がしばしば壊滅的な過剰設備を誘発するのか、またなぜ、より適度の製品市場を目指すことが望ましい選択と考えられるのかを説明している。

集中化戦略の使用が持続可能な競争優位を強化する可能性を持つ反面、当然に、それが同時に潜在的な事業機会の制限として機能するという事実もある。集中化戦略の結果として、収益性のある販売機会を逸する可能性があるのだ。さらに、集中化した事業は、規模の経済を享受している大企業と競争せざるをえなくなることがある。したがって、目指す集中化は、意味のある持続可能な競争優位を伴う戦略を包含していることがきわめて重要となる。

集中化戦略を追求し大きな市場を回避するという、一貫した自制が必要なのだ。ファブ1ショットというコルゲート・パルモリーブの製品を考えてみるとよい。この製品は1回の洗濯に必要な量の洗剤と柔軟剤が入ったパックでできており、多忙な家事従事者に便益を提供した。[8] コルゲートはこのような便益を重視する大学生、独身者、アパート居住者などをねらった集中化戦略を取るのではなく、巨大な一般市場の誘惑に負けてしまい、膨大な広告宣伝活動を行った。結果は、失敗であった。その理由の1つは、一般市場では製品の使用量を細かく管理することを望んでおり、したがって、この製品の能書きどおりの便益を評価しなかったからである。

製品ラインの集中

製品ラインの一部に集中することは、その技術的優秀性を強化することにつながる可能性がある。ほとんどの事業では、鍵となる人材は少数の製品についてのみ専門知識や興味を有している。ファッション企業を背後で動かしている人々は、女性の最新ファッションに一義的な興味を持っているかもしれない。消費者向け電器メーカーは音響の品質に非常に興味を持っている人によって設立され、運営されているかもしれない。企業の製品がその企業の鍵となる人々のイマジネーションを体現している場合、その製品群は刺激的、革新的、そして高品質となる傾向がある。しかし、製品ラインが広がるにつれて、価値を提

供しないありふれたものとなる傾向があり、本来の事業の基礎を損なう。このような状況においては、集中を維持しかつ製品の拡張に抵抗する意思の力は意味あるものとなるであろう。

セグメントの絞り込み

セグメントを絞り込むことは、集中化戦略に対するもう1つのアプローチである。ミシュラン・タイヤ、カルバン・クライン、ポートマン・ホテルは、いずれも高級セグメントすなわち最高級の品質を期待し、価格に敏感ではない消費者に集中している。ポートマン・ホテルは、宿泊客をロールスロイスで空港まで出迎える。産業用流通事業者は大口顧客に集中するかもしれない。衣類小売業者は大きなサイズが必要な顧客に集中するかもしれない。スキー板メーカーは競技会スキーヤーだけをターゲットにするかもしれない。ハーレー・ダビッドソンは、強力でマッチョなオートバイを望むライダーに集中している。アームストロング・ラバーは、取替用タイヤにのみ集中することで、長年好調な業績を維持してきた。同社の最大の顧客はなんとシアーズ・ローバックである。ボイジャーMCは旅行するゴルファーのために、飛行機に持込み可能なツーピースのゴルフクラブを製作している。

カストロール・モータ・オイルはクエーカー・ステート、ペンゾイル、シェル、モービルそして強力な小売業者のプライベートブランドの陰で、非常に成功したブランドである。カストロールの戦略には、2つの重要な点がある。第1にオイルを自分で交換する男性の自動車所有者に集中する。カストロールはガソリンスタンドでの流通チャネルを持っていないが、カストロールが選択したセグメントにとっては重要なことではない。マッチョで独立心に富む顧客特性に対応するために採用したブランドパーソナリティやコミュニケーション活動は、主要な競合相手が広範な市場にアクセスするために必要なものに比べてまったく異なっている。第2に、カストロールはつねにニッチ商品を提供し、小売業者にインパクトを与えるよう非常にダイナミックな製品政策、パッケージ政策を取っている。

地理的エリアの限定

　地理的なロケーションは、特殊なセグメンテーション変数である。地理的なセグメンテーションは製品提供の内容やマーケティング施策を地理的エリアに応じて個別に仕立てることができる場合、非常に有効となりうる。テキサスのビール、ローン・スターはマーケティング活動に地元独特のユーモア、方言、そして巡回ロデオのような地元での販促活動を用いている。その結果生まれる地元イメージは、全国対象の販促活動に制約されてしまう全国ブランドには容易には対抗できない持続可能な競争優位を提供できる。3店のみで構成するスーパーマーケットチェーンは、その顧客に特に適切な製品やサービスを用意し、限定されたエリアでのみ操業することもできる。

　地理的なセグメンテーションのもう1つの理由づけは、特定の地理的エリアでのみ操業することによるコスト優位を得ることである。セメント製造業、製パン業、乳業など輸送費が重要なコスト構成要素となっている事業にとっては、一地方でのみ操業することは大きな利益となるであろう。

先制攻撃

　先制攻撃とは、ある事業領域にとっての新しい戦略の実行であり、それが最初であるがために競合相手が複製ないし反撃することのできない資産や能力を生み出すものを指す。持続可能な先行者利益は、技術的リーダーシップ、資産の先占、顧客の転換コストなどから生まれる。小売業者が地域における一等地に立地してしまえば他の小売業者は同等の立地を得られなくなり、その地理的な不利によって競争できなくなってしまう。先行者利益は、次に見るように自動的に得られるものではなく、積極的かつ持続的な投資とマネジメントを必要とする。

　図表10－5に示すとおり、先制攻撃は製品、生産システム、顧客あるいは流通システムやサービスシステムをその対象とすることができる。

図表10-5　先制機会の源泉

製　品	・ポジションの先占 ・支配的デザインの開発 ・有能な製品開発人材の囲い込み
生産システム	・生産工程の開発 ・生産能力の拡張 ・垂直統合
顧　客	・顧客の使用スキルの教育 ―― 製品に慣れさせる ・顧客からの長期コミットメントの取り付け ・顧客に関する特殊情報の取得
流通／サービス・システム	・一等地の先占 ・鍵となる流通業者、小売業者の囲い込み

製　品

　市場に最初に投入された製品は、望ましいポジションを占めるという本質的な優位性を享受することができる。フリトー・レイの99.5％をカバーするというサービス標準は、最速で最も確実なサービスを提供するポジションを先取りする傾向がある。競合相手にとっては、99.5％を超える余地はほとんど残されていない。競合相手は別のポジショニング戦略を強いられたも同然となる。

　いくつかの産業においては、業界基準となることが鍵となる。マイクロソフトとインテルはともに、両社の製品が業界標準になることによって強力な先行者ポジションを作り出した。しかしこの両社の成功は、その基礎となった革新を持続的な改良によって防御するという意思に基づいている。マイクロソフトがMS－DOSからWindows 2000まで発展し、インテルが286マイクロプロセッサからペンティアムシリーズまで発展するにあたっては大きな投資が必要であった。その戦略は先制攻撃を連続的に仕掛け、追いつこうとする競合相手を牽制することであった。業界標準のポジションは、特にハイテク産業においては積極的に防御する必要がある。

生産システム

　企業が先駆的にコスト削減や品質強化に有効な生産工程を実現した場合、持続可能な競争優位を作り出す可能性がある。日本企業はさまざまな産業でこのような持続可能な競争優位を達成してきた。その主要成功要因は、競合相手にとっての移動標的となりつづけるために長期間投資し改善しつづけるというコミットメントである。もう1つのアプローチは、競合相手が市場に参入するのを阻止するため、攻撃的に能力を拡張することである。

顧　客

　先行者は次のようなさまざまな方法により転換コストを発生させることによって、顧客ロイヤルティを作り出すことができる。

- **顧客は先行者の製品やサービスに単純に慣れ親しむことがある。** その製品やサービスが満足のいくものであれば、性能の不明な他の製品やサービスを試す理由はないであろう。慣れ親しむことからくる転換コストは、低額の日用雑貨品に特に当てはまる。顧客にとっては、いかなる探索努力も正当化することが困難だからである。
- **顧客は長期的コミットメントを行うことに魅力を感じることがある。** ある病院用の医療用品企業は、緊急品の発注を支援するために病院にコンピュータ端末を設置することを提案して支配的地位にある企業に対抗し、業界に進出した。コンピュータ端末は結局、緊急品だけでなく通常の発注にも使用されることとなった。病院としてはそのような端末は1つしか必要がないため、従来の確立した企業が遅ればせながら同様の端末サービスを行おうとしたときに困難を来すこととなった。この新しいサービスは先制されたのである。もう1つの方法は、顧客が製品あるいはサービスを使用することに習熟するよう促すことによって、顧客の転換コストを作り出すことである。購買先を転換すると、もう一度学習し直さなければならなくなるのだ。油田計測器分野のテキサス・インスツルメンツ

に代表される多くの産業用設備メーカーは、その設備に関する知識を持った多くの顧客を作り出した。
- **企業は顧客に関する特別な知識を獲得することがある。**法律事務所や広告代理業はクライアント企業のことを熟知しているため、顧客が新たな関係を模索することはリスクを伴う。NCRのようなコンピュータ企業がある小売チェーンに関して特別の知識を得ているような場合には、その小売チェーンが他のコンピュータ企業に乗り換えることはリスクを伴うし、少なくともかなりの費用を伴うだろう。

流通とサービスシステム

　小売チェーンはあるエリアへ早期にコミットし、地域でいちばんの販路を確保することによりロケーションを先占することができる。そのようなチェーンは販路について第一の選択権を持つだけでなく、競合相手の潜在的収益性を減少させて参入を牽制することになる。流通チャネルの取扱可能量には多くの産業において限界がある。流通業者の倉庫や小売業者の棚スペース、収容能力にもまた限界がある。この流通チャネルの取扱能力に対し最初にアクセスを確保した企業は、容易には排除できない。

先制攻撃の実行

　先制攻撃の概念には、いくつかの言及すべき点がある。第1に、その定義からして先制攻撃は何か新しいものを含んでいなければならない。既存の戦略の複製または改良によっては先制攻撃を行うことはできない。革新が求められるのだ。したがって先制的活動が表面化することを許すメカニズムが存在していなければならない。
　第2に、先制攻撃は資源に対する大きなコミットメントを包含していることが多く、それはすなわち大きなリスクを意味する。しかしこのコミットメントこそが、結果的に優位を持続可能なものとするのだ。競合相手はコミットしている企業を相手に戦うことは好まないからだ。もし既存の競合企業が撤退する

可能性があれば、参入者にとって利益を挙げられる可能性はより大きくなるからである。

　第3に、先行者利益による成功は、競合相手の模倣あるいは反撃が不可能であるか、あるいは少なくとも模倣や反撃が困難であることを前提としている。競合相手が高級ブランドを擁している場合、こちらからの先制攻撃への反撃として競合相手が市場の低額セグメントに低価格ブランドを投入すれば、その高級ブランドには低額品による共食いが起こり、あるいはブランドイメージを傷つけられざるをえない。競合相手は既存の流通システムや生産工程にコミットしており、先行者に従うことに消極的かもしれない。先制攻撃への投資を決定するにあたっては、企業は競合相手のとりうる反応を考慮する必要があり、可能な場合には、本章の終わりに議論するような、競合相手が追随戦略を行う可能性を減らしておく必要がある。

市場開拓者に関する研究

　製品カテゴリーに対して先行者や早期参入者の多くが先制攻撃戦略を採用するため、これらの企業の業績は先制攻撃の威力に関するヒントを提供する。消費者向け事業、産業向け事業の両方を含む研究から導かれた結果として、先制攻撃は一般的に報われるという顕著な実証的証拠が存在する。[9] PIMSデータベースを使用した500を超える成熟産業に関する研究は、最初の参入者が平均して29％、初期参入者が21％、後期参入者が15％の市場占有率を有することを示している。18の消費者市場に関する別の研究では、最初の市場参入者が、市場シェアで6ポイント（7社）から13ポイント（2社）の永続的な市場シェアに関する優位を有することを示している。[10]

　生き残ることができなかった最初の参入者も含めてすべての真の市場開拓者が分析において考慮されていたら、開拓者の利点は縮小するであろう。ゴールダーとテリスは、真の市場開拓者を識別するために、歴史的観察を行った。[11] それら開拓者にはコンピュータのMITS、カメラのダゲレオタイプ、バッテリーのブライト・スター、ソフトドリンクのバーノース、タイヤのハートフォード、ビデオテープレコーダーのアンペックス、またワインクーラーのカリフォ

ルニア・クーラーなどが含まれていた。調査によれば、真の開拓者の生存率は50％にすぎず、生存企業も平均19％の市場シェアしか持たないことが明らかになった。この19％という市場シェアは、市場開拓者を「生存企業中の」最初の参入者と定義していたPIMSの研究で判明した数値のおよそ3分の2である。アイディアを遂行する資源と能力のない開拓者が脆弱であることは、明らかである。

初期市場リーダーに関する研究

初期市場リーダーとは、開拓者であるか、開拓者より後に市場に参入したかにかかわらず、製品ライフサイクル初期の成長段階に市場のリーダーシップを取った企業のことである。それらの企業は市場へ最初の参入者ではないかもしれないが、多くの場合なんらかのかたちの先制攻撃を行っている。ゴールダーとテリスは、50の産業のデータベースを使用して、初期市場リーダーは倒産確率が最も低く、市場開拓者に比べて市場シェアは3倍であり、高い確率で現在も市場リーダーであることを見出した。[12] 彼らは、初期市場リーダーたちの優れたパフォーマンスを引き出した5つの要素を特定している。

マス市場を想定する

新製品が最初に商品化された時点では、一般的に価格は高く、特殊な使用法や小さなセグメントがターゲットとされる。アンペックスはビデオテープレコーダーを開発し、何年ものあいだ、専門家ユーザーに1セット当たり5万ドルで販売していた。その後、ソニーや松下は、500ドルならばマス市場を魅了するだろうというビジョンを持つに至った。1960年代初頭における使い捨ておむつのリーダー、チャックスの製品は、優れた商品ではあったが価格が高かった。しかしプロクター・アンド・ギャンブルがパンパースを開発し、マス市場の価格レベルで発売した。時計においてタイメックスが、フィルムにおいてコダックが、安全カミソリにおいてジレットが、自動車においてフォードが、そして女性用パンティストッキングにおいてレッグスが成功するにあたっては、すべてマス市場のビジョンを使用している。

経営上の固執

多くの初期市場リーダーの成功を見ると、相当な困難と不確実性を乗り越えた長年のコミットメントの賜物としての技術的ブレイクスルー達成に起因することが多い。プロクター・アンド・ギャンブルがパンパースによる参入を成功させるまで、研究に10年の歳月を要した。ビデオテープレコーダーの日本の開発者たちは研究開発に20年を費やしている。カラーテレビの開拓者RCAは、まだ視聴者が少なかった時代に子会社のNBCにカラー番組を放送させるといった長期的なコミットメントを行っていた。初期の成長市場で勝利することは、安価で即席なものではないのだ。

財務的なコミットメント

経営上の固執や投資は多くの場合非常に高価であり、したがって財政的コミットメントは多くの場合きわめて重要である。黒字転換に長年を要し、短期的な業績圧力が大きい場合、これは容易なことではない。リーンゴールド・ブリューワリーがガブリンガーというライトビールを投入したとき、有望なスタートではあったが他の事業分野における財政的な必要上、市場からの撤退を余儀なくされた。対照的にフィリップ・モリスは支配的なポジションを達成維持するために、5年ものあいだミラー・ライトに大きな投資を行った。

容赦のない革新

長期にわたるリーダーシップが連続的な革新を必要とすることは明白である。英国企業のウィルキンソン・スウォードが1960年代初頭、ジレットの炭素鋼カミソリ刃より3倍長持ちするステンレス鋼カミソリ刃を市場投入したことは、ジレットには教訓となった。ジレットの市場シェアは72%から50%にまで落ち込んだ。ジレットはその時点ですでにステンレス技術を持っていたが、同社の成功している製品のシェアを食ってしまうのを回避するため、市場に投入するのを差し控えていたのだ。この経験の後ジレットは、革新的な伝統に立ち返り、一連の新商品を開発していった。1972年にはツインヘッド型カミソリのタックⅡ、1977年にはヘッド回転型カミソリのアトラ、1978年には使い捨て二枚刃カミソリのグッド・ニュース、1989年にはセンサー、1994年にはセン

サー・エクセル、そして1998年には三枚刃カミソリのマッハ3を開発した。

既存資産の利用

　初期市場リーダーはさらに、既存の流通上の力やブランド力を利用することができるため、既存製品関連分野において支配的ポジションを獲得していることが多い。ダイエット・ペプシやコカ・コーラのタブは、ダイエットコーラ市場の開拓者であるロイヤル・クラウン・コーラからその地位を奪うために流通力やブランド力を使用することができた。また、プロクター・アンド・ギャンブルの流通力とブランド力を兼ね備えた液体タイドは、市場開拓者であるウィスクにはあまりにも強敵であった。

追随者利益

　多くの企業は成功した競合相手を模倣することにより、意図的に追随戦略を取っている。追随者には、現実に優位性があるのだ。最も重要な優位は、新製品の失敗率を減少させうることであろう。ほとんどの新製品、特に根本的に新しい概念を備えた新製品は多くの場合失敗しているのが現実である。真の開拓者はそのリスクを取らなければならない。企業、特にキャッチアップのための資源を有する大企業にとっては、ある概念が確かなものとなり、参入前に市場が十分に開拓されるまで待つことには意味がある。遅れて参入することは高い代償を払わなければならず、不利ではある。しかし、失敗の確率を低くすることにより、多大な資源を温存することができる。

　追随者は多くの場合模倣者であり、模倣は研究開発と生産の両面において根本的に少ない投資しか必要としない。さらに時間も少なくて済む。市場開拓者が概念を洗練し、生産工程を確立するために10年を要した後、追随者は同じことを1年あるいはそれ以下で行うことができるかもしれないのだ。

　追随者は市場の発展を観察することにより、利益を得ることができる。市場開拓者が第一世代の製品とオペレーションへの投資に汲々としているあいだに、追随者は設計を改良し、おそらく第二世代の製品や生産工程の開発に参加することができる。市場開拓者はさらにあるセグメントやポジショニングにコ

ミットしてしまっているが、それは市場が発展するに従って最適なものではなくなってくる可能性がある。最初期のコンピュータ購買者は基本的にはコンピュータ愛好家であるが、この市場はIBMがPC事業に参入したときのターゲットである一般市場とは非常にかけ離れたものであった。テイスターズ・チョイスはフリーズドライコーヒーの分野で、味という切り口によってポジショニングし、マキシムにうまく追随することができた。

図表10-6　戦略的方針の選択肢──まとめ

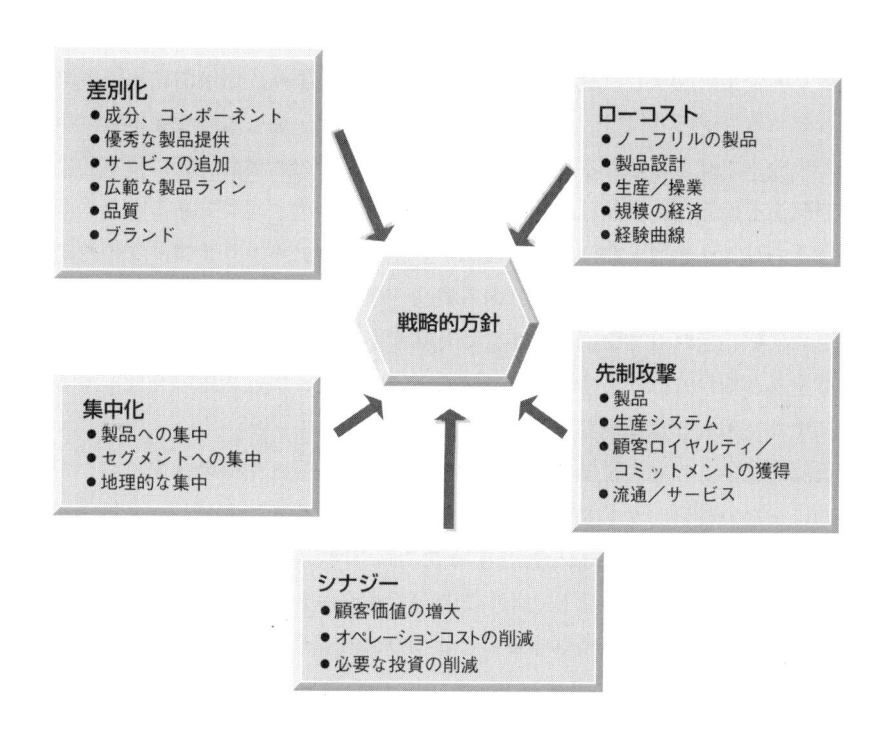

差別化
- 成分、コンポーネント
- 優秀な製品提供
- サービスの追加
- 広範な製品ライン
- 品質
- ブランド

ローコスト
- ノーフリルの製品
- 製品設計
- 生産／操業
- 規模の経済
- 経験曲線

集中化
- 製品への集中
- セグメントへの集中
- 地理的な集中

先制攻撃
- 製品
- 生産システム
- 顧客ロイヤルティ／コミットメントの獲得
- 流通／サービス

シナジー
- 顧客価値の増大
- オペレーションコストの削減
- 必要な投資の削減

→ 戦略的方針

まとめ

- 図表10－6は、前3章で議論した5つの戦略的指針の要約である。
- ローコストの戦略的指針は、ノーフリル（実質本位）の製品、製品設計、オペレーション、規模の経済、あるいは経験曲線などに基づく。
- 集中化戦略は、通常、差別化あるいはローコストを利用するが、それに加えて製品・市場の一部に集中する。
- 先制攻撃は、ある事業領域にとって新規の戦略の実行であり、追随者が複製ないし対抗することが不可能な資産あるいは能力を作り出すものである。先制攻撃を行う者は、優位を達成するために首尾一貫して事業に取り組み、財務的コミットメントを行わなければならず、また市場からあまりにも先行しすぎないようにしなければならない。
- 適切な環境の下では、意図的に追随戦略を取ることにより、市場を開拓するコストとリスクを回避することができる。

注

1： Herbert Kelleher, "Marketers of the Year," *Brandweek*, November 8, 1993, p.41.

2： Timothy M. Saseter, Patrick W. Houston, Joshua L. Wright, and Juliana U. Park, "Amazon: Extracting Value from the Value Chain," *Strategy and Business*, First Quarter, 2000, pp.94-105.

3： Swander Pace & Co., "Does Size Really Matter?" research note, Vol. 10, Issue 3, 1997.

4： Bill Saporito, "How Quaker Oats Got Rolled," *Fortune*, October 8, 1990, pp.129-138.

5： Walter Kiechel Ⅲ, "The Decline of the Experience Curve," *Fortune*, October 5, 1981, p.140.

6： Kiechel, "Experience Curve," p.144.

7： Bill Saporito, "Heintz Pushes to be the Low-Cost Producer," *Fortune*, June 24, 1985, pp.44-54.

8： Cara Appelbaum, "Targeting the Wrong Demographic," *Adweek's Marketing Week*,

November 5, 1990, p.20.

9：William T. Robinson, "Sources of Market Pioneer Advantages: The Case of Industrial Goods Industries," *Journal of Marketing Research,* February 1988, pp.87-94; and William T. Robinson and Claes Fornell, "Sources of Market Pioneer Advantage in Consumer Goods Industries," *Journal of Marketing Research 22,* August 1985, pp.305-317.

10：Glen L. Urban and Gurumurthy Kalyanaram, "Dynamic Effect of the Order of Entry on Market Share, Trail Penetration, and Repeat Purchases for Frequently Purchased Consumer Goods," working paper, MIT, Cambridge, January 1991.

11：Peter N. Golder and Gerard J. Tellis, "Pioneer Advantage: Marketing Logic or Marketing Legend?" *Journal of Marketing Research,* May 1993, pp.158-170.

12：Gerard J. Tellis and Peter N. Golder, "First to Market, First to Fail? Real Causes of Enduring Market Leadership," *Sloan Management Review,* Winter 1996, pp.65-75.

第11章 戦略的ポジショニング

Strategic Positioning

　事業戦略の外観である戦略的ポジショニングとは、企業がその競合相手や市場との関係で、顧客、従業員、提携先からどのように見られたいかを決定することである。戦略的施策や広告プログラムは、戦略的ポジションから導かれ、戦略的ポジションは組織の文化や価値観の指針となる。したがって、正しい戦略的ポジショニングを取ることは、非常に重要なのである。戦略的ポジションは次のようなものであるべきである。

- **戦略的であること**　戦略的ポジショニングは、市場において競合相手に対して優位を得るための長年の活動の反映であるべきであり、戦略そのものが変更されるまで変更されるべきではない。対照的に、広告キャンペーンやキャッチフレーズは、戦術的で事業戦略の範囲内で変化する可能性があるコミュニケーション方針を反映している。
- **事業戦略により能動的に作り出されたものであること**　顧客が持つイメージとは異なり、戦略的ポジショニングは企業によってコントロールされていなければならない。戦略的ポジショニングは非常に重要であるから、事業戦略の進展に関する知識やそれを体系化する動機を持ち合わせない顧客の手に委ねるべきものではない。
- **競合相手や市場との関係で定義されていること**　事業はそれ自体として孤立して存在するものではないので、企業が事業の範囲を決定するのみならず、事業が競合相手との差別化ポイントを持たなければならない。もし革新的であるという望ましい戦略的ポジショニングが競合相手によってすでに採用されてしまっていた場合、革新的であるということに自社独特の差別化されたひとひねりを加えなければならない。例えば、単に

技術的進歩のみならず顧客に利益をもたらす革新、という具合である。
- **顧客にとって論理的かつ感情的に共鳴できるものであり、市場と関連性のあるものであること**　顧客に好まれ、賞賛された戦略的ポジショニングであっても、関連性のあるものでなければ結局は失敗してしまう可能性がある。

戦略的ポジショニングの役割

　戦略的ポジショニングは、いくつかの重要な役割を果たしている。1つの間接的な役割は、戦略的ポジショニングを明確にすることを要求することによって、戦略立案プロセスに規律と明確性を与えることである。このステップは、しばしば戦略の調整や拡張につながる問題を提起し、最終的にできあがった戦略をより正確で精緻なものとする。

　第1の役割は、オペレーション、製品提供から研究開発に至るまで、組織全体において戦略的施策をガイドし、促進する役割である。戦略的ポジショニングによって獲得された全体的指針から、個々の施策やプログラムが導かれるべきである。例えば、自社がEビジネス企業になることを望むとして、顧客はどのようなツールやプログラムを自社から得たいと期待するであろうか。戦略的ポジショニングを強化しない施策やプログラムは、再調整するか廃止すべきである。

　第2の役割は、コミュニケーションプログラムを促進することである。製品を差別化し顧客に訴えかける戦略的ポジショニングは、外部とのコミュニケーションにパンチと効率を与えるのみならず、その長期的視点によって時間を超えた一貫性を提供する。

　第3の役割は組織の持つ価値観と文化を、従業員や提携先に対して表現することを支援することである。このような内部のコミュニケーションは、顧客に対するコミュニケーションと同じぐらい重要である。サンフランシスコのコミュニケーションコンサルタントであるリン・アップショーは、従業員と提携先に対して次の2つの質問をすることを薦めている。

- あなたはこの事業が何を意味するか知っているか。
- それはあなたにとって重要なことなのか。

これらの質問の答えがイエスでなければ、つまり従業員や提携先が事業戦略を理解し、それを確信していなければ、戦略がそのポテンシャルを活かしきる可能性も低い。非常に多くの企業が、特に何も外部に表現することもなく、方向性を欠き、目的もなく漂流している。これらの企業は、組織の魂の感覚や正しい戦略的ポジショニングを欠き、取引においても「セール中です」と叫んでいたり、盲目的なチャネル拡大に従事したりしている。

図表11-1　戦略的ポジショニング

```
┌─────────────────────────────────────────────┐
│  事業戦略の外観   競合相手との   顧客と       │
│                   差別化        共鳴できる    │
└─────────────────────────────────────────────┘
              ↘   ↓   ↙
              ( 戦略的 )
              (ポジショニング)
              ↙   ↓   ↘
┌─────────────────────────────────────────────┐
│  戦略的施策の   コミュニケーション  組織の価値観 │
│  ガイドと促進   プログラムの促進   と文化を表現  │
└─────────────────────────────────────────────┘
```

企業にとっての戦略的ポジショニングは、ブランドにとってのコアアイデンティティと似ている。コアアイデンティティの概念は、"Building Strong Brands"と"Brand Leadership"[1]の書中で述べた。これら2つの概念は同一の場合もあるが、戦略的ポジショニングのほうがより広い概念であることもある。

戦略的ポジショニングは、事業の展望に劇的な影響を及ぼす可能性がある。ヴァージン・アトランティック航空、IBM、そしてチャールズ・シュワブの例を見ていこう。

ヴァージン・アトランティック航空

1970年に、リチャード・ブランソンと数人の仲間たちは、英国ロンドンにおいて小さな通販レコード会社としてヴァージンを設立した。この目立たない出発から、1980年代には、レコード・チェーン店とフィル・コリンズ、セックス・ピストルズ、ボーイ・ジョージ、ローリング・ストーンズなどの多様で重要なアーティスト群を擁する英国最大の音楽レーベルへと発展した。1990年代には、小売事業は世界中に散在する100店以上のヴァージン「メガストア」を擁するまでに発展した。タイムズスクエア店などの多くの店舗は、その概観、規模、インテリアデザインによって強力なブランド主張を行っていた。

1984年2月、ブランソンは空の旅を退屈でつまらないものと感じ、ファーストクラスの旅客だけでなくすべてのクラスの旅客にとって空の旅を楽しいものとするため、ヴァージン・アトランティック航空をスタートさせることを決定した。大方の見方に反して、（英国航空による封じ込めの努力にもかかわらず）ヴァージンは発展していった。1990年代の終わりまでに、ヴァージンが参加している市場や航路のほとんどすべてにおいて、ヴァージンはナンバー2の航空会社となった。それだけではなく、ヴァージンは信頼性、革新性、サービスの点でつねに高いランクにあるシンガポール航空のような、サービス指向の航空会社を含む国際的航空会社と並ぶ認知と評判を享受するようになった。ヴァージン・アトランティックの成功は、サービス品質、革新性、楽しさ、そして価格に見合う価値といった、いくつかの軸に沿った戦略的ポジショニングによるところが大きい。

傑出したサービス品質

　航空事業においては、顧客が直接サービス品質を実感する何千もの瞬間がある。この意味においてヴァージンは、基本的な品質を提供するだけでなく独自の「ワォ！」と思わせるような体験を提供して、傑出したサービスを行った。ヴァージンは、1986年にスリーパーシート（その9年後に英国航空がクレードルシートで追随した）、フライトの両端におけるリムジンサービス（軽旅行者へはバイクサービス）、フライト中のメッセージサービス、安全用チャイルドシート、ビジネスクラス旅客向けの個人テレビ、空港でのドライブスルーチェックイン、従来のエコノミーやビジネスクラスより上に位置づけられる新しいクラス、などを初めて提供した。ヴァージンはファーストクラスの顧客に対し、到着地で新品のオーダーメイドのスーツを用意し、マッサージや美容セラピスト、シャワー、ジャグジーそして仮眠のための施設をも提供した。

価格に見合う価値

　ヴァージン・アトランティックのアッパークラスはビジネスクラス並みに料金設定されているが、他の多くの航空会社のファーストクラスに匹敵するものである。ミッドクラスはエコノミーの正規料金並みであり、ヴァージンのほとんどのエコノミークラスは格安航空券として販売されている。この低い価格設定は明らかに顧客の利益となるものであるが、ヴァージンは宣伝において価格ポジションを強調することはない。安いこと自体は、ヴァージンのメッセージではないのである。

弱者

　ヴァージンのビジネスモデルは明快だ。ヴァージンは典型的には、自己満足的で、官僚的で、顧客ニーズへの対応の鈍い、大きな既存のプレーヤー（英国航空、コカ・コーラ、リーバイ・ストラウス、英国鉄道、スミルノフなど）が存在する市場や産業に進出する。これらのプレーヤーとは対照的に、ヴァージンは顧客の声を聞き、革新的で、顧客に魅力的で価値のある代替品を提供する弱者として自身を位置づける。ヴァージンの航路獲得を英国航空が妨げようとしたとき、ヴァージンは英国航空を、よりよい価値とサービスを提供する真面

目な若者の行く手に立ちはだかる弱いものいじめとして描き出した。ブランソンを体現化したヴァージンは、弱者の味方、現代のロビン・フッドなのである。

ヴァージンのパーソナリティ

　ヴァージンブランドは、その鮮烈なサービス革新とリチャード・ブランソンの価値観と行動を大きく反映した、強力でシャープなパーソナリティを持っている。ヴァージンは、人にたとえると次のような人であろう。

- ルールを無視する。
- ユーモアのセンスがあるが、しばしば無礼なこともある。
- 確立されたものに戦いを挑もうとする弱者。
- 有能であり、つねによい仕事をし、高い基準を持つ。

　興味深いのは、このパーソナリティはいくつかのまったく関連のない特徴を含んでいることである。すなわち、楽しいことを好み、革新的であり、そして有能でもあるということだ。多くの企業が同様のパーソナリティを持ちたいと望んではいるが、そのような極端なパーソナリティのなかから1つを選択しなければならないと感じているのである。鍵となっているのは、ブランソン自身のパーソナリティのみならず、ヴァージンがこのパーソナリティのそれぞれの側面を実際に提供してきたという事実である。
　ヴァージンは、企業がオペレーションの許容範囲であると考えられているものをはるかに超えて拡張することを、正しい戦略的ポジショニングによって可能にしているという顕著な例である。ヴァージンは、レコード店から航空、コーラ、コンドーム、その他何十ものカテゴリーへと拡張するためにその戦略的ポジショニングを用いた。ヴァージン・グループは22カ国における約100の企業で構成され、ディスカウント航空会社（ヴァージン・エクスプレス）、金融サービス（ヴァージン・ダイレクト）、化粧品小売と直売（ヴァージン・ヴィ）、鉄道サービス（ヴァージン・レイル）、ソフトドリンクその他の飲料（ヴァージン・コーラ、ヴァージン・エナジー、ヴァージン・ウォッカ）、カジュアル衣類（ヴァージン・クロージング、ヴァージン・ジーンズ）、新レコードレーベル（V2レ

コード)、そしてブライダルショップ (ヴァージン・ブライド) などを含んでいる。個々の事業において、戦略的ポジショニングは差別化と優位を提供する機能を果たしている。

　実際のところ、当時ロックミュージックと若者に関連していた事業を航空事業へと拡張するという決定は、もし失敗すれば歴史に残る大間違いとなるところであった。しかし、航空事業が成功し、高い品質、ひらめき、そして革新という価値を提供することができたために、親ブランドであるヴァージンは、ある1つのタイプの製品に限られないのだというイメージを作り出した。ヴァージンはある主張を伴ったライフスタイルブランドになったのであり、その強力な顧客との関係は、特定のカテゴリーにおける機能的便益にのみ基づくものではない。

　ヴァージンの成功は、リチャード・ブランソンの個人的なパブリシティに大きく依存した純粋な知名度によって促進されてきた。広告支出においては、ヴァージン・アトランティックが英国航空と太刀打ちできないことを悟り、ブランソンは認知を得、イメージを醸成するためにパブリシティという離れ業を使った。1984年、ヴァージン・アトランティック航空の最初のフライトが彼の友人、有名人、レポーターを乗せて離陸したとき、ブランソンは第1次世界大戦で使用された年代物の皮の飛行帽をかぶってコクピットに現れた。機内ビデオでは (もちろんあらかじめ録画したものであるが)、「パイロット」であるブランソンと2人の有名なクリケット選手がコクピットから乗客に挨拶した。[2]

　ブランソンのパブリシティ活動は、ヴァージン・アトランティックに限ったものではなかった。婚礼の手配会社であるヴァージン・ブライドの立ち上げのために、彼はウエディングドレスを着て現れた。1996年のニューヨークのタイムズスクエアにおけるヴァージンのアメリカ最初のメガストア開店では、数々の世界記録を持つ気球乗りであるブランソンが店舗の100フィート上空から銀色の気球に乗って降下した。これらを初めさまざまな離れ業は、あらゆる場面でブランドを支援し、ヴァージンにとって無料のパブリシティというもうけものとなった。

　ブランソンは自身の役割を完璧に理解していた。英国のユーモアと体制を愚弄する人気ある愛嬌を用いて、彼は消費者の支持を集めていった。高品質、革

新、楽しさ、そして金額に見合う価値というコアとなるブランド価値から決して逸脱しないことで、彼は消費者のロイヤルティと信頼とを獲得したのである。このブランソンとヴァージンに対する高いレベルの信頼には、証拠がある。BBCラジオが1200人の人々にモーセの十戒を書き変えるとしたら誰が最もふさわしいかと質問したところ、ブランソンは、マザー・テレサ、ローマ法王、カンタベリー大司教に次いで4位となった。ある英国の日刊紙が次のロンドン市長に誰が最もふさわしいかの世論調査を行ったところ、ブランソンが圧勝したのであった。

　ヴァージンのような機能革新と成功実績とに基づいた企業にとっての課題は、非常に厄介なものである。ヴァージンは、ヴァージン・レイル事業において本当の意味での不運にめぐり合わせるかもしれない。年間延べ約3000万回の旅行により、鉄道事業は非常に目立つものであり、かつ高品質サービスの提供は完全にはヴァージンの管理下にない。ヴァージン・アトランティックの経験に基づいた期待を持つ旅客は、中途半端なサービスと列車の遅れや運行中止に失望した。今から考えれば、このようなリスクの高い事業は、ヴァージンブランドへの防御のため他の名前を使用したほうがよかったのかもしれない。

　ヴァージンにとっての重大問題は、その顧客（およびブランソン）が年老いていくなかで、また、さらに広範な事業へと拡大していくなかで経営していくということであろう。ヴァージンはそのすべての製品カテゴリーにおいて戦略的ポジショニングを維持し、エネルギッシュなパーソナリティを維持しつづけることができるのだろうか。明確な戦略的ポジショニングとそれを実行する能力が、このチャレンジを克服する鍵となるだろう。

IBM

　戦略的ポジショニング（およびその欠如）は、長年のあいだ、IBMの運命を左右する重要な要素であった。1950年代、IBMはパンチカード処理会社からコンピュータ製造企業へと転身した。1960年代には、ハードウエアの納入業者から確実かつ有能にシステムソリューションを提供する企業へと発展した。IBMのマシンを買ったために首になった者はいないという格言は、そのポジ

ションをサポートする途方もないエクイティを反映している。しかし、IBMのサービス部門をハードウエア販売部門から切り離すという独占禁止法上の決定は、IBMの戦略的ポジショニングを台無しにし、困難な時代へと導いた。

1980年代半ば、IBMは苦境に陥った。同社のコンサルティング事業はうまくいかず、いわゆるIBMクローンが同社のPCにおけるポジションを危うくしており、マイクロソフトその他の企業がソフトウエアにおけるリーダーとしてのポジションを築いていた。IBMは明確な戦略的ポジショニングを欠き、その結果危機的状況に陥っていた。

1993年春に、ルー・ガースナーがCEOに就任したとき、彼の施策の1つは戦略的ポジションを構築することであった。情報システム担当役員に対する一連のフォーカスグループインタビューは、IBMが優秀かつ革新的な技術的リーダーであり、高品質機器のメーカーと考えられていることを明らかにした。しかし、その同じ役員たちがインタビューで、IBMを購入しないだろうと回答した。この役員たちは、IBMがあまりにも尊大になり顧客に背を向けることによって、すべてのコンピュータ領域で彼らを失望させているのであり、彼らの信頼を裏切っているという点を挙げて非常に感情的になっていたのである。

ガースナーは、IBMの企業文化を変革するためいくつかのステップを踏んだ。最初に、(彼を含む)トップ経営者たちに日常的に顧客と会話させるプログラムを導入した。IBMブランドと組織シナジーがIBMの優位性の戦略的ポイントであるであることを明らかにして、会社を分割するという内部検討を中止した。ガースナーは同時に、製品開発と業務改善における最重要施策を洗い出し、それらが十分な資金を得られるようにした。これらすべての活動が新たな戦略的ポジショニングを確立し、それによって、IBMのグローバルテクノロジーリーダーとしてのイメージを維持するとともに、冷淡で不親切な外見を一掃したのである。

オグルヴィ・アンド・メイザー［訳注：広告代理店］によって開発された広告キャンペーンが、このメッセージを象徴的に理解させた。あるコマーシャルでは、チェコの尼僧たちが「OS/2が楽しみだわ！」と語りながら道を歩いて行くシーンを映し出していた。「小さな惑星のためのソリューション」というキャッチフレーズが、ソフトで控えめにグローバルリーダーであることのメッ

セージを伝えており、これが、IBMをそのルーツである顧客指向の企業へと回帰させることになった。この戦略的ポジショニングこそが、IBMを倒産の淵から復活させたのだと信じられている。

しかしこの数年後、IBMは関連する問題に直面した。インターネットが単なる流行からより現実のものになり、シスコやサンといった企業が、デジタル世代に対応した機器と経験を持つと見なされるようになったのである。IBMのイメージは悪くはなかったが、この新たなビジネス環境には古すぎると考えられていた。これに対して、拡大され、再調整された戦略ポジショニングではIBMのサービスと機器のEビジネスの力に焦点が当てられた。一連の「e-」が付くサブブランドとEビジネスのキャッチフレーズをサポートする大量の広告に援護されて、IBMはEビジネス企業となった。このことを、いくつかの競合相手はいまいましく思ったものである。

製品は、長年のIBMの戦略的ポジショニングにおいて重要な役割を果たしてきた。1960年代には（まだコンピュータといえばIBMではなくユニバックだったころ）、非常な成功を収めたメインフレームコンピュータである360によって支配的地位を築いた。この360は、アップグレードや改良を経て何年ものあいだ標準機となっていた。360は、コンピュータにおけるリーダーシップの戦略的ポジションを支える存在でありメッセージであった。

3つの小さなコンピュータ製品が、全社の売上に占めるポジションは小さかったものの戦略的ポジショニングの形成に重要な役割を果たした。最初の製品は、パーソナルコンピュータの世界とそこでのIBMの地位を確固たるものとした、1980年代初頭における独自のPCであった。このブレイクスルーは、PCという機知に富み革新的な領域における支配的リーダーとしてのIBMの地位をあらためて強化するものであった。

第2の製品はPCジュニアであり、戦略的には正しいアイディアであったもののその展開はIBMがPCで得た利益をすべて失わせるものであった。この製品の意図は、多くの顧客が仕事で使用するPCと関連した家庭用のコンピュータを作ることであったが、キーボードは不適切で、ハードディスクがなく、プリンタとも接続できないしろものであった。さらに悪いことには、ユーモラスなチャーリー・チャップリンを登場させた新発売の広告キャンペーンが嘲笑の

的となってしまった。このようにしてPCジュニアは、IBMブランドの官僚的でそっけないという認識を復活させてしまったうえ、適切でやる気があるという印象を弱めてしまった。

　第3の製品は、IBMシンクパッドであり、斬新なデザイン、赤いトラックポイントなどの革新的な機能、軽さ、そして安定した性能を特徴としていた。追跡調査によれば、この製品が目に見えて高級品のリーダーとなっていくにつれ、IBMに対する顧客の態度も著しく改善された。これは、IBMにとって5年のあいだ唯一の改善であった。

チャールズ・シュワブ

　チャールズ・シュワブは、1975年の創業以来何度も自己変革を繰り返してきた。同社はそのすべてにおいて、戦略的ポジショニングを変更してきたというよりも拡張してきたのであった。過去のミスを訂正したり失敗した施策の結果を克服したりするというような、困難な再ポジショニングを行う必要はなかったのである。

　シュワブが設立されて間もない1975年に、SECによって株取引の代行料が自由化され、同社は生粋のディスカウント証券会社となった。この種の証券会社は、投資アドバイスを必要としない場合や、そのための高い料金を払う意思がない場合に、フルサービスの証券会社の代替となるものであった。証券会社としては取引の量をふやせば利益を得ることになるため、投資アドバイスは悪くいえば利益相反となり、良くいってもアドバイスが無作為な選択をした場合と大差ないため、高い料金を正当化することはできなかった。

　競合他社が合併していくにつれて、シュワブはその戦略的ポジショニングを変更していった。シュワブは、その最先端のコンピュータシステム、信頼できる取引、傑出したサービス、そして質の高い報告書によって最高のディスカウント証券会社としてのポジショニングを行った。競合他社は必然的に極端な値下げに走ったが、それは長期的にみて健全な戦略的ポジショニングとはいい難かった。

　1992年、シュワブは同社のワンソース（OneSource）サービスと無料の個人

退職年金（IRA）口座を売り物に、ディスカウント証券会社だけでなくポートフォリオ全体の受け皿としての資産管理会社となった。ワンソースでは、シュワブの顧客が広範な情報システムの支援を受けて無料でさまざまな種類の投資信託を選択できるようになっている。これにより、顧客は複数の企業の商品を比較のために検索する必要がなくなるのである。最も人気ある投資信託商品を集めたシュワブ・セレクトリストのような投資信託購入者に対するサポートの強化が、長年にわたってシュワブの戦略的ポジションの強化に役立っている。

しかし、コンピュータ取引の初期の実験は、それを経験した顧客とそれから置き去りにされた顧客のあいだに混乱といらだちと憤慨とを噴出させた。それにもかかわらず、1997年、シュワブは電話注文からの手数料収入を危うくしてまでもインターネットとコンピュータ取引に傾注した。コンピュータによる証券取引の先駆的企業の1つとして、シュワブは新たな差別化サービスを提供し、それがさらにコンピュータを用いた取引システムのリーダーとしてのポジションを強化することとなった。

新しい世紀に入り、シュワブはその戦略的ポジションにもう1つの軸を付け加えようとしている。それは、マネーマネージャーというポジションである。現在のシュワブの顧客層は同社の従来の顧客層と比較して裕福であり、より多くのアドバイスを望んでいる。シュワブはこのような顧客を取り込みたいと考えている。しかし、フルサービスの証券会社は不必要に高価であるという、長年のポジションから後戻りしないアプローチを使用したいと考えている。このようにして、シュワブはコンピュータ支援システムを用いて、数々のコストパフォーマンスの高いブランドづけされたサービスで答えてきた。

その例としては、そのつど料金制のサービスを提供する400人のシュワブ投資アドバイザーや、シュワブの支店において固定料金で分析を行う「ポートフォリオ・コンサルテーション」などがある。さらに、シュワブは顧客に、ポートフォリオのコストベースを分析するオンラインツール「セル・アナライザー」や、インデックスに対するベンチマーキングを行うことを可能にする「ポートフォリオ・トラッカー」などの、ブランドづけされたソフトウエアを提供している。

シュワブの戦略的ポジションの拡大は、当初から予定されていたものではな

く、長いあいだに発展したものである。個々のステップは、それ自体としては進化のプロセスであった。同社はワンソース以前に投資信託のサービスを、インターネットへの傾注以前にコンピュータ取引を、そしてフルスケールのマネーマネジメント以前に（提携アドバイザーのネットワークを通じた）ファイナンシャルアドバイスを提供していた。これら初期の戦略的ポジショニングの諸軸は、廃棄されたり強調されなくなったりしたのではなく、むしろ事業の厚みと深さを増大させるようにしたのである。端的にいえば、シュワブはその伝統に忠実でありながら、改善を行ったのであった。

あたかもGAPがGAPブランドの他に高級顧客向けのバナナ・リパブリックや実質指向顧客向けのオールド・ネイビーを有しているように、シュワブの戦略的ポジショニングは実際には3つのブランドに基礎をおいている。シュワブが同社のメインブランドである一方で、USトラスト（ニューヨークのパークアベニューの本社は木のパネルと金縁の陶器で埋めつくされている）およびデイトレーディングに特化した企業のサイバーコープを買収することにより事業領域を追加した。これら2件の買収は、シュワブがその本来のブランドを不適切に拡張することなく市場を拡大するのに役立っている。[3]

戦略的ポジショニングのオプション

製品、市場、そして事業戦略が多様であるように、戦略的ポジショニングの仕方にも多様なものがある。成功した戦略的ポジショニングは、前2章で議論した戦略オプションに基づいていることが多い。

- **高品質のプレーヤーであること**　定義された製品領域における高品質プレーヤーとなる。例えば、ジレットのグッド・ニュースは最高の使い捨てカミソリであるし、サックス・フィフス・アベニューは高級店のなかでも最高であろうとする。また、アクセンチュアは業務の範囲が拡大するなかにおいても最高の経営コンサルティング企業であると認識されることを望んでいる。この戦略的ポジショニングで成功するためには、最高

であるという約束のもとに商品を提供するとともに、競合相手と考えられる企業のセットを決定するカテゴリー定義をマネージすることが必要である。

- **価格に対応する価値の提供**　現代自動車、バジェット・レンタカー、Kマート、そしてマイディスカウントブローカー・ドット・コムは、すべて価格に対応する価値を提供するプレーヤーとしてポジショニングしている。このポジションで成功するためには通常コスト優位が必要であり、ここでもまた競合相手のセットを注意深くマネージすることが必要である。例えばバジェット・レンタカーは主要レンタカー会社と比較されてはじめて価格に対応する価値を提供しているといえるのであり、同様にKマートもまた十分に定義された一連の競合相手のなかで価格に対応する価値を提供しているといえる。JCペニーはその提供するものの高級化を試みたことがあったが、これは価格に対応する価値を強化することとは一線を画し、競合相手のセットを変更したのである。

- **パイオニア**　フォード、ヒューレット・パッカード、サン・メイド、ボーイング、バンク・オブ・アメリカはすべて、あるカテゴリーを支援し、つねに最前線に位置してきた先駆者として自身を演出してきている。先駆者は現代的かつ革新的である必要がある。さもなければ単純に古いと感じられてしまうからである。先駆者であるという側面は、正統であるということと密接に関連している。にせものではなく本物であるということは、顧客の購買態度に最も強力に影響を与えるものの1つである。

- **絞り込まれた製品範囲**　レッツゴー・フライ・ア・カイト、アームコ［訳注：自動車トランスミッションの点検修理会社］、そしてフェラーリの真髄は、絞り込まれた製品提供にある。これによってこれらの企業は、製品について熟知しているという信頼感を吹き込んでいるのである。難しい課題は、この信頼感を損なうようなやり方で製品の範囲を拡張しないように自制することである。

- **ターゲットセグメントへの集中**　集中を伴ったオンラインビジネスとしては、定年後の世代に製品とサービスを提供するゴールド・バイオリンがあり、同社はこの世代を現代のヒーローとして概念化している。もう1つ

の例は、15歳から18歳に集中するボルトであり、コミュニティーに極端に依存することにより差別化している。『ビジネス2.0』は、「トランスフォーマー」、つまりビジネスの方向性を決定するための権力も資産もある革新的な人々に焦点を当てることにより、ニューエコノミー雑誌の代表格の1つとなった。ターゲットセグメントに関連するポジショニングは、そのセグメントにとって重要な製品経験に敏感でありつづけることにより、その組織がつねに最前線にいることを確約するのに役立つ。

当然のことながら、戦略的ポジショニングの基礎となる軸は数多く存在する。企業を成功させた実績のある戦略ポジショニングの軸を示すと、以下のものがある。

- 製品カテゴリー
- 製品特性と機能的便益
- 広範な製品ライン
- 組織の無形資産
- 感情的利益と自己表現的利益
- 体験
- 現代的であること
- ブランドパーソナリティー
- 競合のポジション

すでに述べた例からも明らかなように、これらの軸の多くは相互に関連しており、純粋に1つの軸のみの戦略的ポジショニングはまれである。

製品カテゴリー

企業が自身を関連づける製品カテゴリーの選択は、戦術的のみならず多大な戦略的示唆を持つ可能性がある。シュウェップスは欧州において成人用飲料としてポジショニングしており、新世代成人飲料の人気により同社は支配的ポジ

ションへと登りつめた。しかし米国においては（おそらくコカ・コーラやペプシの巨大な力を回避して）、カクテルドリンクとしてポジショニングして参入した。このことにより、米国ではマイナープレーヤーと成り下がってしまった。エナジーバーは、キャンディーとは別のカテゴリーを創出して大きな事業となった。対照的にワサ・クリスプブレッドは、ライスケーキやライ・クリスプと同じカテゴリーではなく、パンの代替品としてポジショニングすることによって、その市場を拡大した。

カテゴリーをマネージする

特にハイテク業界においては、偉大な製品を有している企業が尊重はされるが、市場との適切性を失ってしまうということがしばしば起こる。多くの場合、その原因はカテゴリーの発展や衰退、あるいはその企業がプレーヤーであるとは認知されないような新たな活気に満ちたカテゴリーの出現である。

例えば、すでに述べたようにIBMは最高の製品を提供しているにもかかわらず、インターネットの世界では適切性があるとは考えられなかった。IBMの誤りは、戦略的ポジショニングを積極的にマネージしていなかったことによるものではなく、むしろ、企業として新たな現実を認識することに後れをとったことによる。Eビジネスという戦略的ポジショニングのやり直しは、この問題を解決しようとする努力である。

L.L.ビーンは、メーン州のアウトドア愛好家とのつながりの深さと同社の創業者の個性に依拠して正統派イメージを作り上げてきた。他の正統派ブランド同様、L.L.ビーンも新たな世代にとって適切性があるよう努めなければならない。L.L.ビーンの場合、狩り、釣り、そしてキャンプといった同社の伝統を維持しながら、ハイカー、マウンテンバイカー、クロスカントリースキーヤー、そしてウォータースポーツ愛好家といったより大きく、重要なセグメントにアピールすることである。L.L.ビーンは、そのポジションをすべてのアウトドアを包含するよう再調整することにより、同社のカテゴリーがどのように認識されているかということと、同社とそのカテゴリーとの関係を積極的にマネージしてきた。

適切性は、発展するカテゴリーを理解し、マネージするうえできわめて重要

図表11-2　市場との関連性を保つ

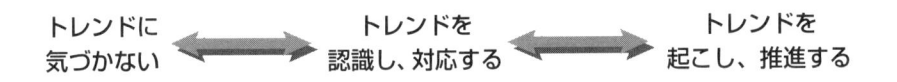

トレンドに気づかない　⇔　トレンドを認識し、対応する　⇔　トレンドを起こし、推進する

である。ヤング・アンド・ルビカム［訳注：広告代理店］のグローバルブランドに関する膨大な調査の産物である「ブランド・アセット・ヴァリュエーター」によれば、適切性は差別性、尊重、認知・理解とともに、この調査で見出された4つの重要な軸の1つである。調査結果では差別性がトップであったが、特にダイナミックな市場においては適切性も同様に強力であろう。もし事業が適切性を失えば、差別性も意味をなさないかもしれないのである。

　図表11-2に示すように、企業が適切性を維持する能力には幅がある。一方の極には、単にトレンドに気づかず、自身の製品がもはや適切性がないと気づいてあわてふためく企業というよく聞く話がある。もう一方の極には、実際にトレンドを起こし、カテゴリーを定義するような企業群が位置する。

製品特性と機能的便益

　ある事業が、市場が価値を認めるような強力で持続可能な製品特性ないし製品の機能的便益を有している場合、その製品特性ないし機能的便益は戦略的ポジショニングの重要な一部となる。米国歯科医師会の推薦に裏づけられたクレストの虫歯予防という強力なイメージは、長年にわたり40％を維持した同社の、練り歯磨き市場リーダーとしてのポジションを直接にサポートした。コルゲートが歯の侵食防止と漂白を組み合わせたコルゲート・トータルという製品により、より広範なポジションを提案するに及んで、クレストのリーダーシップは初めて挑戦を受けることになったのである。

　いくつかの製品クラスでは、異なったブランドが異なった「便益セグメント」

をターゲットにしており、それに従ってポジショニングしている。ボルボは「衝突テスト」のコマーシャルを流すとともに、いかにボルボが長持ちするかを語ることによって頑丈さを強調してきた。ジャガーは独特のスタイリングを強調してきたし、ＢＭＷは対照的に「究極のドライビングマシン」というキャッチフレーズで性能、ハンドリング、そして工学的な優秀性を売りものにしている。メルセデスは快適性と高級感を強調する。これらの自動車メーカーは、それぞれ異なった特性や便益をその戦略的ポジショニングに基づいて選択しているのである。

特性・便益というポジショニングが強い力を持つのは、購買の理由を提供し、したがって顧客に共感を提供するからである。しかし、主要なセグメントにとって重要であり、かつ他の競合相手にすでに占有されていない特性を見つけることは、多くの場合困難が伴う。1つの解決策は、第3章で述べたように未充足の顧客の課題を見つけ出すことである。顧客は、濡れたときにぼろぼろになってしまうペーパータオルにいらだっていることをビバが発見するまで、ペーパータオルの生産者は吸収力を強調していた。ビバは、「濡れても使えます」という主張を裏づける実演を行って、より耐久性のあるタオルを発売した。

広範な製品ライン

幅広い製品提供は、内容の確かさ、顧客による受け入れやすさ、リーダーシップ、そしてしばしばワンストップショッピングの利便性のシグナルとなる。アマゾンの事業展開とマーケティングを推進する戦略的ポジショニングは、創業当初においてさえけっして本を売ることではなかった（同社がブックス・ドット・コムと称していないことは、けっして偶然ではない）。「世界最大級の精選された書籍群」によって、よりよいショッピング体験を提供する企業としてポジショニングしているのである。つまり、幅広く精選された品揃えのため、顧客は他のどこも訪れる必要がないのである。このポジショニングにより、アマゾンはさまざまな製品市場に参入することができた。もちろん、それは同時に、同社がそれぞれの製品においても価値を提供しなければならないという圧力にもなっている。

製品ラインの幅広さは、シボレー、ウォルマート、ブラック・アンド・デッカーなど、アマゾン以外の企業の軸ともなっている。しかし先に述べたように、製品あるいは市場の集中は、ほとんどのブランドや企業にとって競争上の強みとなっている。特にオンラインの世界においては、機能やセグメントの追加のような施策はほとんどコストをかけずにもうかりそうに見えるが、企業は大きな誘惑に屈してはならない。

　これはなぜか。一方では、製品拡張はブランドエクイティや流通といった資産を活用し、顧客と企業の双方にシナジーを創出し、顧客の受容性やリーダーシップといったイメージを作り出す。しかし他方では、拙劣な拡張はブランド資産を低下させ、非効率を生み出し、必要な資産を転用させてしまう。ときとして、最悪の事態は企業が中途半端な態度を取ったときに起こる。つまり、集中化した戦略を捨て、しかも意味のある広範さを達成できないというような場合である。

組織の無形資産

　企業は、製品について主張したがるものである。顧客に自社の提供物のほうが重要な特性において勝っているということを顧客に信じさせようとして、ののしり合いを演じることもしばしばである。バイエルは速く効く、テキサス・インスツルメントのチップは速い、リーン・キュイジーン［訳注：ダイエット用冷凍食品］は低カロリーだ、ボルボは長持ちする、ブラン・ワンは他のシリアルより食物繊維を多く含んでいる、あるサーバは能力が高い、ある飛行機は航続距離が長い、といった具合である。

　このような能書き重視には、いくつかの問題がある。第1に、特性に基づくポジションは、競合相手がより速い速度、より多い食物繊維、より長い航続距離などを獲得してしまうといった革新に対して脆弱である。シリコンバレーのマーケティングの権威者であるリージス・マッケンナの言葉を借りれば、「あなたはいつでも追い出されかねない」ということである。

　第2に、製品仕様について論争を始めると、最終的にはすべての企業が顧客の信頼を失ってしまう。論争を始めてしばらく経つと、他よりもよく効くある

いは早く効くアスピリンなどないと思うようになってしまう。矛盾する主張があまりにも多いので、すべて信頼できないと思うようになるのである。

　第3に、顧客はいずれにしても、つねに特定の仕様に基づいて購買判断をしているとは限らない。顧客は、特性の小さな違いは重要ではないと考えているか、あるいは単にそのような詳細なレベルで情報を処理する動機や能力を持ち合わせていないのだ。

　属性によるポジショニングとは対照的に、組織の無形資産の要素は、事業をより効率的かつ持続的に差別化することができる。グローバル（VISA）、革新的（スリーエム）、高品質指向（フォード）、顧客指向（ノードストローム）、あるいは環境重視（ボディ・ショップ）などの組織属性は、製品属性イメージと比較して通常長期間持続し、かつ競合相手の主張に影響されにくい。組織属性は人、文化、価値観、そして全組織的な施策に基づいているので、まねをすることが困難であり、また競合相手が顧客に知覚された無形資産のギャップを埋めたということを示すことは難しい。競合相手のプリンタがより速いということを示すほうが、競合相手の組織が革新的であるということを示すよりもはるかに簡単なのである。

　カメラに関する実験が無形の属性の力を示している。この実験では、顧客は2つのカメラブランドを見せられる。1つは技術的優秀さを売りにポジショニングしており、もう1つは使いやすさを売りにポジショニングしている。各ブランドの製品仕様も同時に示されるが、それには使いやすいとされているブランドのほうが実際には技術的にも優れていることが明確に示されている。被験者が両方のブランドを同時に見せられたとき、使いやすいとされているブランドが、94％の被験者によって技術的に優れていると評価された。しかし、2日後、技術的に優れていると思われている（実際はそうではない）ブランドを見せられた後に使いやすいとされるブランドを見せられると、それが技術的に優れていると評価したのはわずか36％の被験者しかいなかったのである。抽象的属性として技術を使用したほうが、実際の仕様に勝ったのである。

感情的利益と自己表現的利益

　特性や機能の主張を超越して機能するもう1つの方法は、感情的利益あるいは自己表現的利益に基づいてポジションを創出することである。

　感情的利益は、顧客に購買体験あるいは使用体験において何かを感じさせる力に関係がある。強力なアイデンティティは、感情的利益を含んでいる。すなわち、購買者あるいはユーザーは次のように感じるのである。

- ボルボに乗っていると安全
- BMWに乗っていると刺激的
- MTVを見ていると活力がみなぎる
- ノードストロームにいると重要人物
- エビアンを飲んでいると健康的
- ホールマーク・カードを買ったり読んだりするのは暖かい
- フォード・エクスプローラーを運転していると力強く荒々しい

　スニッカーズは、ありふれたチョコレートバーから、1日の終わりのご褒美へとイメージを拡張したブランドの例である。同様に、「ミラーの時間」キャンペーンは、ミラーのハイ・ライフ・ビールをハードワークな1日の終わりの安らぎへと結びつけるために用いられた。つまり、カロリー、糖質、アルコールなどのイメージを伴った製品クラスのポジショニングが、よくやった仕事への報酬というよいイメージを持った感情的利益に置き換えられたのである。

　感情的利益は、すべて「私は～と感じる」という文章にすることができる。私は活力がみなぎっていると感じる、私は暖かいと感じる、私はエレガントだと感じる、といった具合である。感情的利益がブランドを差別化する役割を果たしうるかどうかを見るには、顧客に「私は～と感じる」という質問をしてみるとよい。もし筋金入りのファンが特定の感情的利益を言うことができるのであれば、それは戦略的ポジショニングとして考慮されるべきである。

　自己表現的利益は、人が自己を表現しうる手段とするために商品を購入あるいは使用するというような力をさす。例を示せば、人は自己の概念を次のよう

に表現することができる。

- ロシニョール・パウダースキーを持っていると冒険的で大胆
- GAPの服を買うとセンスがいい
- ラルフ・ローレンを使っていると洗練されている
- リンカーンを運転していると成功したリーダー
- Kマートで買い物をすると質素で見栄をはらない
- マイクロソフト・オフィスを使うと有能
- 朝にクエーカー・オーツ・ホット・シリアルを出すといいお母さん

　自己表現的利益は、すべて「私は〜だ」という文章で表現できる。私は成功している、私は若い、私はすごい選手だ、といった具合である。自己表現的利益がブランドを差別化する役割を果たしうるかどうかを見るには、ロイヤルティの高い顧客に「私は〜だ」という質問をしてみて、一貫した自己表現的利益が出現するかどうかを確かめるとよい。

体　験

　ブランドを使用する体験は、機能的な優位性を伴わない感情的あるいは自己表現的利益を含みうる。しかし体験が両者を結びつける場合、それはより広範で得るところが大きいものとなる。ノードストロームにおける体験は、商品、雰囲気、サービスといった複合的に楽しさと満足した時間を提供する数多くの要素を含んでいる。ナイキを使用する体験は、機能的、感情的、そして自己表現的利益を統合しており、これは競合ブランドが持っていない結合の深さである。

　アマゾンは、その商品の幅広さに加えて、提供する体験に関してもポジショニングしている。同社は、効率的で楽しい世界クラスのショッピング体験の提供を約束しているのである。迅速で簡単な商品選択、ワンクリックでの注文、特別な記念日のお知らせ、安全なショッピングの保証、信頼できる配達などが、アマゾンの作り出す体験の基礎となっている。アマゾンの体験は、本、CD、

あるいは最適の贈り物を発見するという興奮を提供することにより、感情的利益をも提供しており、これはパーソナル化されている推奨機能によりさらに強化されている。アマゾンにとっての難しい課題の1つは、感情的な側面を、サイトによって提供される機能的な利益に埋もれさせてしまわないようにすることである。

現代的であること

ほとんどの既存事業は、現代的でありつづけるという課題に直面している。長い伝統を持った事業は、信頼でき、安全で、友好的であり、あるいは長い伝統のなかに織り込まれているかぎりにおいて革新的ですらあるという信用を得る。しかし、すでに述べたように、これらの事業は「おとうさんの（おじいさんの）ブランド」と考えられてしまう可能性もある。難しいのは、現代的でありつづけるために、今日の市場においてエネルギーとバイタリティと関連性を持ちつづけることである。これに対する対策は、通常、機能的利益の罠に陥らないということである。

大きいサイズの女性用品の小売業者であるレーン・ブライアントは、やぼったい、弁解がましいイメージを作ってしまって、そのために発展できないでいた。この状況を打破するため、同社は新しい現代的な戦略ポジションを作り出した。同社は、斬新でセクシーですらあるメッセージを流しはじめた。またレーン・ブライアントのファッションショーを、ニューヨークで開催した。店舗の刷新も行った。広告、ウェブサイト、そして選挙における有権者登録プログラムにおいて、ラッパーで女優のクイーン・ラティファを新しいイメージガールとして起用した。レーン・ブライアントの姉妹会社であるビクトリア・シークレットは、従来の先鋭的なブランドから、より主流、少なくとも主流中の先鋭的なブランドへとポジショニングしなおさなければならなかった。

ブランドパーソナリティ

人の場合と同様に、パーソナリティを持った事業は、属性の集合にすぎない

ブランドと比較してより記憶されやすく、好感を持たれる。そして人と同様に、ブランドも多様なパーソナリティを持つことができる。プロフェッショナルで優秀（CNNやマッキンゼー）、高級で洗練されている（ジャガーやティファニー）、信頼できる本物（ホールマークやジョン・ディーア）、エキサイティングで大胆（ポルシェやベネトン）、あるいは活発でタフ（リーバイスやナイキ）というようにである。ヴァージンも、その戦略的ポジショニングが強力なパーソナリティを持っているブランドである。

もう1つのパーソナリティブランドは、ハーレー・ダビッドソンである。荒削りなマッチョで、アメリカ好きで、自由を求める人であり、服装や行動の制約が多い社会規範から解き放たれたいと考えている人というハーレーブランドのパーソナリティは、ハーレー現象を説明するのに役立つメタファーを提供する。ハーレーに乗る体験やハーレー・ダビッドソンの服を着ることからくるイメージは、ある種の人々が彼ら自身のパーソナリティを表現するのに役立つ。それ以外の人からも、そのような強力なパーソナリティを持つ組織や製品と関係を持つことは、好ましいと考えられている。

ハーレーブランドのパーソナリティは、この強力で男性的なバイクを所有することの機能的・感情的利益をも強化している。すなわち、独立しており、道の上で生き、同じ価値とライフスタイルを共有するグループに属しているということである。加えて、それは、ハーレーブランドが享受している非常に高いロイヤルティの基礎ともなっている。刺青を入れていないハーレー・ダビッドソンのオーナーであっても、ハーレーブランドは彼らの人生とアイデンティティの重要な部分だと考えている。25万人以上のオーナーがハーレー・オーナーズ・グループに入っており、交流体験のために年に2度全国から集まる。ハーレーはただのバイクではない。それは体験であり、態度であり、ライフスタイルであり、「私は誰なのか」を表現する媒体なのである。

ハーレーは、マッチョで、アメリカ的で、西部の庶民の英雄というイメージに基づいて一貫したブランドパーソナリティを維持してきたのと同時に、そのユーザーイメージを拡張することにも成功してきた。自由というブランドのイメージを利用して、現代におけるイメージはライフスタイル指向プロフィールであり、ハーレー・ダビッドソンのライダーはアウトローのバイク乗りという

よりも、尊敬できるアウトドア指向の人であり、道がどこに続こうとも旅を楽しむ人である。広告には、田舎のキャビンの前の開けた道にいるハーレーのユーザーが登場する。それは、ほとんどの人々が夢に見るリラックスした生活なのである。

競合のポジション

　特に競合相手が確立したポジションを有している場合には、競合相手を戦略的ポジションの対象物として利用することは効果的である。例えば、VISAはマスターカードによって提供されているものを上回る機能的利益や自己表現的利益を提供することにより、継続的に市場シェアを伸ばしてきた。しかし、この戦略的ポジションは実はアメリカン・エキスプレスに対するものであり、手ごわい相手ではないが、同社の高級イメージをVISAも獲得したいと考えた。これを実行する1つの方法は、アメリカン・エキスプレスを受け付けずVISAが使える高級店を紹介することである。

　古典的な競合ポジションの例は、エイビスによって作られたものである。同社は、ハーツとナショナルという他の主要レンタカー会社やバジェットなど他の小さなプレーヤーと差別化することに困難を感じていた。ハーツが業界1位であるということを利用しようとしたのに対して、エイビスは賢明にも「われわれは二番手です。だからがんばります。」というスローガンを掲げたのである。エイビスは、自らがハーツの論理的な代替となることを主張することにより、ナショナルその他の競合相手を落伍者としてうまく位置づけたのである。さらに、同社は顧客の共鳴する軸（努力と弱者）に沿って差別化点を提供したのである。

複数の戦略的ポジション

　ある戦略的ポジションを全製品全市場セグメントに適用することへの固執は自滅的である。むしろ、ポジションを個々の状況に合わせることを考慮するべきである。共通の戦略的ポジショニングを個々の市場における追加的な軸によ

って拡張することにより、「1つのサイズですべてに合わせる」というむだな限定をすることなく、顧客が一貫したメッセージを受け取ることを保証することができる。

　ホンダは、日本においては若者とレースのイメージを持っているが、米国においてはより家族指向である。しかし、両方のポジションは高品質で車の専門家という焦点を共有している。マーケティング会社やコミュニケーション会社に対してネーミング、キャッチフレーズ、広告コピー、そして短期間のゲリラマーケティングを提供しているインターネット企業のリキッド・ウィットも同様の戦略を採用している。オンデマンドの視覚的あるいは文章上の専門性という同社の提供物は、現代的（リアルタイム、事情通、継続して適切性のある）、信頼できる（しっかりとした組織が存在している）、そしてエキセントリックなもの（創意に富む、ものすごい、広範な興味）としてポジショニングしている。これに加えて、このポジショニングは、顧客や仕事をするメンバーによって異なって拡張されている。メンバーにとっては、それは異なった問題へのチ

図表11-3　戦略的ポジションのオプションと代表的企業

戦略的ポジション	代表的企業
最高	アクセンチュア、サックス・フィフス・アベニュー
金額に対する価値	現代自動車、マイディスカウントブローカー
先駆者	ボーイング、バンク・オブ・アメリカ
製品集中	レッツ・ゴー・フライ・ア・カイト、アームコ
ターゲットセグメント	ガーバー、ゴールド・バイオリン
製品	ゲータレード、オラクル
製品特性	ボルボ、クレスト
製品ラインの範囲	アマゾン、バーンズ・アンド・ノーブル
組織の無形資産	HP、カイザー・ホスピタル
感情的利益	MTV、ホールマーク
自己表現的利益	GAP、メルセデス
体験	ナイキ、ノードストローム
現代的	レーン・ブライアント、オプラ
パーソナリティ	ハーレー・ダビッドソン、ティファニー
競合	VISA、エイビス

ャレンジという刺激と、履歴書ではなく結果に基づいて給料を受け取るという働きがいを提供している。

戦略的ポジショニングのエッセンスを捉える

　ヴァージン・アトランティック航空の事例のように、戦略的ポジショニングには、多くの場合3つから6つの軸を表現することが必要である。しかし、時として、単一の概念的成句が戦略的ポジショニングと組織のエッセンスを表現しうることがある。次のようなエッセンスステートメントを考えてみるとよい。

　　シスコ──ネットワークはソリューション
　　BMW──究極のドライビングマシン
　　レクサス──情熱的な完璧の追求（以前は、容赦なき完璧の追求）
　　バナナ・リパブリック──カジュアルな贅沢
　　アメリカン・エキスプレス──もっとやろう
　　ロンドン・ビジネススクール──未来を変革する

　エッセンスステートメントは、戦略的ポジションを組織の内部と外部に伝達しなければならない。したがってそれは、必ずしも顧客への伝達のためだけに作られたキャッチフレーズではない。エッセンスステートメントは、控えめであったり（「ただただ、よいものです」）、あるいは野心的であったり（「情熱的な完璧の追求」）することもある。どちらの場合であっても、成功したステートメントは、組織の魂を捉える必要があり、戦略を実行する者を鼓舞し、顧客に共感を与え、競合相手からその企業を差別化するものでなければならない。

戦略的ポジショニングの立案と選択

　企業は戦略を組織内外において促進し、説得力ある持続可能な競争優位を作り出すようなポジションを、どのようにして選択すべきなのであろうか。図表

11－1で示したように、このプロセスは戦略的意思決定をガイドする領域を基準にすべきである（第7章において既述）。戦略的ポジショニングは顧客に共感を与え、その企業を競合相手から差別化し、事業戦略全体を反映し、これに支えられるべきである。したがって、ポジショニングは組織の顧客や競合相手の分析、自身の強み、施策、そして戦略によってサポートされる必要がある。

事業の文化と戦略を反映する

今現在、そうでないものを試みてはいけない。ブランドが実際に提供しているものと異なるポジショニングを創出することはむだであるだけでなく、戦略的に有害である。将来の主張について顧客が懐疑的になることの結果として、ブランドの基本的なエクイティを台無しにしてしまうからである。

ターゲット市場に共感を与える

究極的には、成功は市場が決めるものであり、したがって戦略的ポジショニングは顧客に共感を与える差別化のポイントを作り出す必要がある。感情的利益や自己表現的利益を創造するイメージが、製品を買う一般的な実際上の理由を超えた価値を付加することになる。たしかに、ティファニーのパッケージを開けるのは、メイシーズのパッケージを開ける以上の感激があり、ティファニーのブレスレットを身につけている人は、デパートで買った同じブレスレットをしているのよりも、通常特別な感じを抱くものである。

競合相手と差別化する

差別化は、通常、勝つための鍵である。既述したように、ヤング・アンド・ルビカムの「ブランド・アセット・バリュエーター」のデータによれば、差別性はブランドの強さの唯一最も重要な評価項目であるとされている。同じ調査によれば、優勢になるブランドは差別化により導かれ、衰えるブランドは差別性を最初に失う、という仮説を支持する証拠が存在している。

まとめ

- 戦略的ポジショニングは、顧客、従業員、提携先によって、ある事業がその競合相手や市場との関係でどのように知覚されるかを明示するものである。戦略的ポジショニングは、企業をその競合相手から差別化し、顧客に共感を与えるべきである。また、戦略的な施策、組織の文化や価値観、そしてコミュニケーション・プログラムにも影響を与えるべきものである。
- ヴァージン・アトランティック航空は、傑出したサービス品質、価格に対する価値、弱者、そしてルールを軽視することへの願望などに関してポジショニングしている。
- IBMの戦略的ポジショニングは、同社にとっての市場が変化するに応じて発展してきた。特にその後を決定づける瞬間は、1990年代半ばにおいてガースナーがIBMに着任したとき、およびEビジネスのポジショニングを採用したときであった。
- シュワブは、ディスカウント証券会社から資産管理者、Eトレーダー、家族の資金管理者へと、長年にわたりその戦略的ポジションを拡張してきた。
- 前2章に述べた戦略的ポジショニングとしては、高品質のプレーヤーになること、事業の集中化、価格に対する価値の提供、本物の先行者になることなどがある。
- その他のポジショニングには、製品カテゴリー、製品特性、提供物の幅広さ、購買体験あるいは使用体験、組織の無形資産、感情的利益と自己表現的利益、ブランドパーソナリティ、競合のポジション、そしてターゲットセグメントなどに関するポジショニングがある。
- 戦略的ポジショニングは、企業を競合相手から差別化し、ターゲット市場に共感を与えるため、企業の文化と戦略を反映する必要がある。

注

1：完全なブランドアイデンティティは、拡張アイデンティティ（コアアイデンティティと比較して顧客にさほど重要ではない企業の希望としてのイメージ）とブランドエッセンス（ブランドアイデンティティのほとんどを1つの概念で表すもの）をも包含する。さらにブランドアイデンティティ・モデルは、ブランドアイデンティティが機能的、感情的、自己表現的利益を作り出し、ブランドと顧客の関係をサポートすることを示唆している。詳しくは、David A. Aaker, *Building Strong Brands*, New York: The Free Press, 1996.（陶山計介ほか訳『ブランド優位の戦略』ダイヤモンド社）およびDavid A. Aaker and Erich Joachimsthaler, *Brand Leadership*, New York: The Free Press, 1999（阿久津聰訳『ブランド・リーダーシップ』ダイヤモンド社）.

2：Pantea Denoyelle and Jean-Claude Larreche,Virgin Atlantic Airways, Case. publication INSEAD, 595-023-1.

3：John Gorham, "Charles Schwab: Version 4.0," *Forbes*, January 8, 2001, pp.88-96.

Growth Strategies

第12章 成長戦略
市場浸透、製品拡張、市場拡大、垂直統合およびビッグアイディア

　多くの企業はダウンサイジング、リストラクチャリング、資産の再活用あるいはコストダウンによる業績の改善に焦点を当ててきた。これ以上行えば、収益が減りはじめる転換点まで来ているか、目前に迫っている企業がほとんどである。効率化施策によっては、収益を改善できるにも限界がある、ということである。削減可能な人やオフィスにも限界がある。さらにダウンサイジングには、最終的には組織を衰退させる可能性がある。成長機会を作り出し、支えるはずの筋肉まで脂肪とともに失ってしまうことになるのだ。従業員や取引先は、生産性向上施策が結局は彼らにコストと仕事を押しつけるのだと見てとれば、意欲を喪失するであろう。

　したがって、収益改善策には成長の再強調を含まなければならないという認識が広がっている。成長は収益を増加させるのみならず、挑戦とその報償を提供することによって組織に活力を与えることになる。成長を作り出すことは、ダウンサイジングによる生産性改善よりも単純に楽しく、刺激的でもある。成長をあらためて強調するということは、効率性を無視してよいということではない。効率性のみではないということを言っているのだ。優れた長期戦略のためには、両者はともに必要なのである。

　図表12－1は、第2章で部分的に紹介した製品・市場マトリクスに基づいて成長戦略の選択肢を整理する方法を示している。最初の成長戦略は既存の製品市場をターゲットとしている。それに続く2番目、3番目は製品開発と市場開拓に関するものである。4番目は垂直統合であり、5番目は第13章で取り上げる多角化である。これらのカテゴリーは相互にあいまいではあるが、この構造は戦略代替案の策定に有用である。

図表12-1　成長戦略の選択肢

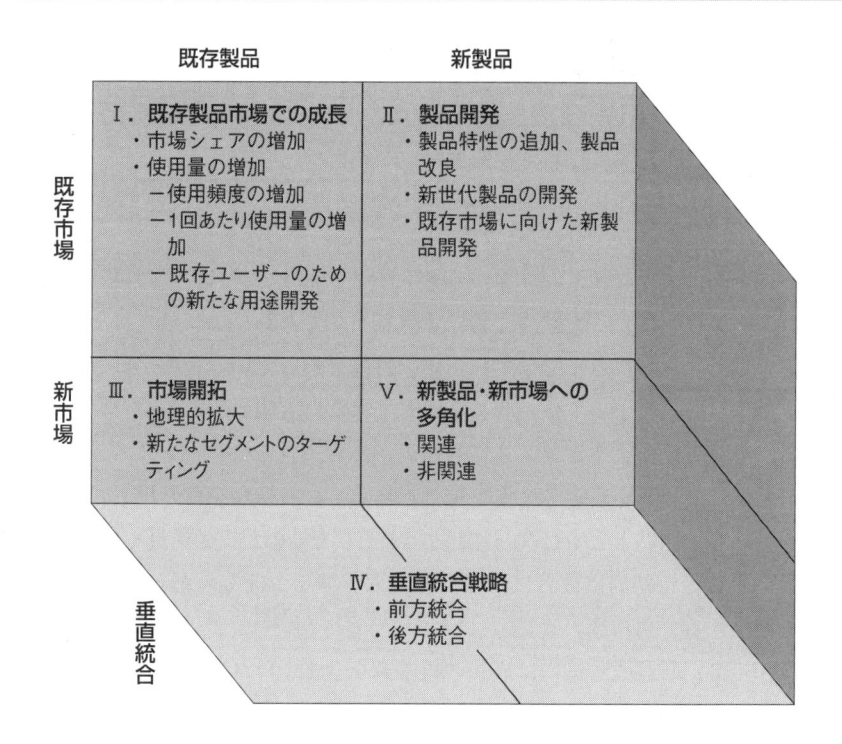

	既存製品	新製品
既存市場	**Ⅰ. 既存製品市場での成長** ・市場シェアの増加 ・使用量の増加 　―使用頻度の増加 　―1回あたり使用量の増加 　―既存ユーザーのための新たな用途開発	**Ⅱ. 製品開発** ・製品特性の追加、製品改良 ・新世代製品の開発 ・既存市場に向けた新製品開発
新市場	**Ⅲ. 市場開拓** ・地理的拡大 ・新たなセグメントのターゲティング	**Ⅴ. 新製品・新市場への多角化** ・関連 ・非関連
垂直統合	**Ⅳ. 垂直統合戦略** ・前方統合 ・後方統合	

既存の製品市場における成長

　既存の製品市場は魅力的な成長領域であることが多い。既存企業は新しい成長の基礎として利用できる勢いを持ち、さらに、いままでに培った経験、知識および資源（人的資源を含む）を持っている。既存の製品市場で競合相手が保持している売上を奪い、シェアを増加することによって成長を達成することができる。また、既存顧客の製品使用を増加させることによっても成長を達成することができる。

市場シェアの拡大

　最もわかりやすい成長方法は、市場シェアを拡大することであろう。戦術的行動（例えば、広告、宣伝、あるいは値下げ）に基づく施策は、コストがかさみ収益性が低い。しかし、価格に敏感な消費者の獲得による一時的なシェア増加を生み出す。企業は確実な価値を提供し、それによって顧客満足と顧客ロイヤルティを生み出すことにより、より恒久的なシェア拡大を図ることができる。しかし、このような結果に結びつく資産と能力の開発は、価格プロモーションの企画などより手間のかかる仕事となる。

　もう1つの、コストがかかり、しかもリスクの高いアプローチは、競合相手とその顧客に焦点を当てることにより市場シェアを拡大することである。この戦略の最悪のシナリオは長距離通信市場で演じられた戦いであり、そこでは、顧客はロイヤルティが低いことをもって報酬を得る結果となった。反対に、既存顧客のロイヤルティを高めることは、はるかに簡単なだけでなく、得るものも大きい。既存顧客からの評価が上がる結果、多くの場合新たな顧客と市場シェアの獲得にもつながるのである。

製品使用の増加

　市場シェアを増大させる試みは直接競合相手に影響するため、その反撃を招く。これに対して、既存顧客の使用を増加させる試みは、通常それほど競合相手を刺激することにはならない。

　使用を増加させる施策を練るにあたっては、ユーザーや、その製品が消費されるシステムについての基本的な問いかけから始めることが有効である。なぜ製品やサービスがもっと使用されないのか。使用増加への障害は何か。少量ユーザーは誰か。少量ユーザーに使用増加を促すことは可能か。ヘビーユーザーについてはどうか。

　ヘビーユーザーは通常最も実りの多いターゲットである。フットボールのシーズンチケットを2枚持っている人に4枚、あるいは6枚買わせるほうが、たまにしかフットボールを見ない人にシーズンチケットを2枚買わせるよりは容

易なことが多い。超ヘビーユーザーサブセグメントを観察することは、有効である。このセグメントに対して特別な取扱いを行うことにより、自社製品の使用を安定させ、また製品使用を大いに拡大できるかもしれない。ユナイテッド航空のプレミアクラスや、チェース・マンハッタン銀行の大口顧客への特別ディナーパーティーと書類速達サービス、あるいはラスベガスのカジノが金遣いの荒い顧客に最上の待遇を行っていることなどが好例である。[1]

　少量ユーザーも、無視すべきではない。彼らの持つ可能性を引き出す方法がありうるからである。少量ユーザーとはどのような人たちで、彼らはなぜ使わないのであろうか。ヒルサイド・コーヒーは、20代前半の年齢層がコーヒーの少量ユーザーであることに注目した。このセグメントは概して甘党であることを利用して、バニラ・ナッツやスイス・チョコレート・アーモンドといった風味づけしたコーヒーを導入して成功を収めた。

　使用量の増加は、2つの方法で達成することができる。すなわち、使用頻度の増加と1回あたりの使用量の増加である。どちらの場合も、効果的ないくつかのアプローチが存在する。

注意喚起情報の提供

　使用の状況によっては、意識すること、すなわちブランドを思い出すことが使用を促進する原動力となることがある。ブランドやその使用法を知っている

図表12-2　既存の製品市場における使用の増加

戦略	例
注意喚起情報の提供	誕生日前にEメールを送付する
多頻度使用をねらったポジショニング	ヤフーでの株価チェック
日常的使用をねらったポジショニング	食後の歯磨き
使用を容易にする	そのまま電子レンジで調理できる容器
インセンティブの提供	飛行マイル
使用による好ましくない結果の削減	髪にやさしいシャンプー
ブランドの再活性化	新VWビートル

人でも、注意喚起がなければ、ある状況ではそれを使おうとは思わないかもしれない。

　注意喚起情報の提供は、多くの製品・サービスにおいて欠かすことができない。レッド・エンベロープの顧客への、誕生日が近いことを思い出させるＥメールの送信は、プレゼントの購入を促進するであろう。ジェローなどいくつかのブランドは、その製品を戸棚からテーブルに出させることをねらった広告キャンペーンを展開した。レシピがあるというだけでは、人は製品を戸棚から取り出そうという気にはならないのである。

　歯科検診や自動車のオイル交換といった定期的なメンテナンスは忘れがちなものであり、注意喚起広告による効果が期待できる。アーム・アンド・ハマーの消費者調査によれば、冷蔵庫の臭い取りとして重曹を使う人は4カ月ごとに箱を交換すべきだと考えているが、実際には14カ月ごとに交換しているということを明らかにした。[2]その結果、季節ごとに注意を喚起する広告キャンペーンが行われた。

多頻度使用あるいは日常的使用を狙ったポジショニング

　より頻繁な使用のための理由を顧客に提供すべきである。ウェブサイトにおいては、頻繁にアップデートされている情報が役に立つ。重要なできごとが起こっているときには、人々は最新のニュースヘッドラインを見るために、あるいは自分の所有する株がどうなっているかをチェックするために頻繁にヤフーを訪れる。その他のインセンティブとしては、毎日更新される漫画が載った10代向けのウェブサイトや、ブランドコンサルティング会社のベストプラクティスの電子掲示板などがある。

　ポジショニング変更のキャンペーンによる製品イメージの変更は、使用頻度を引き上げるという変化をもたらすことがある。クリニークの宣伝キャンペーンである「1日2回」のクリームや、「1日に牛乳コップ3杯」などは、製品に関する認識を変更させる努力の現れである。「今月の本」「CDクラブ」「ビデオクラブ」「今月の花」あるいは「今月の果物のお届け」というような施策は、たまにしか買わないような人を月1度の購買者に変える可能性を持っている。

使用の簡易化

　顧客がなぜ製品やサービスを使用しないかを尋ねることは、製品使用を容易にするアプローチに結びつく。紙コップや紙タオルのディスペンサーは、わずらわしさの解消によって使用を促す例である。電子レンジに直接入れられる包装は使用をより簡単にする。予約サービスはホテルや類似サービスの選択の際に重要である。冷凍ワッフルは、消費増加のためにより簡単に利用できるような製品改良を行った好例である。

インセンティブの提供

　使用頻度を増加させるために、インセンティブを提供することが考えられる。マイレージプランや、航空会社の「マイルが2倍」キャンペーンはその種の販促活動としてとらえることができる。ファーストフード店は、食事とともに購入されるドリンクを安くするかもしれない。難しいのは、その使用が価格競争を悪化させるきっかけとならないようにインセンティブを構成することである。「1個の価格で2個」といった価格インセンティブはたしかに有効であろうが、競合相手の価格による反撃を引き起こしてしまう可能性をはらんでいる。

頻繁な使用による好ましくない結果の排除

　ときには、顧客が製品の頻繁な使用をためらう十分な理由を持っていることがある。そのような理由を解消できれば、使用を増加させられる可能性がある。頻繁な洗髪は健康上よくないと信じている人もいる。毎日使用しても大丈夫なように髪にやさしく設計された製品は、この心配をやわらげることによって使用を増加させるかもしれない。食品の低カロリー、低塩分、あるいは低脂肪バージョンは市場を急速に増大させる可能性がある。製品改良を行ったブランドはこの拡大する市場を捉える最良のポジションに位置することになるだろう。

ブランドの再活性化

　特に「リーディング」ブランドは、長年のあいだに古めかしいものになってしまうことがしばしばである。顧客はそれらのブランドを高品質なものだと認

めているが、親の世代（悪くすれば祖父母の世代）の買うものだと考えてしまうかもしれない。難しい課題は、ブランドを再活性化してエネルギー、バイタリティ、そして流行をそのブランドに注入することである。第14章においては、新製品、新市場、そして新用途を使用した再活性化のためのアプローチが議論される。しかし、ブランドの再活性化は、同じ製品、市場、用途の範囲内で、ただ単に若々しく振る舞うだけで生じることも多い。

　アバークロンビー・アンド・フィッチは、英国紳士が狩猟服を買いに行くような小売店であった。それが、小売の歴史において最も劇的な1つに数えられるような変革を遂げ、ヤングアダルトが買い物をするトレンディなスポットに生まれ変わったのである。店舗（壁を含む）はすべてリニューアルされ、若い販売員が雇用され、トレンディな服が奇抜な方法でディスプレイされ、エネルギッシュで現代的な音楽が活気に満ちた雰囲気を作り出した。かつてむさ苦しかったロンドンのセルフリッジも、ファッションショーや有名人の訪問などの似たようなエネルギーの注入方法で、ぱっとしない販売パターンを打破した。

　最良の企業は、特別な施策を組んで、つねにエキサイトメントとニュースをその業務に注入している。ディズニーランドは新しいものを求めて年に2回は訪問するに値するように、つねに新しいアトラクションを追加、更新している。ヴァージンは、顧客に次は何をやるんだろうと思わせるように、つねに人目を引くパブリシティを行っている。

既存製品ユーザーのための新たな用途

　ある製品の新たな機能用途を見つけ出し、あるいは開発することは、すでに最盛期をすぎたと考えられていた事業を若返らせる可能性がある。典型的な例はジェローである。ジェローはデザート製品としてのみ販売を開始したが、ジェロー・サラダのような用途に新たな大きな販売の源泉を見出した。もう1つの古典的な例はアーム・アンド・ハマーの重曹であり、冷蔵庫の臭い取りとして使用することを提案して売上を10倍に伸ばした。最初の14カ月の宣伝キャンペーンにより、臭い取りとしての用途は1％から57％にまで押し上げられた。同ブランドは他の臭い取り製品、歯磨き剤、それに洗濯石鹸にまで拡張された。

油田において石油から不純物を取り除く化学工程は、不必要な油分を除去するための水処理プラントで使用されている。

　新しい用途は、顧客がどのように製品を使っているかについての市場調査で見つけ出すことができる。多数の新用途から、マーケティングに利用するいくつかの新用途が選ばれる。外用薬としての鎮痛剤のユーザーが、その用途について日記に記入するよう依頼された。[3] 驚くべき発見は、ベンゲイという製品の用途の約3分の1、使用量にして2分の1以上は、筋肉痛に対してではなく関節炎軽減のために使用されていたということである。この用途のために、別のマーケティング戦略が立案され、ベンゲイは成長の波に乗った。

　もう1つの方策は、競合製品の用途を観察することである。レーズンの多様な用途は、オーシャン・スプレーが乾燥クランベリーを開発するヒントを与えた。乾燥クランベリーは今ではクッキーやシリアルに使用され、実際、ミュエスリというシリアルのパッケージには「オーシャン・スプレーのクランベリー入り」と印刷されている。また、乾燥クランベリーはオーシャン・スプレー・クレーズンというスナック菓子としても販売されている。

　現在一般的ではない用途を見出すことのできた企業は、大きな利潤を得ることが多い。したがって現在の用途に関する調査は、不適当である場合が多いだろう。ゼネラル・ミルズのような企業はレシピ・コンテストを主催しているが、その目的の1つは、新たな「伝統のレシピ」を作ることによって同社製品の新用途を作り出すことにあった。糊つきのラベルといったさまざまな用途が考えられる製品については、ブレーンストーミングセッションその他の創造的活動を行うことが有益であろう。

　相当量の販売が見込める用途が発見されたら、市場調査を用いてそれを評価する必要がある。競合相手が製品改良、大量の広告その他の手段によってある用途領域を奪ってしまう可能性や、価格戦争に出てくる可能性を考慮しなければならない。問題は、そのブランドが新しい用途で持続可能な競争優位を達成できるかどうかである。クランベリーで有名なオーシャン・スプレーのブランドは、同社のクランベリー・スナックへの参入には有効であろうが、クッキーやシリアルといった調理済み食品の用途では有効とはいえないだろう。

既存市場に向けた製品拡張

　図表12-1に見られるように、製品拡張はさまざまな方法で行われる可能性があるが、それらを識別することは有益である。その方法とは、製品特性の追加、新世代製品の開発、そして既存市場に対するまったく新たな製品の拡張などである。

製品特性の追加

　製品拡張の第1のタイプは、既存製品への特性追加である。的確な特性の追加は、競争のダイナミクスを劇的に変えてしまう可能性がある。ゼネラル・ミルズのヨープレイトは、チューブに入った子供たちが吸うタイプのヨーグルトであり、長いあいだカテゴリーリーダーであったダノンのゴー・ゲートを抜いた。この「スプーンのいらない」ヨーグルトは、子供という重要なセグメントに関してカテゴリーを再定義してしまった。ヨープレイトは、続いて大人向けの味のヨープレイト・エクスプレスを発売したのであった。自動車会社は、既存市場へのさらなる浸透を図るために多段変速機やサンルーフなどのオプションを追加することができる。キャンディー会社は斬新なパッケージの作成が販売の鍵となることがある。製品特性の追加は、マーケティング、業務そしてマネジメントにおいてきわめて一般的に行われている。特性の追加は目に見える成長機会となり、比較的簡単に行うことができるので大いに魅力的である。しかし、簡単とはいっても資源を消費することはたしかであり、予想される投資収益率（ROI）が不十分である場合には行うべきではない。

　製品の変更は、ハイテク企業や産業材企業が顧客から特殊用途用の製品の生産依頼を受けたような場合にも生じうる。そのような開発活動は、相当に大きな販売や新製品の開発にさえ結びつく可能性がある。しかしすでに見えている顧客ニーズはあまりにも誘惑的であり、この種の活動がより意欲的な開発プログラムに先んじてしまうような場合には、長期的に見た組織の健全性が損なわれてしまうおそれがある。

新世代製品の開発

　成長は、既存市場において新世代製品を作り出すことによっても達成することが可能である。フェデラル・エクスプレス（フェデックス）は、サプライチェーンマネジメントシステムを開発している諸企業からの攻撃にさらされているが、この開発は翌日配達のためのプロセス上の予測不可能性を排除することが目的である。フェデックスはこれに対抗して、工場のスケジュールや需要供給に関する情報交換システムを構築することにより、企業の非効率なファクシミリや電話に取って代わる管理システムを開発中である。このコンセプトは、フェデックスをシステムの一部からシステムそのものへと変化させた。

　ヤマハピアノは世界市場の40％を獲得したが、毎年10％ずつ販売が減少しており、韓国の企業からの競争に直面していた。ヤマハはこれにディスクラヴィーアの開発によって対応した。ディスクラヴィーアは通常のピアノとまったく同様な機能で弾くことができるが、電子コントロールシステムの内蔵によって現代版自動ピアノともなるものであった。このシステムは演奏を高い精度で記録でき、3.5インチディスク上に記憶させることができる。この新技術はプロの演奏家や作曲家、師範や伴奏者が欲しい生徒、それに家庭にいながらにして偉大なピアニストの演奏が聞きたい人々によって使用された。ディスクラヴィーアは、衰退市場に埋もれかけていたピアノビジネスを再活性化させることに貢献した。さらにヤマハは、ディスク関連産業とともに後づけ演奏装置の産業をも生み出したのであった。

　市場を激変させるような革新的技術を追求することによって、その時点で市場に参加していない外部の企業は何も失うことはなく、反対に得るものはきわめて大きい。しかし、既存の市場参加者は革新を妨げる2つの力に直面する。第1に、新技術が成功したとしても、多くの場合同レベルの売上と利益を維持するために多大な投資を必要とする。また新技術は時間と費用がかかり、顧客の支持を失うような問題を生じることがあり、これでは顧客にとって魅力的な購買インセンティブとはならない。第2に、既存の市場参加者は既存製品のコスト、品質、サービスなどの改善に汲々としており、そのためまったくの新技術を調査するような時間と余力を持っていないことが多い。

衛星テレビ放送のような新技術は、既存のビジネスを崩壊させる可能性を持っている一方、収益性のある成長機会を創造する可能性をも秘めている。既存の市場参加者は、このような機会の探索と利用に自らの消極的な傾向を自覚すべきである。この傾向が認識されれば、その組織が新技術に参加することを妨げる確率を減らすことができるであろう。

既存市場に向けた新製品の拡張

　古典的な成長パターンは、既存製品と、顧客を共通しているが既存製品とは異なる、相互に排斥しない製品を追加することによって、マーケティングあるいは流通上の強みを生かすことである。通常、新製品は流通、マーケティング、ブランド認知とブランドアイデンティティを共通することなどにより、既存製品とのシナジーが得られる。高級磁器メーカーのレノックスは宝飾品や贈答品の領域へと拡大することにより、その伝統的で高品質なイメージを活用した。H&Rブロックは事務所スペースと業務を共通することによるシナジーをねらって、従来の所得税サービスに法律サービスを追加した。あるスキーブーツメーカーはスキー板を、そしてさらにスキーウェアを追加した。

　多くの主要なEコマースサイトは、顧客に効率的なショッピングを提供し、マーケティングと事業における規模の経済を達成するために商品を追加してきた。イートイズは玩具から出発し、書籍、レコード、趣味用品、ソフトウエア、幼児用品、そして消耗品へとビジネスを拡大してきた。書店サイトとしてスタートしたアマゾンは、提供するものの種類を積極的に拡大してきた。

　製品拡張の主な媒体は、ブランド拡張すなわち別の製品分野へブランドを拡張することにより、強力な認知とイメージを有するブランドを利用することである。電池ブランドのデュラセルによるデュラセル・デュラビーム・フラッシュライト、ガーバー［訳注：ベビーフードメーカー］のベビー服、インテルのPCポケットカメラ、ピエール・カルダンの財布、ベニハナの冷凍料理、オラクルのディスカバラー［訳注：データ検索ツール］、そしてアーム・アンド・ハマーズが持つ97％のブランド認知を利用したオーブンクリーナーなどはその例である。これらのブランドはそれぞれ強力なブランド認知とイメージを持

っており、新しい分野での成功の推進力となっている。マネージャーは、ブランドの拡張にあたって、拡張がそのブランドに適していること、それがよいイメージを提供すること、そしてブランドの既存イメージを傷つけたりわかりにくくしたりしないこと、を確認しなければならない。

　製品拡張の理論的根拠は、シナジーを達成することである。しかし、シナジーが単に錯覚にすぎないこともある。ゼネラル・フーズはたとえ同じ食品を扱っているとはいえ、ファーストフードのレストランチェーンと共通するものはほとんど持ってはいない。もっと多くの例は、シナジーは存在するがそれほどでもなく、新領域に関するコストと問題を克服できないという場合である。ユナイテッド航空、ウエスティン・ホテル、ハーツの3社を1つの組織にまとめようとする努力は頓挫してしまった。その理由の一部は、潜在的シナジーの大部分は共通の予約システムと相互販売によるものであるが、これが大きな実施上の問題に直面し、株式市場に評価されなかったからである。

　アンホイザー・ブッシュは、ビール以外の飲料すなわちベイブライ・クーラー、ワインクーラー、炭酸水、各種のワインやボトル入り飲料などに進出しようとして、うまくいかなかった。[4] アンホイザー・ブッシュの最大の弱点は皮肉にも、強みの領域であると思われていた流通にあった。アンホイザー・ブッシュはビール流通業者が力を持っている酒店に関してはまったく問題がなかった。しかし、そのような流通業者が介在しないスーパーマーケットについては弱かった。アンホイザー・ブッシュはビールの流通ネットワークに限定されてしまっているので、価格を競争力あるものに保つということに難渋することとなってしまったのである。

　どんな新製品の試みであっても、特に顧客の受容性については大きなリスクが存在する。クレイロール［訳注：ヘアケア製品ブランド］はスモール・ミラクルというヘアコンディショナーの効能を顧客に納得させられなかったために失敗してしまった。確立しているブランドだからといって、成功が保証されるわけではない。無色コーラのクリスタル・ペプシのコンセプトは、顧客に受け入れられなかった。ライス・ア・ロニ［訳注：麺と米を使ったインスタント食品ブランド］のサボリー・クラシック［訳注：ローストチキン製品］は、消費者の頭のなかにある、台所でのライス・ア・ロニの役割と合わなかった。冷蔵

庫の消臭剤で名を馳せたアーム・アンド・ハマーもまた2つの失敗を犯している。1つはわきの下の消臭スプレーであり、アーム・アンド・ハマーの名前は何か場違いな意味合いを持っていると考えられる。もう1つの失敗は、消毒スプレーである。

製品ラインの拡張は当然に多くの要因に基づく。しかし、多くの場合次のような考察を含んでいる。

- 顧客は、広範な製品ラインによって可能となったシステムとしての機能やサービスの便宜性から、利益を受けることができるであろうか。コンピュータ製品のラインにソフトウエアやプリンタのラインを追加することは、より完全なシステムを提供する可能性をもたらす。しかし、顧客はシステム設計だけでなく、システムに関するサポートも望んでいるかもしれない。
- 製品ラインの拡張により、生産、マーケティングあるいは流通上のコスト効率が生まれるであろうか。共通するコストがあるかぎり、コストに関する経験と規模の効果が高められるであろう。問題は、このコスト優位をもって、提案されている製品ラインの拡張が満足のいくROIをもたらすかどうかである。シュウィンがルームサイクルに進出したとき、同社は製品デザイン、製造、そして流通の経済性を利用した。
- 資産と能力が製品ラインの拡張に適用できるか　最もきわだった資産は、多くの場合ブランド名そのものである。シュウィンのブランド名は、同社のジョニー・G・スピナーという自転車に裏書を与えた。ブランド拡張については、次章においてより詳細に取り扱う。しかし、新たな製品においても既存の資産と能力が機能すると単純に仮定してはならない。ゲータレードのマーケティングと流通の能力は、スナップルについても機能するとは保証できないのは一例である。事実、ゲータレードのシステムをスナップルに適用しようとしたのは、ゲータレードの親会社、クエーカーがスナップルを買収した理由の1つであった。しかし、これは失敗に終わってしまった。
- 企業は研究開発、生産、マーケティングなどの領域において、提案されて

いるさまざまな製品を追加するのに必要な能力と資源を持っているだろうか。ペンキの製品ラインに木材塗料を追加するなどの、明らかに簡単な製品拡張がまったく新しい生産活動や原材料技術あるいはマーケティング活動を伴うことがあり、したがってその企業の能力にはマッチしないということが起こりうる。

既存製品を使用した市場拡大

論理的な成長方向として、適応のために比較的軽微な変更のみを行い、事業活動の複製によって新市場を開拓することが挙げられる。市場拡大のためには、既存市場の場合と同様の専門知識や技術、さらには同一のプラントや業務用設備を使用することさえできる。したがって、市場拡大はシナジーや投資および営業コストの削減にもつながる。もちろん市場拡大は既存の事業運営が成功しているという前提に基づく。失敗や凡庸さを輸出することは、無意味である。

地理的拡大

業務の地理的拡大には一地方から全国への拡大、他の地域への参入あるいは他国への拡大などがある。ケンタッキー・フライド・チキン、マクドナルド、ゼネラル・エレクトリック、IBMおよびVISAは他の国々への業務の輸出に成功した。これらの企業のほとんどと他の多くの企業は、来る数十年の成長の糧として中国、インド、ロシアのような国々を目標にしている。それらの企業は成長が物流、流通インフラ、そして組織の構築と適応に多大な投資を伴うということを認識している。

小さな地場から地方へ、地方から全国へと拡大することはもう1つのオプションである。サミュエル・アダムスその他の小規模醸造企業は、地理的拡大によって成長を達成した。このような拡大は、提携や合併を通じてすでにより広範な市場に販売する能力を持ったパートナーと結びつくことによって、最も効果的に実行できることが多い。

新たな市場セグメントへの拡大

　企業はさらに、新しい市場セグメントへ到達することによって成長することができる。目標セグメント、すなわち成長の方向性を定義するにはさまざまな方法が存在する。

- **使用量**　現在ユーザーではない人々は魅力的なターゲットである。音響電器メーカーは、現在オーディオシステムを所有していない人をターゲットとすることができる。
- **流通チャネル**　企業は、第2、第3の流通チャネルを開拓することにより、新しいセグメントへ到達することができる。スポーツ用品小売業者は直販営業部隊を通じて学校に売り込むことができる。また、直販業者としてのブランドとは異なるブランドをつけて、デパートに製品を供給することができるであろう。
- **年　齢**　ジョンソン・アンド・ジョンソンのベビーシャンプーは、同社が髪を頻繁に洗う大人に目を向けるまで、あまり売れていなかった。
- **要求特性**　計測器メーカーはより高い精度を求めるセグメントのために、より正確な器具を製品ラインに追加するかもしれない。
- **用　途**　アメリカン航空は、通常の航空運送サービスに加えて、ドア・トゥ・ドアの同日小包配送サービスであるネクストジェットを行っている。顧客は、ウェブサイトで発注し、速達便業者がピックアップ、そしてそれをアメリカンの便で運び、再び速達便業者が目的地に配達するのである。

　新市場を探り当てることの鍵は、さまざまな種類のセグメンテーションの変数を考慮に入れることである。ときには、異なる角度から市場を見ることが有用なセグメントの発見に役立つ。それは、女性用電卓市場や年配者のファッションニーズといった、現在見すごされているセグメントの発見のためには特に有用である。一般的に、そのブランドが価値を提供できるセグメントだけを考慮すべきである。顧客になんの追加的価値も提供することなく新しい市場に参入することは、非常なリスクを伴う。

市場拡大代替案の評価

たとえ潜在的なシナジーは高くても、市場拡大には、まだ次のような考慮すべき点がある。

- **市場は魅力的か** 顧客は製品やサービスを評価するだろうか。それは、実際に意味がある、特徴のある価値を提供しているか。競合相手はどれほど手ごわく、市場にコミットしているのだろうか。競合相手の資産と能力は、自社の正しい戦略によって無意味にできるだろうか。市場や環境のトレンドは、有利に働くであろうか。
- **不確実性に直面しても、必要なコミットメントを成しうるだけの資源が存在するか** その施策は、戦略的意味を持つだろうか。コンパックは優秀な製品を持っていたにもかかわらず、ヒューレット・パッカードその他の市場リーダーがあまりにも強力であるためにプリンタ事業から撤退してしまった。コミットメントが欠けていたのである。
- **その事業は、新しい市場に適合できるか** 異なる環境にもかかわらずその事業を適合させるだけの説得力あるプランが存在するか。ニューヨークの企業であるリーンゴールド・ブリューアリーがカリフォルニア市場への参入に失敗した原因は、カリフォルニアに適さない流通チャネルを使用しようとしたことであり、またカリフォルニアではニューヨークと聞くと気が滅入るという心理的作用によるものであった。
- **事業の成功にとって核となる資産と能力を新しい事業環境に移転することができるか** プロクター・アンド・ギャンブルはソフトドリンク販売においてはそのマーケティングと流通上の資産を利用することができなかったし、同様に化粧品や香水においても失敗を経験した。

フェデックスが米国での事業コンセプトを欧州で実現しようとしたときの経験は、上記の最後の2つをよく表している。[5] 欧州でハブ・アンド・スポーク方式を確立する際にはいたるところで規制の障壁に直面した。関連する能力を持つ会社を買収して規制を回避しようとする試みは、混沌とした状態を生み出

してしまった。フェデックスは現在でははしけ会社さえ保有している。フェデックスには、欧州における先行者利益もなかった。DHLその他の会社がフェデックスの事業コンセプトを何年も前に事業化していたからである。英語に頼りきっていること、5時という集荷期限を設けたことが、8時まで働く習慣のあるスペインで、さらなる実施上の問題を引き起こしてしまった。

垂直統合戦略

　垂直統合は、もう1つの潜在的成長方向性である。企業が製品の流れの下流側に進出した場合、例えばメーカーが小売りチェーンを買収したような場合を「前方統合」という。上流側へ進出すること、メーカーが原料ソースに投資したような場合を「後方統合」と呼んでいる。どのような場合に垂直統合を考慮しなければならないか、またどのようにそれを評価すべきかを理解するよい方法は、垂直統合戦略によってもたらされる利益とコストを見ていくことである。

　垂直統合は、次の各事項をもたらす可能性がある。
- 供給あるいは需要へのアクセス
- 製品あるいはサービス品質のコントロール
- 収益性の高い事業領域への参入

しかし、同時に次の各事項も生じる。
- まったく異なった事業を経営するリスク
- 戦略的柔軟性の減少

供給あるいは需要へのアクセス

供給へのアクセス

　状況によっては、原材料その他業務上の必需品へのアクセスが主要成功要因となる場合がある。ここでは、後方統合が入手可能性のリスクを軽減できる。林産品企業は木材用森林地を買収するかもしれない。ヒューレット・パッカー

ドは半導体の主要供給業者の生産が半年遅れたために、ワークステーションの市場投入時の最も重要な6カ月間を棒に振ってしまったが、半導体を内製していたIBMにはそのような問題は起こらなかった。ときには、供給業者が必要な構成部品を供給できないか、あるいは関心を示さないことがある。食肉パッケージ業者が冷凍トラックや冷凍倉庫を最初に必要としたとき、どこからも購入できなかったので、すべて自ら開発せざるをえなかった。

需要へのアクセス

前方統合は同様に、製品販路への考慮によって動機づけられることがある。保険会社のケンパーは販路を確保するために地方の証券会社を買収した。大手自動車メーカーがレンタカー会社に投資する背景には、大口顧客へのアクセスを得ようとの動機がある。フォードがハーツとバジェットに投資しているし、ゼネラル・モーターズはエイビスとナショナルに投資している。またクライスラーはスリフティーとスナッピーに投資している。これらの垂直的関係は売上をもたらすのみならず、潜在顧客への新型モデル試乗機会などの重要な商機をも持っている。

特異性のある製品とサービス

高度に特化した製品やサービスの買い手が1社しかない場合には、つねに垂直統合を考慮する動機が存在する。経済学者オリヴァー・ウィリアムソンは、そのような製品およびサービスを「特異性がある (idiosyncratic)」と称している。[6] このような特化が生じた場合には、状況や環境の変化の優位性を日和見的に利用して、一方の当事者がもう一方の当事者を脅しにかかるというおそれがある。もちろん、契約上の取決めによりこのような脅しの問題を回避することは可能であろう。しかし、長期的関係での環境変化に伴って生じる全事象について、それをカバーしうる契約を作成することは非常に困難であろう。

次の4種類の特化が起こる可能性がある。[7]

- ●ブランド　一方の当事者がブランドを所有している場合、他方はブランドに対するコントロールを得ることなくブランドエクイティを創造するこ

とになる。サビンは1970年に小型複写機の開発に成功したが、製造はリコーが行っていた。市場支配力や利潤はサビンが握っていたので、リコーは独自ブランドを確立して市場に進出することにより、前方統合を行うことを決定した。
- **専用の資産** 大きな資産投資が必要な場合には、垂直統合が有効な場合がある。缶製造会社がビール醸造所の近隣に缶工場を建設するため、大型投資を行う必要があるとする。契約終了が設備寿命に対して早すぎた場合、缶製造会社は過剰設備を抱えることになってしまう。
- **技術的理由** ある精錬所は、特定の鉱山からのみ産出する高品位の鉱石を使用するように設計されているとする。原料ソースが危機に瀕した場合、その精錬所はもはや生き残ることはできない。多様な品位の鉱石を処理できるように精錬所を設計することは可能かもしれない。しかし、このような柔軟性を得るためには、相当に多額の投資を必要とする。
- **知識に基づくもの** 供給業者が特殊な知見を獲得することにより、唯一の現実的な供給ソースとなってしまうことが考えられる。法律事務所やエンジニアリング会社は、関連する製品、サービス、クライアント企業についてあまりにも知りすぎてしまい、関係成立当初には競合が存在した場合でさえ、後に現実的には競合する供給業者がいなくなってしまうことがある。垂直統合によって、供給側の企業が理不尽な利潤を貪ることがなくなり、2社間の知識移転の程度をさらに上げることにつながる。

製品システムのコントロール

差別化戦略の完全性を維持するために、製品やサービスに対する十分なコントロール獲得を目的とした垂直統合が必要になる場合がある。製品の重要なコンポーネントには高精度が必要であるにもかかわらず、外部の業者はこれを供給できないか、あるいは製作に必要な特殊資産に投資することをためらうことがありうる。その要求品質を達成するためには、垂直統合が唯一の方法であるという可能性もある。

ソニーは優秀なベータ規格を持っていたが、VHS企業連合に席巻されてし

まった。映画会社がベータ規格の供給を中止したときが、ベータへの最終宣告となった。ソニーはそこで、将来同社のハードウエア製品へのソフトウエア供給を保証するため、エンターテインメントについてはソフトもハードも扱う会社となることを決定した。そして、コロンビア・ピクチャーズ、トライスター・ピクチャーズ、コロンビア・ピクチャーズ・テレビジョン、CBSレコードなどを買収することによって、ソニーは供給者の意思決定に重大な影響力を持つに至った。

収益性の高い事業領域への参入

多くの製造業者が利幅への圧力のために悪戦苦闘している。うまくいっている製造業者の多くは、顧客と直接接する下流へと垂直統合している。なぜなら、下流部門のほうが利益率が高いからである。自動車、道路用機器からコンピュータに至るまで、すでに市場に存在する製品数のほうが新たに販売する製品数とは比較にならないほど多い。コンピュータ市場においては、平均的な企業は年間予算の5分の1しかコンピュータ本体を買うのに使っておらず、残りは技術サポートのために使っているのである。次の3つの下流ビジネスモデルが考えられる。

包括的サービス　製品をとりまく一連のサービスをパッケージ化する。例えばボーイングは、サービス事業に資金調達、ローカルでの部品供給、地上メンテナンス、物流管理、そしてパイロットトレーニングなどを含めている。IBMとゼネラル・エレクトリックは、成長と収益の大部分はその製品から派生するサービスによっている。多くの場合、製品は取引の単なる入り口でしかないのである。

サービスの包含　デジタル技術により、かつては製品の外側にあったサービスを製品に組み入れることができるようになってきている。ジョン・ディーアのグリーンスタートという農業機器は、コンピュータ化された収穫管理と正確な農作業能力を持つ。ストライカーは、音声で制御することができる手術用機器を製作している。このような従来製品の発展型は、製品の価値を高めること

につながっている。

統合ソリューション　ノキアは、企業がいかにして製品とサービスを、顧客ニーズ解決のためのシームレスな提供物へと統合するかということの好例である。ノキアは、顧客である通信会社がアナログからデジタルへの転換や通信需要の拡大に苦慮していたとき、通信端末、送信機、交換機などの一連の携帯電話機器を作り出し、リーダーとしてのポジションを築いた。さらに、これらの製品と広範なサービスを活用して、同社は通信会社がネットワークを設計、管理することを支援したのである。

この種の施策を評価する際の最初のステップは、下流市場がどの程度魅力的かを見きわめることである。これに役立つ統計としては、既設台数と年間新規販売台数の比や、顧客の使用コストと製品価格との比較、さらに下流におけるサービスの利幅などがある。これらの指標から見ると、PC関連事業は魅力的であるが、ビデオ関連は魅力的ではないであろう。第2のステップは、自社の競争上のポジションを考えることである。既存の事業が圧力にさらされているために下流に向かう必要がどの程度あるのであろうか、ということである。最後に、自社組織は、施策を実行するために必要な資産と能力（つまり業務能力や資源）を作り上げることが可能かどうかということがある。[8]

異なった事業を経営するリスク

垂直統合においては、企業の他の事業領域において必要とされる資産や能力とはまったく異なる資産や能力が必要な業務の追加が行われる。もしデルがディスクドライバやマイクロプロセッサを生産しようとした場合、同社が完成品のコンピュータを販売するために発展させてきた組織とは非常に異なる種類の組織を必要とするであろう。しかし、多くの企業は、そのように統合された業務を効果的に運営することには不向きなのである。ペプシやフリトー・レイのポテトチップのようなパッケージ製品を取り扱うことと、ケンタッキー・フライド・チキン、タコ・ベル、ピザ・ハットのような外食店を運営することの相違は、ペプシが外食事業から撤退するという判断を行った理由の1つである。

この時のもう1つの大きな判断材料は、大口顧客の競合相手となってしまうという問題であった（ラウンド・テーブル・ピザは、同社のライバルであるピザ・ハットをペプシコが所有しているという理由でペプシを置くことに消極的であった）。

戦略的柔軟性の減少

垂直統合による既存事業とその市場へのコミットメントの増加は、戦略的柔軟性を減少させる。市場が健全であれば、統合は製品を強化することになるだろう。その反面市場が悪化していれば、統合により利益の悪化はより厳しいものとなるであろう。また、垂直統合は、撤退障壁も引き上げてしまう。事業が衰退した場合、垂直統合によってなされた追加的投資とコミットメントは、撤退という代替案の考慮を禁じてしまうだろう。さらに、もしあるオペレーションが他のオペレーションに依存するようになった場合、依存される側のオペレーションからの撤退は、事実上できないことになってしまう。

統合に代わるもの

長期契約、独占販売契約、資産所有、合弁、戦略的提携、技術ライセンス、そしてフランチャイジングといった統合の代替案が存在する。ワイン醸造所は、葡萄生産農家と長期契約を結ぶことができ、これは双方にメリットがある。メーカーと小売チェーン間の独占販売契約は必要な情報移転、戦略的調整、そして中間取引と流通の効率性を実現する。自動車会社は供給者の特殊な工作機器を所有することにより、供給の安定性を保証する技術的、財政的なつながりを持つことができる。これらの代替案のほとんどは環境や力関係が時間とともに変化する場合には特に難しい問題を含んでいるが、統合の利点の多くを不利益を伴わずに実現することができる。これらの代替案は通常、垂直統合の決断を下すまえに考慮されるべきものである。

垂直統合に従って売上高純利益率は向上するものの、投資収益率（ROI）は向上しない。垂直統合に伴う投資の増加は、収益性の向上に逆行することにな

る。1650社の研究は、最も収益性のある事業は垂直統合の程度について両極端にある企業であるという、非常に興味深い結果を示唆している。[9] 垂直統合と収益性のあいだには、V字形の関係がある。したがって、メーカーは中道をとるということを警戒しなければならない。コンポーネント製造を外注してシステムを組み立てるという事業は、投資を最小化し、低価格を実現し、柔軟性を最大化する傾向がある。対照的に、極度に統合化された企業は、垂直統合の利益を最大限に利用していると考えられる。

ビッグアイディア

　ここまで、成長のための5つの方向性を見てきた。それぞれの方向性は、図表12-3に示すように漸次的なものから本当の意味のビッグアイディアまでの幅広い範囲の戦略によって構成されている。

　漸次的な成長戦略は成長の基礎となりうるし、またそうでなければいけないが、大きな成長施策やビッグアイディアもまた、検討しなければならない。もし、ビッグアイディアをまったく考慮しないとすれば、画期的な戦略は事実上生み出せなくなってしまうだろう。したがって、検討の範囲を拡張し、ディズニーランドやナイキ・タウンのような画期的なアイディアを探さなければならない。

　創造性や革新性は、アイディアとその源泉の多様性から生まれる。複数のア

図表12-3　成長戦略のインパクト

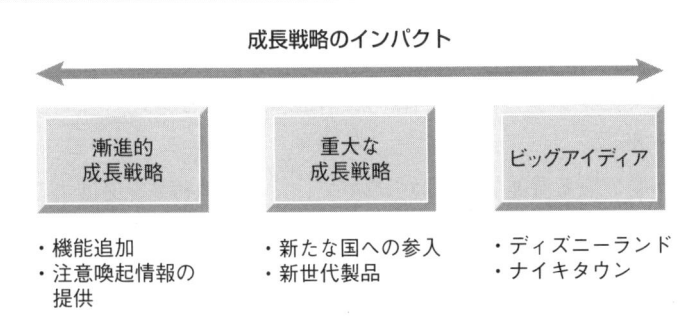

成長戦略のインパクト

漸進的成長戦略	重大な成長戦略	ビッグアイディア
・機能追加 ・注意喚起情報の提供	・新たな国への参入 ・新世代製品	・ディズニーランド ・ナイキタウン

イディアの源泉と視点を考慮に入れなければならず、そのうえで最良のアイディアを試すべきである。何が大きな成長施策あるいはビッグアイディアとなるかを予言することは困難であるため、重要ではないと思われるアイディアであっても数多くあたってみることが必要である。

革命としての戦略

　ゲリー・ハメルは、産業秩序や現状の操業状況を打破するような革命的な戦略の立案により、大きな見返りがもたらされるとする論文を発表した。デルコンピュータは、単に仮説的なアイディアにすぎなかったコンピュータの通信販売を行った。ハブ・アンド・スポーク方式が航空産業における主要成功要因と考えられていたとき、サウスウエスト航空は座席指定、食事、そして他のエンターテインメントのいっさいない、1対1の地点間サービスを提供した。フェデラル・エクスプレスは小包運送において斬新な方法を開拓した。革命的な戦略は、成功した場合戦略的優位に結びつき、競合相手が使用しているのと同一の戦略上で改善のみを行うという困難な作業を回避することができる。

　既存の操業方法に安住した組織において、どのように革命的な戦略を立案したらよいのであろうか。答えは、創造的な思考を持ち込む、すなわち異なった視点から事業を見るということである。外部分析と内部分析はこれを行うようにできているが、ハメルはこれに加えて次のようなガイドラインを示している。[10]

- 自身が属する産業において、既存の事業者が共有している信念を挙げてみる。それらのうちの1つあるいはいくつかが緩和されたとしたら、どんな新しい機会が到来するだろうか。ホテルが厳格なチェックインシステムではなく、レンタカー事業者のように24時間貸し方式で営業したらどうだろうか。
- 顧客が受け取る機能的な利益を挙げて、それらの利益を提供する異なった方法を検討する。
- 異なる環境や異なる方法で、資産や能力を利用できるかについて考えてみる。

- 産業における不連続性を見つけ出し、それを従来とは異なる戦略代替案に結びつけてみる。
- B&Bとかマイクロブリューワリーなどのような、既存の製品やサービスの縮小版を考えてみる。あるいは反対に拡大版を考えてみる。
- 普遍性の境界を押し広げる。子供が使える使い捨てカメラを作るといった具合である。
- 製品やサービスにエキサイトメントを付加し、それによって提供物を再定義する。スーパーマーケットが子供の遊び場を付加する、マイナーリーグの野球チームがジャズバンドとグルメピクニックフードを加える、トレーダー・ジョーズが食品小売りにファッションを付加する、といった具合である。
- 開発プロセスに新しいアイディアを取り入れる。すなわちまったく違う仕事をしていたり、本社から遠い職場で働いていたり、あるいは会社で一匹狼的にやってきたような組織の若いメンバーを引き入れることである。

まとめ

- 最も実りの多い成長領域は、多くの場合既存の市場において製品使用量の増加を図ることであり、それは既存市場においては自社の資産と能力がすでに存在し、それを利用するだけでよいからである。既存製品市場における成長は、使用頻度の増加、1回あたり使用量の増加、事業の再活性化、あるいは新用途の開拓により達成することができる。
- 2つ目の成長方向性である新製品の拡張には、新製品、新技術、あるいはカテゴリーの認識を変化させるような新たな製品特性などがある。
- 3つ目の成長方向性である新市場の拡大には、地理的な市場拡大、新たな市場セグメントのターゲッティングなどがある。
- すべての成長戦略の鍵となる考え方は、既存の資産と能力を利用していかにシナジーを達成するかということである。
- もう1つの成長方向性である垂直統合は、供給や需要へのアクセス、製

品・サービス品質のコントロール、そして魅力的な事業領域への参入をもたらす。しかし、垂直統合は同時に、まったく異なった事業の経営、戦略的柔軟性の減少のリスクをももたらす。
- 垂直統合ではなく、アウトソーシングすることにより、事業への脅威や市場への圧力に対応して戦略的方向性を変更することが容易になる。
- 成長は、漸進的成長戦略によっても、大きな成長施策ないしビッグアイディアによっても達成することができる。すべての企業は、ビッグアイディアを探し出し、実行するように努めるべきである。なぜなら、ビッグアイディアは通常、画期的戦略の源泉だからである。

注

1：Robert E. Linneman and John L. Stanton, Jr., "Mining for Niches," *Business Horizons,* May-June 1992, pp.43-51.

2：Barnaby J. Feder, "Baking Soda Maker Strikes Again," *New York Times*, June 16, 1990, p.17.

3：Linden A. Davis, Jr., "Market Positioning Considerations," *Product-Line Strategies*, New York: The Conference Board, 1991, pp.37-39.

4："A-B Set to Can Beverage Unit?" *Adweek's Marketing Week*, December 7, 1987, pp.1, 6.

5：Daniel Pearl, "Federal Express Finds Its Pioneering Formula Falls Flat Overseas," *Wall Street Journal*, April 15, 1991, pp.A1-A6.

6：Oliver E. Williamson, "Comparative Economic Organization," *Administrative Science Quarterly*, September 1991, and "Transaction-Cost Economics: The Governance of Contractual Relations," *Journal of Law and Economics* 22, October 1979, pp.233-261.

7：David J, Teece, "Markets in Microcosm: Some Efficiency Properties of Vertical Integration," working paper, Stanford University, November 1981.

8：Richard Wise and Peter Baumgartner, "To Downstream: The New Product Imperative in Manufacturing," *Harvard Business Review*, September-October, 1999, pp.133-141.

9：Robert D. Buzzell, "Is Vertical Integration Profitable?" *Harvard Business Review*, January-February 1983, pp.92-102.

10：Gary Hamel, "Strategy As Revolution," *Harvard Business Review*, July-August 1996, pp.69-81.

第13章　多角化

Diversification

　タバコ会社が冷凍食品会社を買収し、コーラ会社がワイン事業に参入し、化学会社が水泳用プール用品に参入し、航空機メーカーが自動車用部品を製作する。このような多角化の動きは、成長と再生の機会となると同時に、新たな環境で未知の事業を運営するという相当なリスクともなる。

　多角化とは、企業が現在従事している製品市場とは異なる製品市場へ参入する戦略のことをいう。第12章で論じた2つの戦略すなわち製品拡張と市場拡大は、通常新たな製品市場への参入を伴い、その意味では多角化ということができる。しかし、多角化はさらに進んで新製品と新市場の両者を同時に対象とすることもありうる。多角化戦略は買収によっても、新規事業の立上げによっても実行することが可能である。

　多角化については、関連多角化と非関連多角化に分類することが有益である。関連多角化では新事業領域がコア事業と意味のある共通性を持つ。この、意味のある共通性が、規模の経済や資産、能力の交換をベースとしたシナジーを生み出す可能性を提供する。その結果生まれる事業結合体は売上の増加、コストの削減あるいは投資の削減によって、投資収益率の改善を達成することが可能でなければならない。第8章において述べたように、意味のある共通性とは、以下のようなものを共有することである。

- 顧客と顧客の用途（可能であればシステムとしてのソリューションの創造）
- 販売員あるいは流通チャネル
- ブランドとブランドイメージ
- 生産設備、オフィス、倉庫など
- 研究開発活動

- 間接要員と事業インフラ
- マーケティングと市場調査

　製品開発の成長戦略は、通常同一の市場と流通システムを使用するため、関連多角化ということができる。市場開拓の成長戦略も同様に、通常同一の生産技術を使用し、多くの場合類似の市場や流通システムを使用するので、関連多角化ということができる。しかし、垂直統合は典型的には共通の領域を欠くため、非関連多角化である。

　いかなる多角化の意思決定においても考慮すべき重要な問題は、投資収益率に影響を及ぼすような現実に意味ある共通領域が究極的に存在しているかどうか、ということである。非関連多角化（意味のある共通領域を欠く多角化）も正当化される可能性があるが、正当化のためには異なる理由が必要である。したがって関連多角化の概念は、単なる多角化の問題以上のものである。次のセクションにおいて関連多角化の正当化理由とリスクを、それに続いて非関連多角化の正当化理由とリスクを見ていく。

関連多角化

資産と能力の移転あるいは交換

　関連多角化は事業横断的に資産や能力を共有することにより、シナジーを達成する可能性を提供する。関連多角化が内部組織の拡張によって遂行される場合には、資産や能力を移転することが目標となる。他の企業との合併や買収が手段となっている場合には、資産と能力の別個の組合せについて各当事者がお互いに持っていないものを提供し合うことによって統合することが目標となる。関連多角化を検討する企業は、いずれの場合でも、これを次の3つのステップで行うことを考えなければならない。

　第1のステップは、別の事業領域に移転可能な真の強みを見つけ出すために、資産と能力の目録を作成することである。第4章における、資金と能力を見き

わめることについての議論を思い起こしてほしい。移転可能な資産と能力としてはブランド、マーケティングスキル、販売および流通上の能力、生産スキル、研究開発能力などがある。

　関連多角化への第2のステップは、優位性構築のためにその資産と能力の適用が可能な事業領域を見つけ出すことである。ドラッグストアで販売されるグリーティングカードの販売業者は、店頭薬の販売業者の流通に関する資産と能力を利用することができるかもしれない。

　個々の資産について、過剰な能力を持っていないかどうかを調べることは実りの多い作業である。いくつかの資産は十分に利用されていないのではないだろうか。この問いを行ったある税務事務所は過剰なオフィス空間を利用して法律サービスの提供を始めた。老朽化した店舗を所有するスーパーマーケットチェーンは、酒のディスカウント事業に参入した。あるクッキー工場は、マフィンの生産を開始した。薬局チェーンに店頭薬を販売する卸会社はグリーティングカードも扱えることを発見した。多角化が余剰能力を利用できるとしたら、それが根本的かつ持続可能なコスト優位となる可能性が高い。

　余剰能力の利用に基づいたシナジーの例は、ロサンジェルスのスポーツ帝国とでも呼ぶべきジェリー・バス［訳注：個人名］である。バスはバスケットボールのレイカーズ、ホッケーチームのキングスを含む4つのスポーツチームを所有し、そのすべてが彼の所有する1万7500席のフォーラムスタジアムでプレーし、これまた彼が所有し1600万世帯が視聴する地方ケーブルチャンネルのプレミアチケットに登場する。スポーツ4チームはスタジアムとケーブルチャンネルに製品を提供していることになるわけであるが、その両者とも余剰能力を有している。さらにプレミアチケットは、これらのチームとスタジアムで行われる他のイベント、例えばロックコンサートなどへ聴衆の関心をひきつけるのに役立っている。

　最後に、実行上の問題が解決される必要がある。資産と能力は異なる事業に使用される場合には、適合させるための調整を必要とするかもしれない。さらに新たな能力が調達ないし開発される必要があるかもしれない。買収が行われる場合には異なるシステム、人、文化を持った2つの組織が1つの組織にならなければならない。シナジーを追求した多くの努力が実行上の困難のために行

き詰まってしまっている。

ブランド

多くの場合に移転できる資産の1つに、確立したブランド、すなわち認知、イメージ、知覚品質、そして顧客グループからのロイヤルティを伴った名称がある。このブランド資産を新たな製品・市場への進出に使用するのである。確立したブランド名は、新製品の市場投入をより確かで効率的なものとすることができる。なぜなら、ブランドは、顧客の認知、信頼、興味を構築することを、比較的簡単に行うことができるからである。

多くの企業は、強力なブランドの下に、大規模で多様な複数の事業を作り上げてきた。このようなブランドとして、ソニー、ヒューレット・パッカード，IBM、三菱、シーメンス、ゼネラル・エレクトリック、チャールズ・シュワブ、ヴァージン、ウォルト・ディズニーなどが挙げられる。300以上の事業がヴァージンの名を冠しており、オーナーであるリチャード・ブランソンのPRの才覚の恩恵を受けている。三菱は、その名を冠した製品を何千も持っており、個々の製品は知名度による恩恵を受けているし、結果的に新製品の成功確率も上がっている。

ディズニーは、1920年に（当時スティームボート・ウィリーとして知られた）ミッキー・マウスを代表資産とするアニメーション企業として設立された。同社は、ブランドを利用することに最も成功した企業といえるであろう。1950年代に、同社はディズニーランドを建設し、同名のテレビショーを開始した。こ

図表13-1　資産と能力の利用

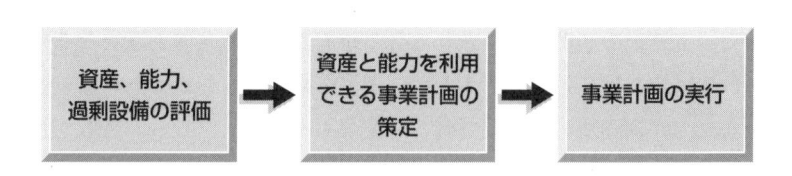

```
[資産、能力、過剰設備の評価] → [資産と能力を利用できる事業計画の策定] → [事業計画の実行]
```

の結果、同社はブランドを劇的に変革し、従来と比較して内容と深みを持つブランドとなった。特に、ディズニーランドをフロリダ、パリ、東京へと展開し、独自の小売店舗とクルーズ船を持つに至り、ディズニーは単にアニメーションを見るのを遥かに超えた体験を提供するようになった。このブランド力の結果として、ディズニー・チャンネルは（CNN、ESPN、MTVとともに）間違いなく最強のテレビ・チャンネルの1つであり、これは他のチャンネルが払っている努力を考えると、信じがたい成果である。

　なぜディズニーは積極的なブランド拡張戦略を取り、そしてうまくいったのかを研究することは、参考になる。第1に、ディズニーは創業当時から、同社の意味するものが明確であった。すなわち、つねに最良を実行する、魔法のような家族娯楽ということである。ディズニーの行うことのすべてが、同社のブランドアイデンティティを再強化している。このため、成人向け映画に進出した時にはディズニーという名称を使用せず、タッチストーンという名称を使用した。第2に、ディズニーは、初期のアニメやテーマパークにおけるウオルト・ディズニーの細部にまで至る狂信的なこだわりからくる業務の優秀性を、容赦も妥協もせずに追い求めてきた。同社のテーマパークは非常にうまく運営されているため、ディズニーは、いかにしてエネルギーと統一性を維持するのかを学びたい他企業のための学校を運営している。クルーズ船は、すべてが完璧であると判断されるまで、膨れ上がるコストにもかかわらず運行開始が延期された。第3に、ディズニーは、ミッキー・マウス、ドナルド・ダック、マッターホルン、「イッツ・ア・スモール・ワールド」という歌、メリー・ポピンズ、ライオン・キングなどの映画キャラクターなど、それぞれ独自の個性を持つ多くのサブブランドを有している。第4に、ディズニーは製品間のシナジーを熟知している。ライオン・キングは、映画だけでなくビデオでも、ディズニー・ストアでも、ファーストフードチェーンなどの宣伝においても活用されている。

　ブランド拡張判断は、主に次の3つの質問に基づいている。個々の質問のすべてにおいて、拡張が可能であるという判断がなされなければならない。[1]

1. そのブランドは新製品にも適合するだろうか　もし顧客がそれにぴったり

しないと感じる場合、需要に結びつかない可能性が高い。そのブランドは、必要な能力や専門性を持っているとは見られないかもしれないし、その製品とは異なったイメージを持っているかもしれない。一般的にいってある製品クラスや製品特性に強力な結びつきを持つブランド（ボーイング、ブックス・ドット・コム、クリネックスなど）は、流行、価値、ドイツのエンジニアリング、あるいは積極的なライフスタイルといった無形のものに結びつけられたブランドと比較して、ブランド拡張が困難であろう。この意味で、ディズニーのブランド拡張は適合するものである。なぜなら、個々のブランド拡張が「魔法のような家族娯楽」というブランドアイデンティティをサポートし、その一部を構成しているからである。ディズニー・ストアは、ディズニーのキャラクター、ビデオ、そしてディズニー精神のすべてを有しているため、適合しているということができるのである。

2. **そのブランドは、新たな製品クラスにおける提供物にも価値を付加するだろうか**　顧客が、なぜそのブランドが新たな製品についても望ましいのかを表現することができなければならない。普通のクルーズ船は似通っていて区別するのが難しいという事実にもかかわらず、ほとんど全員がディズニーのクルーズ船はどのように他と違うのかを比較的明確に表現することができた。つまり、ディズニーのクルーズ船はディズニーキャラクターが乗船し、子供や家族連れが多く、魔法のような家族娯楽を提供するだろうということである。

　もし、ブランド名が顧客の目から見て価値を付加しないのであれば、そのブランド拡張は競合に対して脆弱だろう。フィルズベリー電子レンジ用ポップコーンは、当初はフィルズベリー［訳注：有名なラズベリーブランド］の名前から利益を得たが、確立したポップコーンブランドの参入に対しては脆弱であった。オービル・レデンバッハーは、電子レンジ用カテゴリーに遅れて参入したにもかかわらず、そのブランド名がポップコーンでは高品質で信頼の高いものであったために、勝利することができたのである。

　ブランドによってどのような価値が付加されるかを見きわめるために、

コンセプト・テストが役立つ。顧客はブランド名のみを与えられ、製品に魅力を感じたかどうか、それはなぜかを質問される。もし、なぜ製品に魅力を感じたかという具体的な理由を答えることができない場合、そのブランドが大きな価値を付加することはまずない。

3. **そのブランド拡張は、ブランドとそのイメージを強化するだろうか** ブランド拡張は、それがブランドを強化し、あるいは少なくともブランドを傷つけることがない場合にのみ実行可能である。GAPがGAPウェアハウスというディスカウントチェーン店を導入したとき、GAPブランドは混乱を招き、色あせてしまうという危機に直面した。GAPはただちに考えを改め、新チェーンの名称をオールド・ネイビーに変更することによって、同社のGAPブランドを守った。

　理想的なのは、拡張によりブランドを強化する視認性、活力、イメージが得られることである。サンキストのオレンジ、健康、そしてバイタリティというイメージは、サンキスト・ジュース・バーやサンキスト・ビタミンC錠剤の宣伝によって再強化されるだろうが、サンキスト・フルーツ・ロールケーキというのは反対に危険である。ディズニーのブランド拡張は、製品にエネルギーと視認性を提供するとともに、ディズニーブランド自体の概括的な再強化にもつながっている。

サブブランドとエンドースブランド　2つの不幸な現実がブランド拡張に影響を及ぼす。第1に、すでに他のブランドがひしめいており、そのような状況で企業が新たなブランドを作るだけの規模や資源を有しないため、新ブランドを作ることが現実的ではないことがある。第2に、その一方で、既存のブランドが異なったイメージを持っているとか、拡張対象の品質やパーソナリティがブランドと相容れないなどの理由により、拡張によりブランドがダメージを受けるリスクがある場合がある。

　このようなケースにおいては、答えはサブブランドやエンドースブランドを使用することにあるかもしれない。ゼネラル・エレクトリックは、GEプロファイルというサブブランドによって、大きな製品活力と高利益を持つプレミアムセグメントへと拡張することができた。同様に、ペンティアム・ゼオンとい

うサブブランドによって、インテルは高機能サーバー用マイクロプロセッサの提供が可能となった。サブブランドは、親ブランドからその提供物をやや区別し、かつ親ブランドに対してある程度の遮蔽を提供する。

　エンドースブランドは、さらなる区別を提供する。マリオットは、ビジネスホテル事業へ参入する必要があった。その事業分野が非常に大きな規模を有し、かつ成長していたからである。この領域において独立のブランドを作り出すことは非常にコストがかかり、また既存ブランドの買収はあまりにも厄介であったため、マリオットは、コートヤード・バイ・マリオット（Courtyard by Marriott）というブランドを作り出した。このマリオットという裏書（エンドースメント）は、マリオットがコートヤードブランドの背後に存在し、宿泊者はこのチェーンが信頼に値する経験を提供するということを確信できるということを示している。あるブランドを他のブランドの裏書（エンドースメント）として利用することは、多くの場合信頼の傘を提供することになるのである。

マーケティングスキル

　企業は特定の市場に対して強いマーケティングスキルを持っていたり、反対に欠いていたりする。したがって多角化の動機のうち、しばしばあるものはマーケティングスキルを移出あるいは移入することである。ブラック・アンド・デッカーは積極的な新製品開発（コードレスドライバーやハンディチョッパーなど）、有効な消費者マーケティング（スペースメーカー、ダストバスターおよびサンダーボルト・コードレス・ツールなどの名称による）および手厚い顧客サービスなどを行い、ディーラーとの関係を利用してきた。[2] ドア錠、装飾蛇口、玄関照明、棚などのメーカー、エルハルトを買収したことは、マーケティング文化のない企業にブラック・アンド・デッカーのマーケティングスキルと流通支配力を適用する機会を提供した。

　マーケティングスキルを転用することは、考えるほど簡単なことではない。ミラー・ライトその他のブランドを持つ、成功したマーケティング企業のフィリップ・モリスであっても、7UPで失敗を経験した。フィリップ・モリスは、消費者の健康への関心に応じ、カフェインフリーの清涼飲料として7UPのポ

ジショニングを試みたのだ。7年間の悪戦苦闘の末、フィリップ・モリスはついにあきらめ、ペプシコーラに製品ラインを売却してしまった。フィリップ・モリスが直面した問題は、急いでカフェインフリーの飲料を市場に投入した競合相手の対応、既存流通業者の力、そしてレモンライム飲料の訴求力が限定的であったことなどが挙げられる。コカ・コーラも、ワイン・スペクトラムを作ってガロを打倒しようと試み、同様のミスを犯している。コカ・コーラは結局あきらめてシーグラムに売却してしまった。食料雑貨店への浸透度では最大級のプロクター・アンド・ギャンブルも、トロピカーナ・オレンジジュースを収益性あるものにできなかった。業界全体の過剰設備と広告宣伝費の使いすぎのためである。フィリップ・モリス、コカ・コーラおよびプロクター・アンド・ギャンブルの経験は、一見既存スキルを使用するのに適しているように見える産業においてさえも、実際にスキルを転用することの不確実さを物語っている。

販売または流通における能力

　流通上の強力な能力を有する企業は、その能力を活かせる製品やサービスの追加を考えるかもしれない。ブラック・アンド・デッカーの強力な流通能力は、エルハルトの製品ラインに推進力を提供するのに役立った。缶紅茶におけるネスレとコカ・コーラの合弁事業は、コカ・コーラの製品知識を伴った流通上の強みとネスレのブランド力の組合せであった。

　Eコマース企業は、通常、他の製品グループへアクセスするためのボタンを単純に追加することにより、新たな能力を追加できる業務を有している。その結果として、追加的な売上と粗利益が業務の固定費の配賦ベースとなる。

製造スキル

　製造あるいは処理の能力は新しい事業領域への参入の基礎となる可能性がある。小型エンジンを設計製造する能力はホンダのオートバイ事業での成功に貢献し、芝刈り機、船外機、そして他の多くの製品への参入につながった。小型

製品を製造する能力はソニーが次々と消費者向け電子製品に参入していくうえでの鍵となっていた。

研究開発スキル

特定の技術についての経験は、その技術に基づいた新事業に結びつく。ゼネラル・エレクトリックの初期的な研究は非常に成功した事業をいくつも生み出し、発電用タービンの研究は航空機用エンジン事業の基礎となった。また、電球に関する研究は今日医療用機器事業として花開いているものの基礎となった。一般に、ある事業領域におけるブレイクスルーは他の産業の技術からもたらされることが多い。基礎技術とそれを支える研究開発能力を機会に転じるためには、創造性（多くの場合これが不足しているのであるが）が必要である。

規模の経済の達成

関連多角化は、ときに規模の経済を提供することができる。2つの小さな消費財企業は単独では効果的な販売要員、新製品開発やテストプログラム、倉庫や物流システムなどを持つには耐えられないかもしれない。しかしこの2つの企業がいっしょになれば、効率的なコストレベルでの操業が可能となるかもしれない。同様に、2つの企業がいっしょになれば高価な自動生産機器の購入を正当化できるかもしれないのだ。

効果的に事業を行うためには、しばしばある臨界点（クリティカルマス）を超えることが必要となる。特化したエレクトロニクス企業は研究開発活動を必要とする。だが、相互に議論を交わすことのできる研究者数人を雇うことができなければ、研究開発の生産性はきわめて低いものとなろう。

シナジーの幻想

シナジーは、単純に想定してしまっているが実際には存在しないとか、実行

上の問題があるため実現することができないとか、あるいは過大評価しすぎである、という場合が多く見られる。

- **潜在的シナジーが存在しない**　戦略家はしばしば、意味論の操作によってシナジーの正当性が存在すると勘違いをすることがある。パッケージ製品の製造業者であるゼネラル・フーズが、700の店舗を持つファーストフードレストランチェーンのバーガー・シェフを買収したとき、両社が理論的には食品ビジネスに属するという事実は実際にはほとんど意味を持たなかった。ゼネラル・フーズはレストランを運営するために必要なスキルを身につけることができなかったので、大きなマイナスのシナジーが発生してしまった。ファイナンシャルサービスのワンストップショッピングという見かけ上のシナジーもまた、幻想であることが判明した。それは消費者が、便利だという主張に価値を見出さなかったためである。
- **潜在的シナジーは存在するが、実行上の障壁があるため実現できない**　これは、多角化により基本的な相違を持つ2つの組織を統合する場合に発生する。ダイムラー・ベンツとクライスラーの合併は、机上の検討では多くのシナジーが存在するように見えたが、2つの非常に異なる組織構造と文化を統合することの負荷のために、シナジーが発現しなかったばかりでなく、一連の新たな問題を発生させてしまった。その結果として、合併会社の市場価値は急激に減少し、減少額はダイムラー・ベンツがクライスラー買収のために支払った360億ドルを大きく上回ってしまったのである。

  シナジーは、多くの場合製品ではなく資源について生じる。ある産業用サーモスタットのメーカーがその技術を利用して、成長している家庭用サーモスタット市場に参入した。この会社は家庭用サーモスタットの設計、パッケージング、大量生産、そして販売業者への流通のすべての専門的知識を欠いていたため、3年後に、この事業は高価な失敗として清算された。[3]
- **潜在的シナジーが過大評価されている**　関連領域ではあるが別個の事業領域のビジネスを買収するリスクの1つは、潜在的シナジーが実際よりも価

値を持つように見えてしまうことであろう。クエーカー・オーツは、ゲータレードでの成功の再現を狙って、1994年にスナップルの事業を16億ドルで買収したが、そのわずか2年後に同事業を3億ドルそこそこで売却するはめになった。クエーカーは流通に困難を来し、もともと突飛な性格であったこのブランドを清涼飲料の主流へと転換しようとした（その施策は、街頭広告や試供品を使用したものであった）。さらに、クエーカーがスナップルの実際価値の何倍もの金額を支払ったことも大きな障害となった。

　バービー人形などを有する強力な玩具企業のマテルにとって、リーダー・ラビット、ラーン・トゥ・スピーク、オレゴン・トレールなどの子供向け人気ソフトウエアの出版社であるラーニング・カンパニーの買収は、理に適った行動であると考えられた。しかし、同社が35億ドルを支払った1年半後、マテルは積み重なる赤字に耐え切れずラーニング・カンパニーを売却してしまった。

　買収を経験した40企業出身の75名を調査した研究から、いくつかの結論を得ることができる。第1に、最悪と最良の結果を検討するという厳密なリスク分析を行う企業は非常にまれであるということである。楽観的な雰囲気に満ちているなかでは、ダウンサイドを見ておくことが特に重要である。うまくいかないとすれば、それは何かという検討である。第2に、客観的に妥当と思われる価格を超えない価格を設定することが有益である。シナジーの可能性に熱狂するあまり、最終的に回収可能な額以上の額を支払うことは避けなければならない。[4]

非関連多角化

　非関連多角化とは、市場、流通チャネル、生産技術、研究開発などにおいて、資産や能力の交換・共有によるシナジーを得る機会の提供に関して十分な共通性を持たない多角化のことを指す。したがってその目的は、多角化しない状態よりも大きい、あるいは安定した利益の確保にある。図表13-2には関連多角

図表13-2 多角化の動機

関連多角化	非関連多角化
・資産と能力の交換、移転、利用 　・ブランド 　・マーケティング・スキル 　・販売と流通能力 　・製造スキル 　・研究開発、新製品開発能力 ・規模の経済	・キャッシュフローの管理と配分 ・高投資利益率の獲得 ・有利な調達価格の獲得 ・企業のフォーカスの見直し ・複数製品市場での操業によるリスクの削減 ・税法上の有利 ・流動資産の獲得 ・垂直統合 ・買収に対する防衛 ・役員の興味

化と非関連多角化の動機をまとめた。

キャッシュフローの管理と配分

　非関連多角化は戦略事業単位のキャッシュフローをバランスさせるのに役立つ。金のなる木となるような戦略事業単位を獲得することは、長年にわたって債務や資本として資金調達する必要を減少させることになるかもしれない。もちろん、このような金のなる木を買収しようとすれば、それなりの資源の負担を覚悟しなければならない。ITTはハートフォード保険会社を1970年代に買収したが、これは同社が有する多数の資金ニーズを要する戦略事業単位にキャッシュを供給するためであった。

　反対に、金のなる木をすでに保有している場合は、成長機会を求めるか、あるいはその金のなる木が思わしくなくなった場合に将来の収入を確保するために、新たな領域に参入することも可能である。タバコ会社のフィリップ・モリスやR. J.レイノルズは、タバコ事業からの膨大なキャッシュフローを、ゼネラル・フーズ、ナビスコ、デル・モンテなどを含む多数の企業の買収に費やしてきた。その動機の1つはタバコ事業という金のなる木が強力な嫌煙運動や健康被害訴訟などによって立ち行かなくなった場合に備えて、もう1本の柱となる

収入源を確保することにあった。

高い投資収益性を持つ事業領域への参入

多角化の基本的な動機の1つは、高い成長性と投資収益性を持った事業領域に参入することである。1970年代終盤のハインツによるウエイト・ウォッチャーの買収は、この動機をよく表している。[5] このもくろみは、まさに当たった。ハインツは1989年までに、ウエイト・ウォッチャーのブランドでサラダドレッシング、ヨーグルト、冷凍デザートからピザに至るまで210の製品を販売して年間1億ドル以上の利益を上げた。これは、ハインツが10年前に買収に要したのとほぼ同額である。

現在の中核事業が逆境に直面して傾きつつある場合、これに代わる事業への参入という動機はよく理解できる。タバコ会社はパッケージ製品の領域へと参入した。シーグラムは酒類販売の減少に直面してトロピカーナを買収した。それが、酒類とはまったく違う流通システムと小売環境を有しているにもかかわらず、である。[6]

破格値での事業取得

投資収益率を改善するもう1つの方法は、事業を破格値で取得することであり、投資が低く抑えられる分、投資収益率は高くなる。第14章で議論するように、衰退産業で企業がいくらでもいいから事業を処分しようとしているときには、破格値での買収は十分可能である。しかし上場株式に関するかぎり破格値での取引はまれだということは、ファイナンス上の十分な実例が示している。市場は比較的詳細かつ多角的な情報に基づいているからである。

買収が行われるにあたっての、株価とリターンの投資収益に関する膨大な調査が存在している。41件の買収をまとめた調査報告によれば、買収の発表後1カ月で、被買収企業の株価は平均で約22％上昇する。[7] ただし、興味深いことに買収側企業が得たリターンはほとんどゼロに近い。この事実は、企業買収は相当なプレミアムを必要とし、したがって破格値での取得は無理だということ

である。買収に関する他の調査によると、買収側企業の市場調整後のリターンは、約60％の企業において買収発表後悪化しており、これらのうち多くはその後12カ月経ってもこの状態が継続していた。[8]

企業焦点の再調整の可能性

　買収によって、買収側企業、被買収企業、あるいはその両者について事業構成の焦点を再調整することができる。つまり、ある産業の組合せから別の産業の組合せへと、企業の力点を移すということである。エスマークは石油およびガス事業とスウィフトの事業を売却し、売却の結果得られた資産を消費財事業に集中することによって劇的な焦点の再調整を行った。この力点の変更が、より魅力的な産業に会社が身を置いているという投資家の認識に結びつき、株式価格の上昇を招いたということは偶然の産物ではない。

　鍵となるのは、焦点の再調整後の可能性という観点で過小評価されている企業を見つけ出すことである。ブーズ・アレン［訳註：コンサルティング会社］の買収専門家によって提唱されているアプローチは、企業の諸事業を次の4種のカテゴリーに分類することである。[9]

1. **コア事業**　コア事業は販売の25～60％に相当することが多い。コア事業は戦略的に強力であり、事業のよって立つなんらかの持続可能な競争優位を有していなければならない。
2. **成功している多角化事業**　これらの事業は、魅力的な市場で強力なポジションを有する企業のスターである。
3. **失敗している多角化事業**　過小評価されている企業は一般に、業績上は大きな足手まといとなる失敗している多角化事業で売上の大きな部分を上げている。
4. **非運転部門投資**　これらは、市場価格以下で保有される株式投資あるいは物理的資産であることが多い。

　失敗している多角化とそれら事業の業務活動がマイナスのイメージとリスク

の感覚を生み出し、それが企業の過小評価に結びついている。コア事業、成功している多角化事業、非運転部門の投資の合計は、現在の会社価値を大きく上回る価値を有する可能性がある。失敗している多角化事業の清算ないし売却はその価値を顕在化させる1つの方法である。もう1つの方法は、比較的価値が高いと考えられるコア事業をスピンオフすることであり、成功している多角化事業を新たなコア事業形成のための基礎として使用することである。もともとのコア事業が株式市場で高く評価されていない産業に属していた場合、軸足を移した後の新たなコア事業は高く値づけされる可能性がある。

リスクの削減

　リスクの削減は非関連多角化のもう1つの動機である。単一の製品ラインに頼り切っている状況は、多角化に走る動機となりうる。ハーシーズは、まったくといっていいほどキャンディーと菓子の事業に頼りきっていたが、この事業は健康や健康食に対する関心の高まりに対して脆弱な分野であった。ハーシーズは菓子以外の売上を全体売上の相当割合にまで引き上げるという目標を持って、マサチューセッツに本拠をおくファミリーレストランチェーンのフレンドリー・アイスクリームとスキナー・マカロニ・カンパニーを買収した。もちろん、モービルがモンゴメリー・ワードを買収して判明したように、新事業領域が金食い虫と化してしまうという危険はある。

　さらに、既存の収入の周期的パターンと逆の、あるいはこれをやわらげるような事業に参入することにより、リスクを減少させることができる。ゼネコンや農業機器メーカーが特殊鋼会社を買収する場合がこれに当たる。

株主のリスクと会社のリスク

　多角化は会社が直面する市場リスクを削減する可能性があり、したがって会社の従業員、顧客、経営者を保護することになる。特に経営者は、コントロール不能な事業の停滞によって失業や個人的評判の低下に直面することとなるため、多角化したいと思うかもしれない。ただし非関連多角化から得られたリスクの減少は、株主にとってはまったく価値がない。株主は多数の会社の株式を

保有することによって、自由にリスク分散を図ることができるからである。株主が唯一考慮に値する関係者であるとの前提に立てば、リスクの削減は正当化しうる多角化の目的ではないとの議論が成り立つ。

株主でさえ、システマティックリスク、つまり一般的な景気変動に関連した株式リターンの変動からのリスク分散は行うことができない。したがって会社のシステマティックリスクを減少させる多角化は、株主にとって価値がある。高級レストランチェーンは、タコ・ベルの買収を望むかもしれない。それは景気が悪い時期に業績が向上するという性質があるからである。

税務上の考慮

税金に対する考慮は非関連事業の合併や買収の動機となる可能性がある。大きな租税損金繰越金を持つ企業は、非関連多角化を利用できる可能性がある。現金自動支払機の購入により数期にわたって損失を出していたある企業が、利益を上げているセーターメーカーを買収したことがあるが、この企業は損失で税金を減らすことをねらっていた。合併は、資本財投資への優遇税制を利用しきれないでいる企業にとっての動機となる可能性もある。

流動資産の獲得

容易に利用可能な大きな流動資産があることや、D/Eレシオが低く借入れが容易であるなどは、会社が魅力的な買収候補となる理由となりうる。銀行や保険会社は、資金を供給することができるゆえに魅力的な買収対象となる可能性がある。

垂直統合の動機

垂直統合は通常、非関連多角化である。第12章において、垂直統合の動機のうちのいくつかが議論された。業務の経済性の獲得、供給と需要へのアクセスまたはコントロール、技術革新の強化などである。

買収に対する防御

　敵対的買収の脅威は、他の企業の買収に結びつくことがある。ある企業は小さなバナナ会社を買収することによって、ユナイテッド・フルーツによる買収の動きに対して独占禁止法上の障壁を作り出した。マーティン・マリエッタはベンディックスの買収の動きに対応して、第3の会社であるユナイテッド・テクノロジーズの支援を得てベンディックスを逆に買収する提案を行った。この複雑で高くつく作戦の結末は、第4の会社であるアライド・コーポレーションがベンディックスを買収し、マーティン・マリエッタは独立のまま残るというかたちで決着した。

役員の興味

　企業の意思決定を司る役員にとって、多角化はきわめて刺激的なものである。さらに、多角化は大企業という名声にも結びつく。14人の合併専門家に合併の動機について質問した調査によれば、CEOの支配する売上規模での権力増強は、合併の意思決定において中程度に重要な動機となる可能性があると指摘されている。[10] これに関連したもう1つの結論は、合併の意思決定はただひとり、CEOが行っているということである。

非関連多角化のリスク

　非関連多角化の概念自体、リスクと困難を示唆している。なぜなら、その定義からしてシナジーの可能性がないからである。多くの有識者がそろって非関連多角化に対する警告を行っており、ピーター・ドラッカーは、すべての多角化の成功は共通の市場、技術あるいは生産工程のような共通のコアないし同一性を必要とする、と述べている。[11] ドラッカーは、そのような同一性なしでは多角化はうまくいかないと主張する。つまり財務的な結びつきでは不十分だということである。主なリスクとしては、次のようなものがある。

- 経営者の注意がコア事業からそれてしまうリスク。
- 新しい事業の経営が困難であるリスク。
- 新しい事業が過大評価されているリスク。

　非関連多角化が失敗した場合、注意と資源をコア事業からそらしてしまうことによって本来のコア事業にダメージを与えることになりかねない。クエーカー・オーツは1970年代初頭に積極的な買収策に出て、玩具とテーマレストラン事業に参入した。しかしこの過程で、同社はコア事業の不振を来した。新製品開発は停滞し、市場シェアは低下し、その結果店頭の棚に置いてもらえる製品スペースも減少してしまった。

　関連のない事業を買収した場合、多角化経営は大きな困難を伴うものとなる。新しい事業は、コア事業の持つ資産、能力、組織文化とは異なったものを必要とする。さらに、買収した会社の経験ある経営者層が辞めてしまうと補充は非常に難しいものとなる。

　新しい事業領域の評価が不当なものである可能性がある。環境における脅威が見すごされているか、誤って解釈されているかもしれない。買収が行われる場合、買収対象企業の戦略的な弱みや問題点が見すごされているか、誤算があるかもしれない。食料品店と惣菜の会社、ゼネラル・ホストは精肉パッケージ業のキューダイを買収したが、そのタイミングは、高度な自動化工場の出現によって同社の工場と作業方法が時代遅れになるまさに直前であった。鉄鋼と石油をコア事業とするナショナル・インターグループは医薬卸を買収したが、その直後に価格競争が始まり、同社の薬剤師にコンピュータサービスを提供するというプロジェクトは大失敗に終わった。

多角化企業の業績

　1960年代と1970年代のはじめに、買収ブームが到来した。世紀の変わり目の独占的合併以来の大ブームである。[12] 典型的な買収は、買収する側の企業の事業領域とは関係のない事業に関する友好的な買収であった。その結果として非関連多角化が起こり、コングロマリットの誕生となった。『フォーチュン500

社』中の単一事業会社の割合は、1959年から1969年までのあいだに23％から15％にまで下がった。また、支配的な事業を持たないコングロマリットの割合は7.3％から19％にまで上昇した。非関連多角化への世間の関心は高い株価（買収資金の供給）、厳しい独占禁止規制（関連多角化の禁止）、そして大企業の持つ経営という能力は買収対象企業にも適用可能であるという確信に表れていた。

現在の一致した見方は、1960年代の非関連多角化は誤りだった、ということである。非関連の買収対象企業の収益性は平均的には改善されなかった。さらにその多くは、結果的には売却されてしまった。ポーターは、大規模で多角化した33米国企業の新たな産業において行われた1950年から1980年までの2021件の買収を精査した。その結果、1986年までに半分以上は売却されていた。[13] また931件の買収が非関連のものであり、うち74％が売却されていた。

関連事業における買収は、非関連の買収よりも業績面でよりよい結果を生むという証拠がある。UCLAの教授であるルーメルトによる古典的研究では、関連多角化（共通の資産や能力がすべての事業単位に適用される）、関連の薄いもの（社内の諸事業が相互にリンクしている程度にとどまるもの）、そして非関連多角化の3種を比較した。[14]『フォーチュン500社』をサンプルとしたこの研究では、業績については関連多角化が最も優れ、次に関連の薄いもの、最後に非関連多角化の順であった。別の研究では、1975年から1984年の期間において関連多角化を行った50企業のROAが、非関連多角化を行った20の企業のROAを著しく上回った。[15]

『フォーチュン』誌に載った興味深い研究では、1971年に行われた上位10の合併を10年後に評価した。[16] 1981年における1株あたり利益に関しては、半分の企業が買収されなかったほうがよかったであろうと考えられた。さらに、『フォーチュン500社』のROIの中央値が13.8％であるところ、ROIが10％を超えていたのはわずか3件にすぎなかった。同期間内で、買収側の企業の株価もまた低迷していることが判明した。半数の企業は、実際に株価が下がっていた。この悪い業績は、経営判断の質を反映しているのかもしれないし、あるいは、もともと経営環境の悪さゆえに買収が企図されたのかもしれない。

参入戦略

　新たな製品市場に参入するとの判断を行う場合、参入戦略が重要となる。[17]図表13－3は、8種の代替的な戦略について、それらの利点と欠点を示している。

　最も一般的な参入方法は、社内での事業立上げと買収である。新事業の社内での立上げは、既存事業の買収に伴う制限、不利益および買収コストを伴わずに事業コンセプト、戦略、経営陣を作り上げられるという利点がある。新たな事業が既存の組織文化、システム、組織構造に制約されないように、既存企業のなかに独立した存在を作る社内ベンチャーはこの変形といえる。IBM PCは独立した組織によって驚くほど短期間で開発を完了し、市場投入された。

　買収という方法は、時間の節約につながる。買収は企業が数年ではなく数週間のうちに確立したプレーヤーになることを意味している。おそらくさらに重要なのは、流通やブランド認知といった困難な参入障壁を克服できることにある。まだ駆け出しの小さな会社が、技術、市場、知識、経験あるいは成長の基礎となるその他のものを得るために買収されるという教育的買収は、この変形ということができる。

　図表13－3において示される他の選択肢は、リスクやコミットメントが小さい代わり、持続可能な競争優位によって支えられた確立した事業へと結びつく確率も小さい。合弁は他社とリスクを分け合い、必要とされる資産と能力を補い合う。新技術を有する小さな会社は資金や流通へのアクセスを有する大企業と合弁を組むことができる。他社から技術ライセンスを得る方法は1つの参入障壁を克服する手っ取り早い方法ではあるが、将来その技術を支配することは困難となる。これらの参入方法は国際事業展開において特に重要であり、第15章において議論する。合弁の代わりとなるのが提携であり、提携の当事者は市場攻略のための資産を提供し合うことになる。ソニーの協力的技術共有プログラムは、ソニーを技術面で最先端に保つことに貢献するとともに、多くの小規模企業にソニーの生産、エンジニアリング、そしてマーケティング上の資産にアクセスすることを可能にする。

図表13-3　参入戦略

参入戦略	主たる利点	主たる欠点
内部開発	・既存資源を使用できる。 ・特に製品／市場に明るくない場合に買収コストを回避できる。	・時間がかかる。 ・見通しが不確か。
社内ベンチャー	・既存資源を利用できる。 ・有能な起業家を引き止めておく可能性がある。	・過去の例から、必ずしも成功するとは限らない。 ・社内的な緊張を作り出す可能性がある。
買収	・時間を節約できる。 ・参入障壁に打ち勝つ。	・高くつく。通常、不要な資産まで買収しなければならない。 ・2組織結合上の問題。
合弁または提携	・技術／マーケティングの組合せで、小企業／大企業のシナジーを利用できる。 ・リスク分散できる。	・企業間のオペレーションに摩擦を生じる可能性がある。 ・一方の会社の価値が時間が経つにつれて減少する可能性がある。
他社からのライセンス	・技術に即座にアクセスできる。 ・財務的リスクが少ない。	・特許技術や技術的スキルが育たない。 ・ライセンス元に依存する。
教育的買収	・新事業への窓口となり、初期スタッフを確保できる。	・買収先が起業家精神を無くしてしまうリスクがある。
ベンチャー・キャピタルと育成	・新技術、新市場への窓口となりうる。	・資金供給だけでは、会社の成長につながらないことが多い。
他社へのライセンシング	・市場へ即座にアクセスできる。 ・コスト、リスクともに低い。	・市場の知識、コントロールを失ってしまう。 ・ライセンス元に依存する。

最も関与度の低い選択肢は、技術使用を他社にライセンスする、あるいはベンチャーキャピタル投資者として事業に参加することである。ゼネラル・エレクトリックやユニオン・カーバイドは新しい技術へのなんらかの関係を確保するために、若く成長している企業に少数株主として投資している。ライセンス供与もベンチャーキャピタルとしての投資も、事業がうまくいった場合に関与度を引き上げたり、リスクを管理するという可能性を提供している。

正しい参入戦略の選択

ロバーツとベリーは、正しい参入戦略の選択はこれから参入しようとする製品市場について、企業がどれだけ新たな事業に精通しているかに依存する、とする。[18] 彼らは精通しているということを2つの要因に分類している。すなわち第1に市場であり、第2に製品に具現化される技術やサービスである。市場の要因についてみると、精通度合いには次の3レベルが考えられる。

- **ベース**　既存製品がこの市場で販売されている。
- **新規／精通**　詳細な市場調査、経験あるスタッフあるいは顧客としての市場への参加などの理由で、会社が当該市場に精通している。
- **新規／未知**　市場に関する知識や経験が欠けている。

製品に具体化される技術やサービスについても、精通性について3レベルが考えられる。

- **ベース**　技術やサービスが既存製品に具現化されている。
- **新規／精通**　関連技術における経験、当該技術に関する確立した研究開発、あるいは詳細かつ集中的な技術調査などから会社が技術について精通している。
- **新規／未知**　当該技術に関する知識や経験が欠けている。

基本的な示唆は、これら2つの側面における精通の度合いが減少するにつれ

図表13-4　最適な参入戦略

	製品に用いられる技術やサービス		
	ベース	新規／精通	新規／未知
新規／未知	合弁	ベンチャーキャピタルまたは教育的買収	ベンチャーキャピタルまたは教育的買収
新規／精通	社内での市場開拓または買収（あるいは合弁）	社内ベンチャーまたは買収あるいはライセンシング	ベンチャーキャピタルまたは教育的買収
ベース	内部でのベースの開発（あるいは買収）	内部での製品開発または買収あるいはライセンシング	合弁

（左軸：市場に関することがら）

て、関与の度合いも減らすべきである、ということである。図表13-4は精通の度合いの評価に基づいた基本的な参入戦略を示している。もちろん、両者とも未知である領域で、高い関与を行うアプローチが意味をなす状況も考えられるだろう。しかし、ロバーツとベリーが経験と理論に基づいて示唆しているのは、そのようなアプローチには相当のリスクを伴うため、精通の度合いを上げることが真剣に検討されるべきだ、ということである。

まとめ

- 関連多角化は、資産あるいは能力を移転ないし交換することによりシナジーを達成する可能性を持っている。

- ブランドは、多くの場合に利用できる資産の1つである。ディズニーとソニーは、多くの事業に基礎を提供してきたブランドの例である。
- ブランドは、提案されている新たな製品・市場にフィットし、価値を付加する必要がある。そして重要なことは、新たな製品・市場における使用が既存のブランドを強化、再活性化しなければならない（少なくとも既存ブランドにダメージを与えてはならない）ということである。
- シナジーは、実際には存在しない、実行上の障壁により達成できない、あるいは過大評価されているなどの理由で、幻想に終わる可能性がある。
- 非関連多角化には10の動機があり、そのなかには魅力的な事業の獲得、企業焦点の再調整、そしてリスクの削減などがある。
- 図表13－3は、多角化対象の技術あるいは市場がどの程度組織にとって新規であるかにより、8つのアプローチを提示している。

注

1 ： David A. Aaker, *Managing Brand Equity*, New York: The Free Press, 1991, Chapter 9（陶山計介ほか訳『ブランド・エクイティ戦略』ダイヤモンド社）および David A. Aaker and Erich Joachimsthaler, *Brand Leadership*. New York: The Free Press, 2000, Chapter 5（阿久津聰訳『ブランド・リーダーシップ』ダイヤモンド社）.

2 ： Michael J. McDermott, "The House That Nolan's Building," *Adweek's Marketing Week*, August 14, 1989, pp.20-22.

3 ： David J. Collis and Cynthia A. Montgomery, "Creating Corporate Advantage," *Harvard Business Review*, May-June 1998, pp.71-83.

4 ： Robert G. Eccles, Kersten L. Lanes, and Thomas C. Wilson, "Are You Paying Too Much for That Acquisition?," *Harvard Business Review*, July-August 1999, pp.136-143.

5 ： Aaker, *Managing Brand Equity*, Chapter 5.

6 ： Nancy Youman, "So Far, So Good for Seagram's Beverage Shot," *Adweek's Marketing Week*, June 3, 1990, pp.54-55.

7 ： Deepak K. Datta, George E. Pinches, and V. K. Narayanan, "Factors Infruencing Wealth Creation from Mergers and Acquisitions: A Meta-Analysis," *Strategic Management Journal*, 13, 1992, pp.67-84.

8 ： Op. Cit. Robert G. Eccles, Kersten L. Lanes, and Thomas C. Wilson, "Are You Paying Too

Much for That Acquisition?," *Harvard Business Review*, July-August 1999, pp.126-142.

9 : Michael G. Allen, Alexander R. Oliver, and Edward H. Schwallie, "The Key to Successful Acquisitions," *Journal of Business Strategy* 2, Fall 1981, pp.14-24.

10 : Wayne I. Boucher, "The Process of Conglomerate Merger," prepared for the Bureau of Competition, Federal Trade Commission, June 1980.

11 : Peter Drucker, "The Five Rules of Successful Acquisition," *Wall Street Journal*, October 15, 1981, p.16.

12 : Andrei Shleifer and Robert W. Vishny, "Takeovers in the 60s and the 80s: Evidence and Implications," *Strategic Management Journal* 12, 1991, pp.51-59.

13 : Michael E. Porter, "From Competitive Advantage to Corporate Strategy," *Harvard Business Review*, May-June 1987, pp.43-59.

14 : Richard Rumelt, "Diversity, Strategy and Profitability," *Strategic Management Journal* 3, 1982, pp.359-369.

15 : Paul G. Simmonds, "The Combined Diversification Breadth and Mode Dimensions and the Performance of Large Diversified Firms," *Strategic Management Journal* 11, 1990, pp.399-410.

16 : Arthur M. Louis, "The Bottom Line on Ten Big Mergers," *Fortutne*, May 3, 1982, pp.84-89.

17 : Edward B. Roberts and Charles A. Berry, "Entering new Buisiness: Selecting Strategies for Success," *Sloan Management Review*, Spring 1985, pp.3-17.

18 : Ibid.

第14章 衰退市場および敵対的市場における戦略

Strategies in Declining and Hostile Markets

　戦略立案は、ときとして健全で成長している市場の探索と、それら市場への参入を目的とする戦略立案を伴っている。ただし、第5章の議論で明らかにしたように、高成長局面にはさまざまなリスクがある。あまりにも多くの競合企業が参入してしまい、それぞれがニッチを探して右往左往しているような状況である。しかし、成熟市場のみならず衰退市場であっても、正しい戦略に従う企業にとっては好機を提供してくれることがある。その1つの理由は、競合相手にとってそのような市場は魅力がないからである。したがって、衰退市場はつねに避けて通るべきものとは限らない。

　衰退市場では、競合技術の開発、顧客のニーズや嗜好の変化、あるいは政府当局による政策変換などの外部的な事象による需要の減退が生じている。もちろん、衰退市場の参加者は持続可能な競争優位を得て競争に打ち勝つことを試みるであろう。しかし、ゼロ成長あるいはマイナス成長によって特徴づけられる市場においては、ポートフォリオモデルによる示唆に従えば、縮小あるいは撤退すべきであるということになる。したがって、これらの選択肢についても理解を深めることが重要となる。

　本章では次のような、特に衰退市場において適切な戦略代替案が検討される。

1. 産業を再活性化し成長局面を作り出すことによって、成長産業を再起させるか、あるいは成長が期待できる下位市場に集中する。
2. 市場で支配的地位を獲得し、他社に撤退を余儀なくさせ、収益力を握って生き残る。
3. 搾取あるいは収穫する。他のどこかに投資するため、資産を引き揚げる。
4. 撤退あるいは清算する。残存資産を再利用ないし売却する。

敵対的市場とは、設備過剰、低利益率、激烈な競争、あるいは混迷のなかでの経営を強いられるような市場をいう。ここでいう敵対性には2つの原因がある。第1に、需要の減退が挙げられる。第2に、より重要なこととして設備能力拡充競争がある。Eコマースの諸領域における崩壊の理由の1つは、特にオンラインにおける財務的に余裕ある企業の拡張である。成長市場であっても敵対的市場となりうるのである。

　敵対的市場はきわめて一般的なものである。筆者のエグゼクティブプログラムを受講した何千人もの会社役員のうち、敵対的でない市場で競争していると認めたのはわずかひとりであり、そのひとりとはパナマ運河の経営者であった。敵対的市場のダイナミクスと、そのような市場においてなぜ一部の企業が他の企業よりもうまくいっているかを理解することは、非常に重要である。本章の最後のセクションでは、敵対的市場のライフサイクルについて述べ、平均以上の業績を挙げている企業の戦略について論じる。

衰退産業における成長の達成

　通常、停滞あるいは衰退している産業では、既存の市場参加者は市場の可能性をすべて、すでに試みずみであることが前提となっている。しかし、その前提が間違っている場合は、企業にとっては産業の再活性化に参加することによって、新たな成長局面での優位な地位を占めるというダイナミックな機会がありうることになる。図表14－1に示されるように、産業の再活性化は新市場、新製品、新用途、マーケティングの再活性化、政府刺激策による成長および成長下位市場の利用などにより達成することが可能である。

新市場

　成長を達成する最もわかりやすい方法は、無視または見すごされているが新たな成長の可能性を持つ市場セグメントへ参入することである。テキサス・インスツルメンツは女性用電卓を設計したが、これは電卓購買者の6割が女性と

図表14-1　停滞市場の再活性化

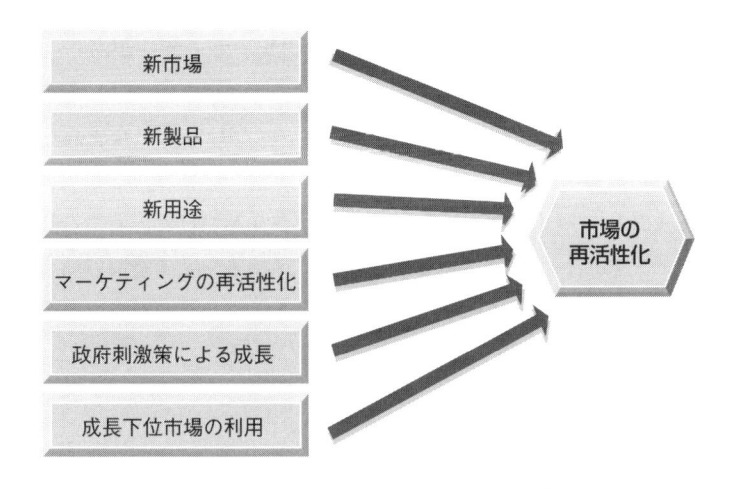

- 新市場
- 新製品
- 新用途
- マーケティングの再活性化
- 政府刺激策による成長
- 成長下位市場の利用

→ 市場の再活性化

いう事実にもかかわらず、成熟した製品カテゴリーとして見すごされていた市場であった。ニュアンスと名づけられたこの新しい電卓は、紫か薄いベージュで、ラッチつきのコンパクト型になっていた。打ち心地のよい、縁つきのゴム製キーは長い爪が2度押ししてしまわないように千鳥状に配列されていた。いくつかの産業では、国際的な展開が成長につながっている。バービー人形は欧州と日本で新たな市場の活力を見出している。

新製品

ときとして、既存製品を旧式化して買替えサイクルを加速するような製品が、眠っていた産業を再活性化することがある。消費者向け電気製品市場では、衰退市場においてカラーテレビ、CD、大画面テレビその他の技術的進歩が活力を生み出した。グルメコーヒーやインターネットができる電話の登場といった、既存製品の新たな変種が消費者の興味をそそることもある。

新用途

　ある製品のための新用途は、産業の成長を刺激する可能性がある。第12章において、重曹とその臭い取りとしての用途というわかりやすい例を示した。クランベリー業界ではその新しい調理法を見つけだして新たな成長を達成した。単に休日の食事として以上にクランベリーを食べるようになったのだ。ライソル消毒スプレーのメーカーは製品に新しい香りをつけて、新たな用途として託児所をターゲットとした。小型冷蔵庫はオフィスや学生寮での新たな用途を開拓した。有望な用途を発見する最も有効な方法は、既存顧客がどのように製品やサービスを使用しているのかを知ることである。

マーケティングの再活性化

　ある製品クラスを再活性化する可能性のある方法として、新しいタイプの店舗や直販などによって販売チャネルを変える、企業の販促品として販売する、価格構成を改める、宣伝方法を刷新する、などの新鮮なマーケティングアプローチがある。どうということもない頭痛薬が、南東部の田舎に由来することと結びつけたことにより蘇った。以前の包装と苦味は一新され、南部訛りの人を起用した宣伝が流され、バス釣りトーナメントや野球のマイナーリーグなどによるイメージ作りが展開された。

政府刺激策による成長

　「全部やってだめなら、ゲームのルールを変えろ」という古い格言がある。戦略的にいえば、この考え方はその産業の売上が伸びるように環境を変えてしまおうということである。政府機関は変化のためのインセンティブを与えることができ、家屋断熱材の設置や低所得者家庭での改築時の税控除などがそれである。エアバッグの自動車への装着を義務づけることも考えられ、それが新たに産業を活性化するきっかけとなる。

成長下位市場の利用

　成長する下位領域、つまり全体としては成熟あるいは衰退している産業のなかで健全に成長している限られた部分に集中することで成功を収めてきた企業がある。成熟したビール市場でのスーパードライ、ノンアルコール、地ビールブランドはどれも成長している。コンバーティブルは自動車産業において再び成長セグメントとなった。ときとして、成長下位市場は成長市場と同様に目立ってしまうというリスクを抱えてはいるものの、その上位の産業全体として見れば魅力的ではないという理由で無視されがちである。その結果として競合の注目を集めることも少ないのである。

収益性の確保と生存

　衰退市場には投資をやめ、衰退局面の事業は搾取するか撤退するというのがいままでの常套手段であった。[1] しかし、リーダーとしての地位を得る、あるいは強化するために投資を行うという積極的な選択肢も存在する。強力な生存者は利益を生むことができる。それは競争が少なくなるからであり、また投資が少なくてすむからでもある。この戦略のかなめは、競合相手に撤退を促すことである。そのために、企業は次のようなことを行うことが可能である。

- その産業で生存者となり、リーダーとなることについてのコミットメントを目に見えるかたちで示すこと。
- 値下げや販促活動の強化により、競合相手の相対コストを増加させること。
- 新製品の投入や新セグメントのカバーによって、競合相手が収益性のあるニッチを見つけにくくすること。マクスウェル・ハウスやフォルガースなどの主要コーヒー会社はグルメコーヒーを導入したが、これは小さいが成長しているニッチが競合他社から見て残っていないように潰しておくためであった。

- 競合相手の長期契約上の地位を引き受けたり、その修理部品を供給したり、あるいはフィールドサービスを引き受けたりして競合相手の撤退障壁を取り除いてやること。広域で営業しているベーカリーはローカルの小売店に対してプライベートブランドを供給し、その小売店が製パン業から撤退しやすくすることができる。
- 小規模な参加者が多数存在する衰退産業において、ナショナルブランドや支配的なブランドを創設すること。チーズブロー・ポンドは地域スパゲッティソースメーカーであるラグ・パッキングを買収し、ナショナルブランドを創設した。これによりマーケティング、生産の両面において規模の経済を確立することができた。
- 競合相手の市場シェアや生産設備を購入すること。これは、競合相手の撤退障壁の究極的な除去となり、意欲をなくしている競合相手がやる気のある第三者に買収されることを防止することになる。1980年代終盤、金融機関向けの通帳を製造していたカーツは帳簿価格を大幅に下回る価格で競合相手の資産を買収することができ、その投資回収期間はわずか数カ月であった。その結果、他社が数十年間ほとんど利益を上げていなかった事業領域において、記録的な利益を計上したのであった。第10章で述べたように、ホワイト・インダストリーズは、撤退を強く動機づけられた企業からカルビネーター、ウェスティングハウス、フィルコ、フリジデアといったブランドを買収することによって最大の家電メーカーにのし上がった。

搾取と収穫

搾取あるいは収穫戦略は、販売や市場シェアの減少を来してでも投資と業務運用費用を減少させ、キャッシュフローを生み出すことをねらうものである。これは、企業が資金のより有効な利用先を他に持っており、財務上あるいはシナジーを形成するうえで当該事業は企業にとって重要ではなく、販売が急落せず秩序だって減少するため搾取が可能である、ということを前提としている。

急速な搾取とゆっくりとした搾取を区別することは、有効である。急速な搾取は、短期的なキャッシュフローを最大化し、事業に対する追加的な投資を最小化するため、営業支出の急速な削減とともに値上げを行う。この場合は、市場からの撤退を早めることになってしまうような急激な販売下落のリスクを受け入れることになる。ゆっくりとした搾取は工場、設備、研究開発への長期的投資は急激に減少させるが、マーケティングやサービスといった営業支出は追い追いに減少させるものである。このゆっくりとした搾取は販売の減少を遅らせることによって、長期的なキャッシュフローを最大化しようとするものである。

ゆっくりとした搾取戦略の古典的な例はチェイス・アンド・サンボーン・コーヒーである。[2] 1879年に、同社は米国で初めて焙煎済みコーヒーの密封缶パックの販売を開始した。1929年にはロイヤル・ベーキング・パウダーおよびフライシュマンと合併し、スタンダード・ブランドという社名となった。1920年代と1930年代には積極的に広告を打ち、コーヒー産業を支配するに至った。エドガー・バーゲンやチャーリー・マッカーシーが主演する「チェイス・アンド・サンボーン・アワー」は、当時最も人気のあるラジオ番組の1つだった。第二次世界大戦後、インスタントコーヒーとゼネラル・フーズ社のブランドであるマクスウェル・ハウスの両者が登場した。マクスウェル・ハウスの激しい広告と真っ向から戦う代わりに、チェイス・アンド・サンボーンは搾取戦略を選択した。何年にもわたり、ブランドに対する広告支出は徐々に減らされ、遂に完全に広告をやめてしまった。1981年、スタンダード・ブランドはナビスコと合併したが、ナビスコはコーヒー事業をマイアミの小さな会社、ゼネラル・コーヒーに約1500万ドルで売却した。スタンダード・ブランドはロイヤル・プディングが別のゼネラル・フーズ社のブランドであるジェローに直面したときにもゆっくりとした搾取戦略を選択している。

搾取戦略に適した条件

次のようないくつかの条件下においては、維持あるいは撤退ではなく搾取戦略が適している。

- 販売が減少しており、その傾向は変わらないだろうが、急激に減少しているわけではなく需要は持ちこたえる余地があり、急激な減少に転ずることもないであろう、という場合。
- 効率的な企業にとっては、価格構造が収益性のあるレベルで安定している場合。
- 事業のポジションは弱いが、市場の限定された部分における顧客ロイヤルティは十分にあり、搾取のモードに入ってからも販売と利益を生み出すことが十分にできる、という場合。この場合は、搾取戦略によって相対的なポジションを失うというリスクが低い。
- その事業が、現在の企業の戦略的判断にとって中核をなすものではない場合。
- （環境だけでなく、主体的にも）搾取戦略をうまくマネージすることができる場合。

実行上の問題

　搾取戦略の実行は、多くの場合困難なものである。その最大の問題の1つは、従業員や顧客が搾取戦略を取っているのではないかと疑い、その結果不信を生んで戦略全体がうまくいかなくなってしまうことである。搾取戦略と事業廃棄の境目はときに非常に曖昧であり、顧客はその企業の製品に対する信頼を喪失し、従業員のモラルは低下する。競合相手はより積極的に攻撃を仕掛けてくるかもしれない。これらすべての可能性が、予想以上に急激な販売の減少を引き起こしかねない。このような現象を最小限にとどめるためには、搾取戦略をできるだけ目立たないようにしておくことが有効である。

　もう1つの重大な問題は、搾取の局面においては経営者を採用したり、動機づけしたりすることが困難だということである。ほとんどの戦略事業単位の経営者は、搾取戦略を成功させることに従事する姿勢も、経験も、スキルも持ち合わせていない。業績評価や報酬制度を搾取に適したものに変更することも困難である。搾取戦略の専門家である経営者を採用することが合理的であるように思われるが、そのような専門家自体がまれであるために、そうもいかないこ

とが多い。多くの企業は、経営者にはさまざまな局面を経験させるようにできてはいるが、キャリアパスが搾取の専門家を生むようにはできていないのである。

前提が誤っている場合

　事業の売却ではなく搾取を行うことの優れている点の1つは、市場の反応、競合他社の対応、コスト予測あるいはその他の関連する事柄についての前提が誤っていることが判明した場合、戦略の変更が可能なことである。ほとんど期待できず余命いくばくもなさそうな製品類の復活が、搾取戦略の実行をストップさせることになる。オートミールはその安い価格と栄養と健康のイメージから、販売の急激な上昇を経験した。男性ファッションにおいては、サスペンダーと懐中時計が成長の兆しを見せている。1884年に発明された万年筆は、1939年のボールペンの発明によって事実上葬り去られたも同然だった。しかし、ノスタルジーと名声への願望が高級万年筆を復活に導いた。その結果、万年筆業界は売上が倍になる勢いであった。

搾取戦略による資金フローの予測と管理

　搾取戦略からの資金のフローは、適切に予測、管理する必要がある。AT&Tは、長距離通信事業から得られる資金の使途について、長距離とともに地域系サービスを販売できる何百万ものブロードバンド世帯を作り出すためにケーブルネットワークに投資しようともくろんだ。しかし、金のなる木であるはずの長距離通信の価値が計画より早く下落したため、ケーブルへの積極的な投資ができなくなってしまった。ここから得られる教訓は、あてにしている将来のキャッシュフローは正確に予測しなければならない、ということである。

維持戦略

　維持戦略は搾取戦略の変形であり、成長目的の投資は回避するが、製品品

質、製造設備、そして顧客ロイヤルティを維持するために適当なレベルの投資は行うものである。維持戦略は、産業が秩序だったかたちで衰退し、確実な需要の余地が存在し、価格圧力が極端ではなく、企業が利用可能な資産や能力を有し、その事業の存在が企業内の他の事業単位に貢献している、というような場合に適している。産業が成長の機会を欠き、シェア増加の戦略が競合の反撃の引き金を引いてしまうおそれがある場合には、維持戦略は投資戦略よりも望ましいといえる。維持戦略は金のなる木を長期間維持するための戦略、あるいは産業の不確かさが払拭されるまでの一時的な戦略としても使える。

　維持戦略の問題点は、条件が変化した場合に投資の躊躇ないし鈍化が市場シェアの減少につながってしまう可能性にある。2大製缶会社のアメリカンとコンチネンタルは、ツーピース缶工程が開発されたときその技術への投資を怠った。当時、両社とも多角化戦略に従事しており、金のなる木である製缶事業への投資を差し控えていたからである。その結果、両社は相当に大きな市場シェアを失うに至った。

売却あるいは清算

　図表14−2が示すとおり、事業環境と事業ポジションがともに不利な場合、最後の手段として売却と清算がなされることになる。搾取ではなく撤退の判断が選択される条件としては、次のようなものが考えられる。

- 販売の減少が急激かつ加速しており、その事業にとって需要喚起の余地が残されていない場合。
- 価格圧力が極端に高い場合。価格圧力は高い撤退障壁を有する競合相手によって引き起こされるほか、ブランドロイヤルティや製品差別化の欠如などによっても引き起こされる。したがって搾取戦略が誰にとっても利益とならないような場合である。
- 事業ポジションが脆弱である場合。すなわち支配的な1社ないし数社の競合相手が覆すことのできない優位性を達成した場合である。その事業が

図表14-2　衰退市場あるいは停滞市場に対する戦略

		事業ポジション	
		強い	弱い
産業の環境 ・衰退率 ・需要の余地 ・価格圧力	好ましい	投資あるいは維持	搾取あるいは撤退
	好ましくない	搾取あるいは撤退	撤退

赤字であり、将来の展望も見えないという場合でもある。
- 企業の戦略的方向性が変わり、その事業がお役ご免となるかあるいは望ましくないものとなった場合。
- 撤退障壁を克服することができる場合。

いくつかの撤退障壁が撤退の意思決定を阻む場合がある。特に次のようなものが考えられる。

- 特化した資産、例えば工場や生産設備は他社にとってほとんど価値を持たない。
- 供給者や労働者との長期的な関係を断つのは費用を伴う可能性がある。
- その事業が予備部品やアフターサービスを提供するという約束をしている可能性がある。RCAなど多くの真空管メーカーは、特別な真空管を使用したテレビも生産していた。RCAが予備部品を供給してくれるだろうという顧客の期待は、RCAが真空管事業から撤退するにあたって大きな撤退障壁となった。

- ある事業の撤退判断が、会社の他の事業の評判と活動に影響を与える可能性がある。ゼネラル・エレクトリックは、小型家電からの撤退判断が電球や大型家電事業の面で小売業者や顧客に与える影響を懸念した。
- 政府が規制によって撤退の判断を禁じることがある。鉄道サービスからは、そう簡単には撤退できない。

経営者のプライドも影響を与えるかもしれない。職業経営者は自分自身を問題解決者とみなしていることが多く、敗北を認めたがらないものである。企業が子会社を清算するにあたって、子会社に役員を送り込むたび、その役員が着任後なんとか建て直せると考えてしまうために、何人も役員を派遣せざるをえなかったという例がある。さらにその事業が、長年のあいだ会社という「家族」の一員であったという思い入れ、会社創業時の事業であり他の事業の基礎となったという思い入れも影響してくる。旧来の友人たちに背を向けるのは、難しいことである。

衰退環境に対する適切な戦略の選択

　投資の選択肢の範囲は、積極投資から維持、搾取、そして撤退までの幅がある。衰退環境での最適な選択肢を見きわめるには、企業は図表14－3に要約され、次に議論される5つの領域における戦略的不確実性を考慮する必要がある。

市場の展望

　まず、販売衰退のスピードとパターンについて基礎的な考察を行う。急激な衰退は、漸次的で安定した衰退とは区別しなければならない。それを見きわめるための要素の1つは、需要持続の余地すなわち中心となる需要レベルを支えることが可能なセグメントが存在することである。真空管産業は、新製品搭載需要がまったくなくなった後でも交換需要を有していた。なめし皮業界では、革張り家具は依然として健全な市場である。

図表14-3　衰退産業における投資判断

戦略的不確実性

市場の展望	・市場衰退の率は、整然としており予測可能か。 ・持続的な需要の余地はあるか。 ・市場衰退の原因は何か－－一時的なものか。
競争の激しさ	・独特のスキルあるいは能力を持った支配的な競合相手が存在するか。 ・撤退を望まない競合相手が多いか。 ・顧客はブランドに対しロイヤルティが高いか。製品差別化が存在するか。 ・価格圧力があるか。
業績／強み	・その事業は収益性があるか。その将来的な見通しはどうか。 ・市場シェアのポジションはどうなっているか。将来的なトレンドはどうか。 ・その事業は、鍵となるセグメントについて、持続可能な競争優位を持っているか。 ・その事業は、販売の減退に直面したとき、コストをうまく管理できるか。
他の事業との関係	・他の事業とシナジーがあるか。 ・その事業は、その企業の現在の戦略的主眼と矛盾していないか。 ・その企業は、その事業のキャッシュ・ニーズに応えられるか。
実行上の障壁	・撤退障壁は何か。 ・組織は、すべての投資オプションを管理できるか。

　衰退スピードに影響を与えるもう1つの要素は、製品の陳腐化である。使い捨ておむつが開発されたとき、幼児用のゴムパンツの需要は劇的に減少した。

　これに関連した問題は減少パターンの予測可能性である。減少パターンが10代の人口規模のように人口動態に基づいているとすれば、予測可能であるといっていいだろう。反対にファッションや技術は急速に変化するため、それに基づいた予測はリスクが大きい。ゆっくりとした減少が急に加速したり、減少していた市場が急に復活したりする。自然食のトレンドがオートミールを復活させたし、インフレによる価格上昇への敏感さがある時期クール・エイド（粉ジュース）を復活させたこともあった。

競争の激しさ

　第2の考察は産業構造によって引き起こされる競争の激しさのレベルであ

る。大きな市場シェアを占め、強力で持続可能な競争優位を形成する一連の特異な資産と能力を有した支配的な競合他社が存在するだろうか。あるいは、撤退させることも提携もできない多数の競合他社が存在している状態であろうか。もしこれらのような状態であれば、利益を上げるのは至難の業である。

もう1つの視点は、顧客である。衰退産業において利益を上げるための鍵は、価格の安定性である。真空管の購買者に見られるように、顧客は価格に対して比較的鈍感であろうか。比較的高いレベルの製品差別化とブランドロイヤルティが存在しているだろうか。あるいは、製品はコモディティ化してしまっているだろうか。顧客があるブランドから他のブランドに転換するのにコストがかかるだろうか。

業績／強み

事業ポジションの評価は、現在の業績とともに事業の強みと能力にも焦点を当てるべきである。衰退局面での強みの源泉は、通常他の局面のものと比較してまったく異なる。作るべき製品の種類が少なく、相手にすべき顧客も少ないということが強みとなるのだ。したがって規模の経済、垂直統合、技術的リーダーシップなどの強みは、実際にはこの局面では負債となる。衰退産業における強みは、以下のようなものである。

- 収益性の高い顧客、特に持続的な需要のベースとなる顧客との強固で確立した関係。
- 強力なブランド。この段階に至っては、競合各社はイメージを大きく変更することが困難となる。したがって、確立したイメージが通常の局面よりも重要となる。
- 利用されていない資産を使って巧みに業務を行う能力。
- 事業縮小に伴ってコストを削減する能力。つまり、資産と資源の運用における柔軟性。
- 規模の経済が存在する場合、大きな市場シェア。

現状の収益性の分析は将来のポジションの評価にとって重要ではあるが、特に撤退判断が関係する場合注意が必要である。帳簿価格は、過大に評価されているかもしれない。なぜならその市場価格はずっと小さいか、あるいは義務が付随する場合マイナスということもありうるからである。撤退を選択する場合、本来であれば他の事業に配賦されるべき間接費項目は、削減可能コストからは除かれるべきである。

他の事業との関係

企業の投資判断においては、事業間の相互関係が考慮されるべきである。ある事業において、システムの一部を供給し、流通チャネルを支援し、工場の過剰能力や副産物を他の工程に使用することを通じて企業内の他の事業を支援している場合がある。また企業が垂直統合されている場合、ある特定事業からの撤退判断は他の事業単位に影響を与える可能性がある。

明らかな事業閉鎖、特に大きな損金処理を伴う場合には親企業に対する信用問題を引き起こす。事業閉鎖は金融市場へのアクセスに影響し、企業の他の活動についての代理店、供給者および顧客の意見に影響を及ぼす可能性がある。テキサス・インスツルメンツが同社の開発したデジタル腕時計および磁気バブルメモリーグループを閉鎖したとき、顧客、供給業者その他の関係者のあいだにはショックが広がった。

実行上の障壁

最後に、各選択肢に関連して実行上の問題が考慮されなければならない。撤退障壁は撤退という選択肢に影響を与えることになる。搾取という選択肢は、経営者と顧客の双方が搾取という局面を受け入れなければならないという困難な経営上の問題に直面する。維持という選択肢も、デリケートな問題を含んでいる。この受動的な投資戦略は、ともするとポジションの喪失に結びつくおそれがある。

敵対的市場

　衰退市場は、敵対的市場すなわち過剰設備能力、低利益率、激烈な競争、そして混迷下の経営などが交錯するような市場を作り出してしまうおそれがある。しかし、成長局面であっても、あまりにも多くの競合相手の参入により設備過剰が引き起こされるような場合には、敵対的市場は起こりうる。ほとんどの産業が敵対的であるか、敵対的になる危険性があるかのどちらかであるといっても過言ではない。ゆえに、敵対性についての知識を持つことは必要である。敵対的市場については、示唆に富む大規模な研究が参考になる。

　経営コンサルティング会社、ウインドメア・アソシエイツは40例以上の敵対的産業の体系的な研究を行い、その結論がドン・ポッターによって2編の論文にまとめられている。[3] これらの論文によれば、敵対的状況は高い利益率を有する成長局面に魅せられ、しかもリスクを最小限に抑えようとする競合諸企業によってもたらされる。したがって高い価格と利益率は、喜ばしいものであると同時に心配の種ともなる。長い目で見ると高価格、高利益率をなくしてしまうか、あるいは競合相手に参入を思いとどまらせるような他の障壁を構築することが必要となる。

図表14-4　敵対化の6つのフェーズ

フェーズ1　—　利幅への圧力
フェーズ2　—　シェアの移動
フェーズ3　—　製品増殖
フェーズ4　—　自滅的コスト削減
フェーズ5　—　統合と合理化
フェーズ6　—　救済

敵対的産業——6フェーズ

　ウインドメアの研究は、敵対的市場の6フェーズを見出しており（図表14－4)、それは何十年にも及ぶことがある。これらのフェーズは、かならずしもこの順序どおりに起こるとは限らないが、まずまちがいなく発生する。この6フェーズのライフサイクルを理解することは、企業にとって敵対的市場を避け、あるいはそれをマネージするのに役に立つ。

フェーズ1：利幅への圧力

　過剰設備能力に触発された、シェア獲得を目的とする略奪的な価格設定が、多くの場合利益率を圧迫する結果となる。最大の受益者は、顧客である。この結果、競合各社は防御可能なニッチを作り出したり、あるいは見つけ出したりしようとする。しかし、魅力的なニッチには結局は他社が侵入してくる。コピー機、自動車、オートバイあるいは半導体において、日本企業を低価格帯に封じ込めようとする試みがことごとく失敗に終わったことを銘記すべきである。日本企業は、結局は高い利益率に魅了されて高級品へと攻め入ってきた。

フェーズ2：シェアの移動

　敵対的市場においては、毎年、あるグループから他のグループに市場シェアの1－5％が移動する。この1つの理由は、リーダーの陥りやすい罠にある。最大企業や最優良企業としてのリーダー企業が市場での安値攻勢に対抗しない、ということがしばしば起こる。これは製品の優秀性や顧客ロイヤルティが大きな価格優位を支えてくれるだろうと過信するためである。この戦略は、ほとんどの場合うまくいかない。リーダー企業は最終的には価格を下げることになるが、その行動は市場シェアが失われ（この回復は難しい)、リーダー企業の価格は高いと顧客に確信させてしまった後である。デルなどの企業が低価格路線を確立した後でも、IBMやコンパックが高価格を維持しつづけていたのはその例である。シェア移動のもう1つの原因は、競合企業がいちかばちかで規模の経済を確立しようとして起こる買収である。

フェーズ3：製品増殖

競合各社は製品増殖により顧客にとっての価値を生み出そうとすることで市場シェアを競い合うようになる。ホテルのスイートルーム、色つきセメント、生（濃縮還元ではない）オレンジジュースなど、製品に追加的な特徴を加えることによって製品の高級化を図ろうとする。石鹸会社は低塩分や新配合成分の新製品を追加するかもしれない。銀行はいろいろなサービスがついた小切手用の当座預金を作るかもしれない。他の方法は、マリオットのフェアフィールド・インやサウスウエスト航空のように、余分な機能をそぎ落とした製品を投入するかもしれない。製品増殖は多くの場合勝者を生まず、すべての参加者に対してコストを強いるのみである。

フェーズ4：自滅的コスト削減

利幅維持への圧力により、自滅的なコスト削減が始まる。投資を抑えようとする意図により、競合相手の品質改善や製品改良に追いつくのが難しくなってくる。これは、シェアの減少につながることが多い。有機フエルトの屋根材メーカーは、大きなシェアの移動が起こるまでグラスファイバーの屋根材設備への投資に積極的ではなかった。さらに深刻なことは、産業全体の標準的な品質上昇についていけなくなることである。ゼネラル・モーターズ、シュリッツその他多くの企業が学んだように、いちど傷ついた評判は回復困難である。流通や販売員の利幅をかすめ取ることは短期的には実体のない利益を生むが、結局は市場ポジションを犠牲にすることになる。

フェーズ5：統合と合理化

間接費の削減を目的とした統合は、通常次の3段階を経る。第1は企業内部のものであり、労働者の削減、設備の閉鎖、事業の縮小などを伴う。第2は、合併と買収を伴い、ここでも間接費を節減するため強者による弱者の買収が起こる。第3は世界的な視野での国際的プレーヤーの組合せが起こる。ブリジストンによるファイアストン・タイヤの買収がその例である。

フェーズ6：救　済

　産業は敵対的状況から復帰することが可能である。5年程度で復帰できる場合もあるが、通常は何十年もかかる。3から4の主要プレーヤーが市場の8割以上を支配するようになり、価格競争を通じてのシェア獲得をすべてのプレーヤーがあきらめたような場合がその例である。プロクター・アンド・ギャンブルとキンバリー・クラークは、使い捨ておむつ市場でこの種の統合を達成した。しかし家電業界での例に見るように、統合終了に15～20年を要する場合もある。過剰設備能力を消化するほどに需要が伸びれば、産業の敵対的状況からの復帰は早まる。必要な需要の伸びは、消費者市場の拡大による場合もあるが、国際通貨価値の変動により輸出が伸びることによる場合もある。

敵対的市場において成功する戦略

　ウインドメアの研究によれば、敵対的な産業において平均以上の売上成長を達成した企業には、2つのタイプがある。第1のタイプは、金の競合者と名づけられ、業界内で第1位か第2位のポジションを占める企業である。フェデックス、アメリカン航空、アルコア・アルミニウム、キヤノン（コピー機）、オーエンズ・コーニング（ファイバーグラス屋根材）、イエロー・フレート（トラック輸送）、およびパッカー（トラック）のような企業がその例である。第2のタイプは、銀の競合者と名づけられ、エアボーン・エクスプレス、アラスカ航空、ピトニー・ボウズ（コピー機）、タムコ（屋根材）、およびフレートライン（トラック）のような企業である。銀の競合者は比較的小規模で、売上規模3位あるいはそれ以下の企業である。

　これら2タイプの企業が敵対的状況でどのように成功を収めたかは、非常に啓蒙的である。彼らの勝利の方程式には、次の5項目が盛り込まれている。

大口顧客へと集中する

　受注量はコスト構造の決定要因であるが、比較的少数の顧客からの受注が大きな部分を占めていることが多い。金の競合者は業界で最大の顧客への主要な供給者であるが、同時に他の顧客にも供給を行っている。金の競合者の武器は

最終顧客に対する強力なブランド認知と、数量的に大きな流通チャネルとの緊密な関係である。これらの企業はチャネルがシフトした場合にもうまく対応できる。オーエンズ・コーニング・ファイバーグラスは、小売チャネルが重要になったとき、卸流通に加えて強力な小売マーケティングプログラムを追加した。流通チャネルを持たない産業においては、金の競合者は中規模企業のなかから大口顧客を育てようと試みる。フェデックスは部品バンクプログラムを創設し、出荷の効率化のために顧客企業用部品を在庫することを行っている。

金の競合者と同程度に効率的な大口顧客向けインフラを所有している銀の競合者はまれであり、その代わりに、中規模顧客とのあいだで強力な関係を作り上げることに集中している。フレートラインは中小のトラック会社に販売することに集中している。このような二番手の顧客は、良質のサービスと、彼ら自身のエンドユーザーに対するリーズナブルな価格を強調する傾向がある。したがって銀の競合者は利幅を犠牲にすることなく、顧客にサービスを提供できるのである。このような顧客を引きつけるため、銀の競合者は顧客の産業独特の特性を受け入れることが多い。ボールは、外食産業向けの口幅の広いポットの主要な供給者となった。

信頼性において差別化をする

トップ企業は、製品の模倣されやすい特性や特質ではなく、信頼性や顧客との関係などの無形的なものにおいて差別化する傾向がある。焦点は、エンドユーザーに対しては一貫したサービスを、またチャネルとなる業者に対しては効率的で信頼性の高い流通を提供することにある。

金の競合者は、エンドユーザーに対する強力なブランド認知を得るために、広範な物理的プレゼンス、広告を利用する。チャネルとなる顧客に対しては、金の競合者は情報システムへの投資によりコスト削減を行う。

銀の競合者はライバル企業よりも高度で一貫したサービスレベルを提供する。ピトニー・ボウズはコピー機保守サービス依頼の電話に対して4時間以内の対応を保証している。銀の競合者は強力なチャネルを持つことが多く、チャネルを保護するために、ある地理的範囲内の独占的取扱いを保証することもある。

広範な価格帯をカバーする

金の競争者は高額、中間、低額市場のすべてを広範にカバーする。他の企業がつけいることのできるニッチを残さないようにし、結局市場全体の製品構成をそのまま反映した製品構成を取るようになる。銀の競争者は通常、高額セグメントに参加しているが、ニッチセグメントに制約されているとは感じていない。むしろ、彼らの最大の顧客層に対応する製品を投入している。

価格をふつうのものにする

敵対的市場の初期段階においては、価格差は10－15％にも及ぶ。しかし、最終的には価格差は結局5％以内に収束し、重要ではなくなってしまう。航空貨物のフェデックス、混載貨物のロードウェイ、パーソナルコンピューターのIBMなどの金の競合者は、価格帯を引き下げて小さな会社が育たないようにしている。これらの企業は、他社と価格を同一にすることで、価格を顧客の購買基準から取り除くようにしている。これらの企業は優秀なサービスや製品性能によって顧客ロイヤルティを得るのである。銀の競合者は、初期的には値引きによって市場シェアを得る。しかし最終的には値引き幅は縮小し、焦点は鍵となる顧客に優れたサービスや製品性能を提供することに移る。

効果的なコスト構造を持つ

敵対的市場で成功しているほとんどの企業は、効果的なコスト構造を持っている。テーブルワインのガロ、農業機器のジョン・ディーアなどの金の競合者は、規模の経済を活用するだけでなくコスト削減のために自動化や情報システムに投資して高い生産性を達成している。一方銀の競合者はリターンの大きい市場の高級セグメントをターゲットとし、鍵となる顧客に集中する。彼らは研究開発においても顧客指向であり、既存の顧客にマーケティング予算を集中し、新規顧客開拓のために広告を行うことはない。

要約すると、敵対的産業において他社以上に業績を上げている会社は、大口顧客に注意を集中し、信頼性に関して差別化を行い、広範な価格帯をカバーし、価格を差別化要素から外し、効果的なコスト構造を有している。金の競合者

は、銀の競合者とは大きく異なっている。金の競合者は規模の経済を享受し、大きなブランド認知を有し、チャネルパートナーに効率性を提供している。銀の競合者は比較的小さく、平均以上のサービスを提供し、高級セグメントをターゲットとし、チャネルパートナーの利幅を防御し、鍵となる顧客に関してだけ低単価にこだわるのである。

まとめ

- 衰退あるいは停滞産業における戦略オプションの1つは、新市場、新技術、新用途、マーケティング戦術、政府刺激策による需要、そして成長下位市場の利用により、産業を再活性化し、成長局面を作り出すことである。
- もう1つのオプションは、リーダーとしてのポジションを強化し、他社の資産を購入するなどして他社に撤退を促し、収益力ある生存者となることである。
- 搾取あるいは収穫戦略（投資と営業費用を削減することによりキャッシュフローを生み出すこと）は、その事業が企業にとって財務的にもシナジー的にも重要なものではない場合に機能する。しかし、搾取が可能であるためには、衰退は秩序だったかたちで現れなければならない。
- 撤退判断は、心理的にもビジネス的にも痛みを伴うが、それが最良である場合もあり、顧客へのコミットメントや特化した資産などの障壁を克服する必要がある。
- 衰退市場における投資判断においては、市場の見通し、競争の激しさ、自社事業の強み、企業内における他の事業との関係、そして実行上の障壁を考慮しなければならない。
- 過剰な数の競合や需要の衰退などによって引き起こされる敵対的市場は、典型的にはいくつかのフェーズを経る。すなわち利幅への圧力、シェアの移動、製品増殖、自滅的コスト削減、統合と合理化、そして救済の諸フェーズである。
- 平均以上のリターンを得る2つの戦略は、「金の競合者」（規模の経済と圧

倒的プレゼンスを持つ第1位ないし第2位の企業）および「銀の競合者」
（通常市場において小さな高級セグメントに集中する三番手以下の企業）
と名づけられている。

注

1：衰退産業における戦略立案に関しては、いくつかの優れた研究が存在する。Michael E. Porter, *Competitive Strategy*, New York: The Free Press, 1980, chapter 8（土岐坤ほか訳『競争の戦略』ダイヤモンド社）; Kathryn Rudie Harrigan, *Strategies for Declining Buisinesses*, Lexington, Mass.: Lexington Books, 1980; and Kathryn Rudie Harrigan and Michael E. Porter, "End-Game Strategies for Declining Industries," *Harvard Business Review*, July-August 1983, pp.111-120.などにまとめられている。

2：Milton Moskowitz, "Last Days of Chase & Sanborn," *San Francisco Chronicle*, February 22, 1982, p.56.

3：Donald V. Potter, "Success Under Fire: Policies to Prosper in Hostile Times," *California Management Review*, Winter 1991, pp.24-38, and "Strategies That Win in Hostile Markets," *California Management Review*, Fall 1994.

第15章 グローバル戦略

Global Strategies

　効果的な競争を行うために、グローバル戦略を立案する必要性を感じている企業は多い。グローバル戦略は、個々の国々に個々別々に戦略を立案し、自律的に実行させるようなマルチドメスティック戦略またはマルチナショナル戦略とは異なる。これらは、例えば小売業者の場合、相互にリンクしないそれぞれ異なった店舗グループをいくつかの国で形成し、自律的に運営させるというものである。マルチドメスティックの活動は通常、個々別々の投資判断が個々の国に適用されるような、独立した諸事業のポートフォリオとして運営するとうまくいく。対照的に、グローバル戦略は全世界的な視点で立案、実行され、次のような判断を伴っている。[1]

1. どの国で製品を販売するか、またそれぞれの国でどの程度の市場シェアを取るか。
2. 製品やサービスを、各国間でどの程度標準化するか。
3. 付加価値活動すなわち研究、生産、サービスなどの活動拠点はどこにおくべきか。
4. ブランドやブランドポジショニング、広告、プライシングなどのマーケティング活動を各国間でどの程度標準化すべきか。
5. 個々の国々における競争行為がグローバル戦略の一部となるべきか、その場合の戦略とはどのようなものか。

　グローバル戦略は、戦略的優位性を生み出したり、競合相手の優位性を無意味にしたりする可能性がある。ある市場で開発された製品またはマーケティン

グ施策が別の市場で使用されるかもしれない。あるいはコスト優位性が起因するのは、グローバルな市場によって生み出された規模の経済、あるいは廉価な労働力や原料へのアクセスによるのかもしれない。さまざまな国々で操業することが柔軟性を高め、有意義で持続可能な競争優位につながるかもしれない。投資と活動は世界中いたる所で出現するトレンドとその進展に対応して移転することができ、類似の構造を有する競合相手に対し攻撃を加えることができる。工場は貿易上の障壁を避けて、市場にアクセスするように立地することができる。

グローバル戦略がある事業にとって必要のないものであっても、外部分析をグローバルなものにすることは役に立つ。他の国々からの競合他社、市場、トレンドに関する知識は、企業が重要な機会、脅威、および戦略的不確実性を発見するにあたって有用である。グローバルな外部分析は、当然、多くの困難を伴う。異なった文化、異なった政治的リスク、そして異なった経済システムなどを含んでいるからである。

グローバル戦略立案の動機について、次に述べる。さらに、標準化とカスタマイゼーションの議論を行い、グローバル戦略立案における提携の使用について議論する。

グローバル戦略を立案する動機

グローバル戦略は、単純に魅力的な外国市場への投資を望むことに加えて、いくつかの動機に基づいて立案される。図表15－1で示されるこれらの動機は、グローバル戦略の範囲と性格を要約している。

規模の経済の獲得

規模の経済は製品の標準化から生まれることが多い。フォードの世界戦略車コンセプトは、製品設計、ツール、部品生産、そして製品テストなどのコストをより大きな販売ベースに配賦可能とする。コカ・コーラを見てみると、1950

図表15-1　グローバル戦略の動機

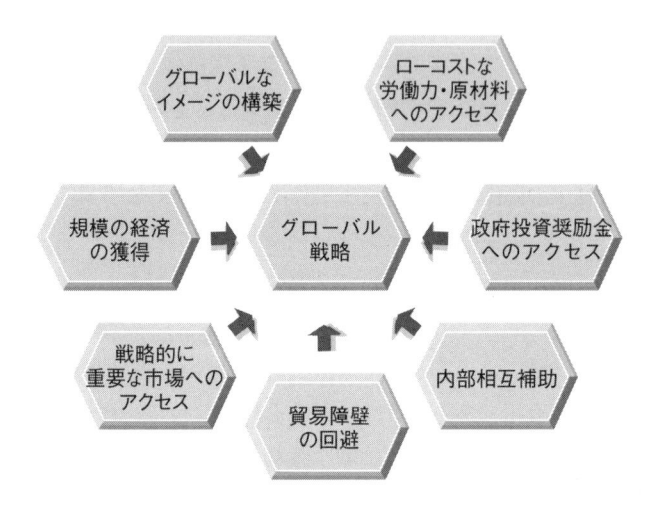

- グローバルなイメージの構築
- ローコストな労働力・原材料へのアクセス
- 規模の経済の獲得
- グローバル戦略
- 政府投資奨励金へのアクセス
- 戦略的に重要な市場へのアクセス
- 貿易障壁の回避
- 内部相互補助

年以来、世界中でブランド、濃縮液調合割合、ポジショニング、広告テーマなどについて同一のマーケティング戦略を採用している。[2] 人工甘味料とパッケージが国によって異なるにすぎない。スミルノフ、パンテーン、ナイキ、ディズニーなどのブランドは同一の広告テーマを採用し、各国で実行することにより（実行方法は各国により異なることがある）、かなりの広告制作費を節約している。

　影響力ある何人かの研究者によれば、世界的な規模の経済から生まれる持続可能な競争優位性は以前にも増して重要性を高め、多くの産業において、競争力を得るためにすでに必須の特性となってきていると指摘されている。セオドア・レビットはグローバル市場に関する著名でいまでは古典となっている論文において、世界的なコミュニケーションがファッションのパターンと需要を全世界において（発展途上国においてさえ）同様なものにしていると断言している。[3] 長くマッキンゼー日本支社長であり、グローバルビジネスに関する古典的な書籍や論文の著者でもある大前研一は、ナイキの運動靴、パンパースのお

むつ、バンドエイドのばんそうこう、チアの洗剤、ネスレのコーヒー、コダックのフィルム、レブロンの化粧品、コンタックの風邪薬などの製品は日・米・欧でほとんど同一であるということを例に挙げている。[4)]大前は、異なった国々において若者からビジネスマンまで同じファッションを身につけていることに注目している。

　大前はさらに、国際貿易上長年受け入れられてきた滝型モデルが、いまや受け入れられていないと述べている。[5)] 滝型モデルのよい例は、ホンダのオートバイでの経験であろう。日本において支配的なポジションを確立した後に、小型でシンプルなオートバイに乗ることは愉快だと宣伝し、2000件のディーラーネットワークに投資することによって、ホンダは米国市場に参入した。このようにして強化された規模の経済を武器にして、ホンダはその製品ラインを大型オートバイにまで伸ばし、欧州市場にも進出した。

　大前によれば、新しいモデルはスプリンクラー型であり、世界同時に製品を発売するモデルである。彼は、数カ月で世界中の市場を席巻したソニーのウォークマン、キヤノンAE－1、ミノルタA－7000などの製品を指摘する。ウォークマンは、実際にはカリフォルニアで最初に発売された。スプリンクラーモデルでは、新製品を投入する企業には海外市場においてプレゼンスを確立したり流通チャネルを開拓したりする時間的余裕はない。その代わり、そうした企業は外国ですでに確立した流通チャネルを有する他の企業とコンソーシアムを形成する。その結果生じる規模の経済は低価格を可能とし、ときとして市場を創造し、競合他社に対する障壁を形成する鍵となるのである。

　規模の経済を最大限に追求するとすれば、メーカー企業は全ユニットを自国で生産する必要があろう。しかし、多くの企業はさまざまな理由でコンポーネントの生産や最終組立て工程を世界中に分散させている。38カ国に150の工場を有する松下は、政治的な優遇措置を得る方法として、規模の経済に大きく貢献するような地域市場に近接する低コスト国に輸出センターを設置している。[6)]この輸出センターは単に製品を生産するだけではなく、設計から製品の出荷までのすべてをコントロールしている。最大級の輸出センターの1つであるマレーシアの輸出センターは、松下のエアコンとテレビの販売量の4分の1を生産している。

グローバルなブランドイメージの望ましさ

　グローバル戦略と結びついたブランドは、有益なイメージを持つ可能性がある。顧客や競合相手にとって、グローバルな存在は自ずと強さ、耐久力、そして競争力ある製品を生み出す能力を象徴している。このようなイメージは高級産業材あるいは消費耐久財の購買者にとって、きわめて重要である。そのようなブランドによって、製品の信頼性や技術的陳腐化などの心配をせずにすむからである。ヤマハ、ソニー、ホンダなどの日本企業は、技術や製品品質が特に重要な市場で操業しており、グローバルなブランドイメージにより利益を得てきた。

ローコストの労働力や原材料へのアクセス

　グローバル戦略のもう1つの動機は、多くの国々の資源にアクセスすることにより得られるコスト削減である。原料、研究開発の人材、組立てのための労働力、コンポーネントの生産などに関して相当に大きなコスト差が生じる。あるコンピュータメーカーの場合、労務費と輸送費削減のために南アメリカから原料を得て、韓国やシンガポールからコンポーネントを購入し、メキシコその他世界5カ国で生産している。ローコストの労働力と原料にアクセスすることは、持続可能な競争優位となるであろう。特に、供給が危ぶまれたり、より魅力的な選択肢が出現したりした場合、変化に対応するスキルや柔軟性が伴えばなおさらのことである。

政府投資奨励金へのアクセス

　コスト優位を得るもう1つの方法は、国からの投資奨励金を得ることである。投資奨励金は、国家が目標とする産業や不振に悩む地域を対象に経済目標を達成するために設けられるものである。関税や輸入割当など、貿易に変化をもたらす他の手段に比べて目立たず、また貿易相手国の反対を受けにくい。英国政府は、英国内に工場を立地する日本の自動車会社に対して現金を給付した。ア

イルランド、ブラジルその他多くの国の政府は、現金、税の減免、土地建物などを提供している。

内部相互補助

　グローバルに存在しているということは、企業がある国で競争を行うために他の国々に蓄積された資産を使用するという内部相互補助を可能とする。[7] 企業は自国市場で稼いだキャッシュフローを使用して、他国の国内のみで操業する競合相手を攻撃することができる。ミシュランは1970年代初頭に、米国においてグッドイヤーを攻撃するために、欧州で得た利益を使用した。防御側の競合相手（この例ではグッドイヤー）は、米国での値下げや、広告の増加などで防御できる。しかし、その行動は最大の市場での利益を犠牲にすることになる。これに対する代替案は、攻撃者が最も損失を受ける市場、すなわちその会社にとっての本拠地市場に攻撃を加えることである。グッドイヤーはミシュランの利益ベースを減少させるため、ヨーロッパへと戦いを持ち込んだ。

　内部相互補助の概念は、次の2点の戦略的考慮へと結びつく。[8]

- 既存あるいは潜在的な外国の競合相手に影響を及ぼすため、その競合相手の本拠地での存在を維持することは有益である。相手の本拠地での存在は、報復という脅しが意味のあるものになるだけの十分な規模を有する必要がある。市場シェアが例えば2％程度というのでは、競合相手はまったく無視しかねないからである。
- 企業が本拠地市場で明らかに大きな市場シェアを持っていても、それは非常に脆弱なものである。高い市場シェアは、特にそれが高価格や高利益の源泉であり、その企業が国内のみで操業している場合には、反撃の余地を持たないと気づいた外国企業を引きつけてしまう可能性がある。米国の家電製品産業が滅んでしまった1つの大きな原因は、内部相互補助を行うオプションを有していたグローバル企業と比較して、米国企業が著しく不利な立場におかれていたからである。

貿易障壁の回避

　コンポーネント生産や組立工場の戦略的立地は、貿易障壁をくぐり抜け、また営業上の信用を得るのに役立つことが多い。プジョーはアルゼンチンからジンバブエまで26カ国に工場を有している。最終組立工場を消費国に持つことは貿易上有利な扱いを受け、営業上の信用を得るための優れた方法である。それによって目に見える存在を示すことができ、最終製品の輸送と保管についてコスト削減を図ることもできるからである。キャタピラーは貿易障壁を避ける理由もあって、欧州、日本、ブラジル、オーストラリアを含む主要市場のそれぞれに組立工場を運営している。トヨタの戦略の重要な要素となっているのは、米国および欧州において外国企業の支配に対する反感をやわらげるために、自動車コストのかなりの部分を現地調達することである。

戦略的に重要な市場へのアクセス

　いくつかの市場は、市場の規模や将来性あるいは原料、労務費構成、あるいは技術の市場サイズあるいは将来性のために、他の市場よりも戦略的に重要である。これらの市場においてプレゼンスを持つことは、その市場に収益性がない場合であっても重要である。米国市場は、その規模において、自動車あるいは家電製品のような規模の経済がきく産業の場合きわめて重要である。

　しばしば、ある産業での新しいトレンドや進展が起こっているがゆえに、ある国が重要になるということがある。ファッション業界の企業は、ファッションを伝統的にリードしてきた国々にプレゼンスを持つことにより利益を享受できるであろう。ハイテク企業は、関連分野で先端を走る国での操業を望むかもしれない。シリコンバレーにプレゼンスを有しない電子機器企業は、技術的進展や競合相手の戦略に精通しつづけていく難しさを感じている。ときとして関連情報は業界ウォッチャーから得られることもある。しかし、その土地に設計製造機能を有している企業のほうが、トレンドや事象について、より詳細な知識を持つ傾向がある。

標準化とカスタマイゼーション[9]

プリングルス、VISA、MTV、マルボロ、ソニー、マクドナルド、ナイキ、IBM、ジレットセンサー、ハイネケン、パンテーン、そしてディズニーは、多くのブランド構築者にとって垂涎の的である。なぜなら、これらのブランドはブランドポジション、広告戦略、パーソナリティ、製品、パッケージング、そして外観などについて高い程度の類似性を持つグローバルなビジネスを有するように見えるからである。例えばプリングルスは、世界中どこにおいても「楽しさ」、脂っこくない、開封後も密閉できる、そしてホールチップ製品などを意味している。さらにプリングルスのパッケージ、シンボル、そして広告は全世界でほとんど同じである。ディズニーは「魔法のような家族娯楽」のブランドであり、世界中で驚くほど一貫したテーマパーク、映画、キャラクターに反映されている。

これらの「グローバル」ブランドは多くの場合、実は考えるほどには全世界で同一のものではない。マクドナルドはさまざまな国で異なったメニュー、宣伝、そして小売構造を持っている。プリングルスは国によって異なった味つけをしているし、宣伝の実施はローカルの文化に合わせて個別に実行されている。ハイネケンは世界中どこでも友人と楽しむプレミアムビールであるが、母国オランダではもっと普通のビールである。VISAは、（アルゼンチンなど）いくつかの国では異なったロゴを使用している。コカ・コーラは、南ヨーロッパなどいくつかのエリアではより甘みの強い製品を出している。しかし、これらのばらつきにもかかわらず、ローカルからグローバルまでの範囲において極端にグローバル側に位置することは、真の優位性があることを示している。

グローバルブランドは大きな規模の経済を達成できる。例えば、IBMが30以上もあった広告代理店を、（市場による調整が必要であるとしても）統一的なグローバルキャンペーンを制作するために1社に集約しようと決定したとき、1つの動機は効率性の達成であった。パッケージング、ウェブサイト、宣伝、あるいはスポンサーシップの開発という作業は、複数の国に配賦される場合には費用効率が高い。ワールドカップやオリンピックといった世界的な行事

のスポンサーシップでは、各国横断での規模の経済はきわめて重要である。

しかしさらに重要なのは、おそらくより良い資源を利用できることに起因する有効性の向上であろう。IBMがいくつもあった広告代理店をオグルヴィ・アンド・メイザー1社に変更したとき、IBMは何でも望みどおりになるようになった。IBMはオグルヴィにとっての最も重要なクライアントであり、トップからスタッフ社員までオグルヴィの最上のタレントを得たのである。その結果として、うまくいった新製品キャンペーンの割合は目に見えて改善したのであった。

複数の市場における視認性は、さらに有効性を持つ。メディアの波及効果が存在する場合、グローバルブランドは広告をより有効に購入することができる。旅行をする顧客は、外国でも同じブランドを見ることになり、このことはキャンペーンをより有効なものとする。このような外国での視認性は、クレジットカード、航空会社、ホテルといった旅行関連の製品・サービスにおいては特に重要である。

グローバルブランドはまた、本質的にマネジメントが容易である。ブランドマネジメントにおける根本的な課題は、明確で良く議論されたブランドアイデンティティ（そのブランドが意味するものとして欲するのは何かということ）を開発し、そのアイデンティティをすべてのブランディング活動の推進役とする方法を見出すことである。複数の戦略が存在しない分、グローバルブランドについてはこの作業が容易になる。さらに、組織のシステムと構造もまたシンプルなものを適用できる。VISAの「世界中どこでも使える」というポジションは、何十もの国別戦略が存在するよりも簡単にマネージできるのである。

グローバルブランドにとって鍵となるのは、すべての市場において機能するポジションを見つけ出すことである。スプライトは、正直で、誇大広告をせず、リフレッシュする味、という同一のポジションを全世界で有している。このポジションは、子供たちはどこでも誇大広告や空約束に辟易しており、購買においては彼らの本能に頼ろうとしているという観察に基づいている。スプライトの広告キャッチフレーズ（「イメージは無価値。信頼がすべて。渇きに従え。」）は、全世界で共感を得ている。

いくつかの一般的なポジショニングが功を奏していると考えられる。1つは、

高級な選択肢のなかでベストなものになることである。メルセデス、モンブラン、ハイネケン、そしてティファニーなどの高級プレミアムブランドは、国境を容易に超えることができる。それは、それらのブランドが提供する自己表現的利益が、ほとんどの文化において機能するからである。もう1つは特定国のポジションである。コカ・コーラ、リーバイス、バスキン・ロビンス、ケンタッキー・フライド・チキン、そしてハーレー・ダビッドソンなどの「アメリカン」というポジションは、(米国を除いて) 世界中どこでも機能する。パンパースのさらさらでハッピーな赤ちゃんというような純粋な機能的利益も、多くの市場で用いることができる。しかし、高級、アメリカン、強力な機能的利益といったブランドのすべてがグローバルになることができるのではない。

　標準化は、グローバルな製品を作り出すという集中的な意思決定から生み出される。キヤノンは製造の経済性を最大限に活用するために、全世界を通じて共通の設計を有する複写機を開発した。不幸なことにその複写機では、日本における標準的なサイズの紙を使用することができなかった。ほとんどの市場におおよそフィットする製品やマーケティング施策が、すべての市場において完璧に正しいものであるとは限らない。それは、失敗あるいは中途半端に終わってしまう可能性がある。

　もう1つの戦略は、リードカントリー、すなわち市場が大きく成長しているがゆえに、あるいはブランドに自然な優位性があるがゆえに魅力的な市場を有する国を見つけ出す方法がある。製品は、リードカントリーでの機会を最大化するようにその市場に合わせて製造され、その後 (おそらく若干の手直しや改良が施されて) 他の市場に輸出される。企業は複数のリードカントリーを持つことができ、その場合それぞれの国が担当の製品を持つこととなる。その結果、企業の製品構成は、個々のブランドが別々の出身国を持つ複数のブランドの組み合わせとなる。日産は長年にわたってこのアプローチを採用してきており、例えば英国向けに業務用車を開発して、それを他の国々に展開するということを行ってきた。35年の歴史をもつデュポンの材料ブランドであるライクラは、個々の製品用途ごとにリードカントリーを持っている。例えば、ブラジルのブランドマネージャーは水着のグローバルリーダーであるし、フランスのブランドマネージャーはファッションのグローバルリーダーという具合である。

グローバルブランドではなく、グローバルリーダーシップ

　グローバルブランドは、つねに最良のものではなく、またつねに可能なものでもない。しかし、他のブランドの明らかな成功に魅了されて、多くの企業が自社ブランドをグローバル化したいと考えている。その根本的な理由は、単に役員のエゴであったり、グローバル化は成功したビジネスリーダーの選択であるという観念であったりすることが多い。

　このような決定は多くの場合、グローバルのプログラムしか使用してはならないという画一的な命令によって実行される。すべての広告を1つの代理店に集約し、グローバルな広告テーマを展開することは、この努力の典型的な基礎となっている。しかし、グローバルブランドを持つことが望ましい場合であっても、ブランドを急激にその目標に駆り立てることは得策ではなく、かえってブランドに大きなダメージを与えてしまうことがありうる。これは以下の3つの理由による。

　第1に、規模の経済や範囲の経済は、実際には存在しない可能性がある。メディアの波及効果の期待は長いあいだ誇張されてきており、ローカル化したコミュニケーションを作成するほうが場合によっては安く済み、「輸入された」広告を適合させるよりも有効なことがある。さらに、優秀でグローバルな広告代理店その他のコミュニケーションパートナーであっても、すべての国において抜群の実行能力を持っているとは限らないのである。

　第2に、グローバルブランドをサポートする戦略がありうるとしても、ブランドチームがその最適な戦略を発見することができるとは限らないことである。ブランドチームが適切な人、情報、創造力、あるいは実行上のスキルを欠いているかもしれないし、そのために中途半端なアプローチを設定するという結果になってしまうかもしれない。戦略が世界中で使用されるという制約を課さず、1カ国において適用できる優秀な戦略を立案することでさえ、実は十分に困難なことなのである。

　第3に、各市場間に根本的な相違がある場合には、グローバルブランドが最良あるいは実行可能であるとは限らない。グローバルブランドがあまり意味を

持たない、次のような局面を考えてみるとよい。

- **市場シェアポジションの相違** フォードが欧州市場に新型のバンであるギャラクシーを投入したとき、英国とドイツへの投入はそれぞれの国の市場シェアポジションを反映するものであった。英国においては優れた技術的イメージを持つナンバーワン自動車ブランドとして、フォードはギャラクシーのアピールを一般消費者のみならず企業用市場にまで広めようとした。その結果、英国のギャラクシーはもはや普通のバンではなくなり、その車内空間は航空旅行のファーストクラスと比較されたのである。しかし、フォルクスワーゲンが支配的ポジションを占めるドイツにおいては、ギャラクシーは「賢い選択肢」となった。
- **ブランドイメージの相違** 米国においては、ホンダはJ. D. パワーズ調査のランキングにおける偉業の伝説を持っており、品質と信頼性を意味している。しかし、品質が差別化要素となりにくい日本においては、ホンダは若いエネルギッシュなパーソナリティを持つ自動車レースの参加者としてイメージされている。
- **ポジションの先占** チョコレートバーにとっての優越的ポジションは、ミルクの連想とミルクをチョコレートに注ぐイメージを持つことである。問題は、異なった市場において、異なったブランド（例えば、英国においてはカドベリー、ドイツにおいてはミルカ）がこのポジションを先取りしてしまっていることである。
- **顧客購買動機の相違** フィンランドにおいては、ユーザーが機械の複雑さに危惧の念を抱いていることを発見して、キヤノンはユーザーを支配者として位置づけることによりユーザー本位の複写機としてポジショニングした。しかし、ドイツやイタリアでは、より伝統的な特性指向のメッセージの方がうまくいった。
- **名称とシンボルがどこでも適切かつ利用可能とは限らないこと** フォードのトラックの名称であるフィエラは、スペイン語圏のいくつかの国においては「醜い老婆」を意味する。プロクター・アンド・ギャンブルのパート・プラスは、日本ではリジョイ、東南アジアの多くの国々ではリジ

ョイス、英国ではヴィダル・サッスーンとして販売されている。パート・プラスの名称がすでに登録されてしまっていたからである。

グローバル事業戦略は、方向性を誤っていることがしばしばある。プライオリティはグローバルブランドそのものではなく（結果的にはそうしたブランドに帰結するとしても）、グローバルブランドリーダーシップ、すなわちすべての市場における強力なブランドの集合体の構築であるべきである。効果的で積極的なグローバルブランドマネジメントにおいては、ブランド資源をグローバルに配分し、グローバルなシナジーを作り出し、個々の国々における戦略を調整し利用するようなグローバルブランド戦略を立案するために、組織の人、システム、文化そして構造を活用すべきなのである。

グローバルブランドマネジメント

デービッド・アーカーとエリック・ジョアシャンスターターによる約40社のグローバル企業の調査によれば、効果的なグローバルブランドマネジメントシステムは、4つの課題を克服する必要がある。すなわち、見識と経験を共有することを助けるコミュニケーションシステムの構築、グローバルなブランドプラニングシステムの創設、「この国は違う」症候群への対処、そしてブランド構築における卓越性を達成する方法の発見である。[10]

グローバルブランドコミュニケーションシステム

見識、方法論、そしてベストプラクティスを共有する国を超えたコミュニケーションシステムは、グローバルブランドマネジメントの最も基本的な、そして比較的簡単に構築できるものである。顧客に関する見識は、ある国においては明らかであっても、他の国においては捉えにくく微妙なものである。ほとんどの企業における国横断のシステムには、経験を見つけ出し普及させる個人あるいは小チーム、マネージャーが経験を交換できる（公式、非公式の）グロー

図表15-2　効果的なグローバルブランドマネジメント

```
         ┌──────────────────┐
         │ グローバルブランド │
         │ プランニングシステム│
         └──────────────────┘
                   │
┌──────────┐  ┌──────────────┐  ┌──────────────┐
│グローバルブランド│  │ 効果的なグローバル│  │ 国間のシナジーを│
│コミュニケーション│──│ ブランドマネジメント│──│ 作り出す組織体 │
│   システム    │  │              │  │              │
└──────────┘  └──────────────┘  └──────────────┘
                   │
         ┌──────────────────┐
         │ ブランド構築の卓越性│
         │ を作り出すシステム │
         └──────────────────┘
```

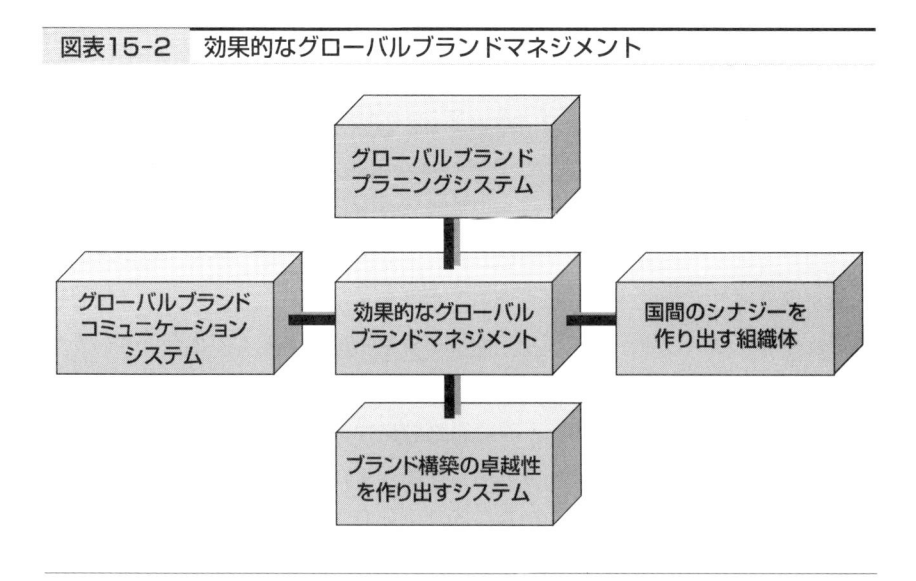

バルミーティングなどがある。イントラネットはこのプロセスにおいて重要な役割を果たしていることが多いが、困難な課題は、どのように従業員に経験を吐き出させ、しかも情報過多を防止するかということである。モービルではイントラネットを上級役員に後援させて必要なエネルギー、アイディア、一貫性を提供するリーダーやファシリテーターによってガイドさせるという方法で、この問題を克服している。

グローバルブランドプランニングシステム

　個々のカントリーマネージャーは、戦略立案にあたって同一の用語とプランニングテンプレートを使用する必要がある。この共通性なくしては、国横断のシナジーを作り出すチャンスはほとんどない。プランニングテンプレートは外部分析、内部分析、事業戦略、戦術的プラン、そして目標と指標の基本的諸要素を含んでいなければならない。

「この国は違う」症候群への対処

　グローバルブランドのシナジーを達成するという努力は、しばしば「ローカル」の偏重によって破綻をきたす。これは、当該市場における状況が「独特」なので、他の市場からの顧客見識やベストプラクティスはその市場には通用しないというローカルマネージャーの確信である。この偏重は通常、確立した分権的組織構造と文化に支えられている。ネスレ、ソニー、ヘンケルのような組織では、トップの役員がカントリーマネージャーに他のどこかで開発されたソリューションの受け入れを考慮するよう促すことで、この問題に対処している。他の企業のブランドマネージャーは、特にマーケティング出身者がトップにいない場合、新しいアイディアの実行に際しては、国横断のコミュニケーションシステム、プラニングシステム、論理、そして説得に依存している。

　ほとんどの企業は、ロゴや関連シンボルの色、書体、レイアウトが世界中でつねに同一であることを確認する「ロゴ・コップ」チームを持っている。新たなブランド、サブブランド、あるいは合弁が立ち上げられたとき、このチームは新たなシンボルをそのシステムに統合する。企業の視覚的外観は当然に対象となるが、それを超えてどの程度共通性を指向するかは、製品、パッケージ、広告、インターネットプレゼンス、スポンサーシップの使用などの要素によって異なる。

ブランド戦略実行における卓越性を提供する

　グローバルブランドリーダーシップは、特にメディアが氾濫した今日においては実行上の卓越性を必要とする。「けっこう、良い」では、十分ではない。ジレンマとなるのは、シナジーを得、グローバル組織を利用しながら、いかにしてローカル市場において卓越性を達成するかということである。これについては以下のようなガイドラインがある。

- どのようなブランド構築の方法を取るかを考慮すること　例えば、広告対スポンサーシップ、小売でのプレゼンス対街頭宣伝などである。卓越性

は実行それ自体ではなく、方法の選択にあるかもしれないのである。
- 最良で最もモチベーションの高い人にブランドを担当させること　この意味で、代理店対クライアントという緊張感が役立つことがある。例えばアウディは、複数の代理店を使用している。
- 複数のオプションを作成すること　一般的にいって、卓越性について努力すればするほどそれに到達する可能性は高い。プロクター・アンド・ギャンブルは、複数のカントリーブランドチームに画期的なブランド構築プログラムを立案するように権限委譲することによって、傑出したアイディアを見つけている。そして、もしそれが見つかれば（パンテーン・プロVの「健康な髪の輝き」など）、他の国にも展開される。
- 結果を測定すること　測定は卓越性につながる。そしてグローバルブランドマネジメントシステムは、卓越性の基礎である。

戦略的提携

　グローバル戦略においては、戦略的提携の役割が重要な役割を果たす。企業にとって、市場での主要成功因を欠いていることが頻繁に起こるからである。その主要成功要因は、流通、ブランド、販売組織、技術あるいは生産能力であるかもしれない。欠如している主要成功要因を内部で補うことは、時間と費用の浪費となる。他国で操業することの不確実性を考慮に入れると、戦略的提携は投資やそれに伴う硬直性やリスクを削減するために有効な手段なのである。
　IBMは、米国では提携することは少ないが、日本においては組むことが可能な相手とは誰とでも手を握っている。[11]　低価格コンピュータの流通ではリコーと、システムインテグレーションでは新日鉄と、金融システムのマーケティングでは富士銀行と、コンピュータ化生産システムではオムロンと、VANではNTTと、それぞれ提携している。日本においては、IBMの日本における提携戦略に関する書籍まで出版されている。その結果、IBMは日本市場での主要なインサイダーとみなされるようになり、全セグメントとアプリケーションに参加している。

戦略的提携はこのように、グローバル競争の重要な構成要素となっている。大前研一は、次のように述べている。

> グローバル化は提携を必要とし、戦略にとって提携を絶対的に重要なものとする。面白くはなかろうがやむをえない。好むと好まざるとにかかわらずグローバル化の名の下に行われる同時進行は、提携あるいは協定を必要不可欠なものとしている。[12]

戦略的提携とは、戦略的目標を達成するために2つ以上の組織の強みを利用する協働のことである。ここには、長期的なコミットメントが存在していなければならない。戦略的提携は、単なる短期的問題解決のための戦術的工夫、例えば一時的な生産上の問題が生じた場合にコンポーネントを外注するなどということとは異なる。さらに、戦略的提携はそれに参加する組織が協働のために必要な資産や能力を供出し、適合させ、しかもこれらの資産や能力が長期にわたって維持されることを意味している。協働の結果は戦略的な価値を持ち、競合相手の攻撃や環境の変化に耐えられるように存続可能性が高く、提携に貢献するものでなければならない。

戦略的提携は、イタリアにおいて流通を確保するというような戦略的目的や課題を迅速、安価に、そして比較的高い成功確率をもって達成するための可能性を提供する。これは、企業内部で資産と能力を作り出すのではなく、参加各企業が既存の資産と能力を統合させることができるがゆえに、可能になるのである。

戦略的提携の型

戦略的提携は、ゆるやかな非公式の協定から正式な合弁事業に至るまでさまざまな形式をとることができる。最も非公式なかたちは単純に協力すること（一方の製品を他方のチャネルで販売することなど）であり、提携が発展するにつれてシステムや組織を形成するようになる。かたちが非公式であればあるほど迅速に実行することができ、柔軟性もある。環境や人が変化するにつれて

提携も再調整することができる。しかし問題は通常、コミットメントの低さにある。提携解消の障壁とコミットメントが低いため戦略的重要性も低く、困難が生じたときに後戻りし、解消してしまうおそれがある。一方、資本の投下と完全な法的書類を伴う正式な合弁事業は、まったく異なったリスクを含んでいる。会社を設立して資本を分割所有する場合、コントロール、投資効率、そして合弁比率などが考慮される。大きな関心事は、そのような恒久的な形式が当事者の貢献割合に照らして、あるいは合弁自体の成功が不確実であるという事実に直面しても、なお正当性を持つかどうかということである。また参加企業が二の足を踏み、合弁が成功する機会を失いかねないというコミットメントの必要性に関するリスクもある。もう1つの関心事は、資本構成とそれに伴う個々の当事者の貢献の限界によって、環境変化の際に必要な柔軟性の欠如を生み出してしまう可能性もある。さらに参加当事者が合弁の健全性を維持するために、法的書類に過度に依存してしまうことも考えられる。

戦略的提携の動機

　戦略的提携は、図表15-1に示されるようなグローバル戦略のいくつかの利点を達成したいという願望が動機となっている。戦略的提携は次のようなことを可能とする。

- **規模の経済を作り出す**　カリフォルニアにおけるゼネラル・モーターズとの合弁によって、自動車設計と生産システムに関してトヨタが行う固定投資はより多くの製品数量に配賦することが可能となる。
- **戦略的市場へのアクセスを得る**　日本企業のビクターは、ビデオデッキの設計と生産を独力で行う能力がある。しかし、小さな市場が多数存在する欧州市場にアクセスするためには、トンプソンとの関係を必要としている。
- **貿易障壁を克服する**　インランド・スチールと新日本製鉄は、インディアナに最新の合弁冷間圧延工場を建設した。新日鉄が技術、資本、そして米国所在の日本の自動車会社工場へのアクセスを提供した。その見返り

として、新日鉄は米国市場に関する知識と、さらに重要なことには輸入割当枠を得ることができた。

より一般的には、戦略的提携は必要な資産と能力の欠落やこれらに関する弱みを補うために必要とされる。したがって、戦略的提携は次のことを可能とする。

- **市場のニッチに参入するため製品ラインを埋めること**　フォード、ゼネラル・モーターズとクライスラーは製品ラインの主要な構成部分の供給を提携に頼ってきた。フォードのマツダとの長年の関係は、極東市場へのアクセスと同時にいくつかのフォード車種を生み出した。マツダがミニバンを生産しないことを決定したとき、フォードは日産に助けを求めた。米国のような大市場に必要なモデルのすべてを供給することは、1社ではできないのである。
- **必要な技術へアクセスすること**　日本ビクターが欧州市場へのアクセスを得た一方で、同社の欧州におけるパートナーは競争力の高いビデオデッキの供給元を獲得した。
- **過剰設備を使用すること**　ゼネラル・モーターズとトヨタの合弁事業では、カリフォルニアで休止中のゼネラル・モーターズの工場を使用した。
- **安価な生産力にアクセスすること**　ゼネラル・エレクトリックは、韓国の三星から電子レンジを調達している。
- **名称あるいは顧客との関係にアクセスすること**　NGKは、米国電子機器市場におけるゼネラル・エレクトリックの名称と評判を利用するために、製品ラインが旧式になりつつあったゼネラル・エレクトリックの子会社に資本参加した。米国のある射出成形金型メーカーは、日本の業者との取引を好む日本メーカーの米国の生産拠点にアクセスするため、三井と合弁を組んだ。
- **必要な投資を削減すること**　ある場合には、企業は合弁によって何の投資も必要とせずに技術にアクセスすることが可能である。

重要なこと――参加協力者にとっての戦略的価値の維持

　長期にわたる当事者間の貢献のバランスが崩れ、ある当事者がもはや貢献できる独自の資産や能力を持たなくなったときに、戦略的提携の大きな問題が発生する。この問題は一般消費者用向け電子製品、重機械、発電用設備、工場用設備、事務用品など多くの分野において、日米企業間の多くのパートナーシップで発生した。[13]

　米国企業のスキルが落ちて空洞化し、もはや合弁に価値をもたらさなくなってくる。そうなると問題は、当事者の合弁維持の動機が失われてくるのである。日本企業が合弁を組む動機は、スキルの習得にある。日本企業は技術を持たないことを恥じ、その欠点を埋めようと努力する。米国企業の動機はコスト削減をねらってバリューチェーンの一部を外注し、利潤を追求することにある。合弁は単純な組立ての外注からスタートし、簡単なコンポーネント、付加価値の高いコンポーネント、製品設計へと進展し、最後にはコア技術にまで到達する。米国企業はその時点では流通機能を提供するのみとなっている一方、日本企業は製品改良、製品設計、生産といった事業の鍵となる要素をすべて身につけてしまっている。

　ハメル、ドズ、およびプラハラードは15の戦略的提携を研究し、企業がどのようにして提携パートナーから資産と能力を守るかについての提言を行っている。[14] 1つのアプローチは、欠けている資産や能力へのアクセスや習得が起こる状況を体系化することである。トヨタとの共同生産においてゼネラル・モーターズが生産工程やその改良に参加しているケースと、三菱が日本で設計生産した自動車をクライスラーが単に販売しているケースとを比較してみるとよい。後者のケースでは、三菱は最終的に自社ブランドとディーラーネットワークを確立し、今では直接自動車を販売している。投資を避け、資産と能力を開発する代わりに魅力的な短期的利益を達成することに提携の動機があるとすれば、提携は破綻してしまうであろう。

　もう1つのアプローチは、アクセスを管理することによりパートナーから資産と能力を守るという方法である。情報の移転に注意している日本企業は多い。不適切な情報の流出を避けることができるからである。製品ラインや設計への

アクセスについて明確な条件を設ける企業もある。モトローラは同社のマイクロチップ技術を提携先である東芝に開示しているが、東芝が日本市場でのモトローラのシェアを増加させるという約束を果たしているかぎりにおいてこれを認めている。また、パートナーが自社に依存しつづけなければならないように、関係する資産や能力を改善しつづけるということも行われている。資産や能力を守ることは当然に、資産や能力について紙面でのコミュニケーションが行われる場合が最も困難である。複雑なシステムが関係する場合は、比較的資産に関する秘密を守りやすいということができよう。卓越した生産品質というものが資産となっているような場合である。

　2社のパートナーが補完的な資産を提携に持ち込み、それが各会社のコアコンピテンスであって、それぞれの産業を基礎としている場合、保護の問題はかなり軽減される。一方が他方を不要としてしまうという危険は少ないからである。ヘルスケアの巨人、バクスターと食品・栄養製品会社、ネスレのあいだで1989年に組まれた合弁企業、クリンティー・インターナショナルはそのわずか3年後、4億ドル以上の販売を実現していた。バクスターは主に米国市場において非経口投与薬事業に強みを持ち、静脈注射やカテーテルで投与する栄養剤などの製品を擁していた。一方ネスレは世界市場におけるプレゼンスを持ち、基礎栄養食品や、関心が高まっている成人用栄養剤のバックグラウンドと、強力な研究開発能力を持っていた。どちらの会社も、自社のコアとなる強みを合弁事業において浪費しているとは考えなかった。

戦略的提携を成功させる

　提携が戦略的に見て健全なものであっても、多くの実行上の問題が生じる可能性がある。37の合弁事業に関する研究がさまざまな経営上の問題を明らかにしている。[15] あるケースでは、長期指向か短期指向かという点において当事者間で食い違いがあった。他のケースでは米国のパートナーが数字と分析にとりつかれていることを英国のパートナーが理解できなかった。また別のケースでは新工場の立地判断がセンシティブで政治的な問題になってしまった。

　戦略的提携においては少なくとも2社の事業システム、人、文化、そして組

織構造について折合いをつける必要がある。さらに、それぞれの国における文化や環境が考慮されなければならない。日本人は小集団活動に多くのエネルギーを費やしており、これに依存するコンセンサス構築型の意思決定過程を取る傾向がある。このアプローチは、米国や欧州における経営者の意思決定過程とは大きく異なっている。さらにそれぞれのパートナーの利益がかならずしも一致するとは限らない。本来うまくいくはずであった多くの提携が、単に各パートナーのスタイルや目的が根本的に折り合わなかったために失敗している。

　協働をうまく行うためには、いくつかの鍵となる事柄がある。最も重要なことは、おそらく、当事者それぞれに現時点での利益があるようにうまく計画されなければならないということである。各パートナーが戦略的優位性を総合的に提供するような、真の資産と能力を有していることを確認しなければならない。これらの資産と能力は時間の経過にかかわらず合弁にとって重要であり、パートナーによって長期間維持されなければならない。戦略的動機が大きくしかも持続しており、成功によって裏づけられるならば、上記の問題はより解決しやすいということができる。

　合弁の各パートナーとは別組織として合弁会社が設立される場合、次のような場合に成功の確率が高まることが研究により明らかになっている。

- 合弁会社独自の文化と価値観を発展させることが認められていること。両親会社の既存文化は、たとえ相互に矛盾しないものであってもうまく機能しないことが多い。
- 親会社2社による経営と支配がバランスの取れたものとなっていること。
- 合弁の設立において深く関与した人たちは、困難なときを乗り切るために合弁会社に参画していること。合弁形成を企画した人なしでは、困難を乗り切ることは難しい。
- 問題解決や長期間における変更を行う方法を確立すること。どのような戦略、組織あるいは業務であっても、改良や変更なしでやっていくことを期待するのは非現実的である。したがって親会社である合弁のパートナーと合弁企業体は、変更が生じることに関して十分に柔軟である必要がある。

まとめ

- グローバル戦略は、異なった国々におけるオペレーションの相互依存性を考慮し、利用するものである。
- グローバル化を促進する動機には、規模の経済の獲得、ローコストの労働力や原材料へのアクセス、内部相互補助、国の奨励金の利用、貿易障壁の回避、戦略的市場へのアクセス、そしてグローバルイメージの創造などがある。
- グローバルブランド（国横断的に大きな共通性を持つブランド）は、よりよい資源を利用でき、複数の市場での視認性があり、より有効なブランドマネジメントを行うことができるため、規模の経済と有効性を生み出す可能性がある。
- グローバルブランドはつねに最良の策とはいえない。規模の経済が存在するとは限らず、局面により（例として異なった市場シェアポジションあるいは異なったブランドイメージ）グローバルブランドが現実性を持たないこともある。
- グローバルブランドマネジメントには、グローバルブランドコミュニケーションシステム、グローバルブランドプラニングシステム、国横断のシナジーを作り出すための組織、そしてブランド構築において卓越性を達成するシステムなどがある。
- 戦略的提携（戦略的目標を達成するために2社以上の組織の強みを利用した長期的な協働関係）は、組織が流通や製造の専門性などの主要成功要因を欠いていることを克服することができる。
- 戦略的提携の長期における成功の鍵は、個々のパートナーが継続的に資産と能力に貢献し、戦略的優位性を獲得することである。

注

1 : George S. Yip and Johny K. Johansson, "Global Market Strategies of U.S. and Japanese Businesses," working paper, Cambridge, Mass.: Marketing Science Institute, 1993.

2 : John A. Quelch and Edward J. Hoff, "Customizing Global Marketing," *Harvard Business Review*, May-June 1986, pp.59-68.

3 : Theodore Levitt, "The Globalization of Markets" *Harvard Business Review*, May-June 1983, pp.92-102.

4 : Kenichi Ohmae, "The Traid World View," *The Journal of Business Strategy*, Spring 1987, pp.8-16.

5 : Ibid.

6 : Brenton R. Schlender, "Matsushita Shows How to Go Global," *Fortutne*, July 11, 1994, pp.159-166.

7 : Garz Hamel and C. K. Prahalad, "Do You Really Have a Global Strategy?" *Harvard Business Review*, July-August 1985, pp.139-148.

8 : Ibid.

9 : このセクションでの資料は *Brand Leadership* by David A. Aaker and Erich Joachimsthaler, New York: The Free Press（阿久津聰訳『ブランド・リーダーシップ』ダイヤモンド社）第10章から引用。

10 : David A. Aaker, "The Lure of Global Branding," (with Erich Joachimsthaler)*Harvard Business Review*, November-December1999.

11 : Kenichi Ohmae, "The Global Logic of Strategic Alliances," *Harvard Business Review*, March-April 1989, pp.143-154.

12 : Ibid.

13 : David Lei and John W. Slocum, Jr., "Global Strategy, Competence-Building and Strategic Alliances," *California Management Review*, Fall, 1992, pp.81-97.

14 : Gary Hamel, Yves L. Doz, and C. K. Prahalad, "Collaborate with Your Competitors—and Win," *Harvard Business Review*, January-February 1989, pp.133-139.

15 : J. Peter Killing, "How to Make a Global Joint Venture Work," *Harvard Business Review*, March-April 1986, pp.78-86.

戦略の実行

PART4——IMPLEMENTATION

第16章 戦略の実行

Implementation

　マンハッタンのとある2階のロフトで、コーベットは鞄と家電製品を売るディスカウンターとして店開きし、1962年までに12の店舗を持つ収益力の高いディスカウントチェーンへと成長した。[1] この初期段階での成功は同社を攻撃的な成長戦略へと駆り立てたが、それが災いとなった。同社は店舗数、操業している都市数をともに劇的に増加させ、ファッション商品、家具、食料雑貨品などを追加して製品ラインをも拡大し、また店舗の快適性も向上させた。

　これは、Kマートなど他の成功したディスカウンターの戦略同様、成長戦略としては不適切なものではない。問題は戦略の実行にあった。本来あるべき人、組織、システム、あるいは文化によって戦略がサポートされていなかったのである。コーベットの人員は新店舗を次々と開店できるだけの厚みを持っていなかったし、新たな製品分野を扱うだけの専門知識もなかった。多数の都市で操業し、多数の製品ラインを擁するには、中央集権的な文化は適していなかった。経営システムは、拡大によって生じた複雑さを処理できるほど十分に洗練されたものとはいえなかった。低価格を武器としたカジュアルな経営文化は、新たな事業分野にふさわしい強力な文化によって置き換えられることはなかった。その結果、1966年までに同社は死に体同然となり、二度と復活できなかったのである。

　コーベットの物語は戦略の実行面の重要性を如実に表している。いかなる戦略の評価も、組織的なリスク、必要となる組織的変更に関する判断、それに伴うコストと実現可能性をも考慮に入れていなければならない。その目的のために、本章では、まず組織の分析において有用な概念的フレームワークを見ていくこととする。

概念的フレームワーク

　図表16-1に示された概念的フレームワークは、組織の諸要素、およびそれらのあいだの相互作用の認識と特定に用いることができる。このフレームワークの核心は、組織を構成する4要素、すなわち組織構造、システム、人、そして文化である。この図表はこれら4要素とうまく相互作用しなければならない戦略、そして組織業績を含んでいる。これはさらに外部分析と内部分析を含み、図表2-1および戦略立案プロセスとのリンクを提供する。戦略に含まれているのは製品市場投資判断、機能領域戦略の選択、そして持続可能な競争優位の基礎の認識であることを思い出してほしい。組織の構成要素について考えることは、現実に存在する、あるいは将来考えられる実行上の諸問題を見つけ出し、

図表16-1　組織分析のフレームワーク

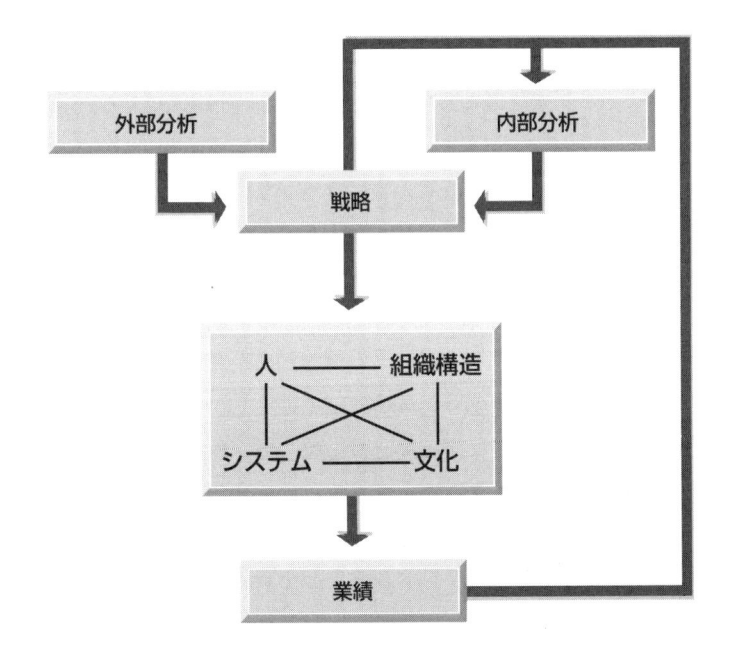

また組織を新しい戦略にどのように適合させるかを見きわめるうえで有益である。本章の最初のセクションは、中心となる各構成要素とそれらの戦略とのつながりについて議論する。次に、これら4要素間および戦略とのあいだでフィットあるいは調和を達成する必要性が論じられる。最後に、組織がより革新的になるための、また変化に迅速に対応するための方法について示す。

組織構造

組織構造は、権限とコミュニケーションのラインを定義し、組織的なタスクとプログラムが達成されるメカニズムを定めるものである。

集権化と分権化

組織構造の1つの鍵となる要素は、集権化の程度である。集権化の極端な例は、マーケティング、販売、生産、エンジニアリング、研究開発、および間接部門などの専門家グループによって構成された機能別組織である。集権化は、組織全体にわたって規模の経済とシナジーを最大化する。集権化という組織形態は、緊密に関連した、限られた数の製品ラインしか持っていない場合に適している。

分権化された組織は、これとは対照的に製品や市場分類に基づき、市場のニーズに応じた戦略立案能力を有する自律的な事業単位を持っている。分権化は、スリーエムやヒューレット・パッカードなどの企業にとってはきわめて重要である。分権化が焦点の定まった業績評価を提供し、市場から近い場所での事業戦略の立案を可能とし、官僚主義を最小化して革新を起こりやすくし、事業の性質に応じた文化を醸成するからである。分権化のマイナス面は、規模の経済と組織全体のシナジー達成が難しく、非効率と重複が生じる点にある。コミュニケーションの必要性とブランド戦略などを調整するための作業が負担を生じさせ、分権化のメリットを帳消しにしてしまう可能性がある。

もちろん、これらの2つのモデルにはバリエーションが存在する。宣伝や生

産などの機能的な組織単位は、製品あるいは市場ごとに組織することができる。また、ある事業部は他の事業部と販売員を共通することができる。マトリクス組織は、ある製品の広告担当マネージャーが機能としての広告マネージャーと製品ラインを担当する事業部のマネージャーの両方に報告するという組織形態である。

　新規の事業が既存の組織構造にフィットするかどうかを見きわめることは、戦略上重要な問題である。ゼネラル・モーターズの場合、独立した組織としてスタートし、企業文化や労働協約の重荷から解き放たれて初めてサターン自動車は成功の可能性がある、といみじくも結論を下した。もし、新規の事業が既存組織のなかにおかれたら、注目されず興味も持たれないということはないだろうか。期待されたシナジーは現れるだろうか。うまくいかないとしたら、どんな調整や変更をしなければならないだろうか。

境界のない組織

　次の10年に積極的に行われることは、組織内の境界を壊す方法を見つけることである。ロバート・ナーデリは、ゼネラル・エレクトリックの経営哲学について次のように述べている。

> われわれのアプローチにおける1つの明確なメッセージは、機能間の水平的な障壁と組織階層間の垂直的な障壁とを破壊する、境界のない文化の価値である。これは、社員が互いに協力し合うことを奨励し、彼らの創造性を生産性に転換するためにかなり大きな自由を与えられることを意味する。何をしなければいけないかは、顧客とビジネス環境から見てとることができる。どのように行うかは、われわれの社員を参加させるということである。市場をリードし、何をしなければいけないかを見きわめ、社員にそれをさせなければならない。[2]

　機能横断型経営のアプローチの1つは、多くの機能を巻き込む新製品開発や総合的品質管理などのミッションの下に組織を形成することである。タスクフ

ォース（特別作業部会）はこの好例である。インフォーマルなコミュニケーションも有効である。部屋の扉をいつも開けておく、歩き回ることによる経営（MBWA：Management by walking around）、個人的ネットワークの拡大を助ける、企業を超えたトレーニング機会、ベストプラクティス発表会、多国間のビデオ会議、電子メールシステムなどは、すべて調整とコミュニケーションのメカニズムを提供する。

　機能の統合に加えて、事業部間や国単位の企業間など、組織単位を超えてコミュニケーションを行うことが必須となる。1つのアプローチは、アイディアを共有するためのベストプラクティス発表会である。もう1つは、ブランド管理や生産での潜在的シナジーを確実に生じさせる調整委員会の設置である。組織間のコミュニケーションが貧弱な場合、画期的な革新の実行は不可能になる。1970年代、ゼロックスの革新的なコンピュータグループ（PARC、パロアルト研究センター）は、のちの1980年代にほとんどのコンピュータの心臓部となる重要なマイクロプロセッサ技術のリーダーであった。ゼロックスの複写機グループがこの技術に資金を供給しなかったことは、同時期、市場での支配的地位の劇的な喪失へと結びついていった。

提携ネットワーク

　グローバルな環境では市場と競合相手は大きく変化する可能性があり、これに迅速に対応することが重要となる。必要な資産と能力を開発する時間は少なく、新技術や新しい流通チャネルへのコミットメントを必要とする対応策はリスクも伴う。特に、関連するバックグラウンドを持たない企業にとっては避けられないことである。必要な事業上の変化に迅速に取り組む1つの方法は、供給者、顧客、流通業者、場合によっては競合他社と提携のネットワークや合弁を形成することである。このようなネットワークにより、必要な資産と能力がすぐに使用可能となり、企業は得意分野に集中でき、失敗のリスクは共有され、より多くの可能性に道が開かれることになる。

　戦略的提携とその動機、提携を機能させる方法などについては、第15章において詳細に論じた。これらの提携は、グローバル戦略の立案において特に重

要な役割を果たしている。

バーチャル・コーポレーション

　特定の顧客または作業のために特別に設定されたチームや組織であるバーチャル・コーポレーションという概念は、提携の延長線上にある。その構成員の出身はさまざまであり、そのプロジェクト専属に雇用された契約社員をも含んでいる。バーチャル・コーポレーションはときとして数日のうちに形成され、修正される。したがってこれは、急速に変化する環境への究極の対応策となる。

　現在では、広告代理店は特定クライアントのニーズに合わせたチームを組むようになってきている。チームメンバーの一部は企業イメージ、パッケージデザイン、直販、そして販促活動を専門とする子会社や事業部からも参画している。他の社員は、パンフレットやメディアを専門とする他の会社から来ているかもしれない。チームのコアメンバーはある1カ所のビルに集まっているが、チームメンバーの何人かとは、画像や作成中の広告を共有できるコンピュータワークステーションを通じて結ばれている。したがって、クライアントは最適なスキルセットを持つ広告代理店が現れるのを待つ必要がないことになる。それは、ほとんど一夜にしてでき上がるからである。

システム

　経営システムのいくつかは、きわめて重要である。そのような重要なシステムには、プラニング、予算、会計、情報、業績評価、そして報酬などの各システムがある。

会計システムと予算システム

　会計と予算は、どのような経営システムであっても鍵となる重要な要素である。これらのシステムが新たな戦略のニーズに適応できない場合のリスクは、

非常に現実的なものである。高い評価を受け、価値ある歴史的データを持つ会計・予算システムが、新しい戦略によって必要となった組替え後の組織構造に適合しえないことがある。また、ある電子機器企業ではうまく機能していたシステムが新たなサービス事業には適合しないかもしれない。もう1つの懸念は、システムが投資判断に及ぼす影響であり、特に新たな戦略が提案され、それが慣れ親しんだパターンと異なる場合には、その懸念が大きい。

情報システム

情報システムと、その基礎となる技術、データベース、モデル、およびエキスパートシステムは、戦略に根本的にな影響を及ぼす可能性がある。メーカーと小売店のあいだは情報技術によっていままでにもまして深く結びつけられている。新しいシステムが在庫を管理し、受発注、値づけ、そして販促までをも取り扱う。小売のPOSデータを管理する能力は、メーカーや小売業者の戦略にとって非常に重要である。したがって、企業の情報システムの現在の能力と将来の方向性は、戦略立案の重要な要素となる。

業績評価と報酬システム

業績評価は行為規範となり、したがって戦略の実行に直接影響を及ぼす可能性がある。報酬システムとリンクした適切な業績評価を導入する能力が、戦略の要となっていることがしばしばである。

業績評価と報償システムの設計上考慮しなければならないことは、短期的な視点と長期的な視点とをバランスさせることである。1つのアプローチは、長期的な視点に立ったブランドエクイティのような指標を導入することである。ブランドロイヤルティや流通カバレッジなどの目標が将来3年間で達成された場合は、マネージャーが報償を得るというような制度である。将来に対して適切に注意を払うのと同時に、この方法では、早い段階でマネージャーが退職すればボーナスは支払われないことを意味する。もう1つのアプローチは、事業の性質に応じて業績評価を作り込むことである。高い成長率を有する戦略事業

単位は市場シェアと顧客満足によって評価され、低い成長率の戦略事業単位はROAとキャッシュフローでのみ評価される、といった具合である。

さらに別のアプローチは、長期的な視点を導入するメカニズムとしてストックオプションを使用することである。

プラニングシステム

年次の戦略プラニングのプロセスは、経営者に戦略的不確実性について考える時間を取ることを強いるため、ほとんどつねに有効である。一般的にいって、そのような推進力なくしては日常的な課題がマネジメントの使用できる時間を吸収してしまうだろう。ワークショップや合宿は、プラニングだけのために時間をとることになるため、戦略プラニングの非常に重要な要素となる。

クリエイティブで型破りな思考は、すべてのプラニングシステムにとって非常に重要である。財務スプレッドシートを支配的なツールとして使用する結果、戦略的プラニングが過去の戦略の未来への投影になってしまっていることがあまりにも多い。このアプローチには2つの問題がある。第1にこのアプローチは、必要なときに事業を再定義することができるような画期的戦略に結びつくことはない、ということである。第2に、このアプローチは、新たな事象やトレンドに適合するための基礎を提供する戦略オプションについて考慮していない、ということである。アイゼンハワーは「プラン自体に意味はなく、プラニングこそがすべてである」と語ったが、これは、さまざまな戦略オプションを吟味する過程によってこそ、経営者が必要な場合に適合あるいは変革を行うことができるようになる、ということを意味しているのである。

プラニングは、組織の価値観、文化、そしてエネルギーとかけ離れるべきではない。ミンツバーグによれば、成功するプラニングは多くの場合、マネジメントによる打算的なスタイルではなくコミットメントに基づいている。「コミットメントを行うスタイルの経営者は、人々を旅へと連れ出す。彼らは旅に参加しているすべての人が旅の行方を決めることができるような方法でリードする。その結果、必然的に熱狂が生まれてくるのである」。ミンツバーグは、社会学者であるフィリップ・セルズニークの言葉を引用して「戦略は、コミット

した人々が戦略にエネルギーを吹き込むときに価値を生む」と述べている。戦略的プランニングのアウトプットは、論理とともに魂も兼ね備えていなければならない。[3]

人

戦略は一般に、組織の能力に基礎をおき、組織の能力は人を基礎としている。したがって戦略は、ある特定の種類の人を必要とすることになる。どのような戦略であっても、次のような領域ごとにどのような経験とどの程度のスキルを持った人が何人必要かを見きわめることが重要である。

- マーケティング、製造、組立て、ファイナンスなどの機能領域
- 製品または市場エリア
- 新製品プログラム
- 特定の種類の人の管理
- 特定の種類のオペレーションの管理
- 成長と変革の管理

内製、購入、転用

企業内部にはない能力をある戦略が必要とする場合、企業はその獲得が必要となる。内製アプローチは、社員を採用あるいは訓練することにより広範な経営的、技術的基礎を開発することであり、人の組織への適合を確実なものとするが、何年もの年月を要する可能性がある。転用アプローチは、既存の従業員を新しい戦略に転用するものであり、より少ない時間で実行可能である。AT&Tは主として既存のスタッフを再訓練し、サービス指向からマーケティング指向に変換することを試みた企業の好例である。特に買収を機に作成された戦略の多くは、既存の従業員が新しい局面に適応できるという誤った前提のために失敗している。スーパーマーケットのバイヤーチームは、ディスカウン

トドラッグストアのニーズに適応できない可能性が高い。彼らには、ディスカウント指向とバックグラウンドが欠けているからである。

購入アプローチは、経験ある人々を外部から招き入れる方法であり、戦略における劇的な変化が迅速に実行される必要がある場合の即席の解決法となる。しかし、異なったシステムと文化に慣れ親しんだ人々を招きいれてしまう、というリスクを伴っている。

動機づけ

人の種類と質に加えて、動機づけのレベルが戦略の実行に影響を及ぼす。人を動機づける方法は多様であり、職を失うかもしれないというおそれ、金銭的インセンティブ、自己実現的な目標、組織やQCなどのような組織内グループの目標の設定、などを挙げることができる。

従来どおりの対応とは違うことが要求されている場合であっても、社員に目標達成のために権限委譲すると、通常動機づけは強化される。自分の思いどおりに行うことを禁じられた人は、結局は興味を失い、ひねくれてしまう。社員が企業文化や企業目標と結びつけられるときにも、動機づけが強化される。企業は、この結びつきを「ホスト」(ディズニー)、「クルーメンバー」(マクドナルド)、「アソシエイツ」(J. C. ペニー) などのタイトルを与えるだけで達成することが可能である。

企業文化

図表16-2に示されるように、組織文化は3つの要素を含んでいる。

- 一連の共有された価値観、ないし支配的な信念。これらは組織にとっての優先事項を定義する。
- 一連の行動規範。
- 象徴ないし象徴的活動。これらは共有された価値観や規範を醸成するのに

図表16-2　組織文化

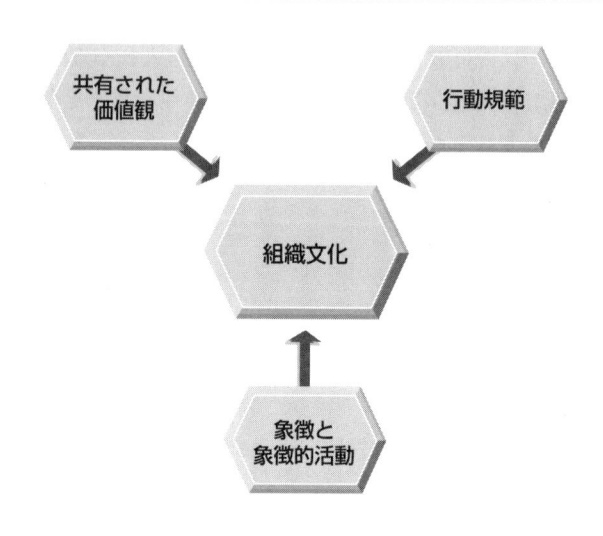

```
   共有された          行動規範
    価値観
       ↘         ↙
         組織文化
            ↑
         象徴と
        象徴的活動
```

用いられる。

共有された価値観

　共有された価値観や支配的な信念は、何が重要なのかを特定することにより、文化の根底に存在する。強力な文化では価値観が広く受け入れられており、ほとんど全員がそれを語ることができ、その理由も述べることができる。

　共有された価値観はさまざまな対象を持つ可能性があり、次のようなものである。

- 会社の競争優位の本質である資産や能力。「私たちは最もクリエイティブな広告代理店となります」。
- 業務上の重点。「SASは定時性を重視します」。
- 組織のアウトプット。「われわれは欠陥品ゼロを達成します」「われわれは100％の顧客満足を達成します」。

- 機能領域の重視。「ブラック・アンド・デッカーは、生産指向の会社から、マーケティング指向の会社に生まれ変わります」。
- 経営スタイル。「当社はカジュアルでフラットな組織であり、コミュニケーションを大切にし、型破りな思考を奨励します」。
- 従業員が個人として重要であることに対する確信。
- ベスト企業となるという確信などの一般的な目標。コマツは、キャタピラーを破ることを目標としている。三星電器は、電子レンジで主要なプレーヤーになることに注力している。シャープは、同社が有するすべての分野で最も革新的な企業になりたいと考えている。

行動規範

　重要な差異をもたらすためには、文化は行動規範を生み出すほど強力なものでなければならない。行動規範とは、何が適切で何が適切でないかを示唆することにより、組織全体における判断と行動に影響を及ぼす非公式なルールのことを指す。スタンフォード大学のチャールズ・オーライリは、文化とは、規範を行動の指針として持つ社会的コントロールシステムである、としている。[4] 詳細な目標、評価、罰則などと比較して、強力な規範は何を実際に行うか、あるいは行うべきでないかについて、より有効なコントロールを作り出していることは事実である。人は、つねにルールの裏をかこうとする可能性がある。しかし、規範の概念はコミットメントや共有された価値観を伴っているために、それを避けようとすることはないのである。

　オーライリは、さまざまな規範は次の2つの側面での測定が可能であると述べている。期待に対する同意・非同意の強さと、規範が共有されるうえでのコンセンサスまた一貫性の程度である。[5] 強さとコンセンサスの両方が存在する場合にのみ、強力な文化が出現するとしている。

　規範は、共有された価値観に合致する行動を促す。質の高いサービスという文化においては、通信設備を修理するためにヘリコプターを借りるというようなふつうではない行動（フェデックスの伝統である）も、常軌を逸しているとかリスクがあるとは見られない。それは、同様な局面であれば、その文化に属

するほとんどの人が取るであろう行動なのである。さらに、品質に悪影響を及ぼすようなずさんな仕事は、正式なシステムに頼るまでもなく、同僚によってそれとなくたしなめられることになろう。あるメーカーでは、品質管理のインスペクターも清掃夫もいない。個々の生産ラインでは、担当者がそのラインで生産される製品の品質から作業場を清潔に保つことに至るまでの責任を負っている。このようなやり方は、強力な文化の支えなしには存在しえないであろう。

象徴と象徴的活動

　企業の文化は、一貫した目に見える象徴と象徴的活動によって形成され、維持される。実際、一見取るにたらない象徴的な活動のほうが、システムや組織の変更など行動への影響が明らかだと思われる方法よりも効果的なことが多い。

　象徴と象徴的活動は多様である。そのうちの効果的な方法について、次に見ていくこととする。

創業者と創業当時のミッション

　創業者の個人的スタイルや経験など、企業独特のルーツは強力なシンボルとなることが多い。シャクリー・コーポレーションの強力な文化は、創業者の全体論的医学へのかかわり合いとビタミン開発と使用への貢献、そして集団的な熱狂を呼び起こす創業者の能力に負うところが大きい。ウォルト・ディズニーが開発したエンターテインメントのコンセプト、J. C. ペニーの顧客指向の哲学、プロクター・アンド・ギャンブルの創業者たちによって創始された製品と広告の伝統は、後継世代の文化に依然として影響を及ぼしつづけている。

現代版ヒーロー

　現代版ヒーローや手本となる人物は、価値観や規範を浸透させ、人物化し、正当化するために役に立つ。ルー・ガースナーは、IBMにおいて新しいマーケティング指向の文化の象徴となった。ポストイット事業部のような主要事業部の構築に成功するまで、失敗にもくじけずにアイディアを追求しつづけた

スリーエムのマネージャーたちや、自然災害に直面しても顧客サービスを維持したフリトー・レイの従業員なども好例である。

活　動

役員の時間の使い方は、文化に影響を及ぼす象徴的活動となりうる。顧客サービスについて、1カ月のうち2週間もかけて直接見回っている航空会社の役員は、組織に強力なシグナルを送ることになる。また、一貫した再強化のパターンが重要な象徴的活動となることがある。コスト削減の達成発表について、有効かつ目に見える経営者の支援のもとに、定期的に表彰している企業がある。この場合は、長期的に見て文化に大きな影響を及ぼしているということができる。

質問の投げかけ

ある大銀行の役員は、利益について繰り返し尋ねる行動によって、収入から利益へと組織の関心を移したという。トップの経営者によってある質問が繰り返し投げかけられ、会議の主要議題や報告様式とされると、最終的には組織の共有された価値観に影響を与えることとなる。

儀　式

入社式、昼食会から退職パーティーに至るまで、会社生活での儀式は文化を定義するのに有効である。タンデム・コンピュータの新入社員への役員面接過程、給与について話し合う前に入社を承諾しなければならないという規則、上級経営者を交えたオリエンテーション、金曜午後の定例ビール・パーティーなどは、すべて文化に影響を与える儀式である。

戦略的整合性の獲得

図表16－3は、組織および組織に対して提案された戦略との関係について、分析の基礎となる質問を列挙している。すでに議論したように、戦略は、組織

図表16-3　組織構成要素に関する情報収集

組織構造
- 組織の構造はどのようなものか。どの程度分権化されているか。
- 権限と情報伝達の経路はどのようなものか。
- タスク・フォース、委員会、その他類似組織の役割は何か。

システム
- 予算は、どのように立案されるか。
- プランニング・システムの性質は、どのようなものか。
- 業績評価のために用いられる主要な指標は、どのようなものか。
- 経理システムは、どのように機能するか。
- 製品と情報は、どのように流れていくか。

人
- 会社の従業員のスキル、知識、経験は、どのようなものか。
- 会社の従業員の厚みと質は、どうか。
- 従業員の期待は、どのようなものか。
- 会社と仕事に対する従業員の態度はどのようなものか。

文化
- 共有された価値観は、目に見えており、受け入れられているか。
- 共有されている価値観は、どのようなものか。それは、どのように伝達されているか。
- 行動規範は、どのようなものか。
- 重要な象徴、象徴的行動は、どのようなものか。
- 支配的な経営スタイルはどのようなものか。
- 紛争は、どのように解決されるか。

戦略
- 新しい戦略は、組織のどこに適合するか。
- 新しい戦略は、戦略的計画に適合し、的確に資金を与えられるか。
- システムと文化は、新しい戦略をサポートするか。
- 新しい戦略が成功するためには、どのような組織的な変更が必要か。
- その変更は、どのようなインパクトを持っているか。変更は、そもそも可能なのか。

の構造、システム、人、そして文化と調和していなければならない。加えて、個々の組織的要素は、他の組織的要素と適合している必要がある。これらのあいだに不一致が存在する場合、戦略の実行に影響を与える可能性が大きい。

　組織的整合の概念は、次のような組織的要素間の相互作用が考慮される必要性を示唆している。

● システムは組織構造と整合しているだろうか。チームワークと協力が必要

な場面での報酬システムは、個人業績よりもチームワークを強調しているだろうか。
- 人は組織構造と整合しているだろうか。社員はその作業を成し遂げるために、適切な組織グループや統合メカニズムの下で働いているだろうか。創造的で起業家精神に富むマネージャーは、高度に構造化された組織では居心地が悪いであろう。
- 組織構造は文化と整合しているだろうか。組織構造は組織の価値観や規範を補強しているだろうか。ある人的資源を自分のためだけに管理しなれた経営者は、説得や調整がより重要なマトリクス組織においては適切ではないかもしれない。
- 人と文化は整合しているだろうか。組織がその目標を達成するための方法について、十分なコンセンサスがあるだろうか。急成長している組織は、新しい社員がまったく非公式なコミュニケーションシステムを理解し受け入れることについて、確信をもてるだろうか。

企業文化と戦略

　組織文化は焦点、動機づけ、規範を提供する強力な力であるため、戦略の実行にとってきわめて重要である。多くの戦略ではある組織の資産や能力、すなわち製品品質のレベル、サービスシステム、顧客サポート、製造や販売といった機能領域の戦略に焦点を当てる。新しい戦略が求める組織構造、システム、人それに文化が整合性を持つ場合、文化は戦略を支援することとなろう。しかし、もし整合性がとれていなければ、文化、動機づけ、および規範は、戦略を台無しにしてしまう可能性がある。
　新しい戦略の組織文化への整合性は、戦略と他の組織要素との整合性よりも重大な問題となる。文化を変えることは困難だからである。ある石油会社のCEOが多角化計画を詳細に練り上げたが、会社の石油事業の文化に合わなかったため失敗に終わってしまった。AT&Tがサービスと製造を内部指向からマーケティングの外部指向へ変えようとした努力は、文化への抵抗がいかに強いものかを物語っている。AT&Tは目に見えるかたちで戦略を変更し、それ

に伴い組織構造とシステムも変更した（製品・市場別の組織と、販売インセンティブを導入）が、文化が障害となった。MBAやマーケティング担当者などの、いままでとは異なったタイプの人を採用しはじめたとき、新しい社員と変化をきらう文化とのあいだに不整合があることが明らかになった。

　新しい戦略を提案する場合、その戦略と、組織が共有する価値観や規範との関係を理解することが重要である。戦略は文化と整合するであろうか。文化を変える必要はないだろうか。その場合、戦略は組織にどんなインパクトを与えるだろうか。強力で肯定的な文化が新しい戦略を実行するために犠牲にされ、その結果肯定的な文化が消滅してしまうような場合は最悪のケースとなる。本章の最初で議論されたコーベットのケースは、この点を例示している。

ヒット産業における例

　戦略と組織的諸要素との整合の必要性は、ヒット産業における3種類のまったく異なったタイプの企業がわかりやすく例示してくれる。[6] ヒット産業とは、比較的短いライフサイクルの製品を獲得、生産、利用することを目的とする産業のことである。このような産業の例は、映画、レコード、ファッション、出版、ビデオゲーム、コンピュータソフトウエア、特にハイテク領域でのベンチャーキャピタル、そして石油開発などがある。短いライフサイクルを持つ産業では、その組織的な問題の多くが激烈で生き生きとしているため非常に興味をそそられる。

　図表16-4のモデルでは、ヒット産業を3つの機能に分類している。これらは別々の組織で行われているように示されているが、2つ以上の機能が同じ組織に共存していることもあろう。石油産業にかりた比喩が、概念的フレームワークを提供している。

　最初の組織的タイプは、掘削屋と名づけられている。掘削屋は、向こう見ずであり、油田を発見し油井を掘削する。レコード業界ならタレントスカウトやアーティストであり、映画産業においてはプロデューサーや作者であり、出版業界では編集者や著者である。掘削屋の主要成功要因は、新しい井戸、財産、プロジェクトなどを見出し、創造することである。レコード事業の究極の目標

図表16-4　ヒット産業のモデル

戦略	掘削屋	汲み出し屋	流通屋
組織構造	・フラットでルーズ ・アモルファス	・中央集権的 ・厳格な管理	・分権的 ・管理しない
業績結果報償割合	・高い	・ない	・低い
人	・製品開発	・製品管理	・マーケティングと流通
文化	・ルーズなまま ・動きが速い ・リスクを取る	・原則的 ・コスト指向 ・リスクを避ける	・宣伝指向 ・リスクをコントロールする
主要成功要因	・鍵となる人材の発掘と引き止め ・アイディアの源泉 ・製品の早期市場投入	・経験曲線の利用 ・オペレーション ・生産 ・エンジニアリング	・流通チャネル ・在庫 ・宣伝 ・ポジショニング ・プライシング

は、人気タレントを抱え込み、他の会社への移籍を考えないようにアーティストを満足させておくことである。掘削屋で鍵となる人々は、クリエイティブでエネルギッシュ、決断力があり、リスクを取れる人たちである。そして、組織構造がほとんどないフラットな組織で、業績に対して高いインセンティブを持つことを好む傾向がある。

　2番目の組織的なタイプは、汲み上げ屋と名づけられている。彼らは、石油業界では油井のオペレーターや精製業者であり、レコード業界ではプレス業者であり、映画産業ではディレクターであり、出版業界では印刷業者である。汲み上げ屋の主要成功要因は、種々の業務や製品工学、そして経験曲線を駆使することができる能力である。鍵となる人は、規律正しく、コストと生産指向であり、生産と管理に従事してリスクを避ける人々である。適切な組織は中央集権化された、厳格な管理を行う組織である。

　3番目の組織タイプは、流通屋である。流通屋とは、石油事業ではパイプライン業者と小売業者であり、レコード、映画、出版産業では卸と小売店である。流通事業の主要成功要因は通常、在庫管理、物流、販促活動、そして流通チャ

ネルへのアクセスとコントロールである。鍵となる人は、マーケティングと流通に属する人たちである。分権化されたゆるやかな管理の組織と、ある程度の業績インセンティブが多くの場合有効である。

　ヒット産業の例は、組織的要素間の整合性の欠如がどのように起こりうるかを示している。一般的には、企業は掘削屋としてスタートする。いくつかの製品を確立して急成長を経験した後、生産コストの管理、確実で有効な流通チャネルの開拓、マーケティング活動の専門化がどうしても必要だと悟る。その結果、汲み上げ屋や流通屋の人々が招き入れられることとなる。その後、組織は汲み上げ屋か流通屋のいずれかの形態を取るようになるが、それはどの機能がより重要か、どのタイプの人がCEOになるかによる。いずれにしても、組織のシステム、構造、文化が変化し、会社を立ち上げた掘削屋たちは居心地が悪くなり、競合となる事業を立ち上げるために去ってゆく。既存の油井が枯れてしまうか、競合他社によりダメージを受けても、新しい油井を探してくる者は組織には誰ひとりとしていなくなってしまっている。

　掘削屋へのアクセスを維持しつづけることは、どのような事業においても難しいことである。1つのアプローチは、金銭的インセンティブと非常に大きな自由と自治を有する非定型のグループなどの組織的メカニズムにより、掘削屋を満足させておくことである。しかし、この特別なインセンティブは他の社員に不公平感および逆のインセンティブをもたらしてしまう可能性がある。既存製品の維持を担当する人たちが固定給で働く一方、起業家的なエンジニアが億万長者になってしまうとすれば、必然的に組織内に緊張が高まるだろう。さらに、起業家的グループは汲み出し屋や流通屋の設備や専門的知識にアクセスする必要があるだろうが、これを認めてしまうと別々の組織にしたことが中途半端になってしまう可能性がある。

　適合の問題に対するもう1つのアプローチは、組織の事業を1つの機能に限定してしまい、他社に他の機能を任せるという方法である。ベンチャーキャピタルは掘削屋に徹し、他の機能に巻き込まれないようにしている。出版社は主に流通屋である。本の制作は外注され、掘削屋は著者であって組織の一部ではない。しかし、掘削屋を社内に抱えない企業は、新規事業に対して限定的なアクセスしか持ちえない。なぜなら、独立した最高の掘削屋とのコンタクトに他

社が成功してしまうかもしれないからである。さらに、世間から認められている掘削屋はあまりにも高価なため、利益が限定されてしまうこともある。

汲み上げ屋と流通屋が1つの組織に同居する場合にも問題が起こりかねない。どちらかが明らかに支配的である場合、問題は起こらないかもしれない。しかし、両者が同じぐらいの勢力を持つと、整合性の問題が容易に発生しうる。

イノベーションのための組織

組織的諸要素と戦略とのあいだの高い整合性を達成することは、短期的、中期的には効果的な組織につながるが、これは望ましい変化や必要な変化を阻害してしまうことになりかねない。極度に統合された組織や強すぎる文化のために、それらと矛盾しない変化のみが許容されることになってしまうのである。企業が技術的な脅威に直面した場合、旧式になったなじみのある技術にいままで以上に固執してしまうことがしばしば起こる。

整合性を持った戦略の実行に成功し、しかもなお基本的な変革の必要性を感じ取る能力を持った組織を作り上げることは困難な挑戦である。戦略の大幅な変更が必要な場合、組織的な大きな変革も間違いなく必要になる。また、戦略の整合性に関していえば、継続的なイノベーションを行う能力も必要である。すなわち、新製品や改良製品を創り出し、新しい市場に参入しうる能力である。分権化、タスクフォース、提携、合弁、バーチャルコーポレーション、そしてリエンジニアリングなどのアプローチがうまく変革を促し、イノベーションを呼び起こすために用いられる。

分権化──事業単位を小さく保つ

マイケル・タシュマンとチャールズ・オーライリは、現状の業務を発展、改良することにも、革命的な変革を起こすことにも長けた企業が3社あることを発見した。それは、ヒューレット・パッカード、ジョンソン・アンド・ジョンソン、そしてアセア・ブラウン・ボベリである。[7] これら3社すべてにおいて

は、自律的なグループに力点がおかれている。ジョンソン・アンド・ジョンソンは165の業務会社を持ち、アセア・ブラウン・ボベリは平均50人の社員を有する5000の利益センターを有している。ヒューレット・パッカードは50以上の事業部を持ち、その大きさが約1000人を超えると自動的に事業部を分割するという方針を持っている。小さな組織単位は顧客やトレンドに近く、俊敏であり、社員が業務を自分のものであると感じる結果として社員にモチベーションを提供する。こうして活力があり、革新的な、中央の官僚主義に比較的影響されない組織ができあがるのである。

タスクフォース

競争ポジションの崩壊などの困難や、技術的ブレイクスルーなどの好機に直面して、企業はときとして業務の大掛かりな変革を行う必要に迫られる。機能横断的なタスクフォースは問題を深く掘り下げ、方向性に関して有意義な変革を提供する答えを見つけ出すことが可能である。

日本企業では、タスクフォースを緊急性の感覚と結びつけることによって、有効な変革のエージェントを作り出している。緊急性の感覚は通常、競合相手に関するゴール（コマツの場合「キャタピラーをやっつけろ」）、20％コスト削減などの特定の目標、タイトなスケジュール、総合品質管理や看板方式などのプロセス、などに関するものである。結果として、猛烈に働き、型を破り、創造的な新しいアプローチを見つけ出すという強烈なプレッシャーが生まれるのである。

スカンクワークス

大きな新規事業の場合、起業家的な別組織を必要とする。遅い意思決定過程やリスクの高い新規事業に不利な資源配分、本社機構コストの重い分担などは、あまりにも大きな足かせだからである。重要なすべての機能を代表する人々で構成された小さく自律的なグループがいっしょに製品や事業を作り上げ、その立上げの初期を大切に面倒を見る。この方法は、会社とは離れた場所

のガレージなどで行われ、スカンクワークスと呼ばれる。これは、スリーエム、IBM、ゼロックスなど多くの会社で用いられており、これらのグループは高度に自律的であり、通常の意思決定過程を回避し、既存の公式、非公式な制約に従わせるような圧力に抵抗することができる。この起業家的組織単位にとって重要なのは、その事業や製品のコンセプトにコミットメントを持つチャンピオン的な人間を擁することである。テキサス・インスツルメンツが50の新製品開発を精査した結果、失敗したケースではすべて製品チャンピオンを欠いていたことを発見した。[8]

カイゼン

　カイゼンは、全階層の社員を巻き込んだ継続的な改善を意味し、多くの日本企業の生産性向上の基礎となったものである。[9] カイゼンは特に日本的なものであり、米国の経営スタイルに容易にはなじまない。カイゼンは結果ではなくプロセスに焦点を当てるものであり、劇的な新製品や新技術に基礎をおく即席の解決ではなく、多くの小さな改善の積み重ねによるものだからである。結果としての業績が動機づけとはならず、目標はむしろ、組織全体における継続的な改善そのものにある。

リエンジニアリング

　リエンジニアリングはカイゼンのアンチテーゼであり、画期的な結果を達成するために事業活動における根本的な変革の実行を模索するものである。[10] リエンジニアリングの基本的なアイディアは、まっさらの紙を前にして「もし新しい会社を始めるとしたら、どのような業務にするだろうか」と尋ねることである。改良や改善ではない。これは、内部からの革命を作り出すことである。リエンジニアリングに重要なのは、古い機能別組織単位を打破し、機能横断的なチームを使って業際的な見地から問題にアプローチすることである。出発点は通常、会社が顧客をどのように扱いたいかではなく、顧客が会社にどのように扱われたいかを考えることである。

GTEでは、問題を抱えた顧客が、修理、請求、マーケティングなどの別々の番号に電話するのではなく、たった1つの電話番号ですべてを済ませればいいと考えていることを発見した。その結果、どんな問合せにも対応できる人員を擁したお客様センターをスタートさせた。目標は、他の部門に転送せずに処理できるような人員とシステムを持つことであった。このアプローチは真に根本的な変更であり、サービスの向上だけではなくコストダウンにも結びついた。

　リエンジニアリングにはリスクがあり、費用もかかる。したがって環境の変化や競合相手からの強い脅威が存在し、漸進的な改善だけでは用をなさないような場合に最も適切である。業務の大きな変更なしには、事業そのものが危うくなるような状況である。

過激で破壊的なイノベーションの追求

　現在の状態を維持するためのものではなく、真にパラダイムを変更する破壊的なイノベーションは、非常に大きな戦略的な見返りをもたらす。戦略コンサルタントであるロバート・スティンガーは、(スカンクワークスと分権化に加えて) 成功した企業が自身と自身の市場を再構築するために用いることができるさまざまな「破壊的」戦略を提案している。[11]

- 画期的イノベーションを戦略的あるいは文化的なプライオリティとする。ゼネラル・ミルズは、これをシリアル市場で行った。
- より創造的で革新的な人を採用する。シティバンクは、消費者向け事業を活性化するために、パッケージ製品のマーケティング担当者を採用したことがある。
- 組織内で最良のアイディアが資金を求めて競争する「アイディア市場」を創設する。
- 器用な組織になる。つまり、伝統的な組織内部に存在する過激なイノベーションを商品化することができる組織になる (この解決策は効果的だが、実行は困難である)。
- イノベーションを取り入れるため買収、合弁、提携を行う。シスコとマイ

クロソフトは、どのようにこれを行うかのケーススタディとなる。
- 企業家が欲する高い自治のレベルを提供するために、ベンチャー資金や企業内ベンチャー制度を創設する。

戦略市場経営の要約

　図表16−5は、内部、外部の分析と戦略立案、再調整に関連した質問をまとめている。これは、分析が必要な深さ、範囲、そして未来指向を備えていること、そして戦略生成と再調整の過程が勝利するための持続的な戦略を生み出すことを、企業が確認する際に役立つ。

まとめ

- 組織構造、システム、人、そして文化は、組織の4要素である。それぞれの要素が他の要素と、また事業戦略と整合していなければならない。
- 各要素間のフィットは、ヒット産業の喩えによりわかりやすく示すことができる。すなわち、掘削屋（製品を開発する者）、汲み上げ屋（生産に集中する者）、そして流通屋（マーケティングと流通に特化する者）の機能の対比である。
- 組織構造は、権限とコミュニケーションのラインを定義し、集権化の程度とコミュニケーションチャネルがどの程度正式なものかという点で多様である。
- マネジメントシステム、すなわち予算と会計、情報、業績評価と報酬、そしてプラニングは、すべて戦略の実行に影響を及ぼす。
- 組織文化は、共通の価値観、行動規範、象徴、そして象徴的な行動を含むが、変更することが困難である。したがって、文化と戦略とのあいだのフィットは特に重要である。
- 最終的なチャレンジは、分権化、タスクフォース、スカンクワークス、提

図表16-5　戦略立案：討議アジェンダ

顧客分析
- 主なセグメントは、どのようなものか。
- 購買動機と未充足ニーズは何か。

競合分析
- 既存の競合相手と潜在的競合相手は誰か。どのような戦略グループが見出されるか。
- 競合相手の売上、シェア、利益はどうか。それらの成長トレンドはどうなっているか。
- 競合相手の強み、弱み、戦略はどのようなものか。

市場分析
- 市場あるいは産業とその下位市場の魅力度は、どの程度か。市場において収益率を引き下げる力、参入および撤退障壁、成長予測、コスト構造、収益見通しは、どうか。
- 流通チャネルの選択肢とそれらの相対的強さは、どうか。
- どのような産業のトレンドが戦略に重要な影響を与えるか。
- 現在と将来の主要成功要因は何か。

環境分析
- どのような環境上の脅威、機会、トレンドが存在するか。
- 主要な戦略的不確実性、情報の必要領域は何か。
- どのようなシナリオが考えられるか。

内部分析
- 自社の戦略、業績、コスト、差別化のポイント、強み、弱み、戦略上の問題点、文化は、どのようなものか。
- 既存の事業ポートフォリオは、どのようなものか。ポートフォリオ上の製品市場への投資のレベルは、どのようなものであったか。

戦略立案
- 自社の商品は、どのように差別化可能か。競合相手と異なる、あるいは競合相手より優れた方法で顧客価値を増大させるには、どのようにすればよいか。知覚品質を強化するには、どのようなことが可能か。
- ノーフリルの製品を提供することにより、あるいは製品コストを削減することにより、コスト優位を得ることが可能か。
- 優位を獲得するためにシナジー、集中化、あるいは先制攻撃を利用することができるか。
- 戦略のビジョンはどのようなものか。戦略を持続的に実行するための資産と能力は何か。
- どのような成長方向性の選択肢が考慮されるべきか。また、どのようにそれを追求したらよいのか。
- 個々の市場に対して撤退、搾取、維持、成長のうち、どの投資レベルが最適か。
- 機能領域戦略の選択肢は何か。
- どのような戦略が自社の強み、目的、組織に最もよくフィットするか。

携、合弁、改善、そしてリエンジニアリングを用いて迅速に変化することのできる組織を作ることである。

注

1： Robert F. Hartley, *Marketing Mistakes*, 5th ed., New York: Wiley, 1992, Chapter 13.

2： *Reinventing America: The 1993 Business Week Symposium of Chief Executive Officers*, New York: *Business Week*, 1994.

3： Henry Mintzberg, "The Fall and Rise of Strategic Planning," *Harvard Business Review*, January-February 1994, pp.107-114. Quotes are from p.109.

4： Charles O'Reilly, "Corporations, Culture, and Commitment: Motivation and Social Control in Organizations," *California Management Review*, Summer 1989, pp.9-25.

5： Ibid., p. 13.

6： ヒット産業の例はノーマン・スマザーズ博士とのディスカッションにおいて作成された。

7： Michael L. Tushman and Charles A. O'Reilly Ⅲ, *Winning through Innovation: A Practical Guide to Leading Organizational Change and Renewal*, Boston: Harvard Business School Press, 1997.

8： Thomas J. Peters and Robert H. Waterman, *In Search of Excellence: Lessons from America's Best-Run Companies*, New York: Harper and Row, 1982, p.203（大前研一訳『エクセレント・カンパニー』講談社）.

9： Masaaki Imai, *Kaizen*, New York: McGraw-Hill, 1984.

10： Thomas A. Stewart, "Re-engineering: The Hot New Managing Tool," *Fortutne*, August 23, 1993, pp.41-48.

11： Robert Stringer, "How to Manage Radical Innovation," *California Management Review*, Summer 2000, pp.70-88.

訳者紹介

愛知県生まれ。京都大学大学院法学研究科修了，米国エモリー大学ビジネススクールMBA課程修了。㈱ジャパンエナジー，PwCコンサルティング，IBMビジネスコンサルティングサービス，日本アイ・ビー・エムを経て，現在，RHJインダストリアル・パートナーズ・アジアに勤務。
主な著書として，『実践シナリオ・プランニング』（共著，東洋経済新報社）がある。

戦略立案ハンドブック
2002年4月5日　第1刷発行
2007年5月25日　第9刷発行

訳　者　今枝昌宏
発行者　柴生田晴四

〒103-8345
発行所　東京都中央区日本橋本石町1-2-1　東洋経済新報社
　　　　電話　東洋経済コールセンター―03(5605)7021　振替00130-5-6518
印刷・製本　シナノ印刷

本書の全部または一部の複写・複製・転訳載および磁気または光記録媒体への入力等を禁じます。これらの許諾については小社までご照会ください。
〈検印省略〉落丁・乱丁本はお取替えいたします。
Printed in Japan　ISBN 978-4-492-53137-2　http://www.toyokeizai.co.jp/

Strategic Management
戦略経営論

G・サローナー＋A・シェパード＋J・ポドルニー〈著〉

石倉洋子〈訳〉
（一橋大学大学院国際企業戦略研究科教授）

定価（本体4800円＋税）

スタンフォード大学ビジネス・スクール教授陣の
10年におよぶ「講義ノート」を集大成。

アカデミックにして実務的、最新にして古典
―― 斬新なアプローチを用いた希代の書、ついに完訳 ――

東洋経済新報社

BEST SOLUTION

変革の時代のナビゲーター

経営学の世界的権威が戦略論を集大成した大パノラマ

ここに「戦略の本質」のすべてがある!

今こそポーターを超えるための決定版テキスト、待望の完訳。

STRATEGY SAFARI
A GUIDED TOUR THROUGH THE WILDS OF STRATEGIC MANAGEMENT

戦略サファリ

戦略マネジメント・ガイドブック

定価（本体 3800 円＋税）

「戦略の本質」に10の異なる視点から迫る

1. デザイン・スクール
2. プランニング・スクール
3. ポジショニング・スクール
4. アントレプレナー・スクール
5. コグニティブ・スクール
6. ラーニング・スクール
7. パワー・スクール
8. カルチャー・スクール
9. エンバイロメント・スクール
10. コンフィギュレーション・スクール

ヘンリー・ミンツバーグ
ブルース・アルストランド
ジョセフ・ランペル　著

齋藤嘉則　監訳
木村　充
奥澤朋美
山口あけも　訳

「監訳者からのメッセージ」より

「戦略は優れた実践を導く。
そして、実践から優れた戦略が形成される」

　今こそ、企業の戦略と実践とのギャップ、そして戦略と実践の相互関係を、自らもう一度ゼロベースで、謙虚に捉え直して見るべきである。なぜなら、戦略とは実践されなければ価値がないということを、忘れてはいないだろうか？あるいは、ある1つの実践が、のちに大きな戦略パターンを創発するということを、見逃してはいないだろうか？『戦略サファリ』は、そのための素材としては、ほぼ完全に近いものを提供してくれるはずである。

東洋経済新報社

BEST SOLUTION

変革の時代のナビゲーター

ウォートンスクールのダイナミック競争戦略

WHARTON on
ウォートンスクールの
ダイナミック競争戦略
DYNAMIC COMPETITIVE STRATEGY

ジョージ・デイ／デイビッド・レイブシュタイン 編
小林 陽太郎 監訳
黒田 康史／池田 仁一／村手 俊夫／荻久保 直志 訳

定価(本体3800円＋税)

変化とスピードの時代に対応する
戦略立案バイブル。
多様な視点・手法を豊富な事例とともに紹介する。

全米NO.1 ビジネス・スクールの実践テキスト

競争戦略立案にあたって経営者が直面する次の4つの大きな課題に答える！

1. 変化する競争環境の中で、必要となる優位性は何かを理解する
2. 競争相手の行動を予測する
3. ダイナミックな競争戦略を形成する
4. 競争戦略の選択肢の中からとるべき戦略を選択する

東洋経済新報社

戦略立案：討議アジェンダ

顧客分析
- 主なセグメントは、どのようなものか。
- 購買動機と未充足ニーズは何か。

競合分析
- 既存の競合相手と潜在的競合相手は誰か。どのような戦略グループが見出されるか。
- 競合相手の売上、シェア、利益はどうか。それらの成長トレンドはどうなっているか。
- 競合相手の強み、弱み、戦略はどのようなものか。

市場分析
- 市場あるいは産業とその下位市場の魅力度は、どの程度か。市場において収益率を引き下げる力、参入および撤退障壁、成長予測、コスト構造、収益見通しは、どうか。
- 流通チャネルの選択肢とそれらの相対的強さは、どうか。
- どのような産業のトレンドが戦略に重要な影響を与えるか。
- 現在と将来の主要成功要因は何か。

環境分析
- どのような環境上の脅威、機会、トレンドが存在するか。
- 主要な戦略的不確実性、情報の必要領域は何か。
- どのようなシナリオが考えられるか。

内部分析
- 自社の戦略、業績、コスト、差別化のポイント、強み、弱み、戦略上の問題点、文化は、どのようなものか。
- 既存の事業ポートフォリオは、どのようなものか。ポートフォリオ上の製品市場への投資のレベルは、どのようなものであったか。

戦略立案
- 自社の商品は、どのように差別化可能か。競合相手と異なる、あるいは競合相手より優れた方法で顧客価値を増大させるには、どのようにすればよいか。知覚品質を強化するには、どのようなことが可能か。
- ノーフリルの製品を提供することにより、あるいは製品コストを削減することにより、コスト優位を得ることが可能か。
- 優位を獲得するためにシナジー、集中化、あるいは先制攻撃を利用することができるか。
- 戦略のビジョンはどのようなものか。戦略を持続的に実行するための資産と能力は何か。
- どのような成長方向性の選択肢が考慮されるべきか。また、どのようにそれを追求したらよいのか。
- 個々の市場に対して撤退、搾取、維持、成長のうち、どの投資レベルが最適か。
- 機能領域戦略の選択肢は何か。
- どのような戦略が自社の強み、目的、組織に最もよくフィットするか。